ISO 9000 丛书

ISO 9000 质量管理体系

第 3 版

张 勇 柴邦衡 著

基于 2015 版标准

机械工业出版社

根据 ISO 9000 标准变化，对本书第 2 版内容进行了全面修订。

全书分为 3 篇 16 章：第 1 篇为 ISO 9000 族概要；第 2 篇为质量管理体系标准的要求；第 3 篇为组织贯标与认证及认证后深入贯标的有关问题。

本书准确介绍和详细解释了 2015 版 ISO 9000、ISO 9001 标准（ISO 9004 由于本书交稿时尚未发布新的版本，故未做特别修订）；针对理解新标准以及贯标和认证工作中的重点和难点，举例进行了深入浅出的说明，并提出了作者独到的、经实践验证有效的思路和方法；对获证后组织如何深入贯标、提高绩效的问题，提供了可靠的思路和指导；浓缩介绍了 ISO/TS 16949 标准及相关手册的精华内容；专门设置了卓越绩效模式一章。

本书在原有关于产品说明的基础上特别增加了许多服务行业的说明和例子，可供各行业组织从事质量管理体系工作的人员、审核人员、咨询人员、培训人员，组织的领导者、管理者、质量管理人员，大专院校相关专业师生等，作为参考书、工具书和培训教材使用。

图书在版编目（CIP）数据

ISO 9000 质量管理体系/张勇，柴邦衡著 . —3 版 . —北京：机械工业出版社，2016.6（2024.4 重印）

（ISO 9000 丛书）

ISBN 978-7-111-53929-2

Ⅰ.①I… Ⅱ.①张… Ⅲ.①质量管理体系—国际标准 Ⅳ.①F273.2-65

中国版本图书馆 CIP 数据核字（2016）第 120144 号

机械工业出版社（北京市百万庄大街 22 号 邮政编码 100037）
策划编辑：李万宇 责任编辑：李万宇
版式设计：霍永明 责任校对：郭明磊
封面设计：鞠 杨 责任印制：单爱军
北京虎彩文化传播有限公司印刷
2024 年 4 月第 3 版第 9 次印刷
169mm×239mm·26.5 印张·494 千字
标准书号：ISBN 978-7-111-53929-2
定价：69.00 元

凡购本书，如有缺页、倒页、脱页，由本社发行部调换

电话服务 网络服务
服务咨询热线：010-88361066 机 工 官 网：www.cmpbook.com
读者购书热线：010-68326294 机 工 官 博：weibo.com/cmp1952
　　　　　　　010-88379203 金 书 网：www.golden-book.com
封面无防伪标均为盗版 教育服务网：www.cmpedu.com

ISO 9000丛书序言

　　ISO 9000 系列标准从 1987 年问世以来，受到全世界工商企业、各经济部门、社会团体以及各种组织（包括各级政府的相关行政单位）的欢迎与重视，形成了始料未及的、持久不衰的、空前的 ISO 9000 热。

　　ISO 9000 族（1994 版）使 ISO 9000 系列标准的基础更为牢固、更为深化和规范化，同时，也为全面修订 ISO 9000 族，使之更适合于硬件产品加工制造业以外的各个领域、各个行业铺平了道路。

　　ISO 9000 族 2000 版则更为简化、重点更为突出，更加科学、普适。它与其他管理体系［如 ISO 14000（环境）、ISO 18000（职业卫生和安全）］的相容性更强，并将质量保证体系提高到质量管理体系的水平，更适合于市场的要求。

　　"ISO 9000 丛书"的编写正处于世纪之交，ISO 9000 族换版的过程中。因此，它担负着承前启后、继往开来的历史使命。能为此作出自己的贡献，是全体编著者的荣幸。本丛书立足于 ISO 9000：2000 版的要求，为读者在贯彻 ISO 9001：2000 版中可能遇到的难题提供指南。本丛书将根据国际标准的修订情况及时进行再版修订，力求为读者提供最新适用的指南。

　　由于本丛书的编著者具有扎实的理论基础、丰富的技术经历和管理实践经验，在硬、软科学相结合的边缘领域有其独到之处，从而使本丛书具有以下特点：观点鲜明，论据充实，方法切实可行，材料新颖，论述深入浅出，文风严谨，难点释疑，技术与管理紧密结合。本丛书无论对各级领导、质量管理人员、专业管理人员、内外部质量审核人员，还是对从事质量体系的培训、咨询人员和高校师生，都极具参考价值。

　　本丛书的第一部《ISO 9000 质量保证体系》问世以来，受到了读者的厚爱。其根本原因在于实用性强，甚至可解决一批困惑读者多年的问题。本丛书作者将继承和发扬《ISO 9000 质量保证体系》的优点，再接再厉，为质量管理在中国的发展做出贡献。

　　当前，在党中央的领导下，举国上下都在重视技术创新，寻求新的经济增长点。创新是我国自立于世界民族之林，跻身世界经济强国的必由之路。技术创新和管理创新是社会经济向前发展的两个车轮。在管理领域内创新，与技术创新具有同等重要的意义，管理模式、方法上的创新，往往给企业（或组织）带来意想不到的经营业绩（市场占有率、效率和效益等），实现突破性飞跃。应当看到，在管理方法上不断创新，是国内外许多著名企业获得成功之路。

本丛书将尽力反映国内、外质量管理界的新理论和经验，反映作者的研究成果和心得。希望在创新思路和方法上，能给读者提供更多的借鉴。本丛书力求内容充实、实用。在贯标、认证过程中，如何深入、健全、完善体系，以及质量管理体系各主要环节应如何控制等方面，都给读者以明示。衷心希望这套丛书能对读者有更多的助益。

对这套丛书的编著，作者也作了改革性的尝试。本丛书不设立编委会，而由主要编著者直接署名。

柴邦衡
2000 年

第3版前言

随着世界质量管理理论和实践的发展，ISO 9000族2000版、2008版、2015版已陆续问世。它们是94版标准的升华。从"质量保证体系"到"质量管理体系"，无疑是巨大的提升。我国加入WTO后，要按国际通行的市场规则去参与竞争。为此，如何提高认证证书的"含金量"，是摆在我国各类组织面前的一项艰巨任务。2015版ISO 9000族为我们展示了一条坦途。只有认真地学习、贯彻2015版标准的要求，跟上国际潮流，才是明智的选择。

如何正确理解和领会进而贯彻、实施2015版ISO 9000族的要求，对绝大多数组织来说仍是一个难点。作者在总结多年从事质量工作，特别是ISO 9000的培训、咨询、认证的长期实践经验和研究的基础上，曾撰写了《ISO 9000质量保证体系》一书。该书深受读者的好评，出版社多次重印。关键在于该书具有较高的实用价值。而《ISO 9000质量管理体系》一书，可以看作是《ISO 9000质量保证体系》的新版。《ISO 9000质量保证体系》是按照94版ISO 9000系列标准撰写的，《ISO 9000质量管理体系》（第3版）则是按照2015版ISO 9000族撰写的。两书具有共同的特点和风格。

本书除准确地解释ISO 9000族2015版的有关要求之外，着重介绍了组织（企业）贯彻2015版ISO 9000标准的思路和方法，并对重点、难点问题乃至误区，给予明示。本书坚持深入浅出，既有作者源于实践的独到见解，又吸收国内、外诸多名家见解的精华。本书力求做到：概念界定准确、思路清晰、重点突出、方法实用，密切结合我国各类组织的实际。作者诚望这本书能对组织在建立和完善质量管理体系乃至获取并保持质量体系认证证书方面起到推动作用，使之少走或不走弯路。

全书共分3篇16章。第1篇ISO 9000族概要，介绍了ISO 9000族的整体情况，并着重阐释了普适的质量管理七项原则和ISO 9000：2015《质量管理体系 基础和术语》标准。第2篇介绍了ISO 质量管理体系标准的要求，第4～第10章较详细地阐释了2015版9001标准的内容及其理解和实施要点；第11章概要介绍了ISO 9004：2009标准。第3篇围绕组织贯标与认证遇到的各种实际问题，提供可操作的解决思路和方法，特别是有助于解决认证后的组织如何深入贯标，并进一步提高质量管理水平的有关问题。

应该指出，在顾客要求趋向多样化、个性化、更新、变化更快的今天，组织仅满足于 ISO 9001 的质量管理体系已远远不够了，凭此是难以保证组织在市场竞争中取得优胜的。因此，组织应逐步按照 ISO 9004 和卓越绩效模式来完善自己的管理体系，从而取得持续的成功。

本书对于各类组织在贯彻新标准中是一本极为实用的咨询大全。不仅对组织的质量管理人员，而且对于质量管理体系的培训、咨询、审核人员及有关专业的大专院校学生均颇有参考价值。

由于本人忙于其他工作，这次再版修订由张勇先生主持，特致谢意。

本书不足之处，敬希广大读者指正，不胜感激。

柴邦衡　bhchai9@163.com

目 录

ISO 9000 丛书序言
第 3 版前言

第 1 篇　ISO 9000 族概要

第 1 章　ISO 9000 族概论

1.1　ISO 9000 族的定义 ··· 3
1.2　ISO 9000 族的构成 ··· 3
1.3　ISO 9000 族的发展沿革 ··· 4
　1.3.1　ISO 9000 产生的背景 ·· 4
　1.3.2　ISO 9000 族的制定、修订情况 ································· 6
　　1.3.2.1　87 版 ··· 6
　　1.3.2.2　94 版 ··· 7
　　1.3.2.3　2000 版 ·· 9
　　1.3.2.4　2008 版 ·· 12
　　1.3.2.5　2015 版 ·· 15
1.4　ISO 9000 的兴起和发展 ·· 21
　1.4.1　质量管理体系认证 ·· 21
　1.4.2　产品认证和质量管理体系认证 ······························· 22
　1.4.3　ISO 9000 族已成为全世界应用最广泛的标准 ············ 22
　1.4.4　我国质量体系认证的发展 ···································· 23
　1.4.5　ISO 9000 热的由来 ·· 26
　1.4.6　ISO 9000 发展的特征 ··· 28
　1.4.7　ISO 9000 与 TQC ·· 30

第 2 章　质量管理的基本原则

2.1　以顾客为关注焦点 ··· 34
　2.1.1　以顾客为关注焦点的理念 ···································· 34
　2.1.2　组织贯彻"以顾客为关注焦点"原则的实施要点 ········ 36
2.2　领导作用 ··· 37
　2.2.1　领导作用的概念 ·· 37
　2.2.2　组织充分发挥"领导作用"原则的实施要点 ············· 38

VII

2.3　全员积极参与 ·· 41
2.3.1　全员积极参与的概念 ·· 41
2.3.2　组织贯彻"全员积极参与"原则的实施要点 ···················· 43
2.4　过程方法 ·· 44
2.4.1　过程方法的概念 ·· 44
2.4.2　组织贯彻"过程方法"原则的实施要点 ······························ 46
2.4.3　过程管理的系统方法 ·· 48
2.4.4　组织贯彻"管理的系统方法"的实施要点 ·························· 50
2.5　改进 ·· 52
2.5.1　改进的理念 ·· 52
2.5.2　改进的方法 ·· 52
2.5.3　组织贯彻"改进"原则的实施要点 ···································· 55
2.6　循证决策 ·· 56
2.6.1　循证决策的概念 ·· 56
2.6.2　组织贯彻"循证决策"原则的实施要点 ······························ 57
2.7　关系管理 ·· 58
2.7.1　关系管理的概念 ·· 58
2.7.2　组织贯彻"关系管理"原则的实施要点 ······························ 58

第3章　质量管理体系的基础和术语

3.1　概述 ·· 61
3.1.1　ISO 9000：2015 版标准的结构及内容 ······························ 61
3.1.2　新版标准的主要变化 ·· 61
3.1.3　范围 ·· 62
3.2　基本概念和质量管理原则 ·· 62
3.2.1　总则 ·· 62
3.2.2　基本概念 ·· 63
3.2.2.1　质量 ·· 63
3.2.2.2　质量管理体系 ·· 63
3.2.2.3　组织的环境 ·· 63
3.2.2.4　相关方 ·· 64
3.2.2.5　支持 ·· 64
3.2.3　质量管理原则 ·· 65
3.2.4　质量管理体系使用的基本概念和原则 ······························ 65
3.2.4.1　质量管理体系模式 ·· 65
3.2.4.2　质量管理体系的建设 ·· 67
3.2.4.3　质量管理体系标准、其他管理体系和卓越模式 ············ 67
3.3　术语和定义 ·· 68

- 3.3.1 概述 ··· 68
  - 3.3.1.1 ISO 9000:2015 术语和定义的修订情况 ··· 68
  - 3.3.1.2 术语的重要性 ·· 73
  - 3.3.1.3 学习术语和定义的要领 ··· 74
  - 3.3.1.4 概念关系及其图示 ·· 77
- 3.3.2 术语及概念关系 ··· 78
  - 3.3.2.1 有关人员的术语 ··· 78
  - 3.3.2.2 有关组织的术语 ··· 79
  - 3.3.2.3 有关活动的术语 ··· 81
  - 3.3.2.4 有关过程的术语 ··· 88
  - 3.3.2.5 有关体系的术语 ··· 95
  - 3.3.2.6 有关要求的术语 ··· 98
  - 3.3.2.7 有关结果的术语 ·· 102
  - 3.3.2.8 有关数据、信息和文件的术语 ·· 105
  - 3.3.2.9 有关顾客的术语 ·· 106
  - 3.3.2.10 有关特性的术语 ··· 107
  - 3.3.2.11 有关确定的术语 ··· 107
  - 3.3.2.12 有关措施的术语 ··· 107
  - 3.3.2.13 有关审核的术语 ··· 111

第 2 篇　质量管理体系标准的要求

第 4 章　组织的环境

- 4.1 理解组织及其环境 ··· 117
  - 4.1.1 识别和确定组织内外部的环境因素 ·· 117
  - 4.1.2 外部环境及内部环境的理解 ··· 117
- 4.2 理解相关方的需求和期望 ·· 118
  - 4.2.1 相关方 ··· 118
  - 4.2.2 确定相关方及其需求 ·· 118
- 4.3 确定质量管理体系范围 ··· 118
  - 4.3.1 确定范围 ··· 118
  - 4.3.2 形成文件的信息 ·· 119
  - 4.3.3 关于不适用的要求的删减 ·· 120
- 4.4 质量管理体系及其过程 ··· 120
  - 4.4.1 总则 ·· 120
  - 4.4.2 过程的识别和确定 ··· 120
  - 4.4.3 不适用要求的说明 ··· 121

- 4.4.4 确定过程的顺序和相互作用关系 ………………………………… 123
- 4.4.5 确定过程控制准则和方法 ……………………………………… 124
- 4.4.6 确定和提供过程所需资源 ……………………………………… 125
- 4.4.7 确定过程职责和权限 …………………………………………… 125
- 4.4.8 过程的监测、分析和评价 ……………………………………… 126
- 4.4.9 确定质量管理体系过程持续改进的机会 ……………………… 126
- 4.4.10 必要范围和程度的形成文件的信息 …………………………… 127

第5章 领导作用

- 5.1 领导作用与承诺 …………………………………………………… 128
  - 5.1.1 质量管理体系的领导作用与承诺 ……………………………… 128
  - 5.1.2 以顾客为关注焦点 ……………………………………………… 132
- 5.2 质量方针 …………………………………………………………… 133
  - 5.2.1 质量方针制定、评审和保持的要求 …………………………… 133
  - 5.2.2 沟通质量方针 …………………………………………………… 134
  - 5.2.3 质量方针示例 …………………………………………………… 135
- 5.3 组织的作用、职责和权限 ………………………………………… 136
  - 5.3.1 总要求 …………………………………………………………… 136
  - 5.3.2 组织内的职责、权限得到规定 ………………………………… 137
  - 5.3.3 确保组织内的职责、权限得到沟通和理解 …………………… 140

第6章 质量管理体系策划

- 6.1 风险和机遇的应对措施 …………………………………………… 142
  - 6.1.1 确定应对的风险和机遇 ………………………………………… 142
  - 6.1.2 应对措施的策划 ………………………………………………… 142
- 6.2 质量目标及其实现的策划 ………………………………………… 144
  - 6.2.1 在相关职能、层次和过程上建立质量目标 …………………… 144
  - 6.2.2 质量目标如何实现的策划要求 ………………………………… 147
  - 6.2.3 质量目标示例 …………………………………………………… 148
- 6.3 变更的策划 ………………………………………………………… 150

第7章 支持

- 7.1 资源 ………………………………………………………………… 152
  - 7.1.1 总则 ……………………………………………………………… 152
  - 7.1.2 人员 ……………………………………………………………… 153
  - 7.1.3 基础设施 ………………………………………………………… 153
  - 7.1.4 过程运行环境 …………………………………………………… 156
  - 7.1.5 监视和测量资源 ………………………………………………… 157
    - 7.1.5.1 总则 ………………………………………………………… 157
    - 7.1.5.2 实施方法和控制要求 ……………………………………… 158

7.1.6 组织的知识 ·· 160
7.2 能力 ··· 161
7.3 意识 ··· 163
7.4 沟通 ··· 164
7.5 形成文件的信息 ·· 165
　7.5.1 总则 ·· 165
　7.5.2 编制和更新 ··· 169
　7.5.3 形成文件的信息的控制 ··· 170

第8章 运行

8.1 运行的策划和控制 ··· 174
　8.1.1 策划和控制的基本考虑 ··· 174
　8.1.2 策划和控制的内容 ··· 177
8.2 产品和服务要求的确定 ··· 178
　8.2.1 顾客沟通 ·· 178
　8.2.2 产品和服务要求的确定 ··· 180
　8.2.3 产品和服务要求的评审 ··· 182
8.3 产品和服务的设计开发 ··· 185
　8.3.1 总则 ·· 185
　8.3.2 设计和开发策划 ·· 185
　8.3.3 设计和开发输入 ·· 189
　8.3.4 设计和开发控制 ·· 191
　　8.3.4.1 设计和开发活动结果要得到明确规定 ····················· 191
　　8.3.4.2 设计和开发评审控制 ·· 192
　　8.3.4.3 实施验证 ··· 193
　　8.3.4.4 实施确认 ··· 194
　　8.3.4.5 对评审、验证和确认活动确定的问题采取必要的措施 ··· 195
　8.3.5 设计和开发输出 ·· 196
　8.3.6 设计和开发更改的控制 ··· 198
8.4 外部提供的产品和服务的控制 ·· 199
　8.4.1 总则 ·· 200
　8.4.2 对外部供方的控制类型和程度 ··································· 202
　8.4.3 外部供方的相关信息 ·· 204
8.5 生产和服务提供 ·· 205
　8.5.1 生产和服务提供的控制 ··· 205
　8.5.2 标识和可追溯性 ·· 209
　8.5.3 顾客或外部供方财产 ·· 211
　8.5.4 防护 ·· 212

XI

8.5.5 交付后的活动 ... 213
8.5.6 变更控制 ... 214
8.6 产品和服务的放行 ... 214
8.7 不合格输出的控制 ... 215
8.7.1 不合格的控制 ... 215
8.7.2 不合格控制的形成文件的信息 ... 216

第9章 绩效评价

9.1 监视、测量、分析和评价 ... 218
9.1.1 总则 ... 218
9.1.2 顾客满意 ... 220
9.1.3 分析和评价 ... 228
9.2 内部审核 ... 229
9.2.1 内部审核的概念及目的 ... 229
9.2.2 内部审核的策划与实施 ... 230
9.3 管理评审 ... 232
9.3.1 管理评审的策划和实施 ... 232
9.3.2 管理评审输出 ... 236
9.4 绩效评价 ... 237

第10章 改进

10.1 总则 ... 239
10.2 不符合和纠正措施 ... 240
10.2.1 不符合的应对 ... 240
10.2.2 保持文件化信息 ... 242
10.3 持续改进 ... 242
10.4 改进的工具和方法介绍 ... 243

第11章 ISO 9004：2009 标准介绍

11.1 概述 ... 245
11.1.1 2009 版修订的基本考虑 ... 245
11.1.2 ISO 9004 的作用和收益 ... 246
11.1.3 ISO 9004 在质量管理中的位置 ... 247
11.1.4 成功的组织 ... 248
11.1.5 过程方法 ... 250
11.1.6 风险、机会和利益 ... 251
11.1.7 产品生命周期 ... 252
11.2 ISO 9004 与 ISO 9001 的比较 ... 252
11.2.1 适用范围 ... 252
11.2.2 目标 ... 253

11.2.3 过程和活动 ... 253
11.3 组织持续成功的管理 ... 255
11.3.1 总则 ... 255
11.3.2 持续成功 ... 256
11.3.3 组织的环境 ... 256
11.3.4 相关方需求和期望 ... 256
11.4 战略和方针 ... 257
11.4.1 总则 ... 257
11.4.2 战略和方针制定 ... 257
11.4.3 战略部署和方针展开 ... 257
11.4.4 战略和方针的沟通 ... 258
11.5 资源管理 ... 258
11.5.1 总则 ... 258
11.5.2 财务资源 ... 259
11.5.3 组织的人员 ... 260
11.5.4 合作方和供方 ... 261
11.5.5 基础设施 ... 262
11.5.6 工作环境 ... 263
11.5.7 知识、信息和技术 ... 263
11.5.8 自然资源 ... 264
11.6 过程管理 ... 265
11.6.1 总则 ... 265
11.6.2 过程的策划和控制 ... 265
11.6.3 过程的职责和权限 ... 266
11.7 监视、测量、分析和评审 ... 266
11.7.1 总则 ... 266
11.7.2 监视 ... 266
11.7.3 测量 ... 266
11.7.4 分析 ... 269
11.7.5 监视、测量和分析的信息评审 ... 270
11.8 改进、创新和学习 ... 270
11.8.1 总则 ... 270
11.8.2 改进 ... 271
11.8.3 创新 ... 271
11.8.4 学习 ... 272
11.9 自我评定 ... 273
11.9.1 总则 ... 273
11.9.2 成熟的模式 ... 273

11.9.3 关键因素的自我评定	274
11.9.4 详细因素内容的自我评定	274
11.9.5 使用自我评定工具	284
11.9.6 自我评定的结果以及改进和创新的策划	284

第3篇 组织贯标与认证

第12章 概论

12.1 概述	287
12.1.1 贯彻 ISO 9000 标准	287
12.1.2 贯标与认证的关系	288
12.2 组织决策的考虑	288
12.2.1 战略抉择	288
12.2.2 利益权衡	289
12.3 组织贯标与认证的基本过程	290
12.3.1 认证前期准备	292
12.3.2 质量管理体系总体设计	296
12.3.3 编写质量体系文件	297
12.3.4 质量管理体系运行及改进	298
12.3.5 质量管理体系认证的过程	298
12.3.6 认证后的整改	301
12.3.7 认证后的保持和改进	301
12.4 第三方审核和认证过程的典型流程	302

第13章 组织贯标的基本思路

13.1 坚持"质量管理是组织管理的纲"	304
13.2 贯标需要最高管理者的持续、有力的推动	305
13.3 以 ISO 9001 为核心	305
13.3.1 分清质量管理的层次	305
13.3.2 以 ISO 9001:1994 为基础	306
13.4 高、中层干部是关键	307
13.4.1 组织最高领导	307
13.4.2 各条线的主管领导	307
13.4.3 业务部门(包括分支、分厂、车间)领导	307
13.5 培训是基础	308
13.6 抓住两条主线	308
13.6.1 产品和服务质量特性的保证能力	308
13.6.2 组织自我完善机制的有效建立	309

13.7 从体系着眼，从过程着手 309
13.7.1 从体系着眼 309
13.7.2 从过程着手 310
13.8 务实 310
13.8.1 贯标口诀 310
13.8.2 立足于组织实际 311
13.8.3 增值 311
13.8.4 反对一刀切 311
13.9 质量管理体系的建立与实施总体同步推进 311
13.9.1 从部门质量活动调研找差距开始就进行整改 311
13.9.2 尽早落实管理职责 312
13.9.3 体系文件和作业文件、记录同步编写 312
13.9.4 体系文件分期、分批发布实施 312
13.10 贯标与运行紧密结合 312
13.10.1 最高管理者态度鲜明 313
13.10.2 以贯标促生产和服务 313
13.10.3 对生产或工作计划适度调整 313

第14章 认证和咨询机构的选择
14.1 概述 314
14.2 国内、国外认证机构的比较 314
14.3 认证机构的选择 316
14.3.1 法人资格和经营机制 316
14.3.2 认证机构的业绩 317
14.3.3 专业和专家队伍 317
14.3.4 工作质量和信誉 317
14.3.5 费用 317
14.4 咨询机构和人员的选择 319
14.4.1 咨询的必要性 319
14.4.2 咨询师的主要任务 320
14.4.3 咨询机构和人员选择的基本考虑 320
14.4.4 咨询与认证分离 322

第15章 获证后组织深入贯标问题
15.1 全面深入贯彻 ISO 9000 标准 323
15.2 质量管理体系有效性的标志和评价 324
15.3 开展产品和服务审核及过程审核 327
15.3.1 产品和服务审核 327
15.3.2 过程审核 330

15.4 可信性管理 ... 332
15.4.1 基本概念 ... 332
15.4.2 管理职责 ... 333
15.4.3 产品和服务或工程项目通用的大纲要素 ... 334
15.4.4 产品和服务或工程项目专用的大纲要素 ... 334

15.5 测量设备的计量确认体系 ... 336
15.5.1 基本概念 ... 336
15.5.2 计量确认体系的要求 ... 337

15.6 按 ISO 9004 改善质量管理体系的业绩 ... 339
15.6.1 组织按 ISO 9004 完善质量管理体系的收益 ... 339
15.6.2 实施 ISO 9004 的注意事项 ... 340
15.6.3 自我评定 ... 341
15.6.4 持续改进的过程 ... 343

15.7 ISO/TS 16949 质量管理体系简介 ... 344
15.7.1 概述 ... 344
15.7.2 生产件批准程序（PPAP）... 347
15.7.3 产品质量先期策划（APQP）... 348
15.7.4 潜在的失效模式和后果分析（FMEA）... 353
15.7.5 测量系统分析（MSA）... 357
15.7.6 基础统计过程控制（SPC）... 363

第16章 卓越绩效模式

16.1 概述 ... 367
16.1.1 什么是卓越绩效模式 ... 367
16.1.2 卓越绩效模式框架图 ... 369
16.1.3 卓越绩效模式的特征 ... 370
16.1.3.1 "大质量"概念 ... 370
16.1.3.2 更加强调以顾客为中心的理念 ... 371
16.1.3.3 更加强调系统思考和系统整合 ... 371
16.1.3.4 更加强调重视组织文化的作用 ... 371
16.1.3.5 更加强调坚持可持续发展的原则 ... 371
16.1.3.6 更加强调组织的社会责任 ... 371
16.1.3.7 强调质量对组织绩效的增值和贡献 ... 371
16.1.4 卓越绩效模式的核心价值观 ... 372
16.1.4.1 远见卓识的领导 ... 372
16.1.4.2 战略导向 ... 372
16.1.4.3 顾客驱动 ... 372
16.1.4.4 社会责任 ... 373

16.1.4.5　以人为本 ……………………………………………… 373
　　16.1.4.6　合作共赢 ……………………………………………… 373
　　16.1.4.7　重视过程与关注结果 ………………………………… 374
　　16.1.4.8　学习、改进与创新 …………………………………… 374
　　16.1.4.9　系统管理 ……………………………………………… 374
　16.1.5　组织推行卓越绩效模式的作用和意义 ………………………… 374
16.2　卓越绩效评价准则的主要内容 ……………………………………… 375
　16.2.1　领导 ………………………………………………………………… 375
　　16.2.1.1　组织的领导 ……………………………………………… 375
　　16.2.1.2　社会责任 ………………………………………………… 377
　16.2.2　战略 ………………………………………………………………… 378
　　16.2.2.1　战略制定过程 …………………………………………… 378
　　16.2.2.2　战略和战略目标 ………………………………………… 379
　　16.2.2.3　战略部署 ………………………………………………… 380
　16.2.3　顾客与市场 ………………………………………………………… 381
　　16.2.3.1　对顾客和市场的细分 …………………………………… 381
　　16.2.3.2　顾客需求和期望的了解 ………………………………… 381
　　16.2.3.3　顾客关系和顾客满意 …………………………………… 381
　16.2.4　资源 ………………………………………………………………… 383
　　16.2.4.1　人力资源 ………………………………………………… 383
　　16.2.4.2　财务资源 ………………………………………………… 386
　　16.2.4.3　信息和知识资源 ………………………………………… 386
　　16.2.4.4　技术资源 ………………………………………………… 387
　　16.2.4.5　基础设施 ………………………………………………… 388
　　16.2.4.6　相关方关系 ……………………………………………… 388
　16.2.5　过程管理 …………………………………………………………… 389
　　16.2.5.1　过程的识别与设计 ……………………………………… 389
　　16.2.5.2　过程的实施和改进 ……………………………………… 390
　16.2.6　测量、分析与改进 ………………………………………………… 391
　　16.2.6.1　提要 ………………………………………………………… 391
　　16.2.6.2　绩效测量 ………………………………………………… 391
　　16.2.6.3　绩效分析和评价 ………………………………………… 391
　　16.2.6.4　改进与创新 ……………………………………………… 392
　16.2.7　结果 ………………………………………………………………… 393
　　16.2.7.1　总则 ………………………………………………………… 393
　　16.2.7.2　产品和服务的结果 ……………………………………… 393
　　16.2.7.3　顾客与市场的结果 ……………………………………… 393
　　16.2.7.4　财务结果 ………………………………………………… 394

- 16.2.7.5 资源结果 …… 394
- 16.2.7.6 过程有效性结果 …… 395
- 16.2.7.7 领导方面的结果 …… 396
- 16.3 卓越绩效评价要点 …… 396
- 16.3.1 对"过程"的评分要点 …… 397
- 16.3.2 对"结果"的评分要点 …… 398
- 16.3.3 卓越绩效评分过程 …… 398
  - 16.3.3.1 了解组织 …… 398
  - 16.3.3.2 逐项的定性评价 …… 399
  - 16.3.3.3 逐项的定量评价 …… 399
  - 16.3.3.4 综合评价 …… 400
  - 16.3.3.5 如何进行自我评价 …… 400

参考文献

第1篇 ISO 9000 族概要

第1章　ISO 9000 族概论

1.1　ISO 9000 族的定义

ISO/TC 176 制定的所有国际标准称为 ISO 9000 族。

ISO 是国际标准化组织（International Standard Organization）的缩写。TC 176 是 ISO 的第 176 技术委员会，由它负责制定"质量管理与质量保证"的有关标准和指导性文件。

1.2　ISO 9000 族的构成

TC 176 起草的质量管理与质量保证标准为质量管理体系提供了一套综合的要求和指南。

新修订的 2015 版 ISO 9000 族的构成见表 1-1。根据 ISO 的说明，本书中以下未注明年份的均以最新版本为准。

表 1-1　新版 ISO 9000 族的构成

核心标准	QMS 的指南	QMS 技术支持指南	支持 QMS 的技术报告	特殊行业的 QMS 要求
ISO 9000 ISO 9001 ISO 9004	ISO 10001 ISO 10002 ISO 10003 ISO 10004（新增） ISO 10008（新增） ISO 10012 ISO 19011	ISO 10005 ISO 10006 ISO 10007 ISO 10014 ISO 10015 ISO 10018（新增） ISO 10019	ISO/TR 10013 ISO/TR 10017	ISO/TS 16949 《质量管理体系　汽车行业生产件与相关服务件的组织实施 ISO 9001：2008 的特殊要求》

注：QMS 为"质量管理体系"的英文缩写，下同。

（1）ISO 9000 族的核心标准，是系列标准里最基本的标准，其现行有效版本如下
- ISO 9000：2015《质量管理体系　基础和术语》；
- ISO 9001：2015《质量管理体系　要求》；
- ISO 9004：2009《组织持续成功的管理　一种质量管理方法》。

注：原核心标准 ISO 19011：2011《管理体系审核指南》纳入管理体系

指南。

(2) 质量管理体系的指南
- ISO 10001：2007《质量管理　顾客满意度　组织行为规范指南》；
- ISO 10002：2004《质量管理　顾客满意度　组织处理投诉指南》；
- ISO 10003：2007《质量管理　顾客满意度　组织外部争议解决指南》；
- ISO 10004：2015《质量管理　顾客满意度　监视和测量指南》；
- ISO 10008：2015《质量管理　顾客满意度　商家对消费者电子商务交易指南（B2C ECT）》；
- ISO 10012：2003《质量管理体系　测量过程和测量设备管理指南》；
- ISO 19011：2011《管理体系审核指南》。

(3) 质量管理体系技术支持指南
- ISO 10005：2005《质量管理体系　质量计划指南》；
- ISO 10006：2003《质量管理　项目管理质量指南》；
- ISO 10007：2003《质量管理　技术状态管理指南》；
- ISO 10014：2006《质量管理　财务和经济效益实现指南》；
- ISO 10015：1999《质量管理　培训指南》；
- ISO 10018：2015《影响人们参与和能力的指南》；
- ISO 10019：2005《质量管理体系　咨询师的选择及其服务指南》。

(4) 支持质量管理体系的技术报告
- ISO/TR 10013：2001《质量管理体系文件指南》；
- ISO/TR 10017：2003《统计技术应用指南》。

(5) 特殊行业的质量管理体系要求

特殊行业的质量管理体系要求，是针对某些特定行业的质量管理体系要求的特定标准。一般是在 ISO 9001 要求基础上加上行业的特殊要求。

目前这类标准有：ISO/TS 16949：2009《质量管理体系　汽车行业生产件与相关服务件的组织实施 ISO 9001：2008 的特殊要求》。

1.3　ISO 9000 族的发展沿革

1.3.1　ISO 9000 产生的背景

(1) 质量是市场竞争的焦点，是取得顾客信任的前提

质量、信誉是占领市场的先决条件。随着产品和服务的日新月异，其形式和

内容变化多端,仅仅靠对已有产品和服务保证质量或通过产品和服务质量认证取得信任,已经不能满足市场竞争的需要。顾客也难以单凭自己的知识、能力和经验来判断产品和服务质量的优劣。只有能持续不断地提供适合市场需要的、用户满意的产品和服务的组织,才会在市场中具有旺盛的生命力。质量保证能力是取得顾客信任、市场认同的重要前提。是否具备质量保证能力,是涉及企业生存、发展,获取更高效益的至关重要的问题。因此,对外实施质量保证和对内完善质量管理,已成为世界潮流。

(2)保护消费者权益,推动组织建立更完善的质量体系

产品只要有缺陷、服务有让人不满意,对消费者有不合理的危险,使其人身安全、健康或财产受到损害,生产者和销售者都应负责,这是保护消费者权益的基本要求。1936年,在美国纽约最早成立了"消费者联盟";到20世纪60年代,成立各种保护消费者权益的团体成为世界性趋势。消费者权益组织要求从法律上切实维护消费者权益,特别是一些包含新技术的新产品、高价值产品,要求更高的安全性和可靠性。这些产品在质量上的缺陷给消费者带来的损害极其严重,甚至会影响到国家安全、生态环境和人类生存,如:核电站、飞船、火箭、飞机、火车、汽车、锅炉、压力容器、水力枢纽工程、大型建筑物、桥梁、隧道、药物、食品等。这类产品和服务一旦出现质量事故,其影响之大、损失之惨重是难以用数字来准确估计的。在美国,不仅赔偿金额已达"天价",而且还要追究生产者、经营者的刑事责任。

为解决国际上产品质量争论和产品质量责任问题,欧盟国家1973年在荷兰海牙缔结了国际性的"关于产品责任适用法律公约",也缔结了"关于造成人身伤害与死亡的产品责任欧洲公约"。在我国,"产品质量法"和"消费者权益保护法"也充分体现了维护消费者合法权益和生产者、销售者必须承担因产品质量缺陷而造成损失的法律责任的基本要求。

面对严格的质量责任,对于生产者来说,宁愿"先花少量的钱"来加强质量保证活动,以避免因质量问题"今后赔偿更多的钱";同时,加强质量保证能提供足够的证据来为自己免除产品质量责任进行辩护。对顾客来说,宁愿承担因生产者提出质量保证要求而增加的费用,以求得产品更为安全、可靠,使风险降低到可承受的程度。对于服务类行业来说亦然。

(3)国际贸易需要关于质量的共同语言和规则

随着国际贸易的拓展,在贸易往来中,使供需双方在质量的基本观念上,在评价质量管理和质量保证的规范上,以及质量认证的依据上,如何取得共识的需求更为迫切。制定世界统一的质量管理和质量保证标准和规则,对于消除非关税的贸易壁垒,减少重复检查、认证,推进质量管理的竞争,都有着重要的现实意

义。为此，国际标准化组织（ISO）于1979年成立了TC 176（质量管理和质量保证技术委员会），着手研究、制定可供国际间遵循的质量管理和质量保证标准。

（4）质量保证的需求，促进了质量保证标准的产生

在第二次世界大战中，电子元器件的不可靠导致武器和军用设施的战斗力难以发挥，造成了巨大的损失，从而推动军工及航空、航天部门发展质量保证技术。1959年美国军工系统制定了MIL-Q-9858《质量大纲》，这是最早出现的质量保证标准。此后，美国又针对各种军工产品制定了一系列的质量保证标准。随后一些产品附加值高、产品安全责任重大的民用工业，率先借鉴军工质量保证技术，开展质量保证活动。1971年ANS1（美国国家标准学会）制定了国家标准ANS1-N-45.2《核电站质量保证大纲要求》。

随着各行各业对质量保证需求的发展，质量保证活动从特殊的高风险行业，扩展到整个民用工业领域。1979年，ANS1/ASQC Z1.15《质量体系通则》（ASQC美国质量管理协会）问世，为形成一个严格而完整的质量管理和质量保证体系奠定了基础。同时，英国标准BS 5750part1/2/3：1979颁布，并于1982年开始据其实施质量体系认证，开创了质量体系认证的先河。

1.3.2 ISO 9000族的制定、修订情况

ISO/TC 176制定和修订标准的过程一般有五步骤：
- 工作小组草案（Work Draft, WD）；
- 委员会草案（Committee Draft, CD）；
- 国际标准草案（Draft International Standard, DIS）；
- 最终国际标准版草案（Final Draft International Standard, FDIS）；
- 正式发行国际标准（International Standard, IS）。

了解ISO 9000族的修订过程，对于深入理解和准确把握新版标准，是颇有助益的。

1.3.2.1 87版

1）1986年6月正式颁布了ISO 9000族的第一个标准，即ISO 8402：1986《质量术语》。

2）1987年3月正式颁布了ISO 9000~ISO 9004质量管理和质量保证系列标准，其所依据的术语标准为ISO 8402：1986。

3）ISO 9000《质量管理和质量保证标准选择和使用指南》是阐述基本概念和指导选择应用ISO 9000系列标准的标准。

4）ISO 9001/2/3：1987《质量体系×××的质量保证模式》是用于质量体系认证的三种质量保证模式标准。它基本上是以英国标准BS 5750：1979为蓝本制

定的。

5）ISO 9004：1987《质量管理和质量体系要素指南》为建立更为完善的质量管理体系的要素，提供了指南。它基本上是以美国标准 ANS1/ASQC Z1.15 为蓝本制定的。

这一套标准对在全世界范围内推动质量体系的建立和质量体系认证是个创举，一经问世就充分显示出它的重要作用。

1.3.2.2　94 版

通过七年的实践和研究，ISO/TC 176 对 ISO 9000 系列标准，于 1994 年进行了修订。94 版是在 ISO 9000 标准的总体思路保持不变的情况下，对质量保证要求和质量管理指南的有关技术内容，进行了细微的修订，使之更趋合理。同时，为下一步对结构体例、基本原则、过程安排等进行更大幅度的全面修订，做了必要的准备，如引进了一些重要的概念。

（1）修订的重要特点

1）标准体系的发展。由 ISO 9000 系列标准扩展为 ISO 9000 族。

2）术语的发展。在广度上，由原来 22 个术语扩充为 67 个术语，增加了一些重要术语，如质量策划、质量改进、质量成本、预防措施、可信性、相容性、实体等；在术语概念上拓展了普适性，如在质量定义中引入"实体"代替"产品和服务"。在深度上，定义更为科学、准确、严谨，如质量管理定义引入了质量策划、质量控制、质量保证和质量改进四种重要手段。

3）产品概念的发展。根据产品形成的特点，将产品分为四类：硬件、软件、流程性材料和服务。

4）ISO 9000-1：1994 标准由 ISO 9000 系列标准的选择应用指南，发展为 ISO 9000 族的选择应用指南。

5）在 ISO 9001：1994 标准中，增补了一些重要的质量体系要素活动要求，如：

- 在 4.2 质量体系中提出了质量策划的要求，并进入标准正文，除 87 版的注解所列 7 项内容之外，增加了产品验证的安排。
- 在 4.4 设计控制中，强化了设计评审并增加了设计确认。
- 在 4.5 文件控制中，增加了对失效文件的控制要求，以及对作废文件的标识。
- 在 4.9 过程控制中，明确了对过程参数的监控要求。
- 在 4.10 检验控制中，增加了对检验文件（即检验质量计划、检验规范、检验作业指导书）的控制要求，并明确提出"所要求的检验和试验及所建立的记录应在质量计划或形成文件的程序中详细规定"；在检验记录的规定中,强调了"这些记录应清楚地表明产品是否已按所有规定的验收标准通过了检验和试验",明确了检验与不合格处理程序的接口,并要求"标明负责合格产品放行的授权检验者"。

- 4.14 由"纠正措施"改为"纠正和预防措施",对"预防措施"单独列出并强化其要求。
- 在 4.15 中明确了"防护"要求。
- 在 4.17 内部质量审核中,强调了审核人员的独立性,对跟踪审核明确了要求。
- 在 4.20 统计技术中,将"需要时"改为"应明确需求",因此,应用统计技术不再是可有可无的活动。

(2) 其他有关 ISO 9000 标准

在 87 版与 94 版 ISO 9000 标准之间及其后,为了指导 ISO 9000 标准的应用,陆续发布了一些指南标准及支持性管理技术标准。

1) 针对不同类型产品的实施指南有:

- ISO 9000-2:1993(后修订为 ISO 9000-2:1997)ISO 9001、ISO 9002、ISO 9003 的实施通用指南;
- ISO 9000-3:1991 ISO 9001 在计算机软件开发、供应、安装和维护中的使用指南;
- ISO 9004-2:1991 服务指南;
- ISO 9004-3:1993 流程性材料指南。

2) 对于质量体系的实施指南有:

- ISO 9000-4:1993 可信性大纲管理指南;
- ISO 9004-4:1993 质量改进指南。

3) 支持性的管理技术标准有:

- ISO 10011-1:1990 质量体系审核指南第 1 部分:审核;
- ISO 10011-2:1991 质量体系审核指南第 2 部分:质量体系审核员的评定准则;
- ISO 10011-3:1991 质量体系审核指南第 3 部分:审核工作管理;
- ISO 10012-1:1994 测量设备的质量保证要求第 1 部分:测量设备的计量确认体系。

这些标准作为 ISO 9000 族中的一员,都在某个领域内起着规范管理活动的作用。1994 年以后,对于 TC176 SC 1 和 SC 2 所制定的术语标准和质量体系系列标准来说,格局基本定型;而对于 TC176 SC3(质量管理技术分委员会)来说,尚有许多领域需要开拓。在这方面,发布的标准有:

第1章 ISO 9000族概论

- ISO 10005：1995 质量计划指南；
- ISO 10012-2：1997 测量设备的质量保证要求第2部分：测量过程控制指南；
- ISO 10006：1997 项目管理指南；
- ISO 10007：1995 技术状态管理指南；
- ISO 10013：1995 质量手册编制指南；
- ISO 10017：1999 用于 ISO 9001：1994 的统计技术指南。

（3）有关技术规范

ISO/TS 16949：1999《质量体系要求 汽车供应商关于应用 ISO 9001：1994 的特别要求》。

1.3.2.3 2000版

ISO 9000 族自发布以来，尽管它很有生命力，但在国际质量管理界对其有效性的怀疑渐多。其在发展过程中必须解决一系列问题[1]，才能在理论上和实践上更为完善、有效，特别是要使 ISO 9000 更好地适合各类组织的使用需要，更全面地体现当今世界质量管理发展的潮流，以促使应用 ISO 9000 族的组织能更大幅度地提高其效率和效益，从而提高其在国际市场上的竞争力。

为此，ISO/TC 176 从 1995 年起就在全世界范围内进行了大规模的调查研究活动，广泛地征询了意见，为修订做了充分准备，着手起草标准，并于 1998 年提出了三项标准草案的建议稿：ISO/CD1 9000：2000、ISO/CD1 9001：2000 和 ISO/CD1 9004：2000。这3个建议稿立即受到了各方面的关注，并提出了大量的修改意见，ISO/TC 176 据此做了相当大的改动，并于 1999 年一季度提出了第二稿（即 CD2 稿）。再次经过征询意见和讨论，又进行了较大修改，并于 1999 年 11 月正式提出了这三项标准草案稿（即 DIS 稿）。此稿经 ISO/TC 176 成员国表决获得过半数以上（实际上为绝对多数）成员通过后，又进行了一些细微的技术内容和编辑性修改，于 2000 年 9 月发布了 FDIS 稿。在取得 3/4 以上成员国投票赞同后，再经过编辑润色，于 2000 年 12 月 15 日正式发布了 ISO 9000、ISO 9001 和 ISO 9004 的 2000 版新标准。

纵观标准的修订，从 87 版的 6 个标准（术语和质量体系），到 94 版已发布的 22 项标准，经历了由简到繁的过程，再从 94 版 20 多个标准到 2000 版 4 个核心标准，又经历了由繁到简的过程，但它并非简单地回归，而是在新的基础上的升华。

正如作者在《ISO 9000 质量保证体系》一书中，对 ISO 9000 族 2000 年的修订所作的展望[1]那样，对其中涉及到的问题，在新版标准中均已做出适当的安排。2000 版标准与 94 版标准相比，有以下变化。

（1）2000 版 ISO 9000 族与 94 版标准相比，总体上的变化

9

1) 更适合各类产品和各种规模的组织

原94版标准基本上针对硬件产品，特别是机电产品，而对于服务类产品则不甚适应；它更适合大中型组织，而对于小型组织则多有不适。修改后使新标准更具有普适性，适用于各行各业和各类产品以及各种规模的组织。

2) 标准大为简化

2000版核心标准只有4个，其他指导性文件均以技术报告、技术规范和小册子的形式出现。而不像94版 ISO 9000族标准有20多个，以至多数审核员尚不能完全掌握，在一个组织内更难以实施。修订后的标准突出了重点，易于针对组织的不同情况加以贯彻实施。

3) 引入质量管理的八项基本原则

遵循这八项原则是当今世界质量管理的潮流，舍此组织绝无可能取得质量管理所期望的业绩。

4) ISO 9001和 ISO 9004相互协调

94版的 ISO 9001：1994和 ISO 9004：1994，由于秘书国不同，所依据的标准蓝本不同，因而在要素界定、要素内涵等方面存在差异，使这两个标准相互独立，衔接不良。2000版标准，则将 ISO 9001：2000和 ISO 9004：2000变为一对相互协调的标准，ISO 9004：2000包容了 ISO 9001：2000。ISO 9001：2000规定了质量管理体系的基本要求，作为质量管理体系认证的依据；而 ISO 9004：2000则是进一步改进质量管理体系业绩的指南。

5) 与其他管理体系的兼容

2000版标准充分体现了 ISO 9000（质量管理体系）、ISO 14000（环境管理体系）和 OHSAS 18000（职业安全与健康管理体系）的相容性。在管理的指导思想和标准的基本结构、术语和审核方法诸方面协调一致，从而为企业管理的一体化奠定了基础。

6) 进一步提高了 ISO 9000标准的有效性

2000版标准按过程方法编写，完整地强调了依据P（策划）、D（实施）、C（检查）、A（处置）质量循环来管理，并充分规定了闭环管理的措施，强调了预防和持续改进。对质量方针、目标实施管理，特别是强调质量目标展开和落实的要求。所有这些都有利于提高实施 ISO 9000标准的有效性。

7) 解决了 ISO 9000族的普遍性与某些行业要求的特殊问题。

在原有的 ISO 9000族中只强调标准的普遍性和统一性，但它并不能解决某些行业的特殊性问题，于是汽车行业美国有 QS 9000，德国有 VDA 6.1，通信行业有 TL 9000，航空、航天行业有 AS 9100等。各国制定自己的行业质量管理体系要求标准，并不利于国际贸易的发展。为此，ISO 组织将 QS 9000和 VDA 6.1协调起来成为一个统一的技术规范,即 ISO/TS 16949,这为解决行业的特殊要求问题提供了一个范例。

(2) ISO 9001:2000 版与 94 版标准相比,其主要变化

1) 体例改为过程方式
- 管理重点由"产品"转向"过程";
- 更全面的过程管理。

2) 持续改进
- 目标:质量管理体系的有效性。
- 手段:质量方针、目标、审核结果。

3) 强化最高管理者的作用
- 确保质量承诺:质量管理体系有效,资源获得。
- 确保满足顾客需求和持续改进。
- 确保质量方针有效、沟通、评审。
- 确保质量目标逐层分解,并可测量。
- 确保质量策划的有效实施和质量管理体系的完整性。
- 确保组织内职责、权限规定和沟通。

4) 考虑法律、法规要求

5) 质量方针、目标的管理
- 质量方针的有效性。
- 质量目标的展开和测量。

6) 顾客满意是体系业绩的度量
- 以顾客为关注焦点。
- 监控顾客满意与否的信息。

7) 资源管理(特别是人力资源)
- 资源可获得性。
- 培训有效性的评价。

8) 对体系、过程和产品的测量

9) 强化设计、开发活动要求
- 产品的设计、开发。
- 过程的设计、开发。
- 评审、验证、确认的跟踪管理。

10) 数据分析
- 对信息和数据进行管理。
- 运用统计技术对数据进行分析。

11）沟通
- 内部信息传递与思想交流、相互理解。
- 顾客产品信息、合同处理、顾客反馈。
- 与供方的信息交流，及时通知组织相关要求的变化。

12）体系文件
- 要求必备程序数减少：由 17 个减为 6 个必要的，分别为文件控制、质量记录控制、内部审核、不合格控制、纠正措施和预防措施。
- 组织为确保其过程有效策划、运作和控制所需的文件。

1.3.2.4　2008 版

应该指出，ISO 9000 族第四版是陆续修订完的。自 2000 版 ISO 9000 族发布以来，颁布的有关新标准如下。

（1）ISO/TR 10013：2001《质量管理体系文件指南》

该标准替代了 ISO 10013：1995《质量手册编制指南》。虽然标准的层级降为技术报告，但其仍然是 ISO 9000 族中的一员，所规定的内容中的"应"（shall）表示要求，"应当"（should）仅起指导作用。

（2）ISO 19011：2002《质量和（或）环境管理体系审核指南》

该标准在 2002 年，将 ISO 10011-1：1990《质量体系审核指南　审核》、ISO 10011-2：1991《质量体系审核指南　审核员评定准则》、ISO 10011-3：1991《质量体系审核指南　审核工作管理》、ISO 14010：1996《环境审核通用指南》、ISO 14011：1996《环境管理体系审核》和 ISO 14012：1996《环境审核员资格要求》6 个标准，合并为一个标准。它具体给出了审核基本原则、审核方案管理、质量和环境管理体系审核实施以及审核员能力各个过程指南要求，具有较强的操作性。2009 年该标准已开始再次修订，并于 2011 年发布实施为现行版本。ISO 19011：2002 标准的特点主要如下。

1）适用性与灵活性

ISO 19011：2002 标准具有广泛的适用性，它可以用于内部审核和外部审核，特别是增强了对内部审核的适用性。ISO 19011：2002 标准的使用对象可以包括组织（内部审核，对供方的审核）；认证机构（管理体系外部审核）；认可机构（对经合格评定的机构进行评审）；政府（增强对民间合格评定活动的信任，改进政府本身的检查活动）以及其他审核行业（为了互相学习）。

该标准的灵活性在于，使用时（如标准中多处所述）可以根据受审核组织的规模、性质、复杂程度以及实施审核的目的和范围的不同而不同。这更有助于包括中小规模企业在内的不同类型的组织对标准的使用。

2）结合性与相关性

ISO 19011：2002 标准适用于结合审核。结合审核是指对组织采用不同管理体系要求同时进行审核。该标准将质量管理方法和环境管理方法联系起来，以合理顺序表述了管理体系审核的所有方面，揭示了审核系统中不同过程间的相互关系与作用。ISO 19011：2002 标准将 PDCA（策划、实施、检查、处置）循环用于审核方案的管理，将过程方法用于每次审核的实施，这样在描述相关活动时更为清楚、一致，便于有关指南在日常工作中得到应用。在 ISO 以前的审核标准中，这些过程被分散在不同的标准中，有的则根本没有被提到。

3）普遍性与原则性

ISO 19011：2002 标准简明地提出了审核原则，把管理体系审核与遵循相同原则、更具普遍性的审核（如财务审计）联系起来。ISO 19011：2002 标准强调了建立和管理审核方案有助于高效率、有效果地实施每次审核。审核方案应当确保管理者的承诺、对实施审核的授权、所需的财力和人力、有关的程序以及对审核活动的监视、审查和改进。

4）需求性与满足性

审核过程可信程度取决于从事审核活动的人员能力。ISO 19011：2002 标准清晰地描述了评价审核员能力的普遍适用的过程。ISO 10011-2：1991 和 ISO 14012：1996 给出了教育、审核培训和工作与审核经验的量化标准，这些标准仅适用于认证审核的审核员。ISO 19011：2002 则提供了根据具体情况确定审核员应具备能力的方法。另外，ISO 19011：2002 还描述了审核员的评价过程，即评价有关人员是否具备必要的能力，是否可以作为某个具体的审核方案的后备审核员，或者是否需要进一步的培训或实践，以获得或保持他的审核能力。这一过程没有规定具体的能力水平，因而适用于各种类型、规模的组织。

ISO 19011：2002 标准主要是针对质量和环境管理体系审核的指南标准，该标准对审核因组织采用的管理体系标准发生变化而变化的方面，没有很明确的表述。如 ISO 9001：2008 对管理体系文件要求减少了，而对一些管理者承诺和员工意识方面提出了新要求，增加了审核难度。另外，该标准主要适用于质量和环境管理体系审核，而对于所有类型和规模的组织的适用程度等，都需要使用者运用该标准的具体实践，以满足自己和相关组织的具体需要。

(3) ISO 10012：2003《测量管理体系 测量过程和测量设备的要求》

该标准将 ISO 10012-1：1992 和 ISO 10012-2：1997 两项标准合并，同时，修订了有关技术内容，使之成为有效的测量管理体系。它能确保测量设备和测量过程的特定用途，对于保证产品质量和消除测量不正确的原因起着重要作用。据此开展的计量确认活动本应具有明显作用，然而，在我国有些主管部门将确认活动走了过场，致使许多拥有最高级别计量确认证书的单位，离标准的要求尚有相当大的差距。

(4) ISO 10006：2003《质量管理　项目管理质量指南》

该标准替代了 ISO 10016：1997《质量管理　项目管理指南》。它全面规定了从项目策划、过程配合管理，直到与项目范围、时间、成本、资源、人员、沟通、风险和采购有关过程的控制要求和控制要点。

(5) ISO/TR 10007：2003《质量管理　技术状态管理指南》

该标准替代了 ISO 10007：1995《质量管理　技术状态管理指南》。在《设计控制》[2]中，对技术状态管理有详细的介绍。对于较复杂的设计开发项目，应对技术状态进行严格的管理。

(6) ISO/TR 10017：2003《统计技术在 ISO 9001：2000 国际标准中的应用指南》

该标准替代了 ISO 10017：1999《用于 ISO 9004：1994 的统计技术指南》。

(7) ISO 9000：2005《质量管理体系　基础和术语》

该标准替代了 ISO 9000：2000。修订后这个标准变动不大，仅在术语方面有些小的修改，使之更为准确，如对技术专家、要求、能力、审核、审核组、审核范围、审核计划、测量管理体系、计量职能等术语进一步加以说明或增补；同时，在附录的概念图中，做了相应的修改。

(8) ISO/TR 10005：2005《质量管理体系 质量计划指南》

对于各种有一定复杂性的项目，往往都需要进行周密的策划，编制一个质量计划。这时，参考该标准将会得到全面的指导。

(9) ISO/TR 10019：2005《质量管理　咨询师的选择及其服务指南》

选择顾问对于希望按 ISO 9000 族建立质量管理体系的组织来说，是一个关系到能否成功、是否走弯路，以及如何提高质量管理体系的有效性和效率等的重大问题。以往在这方面缺乏规范的指导，该标准填补了这一缺失。

(10) ISO/TR 10014：2006《质量管理　财务和经济效益实现指南》

该标准替代了 ISO 10014：1998《质量经济性管理指南》。为改进质量管理体系的业绩，进一步提高效率和效益，在财务管理和效益管理方面，该标准提供了极有价值的指南。

(11) 顾客满意三项标准

在 ISO 10002：2004《质量管理　顾客满意度　组织处理投诉指南》的基础上，又发布了最新国际标准 ISO 10001：2007《质量管理　顾客满意度　组织行为规范指南》和 ISO 10003：2007《质量管理　顾客满意度　组织外部争议解决指南》。这表明对顾客满意的管理，仅限于组织内部已远远不够了，必须延伸到组织外部涉及与顾客关系的各个方面。

1) ISO 10001：2007 可以为组织计划、设计、开发、维护和提高产品的顾客满意度提供指南。组织通过以顾客为中心的指导原则，可以了解顾客的期望和需求，并实施相关行动来达到预防纠纷发生的效果。

2) ISO 10002：2004 可以为组织提供在内部处理产品相关投诉的指导原则。组织通过履行顾客满意行为准则中的相关承诺，使顾客对组织及其产品存在的潜在困惑减少，从而降低问题出现的可能性。

3) ISO 10003：2007 可以为组织在内部无法解决产品相关投诉时提供指导原则。当纠纷在组织内部无法解决时，顾客满意行为准则将帮助各方理解顾客的期望以及组织为满足顾客的期望所做的努力。

这三个标准构成了包括如何提高顾客满意度、有效减少或避免投诉的行为规范、组织内部投诉处理，以及投诉无法在内部解决时的外部争议解决途径等，一整套完善且有效的投诉处理体系。它既可独立、也可联合使用，为投诉提供了一个公开、公平、有章可循、有法可依，用户能积极响应的处理系统，使企业在任何地域都可依据相同标准，及时改进产品和服务，降低投诉率，提高顾客满意度，系统地处理投诉，并最终圆满解决最棘手的投诉问题。

（12）ISO 9001：2008《质量管理体系　要求》

由于 ISO 9001 标准经过 2000 年修订后已相当成熟，故这次换版只是进行局部的修正，而未改动其基本架构和主要条款的内容；只是根据多年运行中发现的问题，加以更准确、完善的描述。

（13）ISO 9004：2009《组织持续成功的管理　一种质量管理方法》。

（14）ISO/TS 16949：2009《质量管理体系　汽车行业生产件与相关服务件的组织实施 ISO 9001：2008 的特殊要求》。

ISO/TS 16949：2009 整合了欧美汽车工业的各种质量规范，并使其在满足 ISO 9001 要求的同时，也满足汽车行业的特殊要求，详见参考文献[3]。

此外，还发布了一些行业的质量管理体系要求，如 ISO 13485：2003《医疗设备　质量管理体系　法规性要求》和 ISO/IEC 27001：2005《信息技术　保密技术　信息保密管理体系　要求》等。

1.3.2.5　2015 版

2015 版 ISO 9000 族也是陆续修订的。到目前为止，颁布的标准见表 1-1。其修订变化情况如下：

(1) ISO 9000：2015 的修订变化
- 为适应建立标准化的管理体系架构的要求，新版的"基本概念和质量管理原则"替代了"质量管理体系基础"。不仅增强了该标准的广泛适用性，还提高了与其他管理体系的融合性。

- 新增了五个"基本概念",分别是:质量、质量管理体系、组织的环境、相关方和支持。
- 管理原则由原来的八项,合并为七项(见本书第 2 章详述),并作为五个"基本概念"的支持。
- 术语和定义由原来 2005 版 84 个增加到 138 个,并从 13 个方面重新划分了"概念关系"(详见本书第 3 章)。

(2) ISO 9001:2015 修订变化

1) 修订时间表,见表 1-2

表 1-2　ISO 9001:2015 标准的修订时间表

序号	时间	阶段内容	版本
01	2012 年 6 月	TC 176 工作小组草案	WD 稿
02	2014 年 5 月	技术委员会 SC2 草案征求意见稿	CD 稿
03	2014 年 10 月	历经 3 个月的 ISO 成员国投票,投票通过率为 89%,远远高于规定的 2/3(即 66%)的通过率。ISO 9001:2015 修订小组委员会(ISO/TC 176/SC2)正式通过了 ISO 9001:2015 DIS 版(草案稿)	DIS 稿
04	2015 年 4 月	ISO/TC 176/SC2 评估整合形成最后提交表决的草案稿	FDIS 稿
05	2015 年 9 月	最终标准发布	IS 发布稿

2) 新版本 ISO 9001:2015 条款结构及内容的主要变化

- 采用了 ISO 指令第一部分附录 SL 中的高层次架构(HLS),其实质是建立包括 10 个方面内容,适用于组织的任何管理体系的标准化架构,也更好地与其他管理体系标准保持一致。由于 2015 版 ISO 9001 标准是首先采用这种标准化架构的标准,因此,与此前的 2008 版相比,本版标准的章节结构(即章节顺序)和某些术语发生了变更,章节由原来的 8 章改为一般结构的 10 章,这也为其他各项管理体系采用同样架构树立了典范。
- 增加了两个资料性附件,分别是新结构及概念说明、ISO 10000 系列质量管理标准,来支撑新版标准。
- 新版标准将基于风险的思维应用于策划和实施质量管理体系过程,有助于确定形成文件的信息的范围和程度。质量管理体系的主要用途之一是作为预防工具。因此,新版标准未就"预防措施"设置单独条款或子条款,预防措施的概念是通过在质量管理体系要求中融入基于风险的思维来表达的。由于新版标准中应用基于风险的思维,因而一定程序上减少了规定性要求,并以基于绩效的要求替代。在过程、形成文件的信息和组织职责方面的要求比 2008 版具有更大的灵活性。

第1章 ISO 9000 族概论

- 新版标准未要求在组织质量管理体系的形成文件的信息中应用本标准的结构和术语。如 2008 版中使用的特定术语"文件"、"形成文件的程序"、"质量手册"和"程序文件"等，在新标准中表述的要求为"保持形成文件的信息"，而 2008 版中使用"记录"这一术语，现在表述的要求为"保留形成文件的信息"。新标准仍然有 25 处要求保持或保留"形成文件的信息"，但对文件名称和表达方式未做强制性要求，组织应用标准时，无需在规定质量管理体系要求时以标准中使用的术语代替组织使用的术语。组织可以选择使用适合其运行的术语，例如："记录"、"文件"或"协议"，而不是"形成文件的信息"；或者使用"供应商"、"伙伴"或"卖方"，而不是"外部供方"。组织可根据自己的实际情况来酌定，更多地注重效果，形式可以多样化。新版标准与 2008 版之间主要术语差异见表 1-3。

表 1-3 ISO 9001：2008 和 ISO 9001：2015 之间的主要术语差异

序号	ISO 9001：2008	ISO 9001：2015
1	产品	产品和服务
2	删减	未使用（见附录 A.5 对适用的说明）
3	管理者代表	未使用（分派类似的职责和权限，但不要求专门委任一名管理者代表）
4	文件、质量手册、形成文件的程序、记录	形成文件的信息
5	工作环境	过程运行环境
6	监视和测量设备	监视和测量资源
7	采购产品	外部提供的产品和服务
8	供方	外部供方

- 改善和扩大服务型组织对新版标准的适用性。新标准在其要求对组织质量管理体系的适用性方面不使用"删减"一词。但是，组织可根据其规模和复杂程度、所采用的管理模式、活动领域以及所面临风险和机遇的性质，对相关要求的适用性进行评审。只有不实施某项要求不会对提供的产品和服务造成不利影响时，组织才能决定该要求不适用。
- 增强对领导作用的要求，对"管理者代表"的称谓未使用，但分派了类似的职责和权限，这样组织可以根据组织规模、类型、发展阶段和领导架构等实际情况来自行决定是否需要这一职位。这也是新版标准适用性和人性化的表现。
- 更加重视过程的绩效分析和评价，进而促进过程的监视和测量活动的展开。
- 更加注重取得预期成果，以提高客户满意度。

3）新版本 ISO 9001：2015 的亮点

a. 亮点1：高层次架构

新版标准采用了 ISO/IEC 导则 第1部分 技术工作程序的附录 SL 的要求。附录 SL 的附件2 称为国际标准的标准模板，确定了适用于所有 ISO 管理体系标准（MSS）的通用术语和定义，也确定了具有一致性结构的 10 个条款作为 MSS 的"高层次架构"（可理解为管理体系标准的通用的标准化架构）。ISO/IEC 导则的附录 SL 所要求的高级结构（标准框架），就是国际标准化组织未来所有管理体系标准制定时的重要依据。这就改变了以往各种管理体系标准章节各异和不同方式的描述。它具有易整合的特性，能确保不同的管理体系易于接轨和整合，避免管理过程的重复和自相矛盾现象的出现。目前已有 ISO 22301《业务持续管理》标准依照 ISO/IEC 导则的附录 SL 的高级结构要求制定，最近 ISO 27001《信息安全管理体系》新版标准也已采用高级结构进行了调整。未来的管理标准都将以相同的思路进行调整。这就为各种管理体系的整合创造了条件。同时，就不必要再搞多套文件，也不必再搞那种表面化、形式化的一体化管理，由于标准结构的一致性，很自然就能融合为一体了[4]。标准条款结构对比见表1-4。

表1-4 标准条款结构对比

序号	ISO 9001：2015	ISO 9001：2008	ISO 14001：2004	OHSAS18001：2011
01	范围	范围	范围	范围
02	引用标准	引用标准	规范性引用文件	参考资料
03	术语和定义	术语和定义	术语和定义	术语和定义
04	组织环境	质量管理体系	环境管理体系要求	职业健康安全管理体系要求
05	领导作用	管理职责	—	—
06	QMS 策划	资源管理	—	—
07	支持	—	—	—
08	运行	产品实现	—	—
09	绩效评价	测量、分析和改进	—	—
10	改进	—	—	—

b. 亮点2：基于风险的思想

基于风险的思维，是所有的组织都会考虑的事情。对于 ISO 9001 质量管理体系来说，风险一直都隐含其中。这一次的大修订，将风险控制变得更明确，并将风险控制融入到整个质量管理体系标准中[4]。

在 ISO 9001：2015 版标准中，除了第7章"支持"没有提到风险，从第4章至第10章都提到了风险。第4章要求组织确定影响其达成目标能力的风险；第5章要求最高管理者应确保第4章所提及的有关于风险的活动得以执行；第6章要求组织采取措施应对风险和机遇；第8章要求组织应有识别和应对风险的过程；第9章要求组织监视、测量、分析和评价风险和机遇；第10章要求组织提高应对风变化的能力。

基于风险的思维已经是过程方法的组成部分，预防措施是其组成部分，可以帮助组织识别其机会。组织采用基于风险的思维能够：

- 增强顾客的信心和满意度；
- 确保持续提供合格的产品和服务；
- 建立积极的预防和改进文件；
- 使组织走上成功。

为了更好地应对 ISO 9001：2015 版标准所提到的风险要求，组织应在组织的过程中使用风险驱动的方法：

- 依据组织的背景（或环境）识别组织的风险和机遇（注：ISO 9001：2015 没有明确要求组织应实施全面而正式的风险评估，或保持一份风险登记表，ISO 31000《风险管理：原则和指引》是一份很有用的参考标准，但并未强制要求参考此风险管理标准）。
- 分析并按重要性对组织的风险进行优先顺序排列，从而确定哪些是可以接受的，哪些是不能接受的，哪些是应当最先改进的。
- 策划应对风险的措施，应考虑如何避免或消除风险，或减轻风险。
- 实施策划的措施。
- 检查措施的有效性。
- 学习经验，便于持续改进。

以上这种风险驱动的方法，与 PDCA 循环的方法也是一致的。

(3) 质量管理体系的指南修订变化

质量管理体系的指南修订变化见 1.2 节 (2)。

(4) 质量管理体系技术支持指南修订变化

质量管理体系技术支持指南修订变化见 1.2 节 (3)。

(5) 支持质量管理体系的技术报告的修订变化

支持质量管理体系的技术报告的修订变化见 1.2 节 (4)。

(6) 特殊行业的质量管理体系要求

特殊行业的质量管理体系要求见 1.2 节 (5)。

(7) 以上标准与 ISO 9001：2015 版关系见表 1-5 及如图 1-1 所示。

表 1-5　ISO 9001：2015 版标准章节条款与其他国际标准之间的关系

其他国际标准	在 ISO 9001：2015 标准里的条款						
	4	5	6	7	8	9	10
ISO 9000	全部	全部	全部	全部	全部	全部	全部
ISO 9004	全部	全部	全部	全部	全部	全部	全部

(续)

其他国际标准	在 ISO 9001：2015 标准里的条款						
	4	5	6	7	8	9	10
ISO 10001					8.2.2, 8.5.1	9.1.2	
ISO 10002					8.2.1	9.1.2	10.2.1
ISO 10003						9.1.2	
ISO 10004						9.1.2, 8.1.3	
ISO 10005		5.3	6.1, 6.2	全部	全部	9.1	10.2
ISO 10006	全部	全部	全部	全部	全部	全部	全部
ISO 10007					8.5.2		
ISO 10008	全部	全部	全部	全部	全部	全部	全部
ISO 10012				7.1.5			
ISO/TR 10013				7.5			
ISO 10014	全部	全部	全部	全部	全部	全部	全部
ISO 10015				7.2			
ISO/TR 10017			6.1	7.1.5		9.1	
ISO 10018	全部	全部	全部	全部	全部	全部	全部
ISO 10019					8.4		
ISO 19011						9.2	

注："全部"指包括所有的具体条款与其他国际标准的关系。

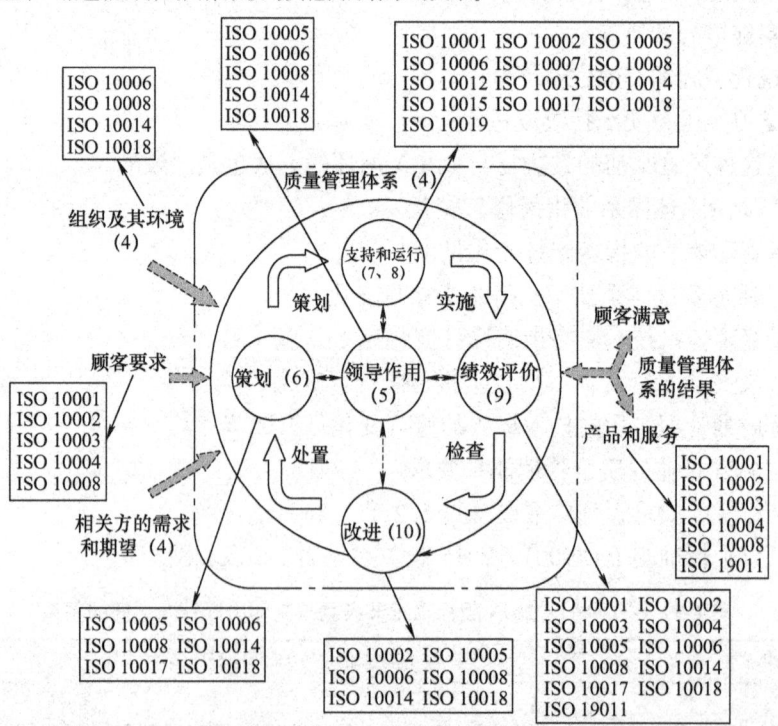

图 1-1　ISO 9001：2015 版标准章节条款与 ISO 10000 系列标准之间的关系图[5]
　　　注：图中括号中的数字表示 ISO 9001 标准的相应章节

(8) 新增三个质量管理标准

1) ISO 10004：2015《质量管理 顾客满意度 监视和测量指南》

ISO 10004 的指导方针是用来增强顾客满意的监视和测量，并确定改进产品、过程和客户所重视的属性。这样的行为可以增强顾客的忠诚度，留住客户。

2) ISO 10008：2015《质量管理 顾客满意度 商家对消费者电子商务交易指南（B2C ECT）》

该标准提供了指导组织如何实施一个有效和高效的业务，即对消费者的电子商务交易（商对客 ECT）系统，从而为消费者提供一个平台，增加了客户对商家方面的信心；提高组织满足消费者的能力，并有助于减少投诉和纠纷。

3) ISO 10018：2015《影响人们参与和能力的指南》

该标准提供了影响人们参与和能力的指南。质量管理体系取决于引进和集成到组织的主体人员的参与。因此，识别、开发和评估人员的知识、技能、行为和工作环境要求是至关重要的。

1.4 ISO 9000 的兴起和发展

1.4.1 质量管理体系认证

由 ISO 成员国认可机构授权的第三方认证机构，依据 ISO 9001 标准（或特定的行业技术规范，如适用于汽车供应商的 ISO/TS 16949），对组织的质量管理体系能力进行审核、认可并颁发证书，证明组织的质量管理体系符合标准要求的活动，称为质量管理体系认证。

质量管理体系认证具有以下特点：

1) 经国家认可机构认可的具有第三方公正地位的认证机构进行客观的评价并做出相应的结论。若符合要求，则予以注册并颁发证书。我国的认可机构是中国合格评定国家认可委员会，简称 CNAB。

2) 认证机构派出的审核人员必须经过授权的人员认可机构注册，并保证其独立性和公正性。我国的认证人员注册管理机构是中国认证认可协会，简称 CCAA。

3) 审核是从组织的实际出发，根据所选定的标准，围绕其质量管理体系进行的。审核不能超越标准要求。那些以全面质量管理活动为依据或强行要求组织去开展那些实际上并不存在，其产品和服务实现过程中也不需要的活动的做法，是许多审核员经常出现的毛病。

4) 只能依据 ISO 9001（或某个规范），而不能依据 ISO 9004（目的是对质量管理体系业绩进行改进）来实施认证审核。

1.4.2 产品认证和质量管理体系认证

产品认证一般针对实物产品或软件产品,其基本依据是产品标准(通常为国际、国家或区域标准)。产品认证要通过型式试验来确定产品是否符合标准,由此,给产品认证带来相当大的局限性,主要有以下方面。

(1) 没有产品标准就不能进行认证

众所周知,产品标准是以科学、技术和实践经验的综合成果为基础,经有关方面协商并达成基本一致才形成的,只有那些相当成熟的产品才具有可供认证的标准。

(2) 费用相当昂贵

产品的型式试验是针对一定型号、规格的产品进行的,如若对某一系列产品按尺寸分段要求,全面进行型式试验,要花费昂贵的费用。

(3) 不能适应新产品发展的需要

市场激烈竞争导致产品更新周期的缩短,新产品特别是高科技产品层出不穷。而从新产品诞生到其成熟到形成有权威的标准,需要一个相当长的过程。因此,产品认证与市场迅速发展不适应的状况日益突出。

(4) 无法用于第三产业

当今世界的经济结构正处于大调整之中,其中一个显著的特征是第三产业的比重迅速上升,例如像美国素来以生产硬件产品著称的通用汽车公司(GM)和通用电气公司(GE),其第三产业的比重也已达70%以上。然而,第三产业行业众多,产品认证的概念(如以型式试验为基础)对其根本不适用。

综上所述,产品认证具有相当大的局限性。因此,在国内、外除涉及安全、健康、环保的产品需强制认证(由法律、法规决定)外,对其他实施自愿认证的产品,这种认证形式未被市场所接受,也就不足为奇了。而对于产品安全的认证则更有生命力,如我国的 CCC(3C)认证,美国的 UL 认证,锅炉 ASME 钢印许可,欧洲的 CE 标志,欧盟的产品环保 ROHS 认证等[2]。

基于上述考虑,作者认为:除涉及安全、健康和环保领域,法律、法规要求实施强制认证的产品外,产品认证的作用远不如质量管理体系认证的作用大。对一个组织的质量管理体系的能力的信任,可导致长期对其多种产品(包括过去、现在和未来的产品)的信任。这也是 ISO 9000 标准一经问世,就在全世界范围内形成热潮的重要原因之一。

1.4.3 ISO 9000 族已成为全世界应用最广泛的标准

到 2007 年底,全世界已有 175 个国家和地区采用并贯彻 ISO 9000 族,开展质量体系认证,已形成世界标准化史上前所未有的热潮。

从 1979 年发布 BS 5750 质量保证模式标准以来,英国实施质量体系认证至今,处于领先地位,从而带动了英联邦国家和西欧各国。

日本于 1987 年 ISO 9000 系列标准发布前,在 ISO/TC 176 表决时,投了反对票。日本自恃其推行的 TQC 更为先进,然而世界市场的质量保证潮流,特别是欧洲市场的质量保证壁垒,使日本蒙受损失。这迫使日本质量管理界做出深刻的反思,探讨如何从买方的立场出发来进行质量管理。日本工业界面临将承受巨大经济损失的压力来积极推动采用 ISO 9000 系列标准。1991 年 10 月,日本发布了 JISZ 9900~9904 标准,等同采用了 ISO 9000 系列标准。因为日本企业有着长期推行 TQC 的经验和管理基础,使其推进质量体系认证的势头更猛。据 ISO 统计,1993 年全世界已有 5 万家企业通过质量体系认证,其中 80% 是欧洲企业;而到 2000 年底全球发出 ISO 9000 质量体系认证证书达 40.8 万张;截止到 2014 年 12 月底,颁发 ISO 9000 有效证书已达 113.8 万张。总的是逐年呈快速增长趋势。

质量体系认证始于机电产品,随着认证的发展、标准的修订,产品类型从硬件拓宽到软件、流程性材料和服务领域,使得各行各业都可以按照质量管理体系标准实施认证。2015 版 ISO 9001 标准又从"高层次结构"及"基于风险的思想"两方面进行了修订,大大提高了与其他体系的相容性、整合性,也进一步提高了 ISO 9000 的适用性和广泛性。

1.4.4 我国质量体系认证的发展

(1) 对 ISO 9000 系列标准,从"等效"到"等同"采用

由于对 ISO 9000 系列标准被国际上认同的形势缺乏正确的估计及日本的质量管理模式对我国的深刻影响,再加上又过分强调了国情和我国标准化工作的规范,试图保留某些"特色",使得我国在采用 ISO 9000 系列标准的问题上,走了一些弯路。1988 年 12 月发布的 GB/T 10300 质量管理和质量保证系列标准,仅在"等效"的程度上采用了 ISO 9000 系列标准。虽然这对于宣传 ISO 9000 系列标准,探索企业如何贯标方面起了积极作用,但在质量体系认证方面无法与国际接轨,因而严重阻碍了质量体系认证在我国的实施。在这期间,我国的外向型企业,不得不耗费重金寻求境外的咨询和认证机构,来进行 ISO 9000 质量保证体系的咨询和认证。

1992 年,我国才放弃了 GB/T 10300,转而发布了等同采用 ISO 9000 系列标准的 GB/T 19000 质量管理和质量保证系列标准。从此,我国才真正与国际上的质量体系认证完全接轨,这为我国质量体系认证事业的迅速发展奠定了基础。

(2) 质量体系认证管理部门由双重化走向统一

由于长期以来我国将国内、外市场分割管理,以及"产品质量法"和"商检

法"、"商检法实施条例"关于质量体系认证的规定有所交叉,以致形成了两个政府部门和两套认证认可机构双重管理的局面。

1992年8月由国家商检局会同国务院机电产品进出口办公室、对外经济贸易合作部、机械电子工业部、航空航天工业部、冶金工业部、轻工业部等9个部委,组织成立了出口商品生产企业质量体系(ISO 9000)工作委员会,着手进行认证机构的审核人员的认可和注册管理。1997年9月,该机构正式更名为"中国国家进出口企业认证机构认可委员会(CNAB)"。

1994年4月由国家技术监督局会同国家经贸委、国防科工委、机械工业部、冶金工业部、电子工业部、化学工业部、建设部、国内贸易部、国家建材局、国家核安全局、中国纺织总会、中国轻工总会、中国质量管理协会和中国标准化协会组织,成立了中国质量体系认证机构国家认可委员会(CNACR),负责认证机构的认可和注册管理。同时,成立了中国认证人员国家注册委员会(CRBA),负责从事质量体系认证的审核人员的认可和注册管理。

应该指出,质量体系认证管理部门的双重化,对于我国质量体系认证事业的有序发展,存在着明显的不利影响。对于一些认证机构、审核人员和企业来说,深感无谓地增加了许多负担。作者曾多次以全国政协提案并走访两个管理部门,来呼吁这两个部门和认可机构之间,加强协调与合作。现在作者高兴地看到,由于我国WTO大局的要求,国家质量技术监督局与国家出入境检验检疫局已经合并为国家质量监督检验检疫总局。在总局内下设国家认证认可监督管理委员会(CNCA),对我国的各领域认证认可工作已实行统一的行业行政管理。负责认证机构认可的是中国合格评定国家认可委员会(CNAS)秘书处,截至2015年8月31日已批准认可了139家,质量管理体系(QMS)认证机构97家,其中包括认可的QMS分支机构165个(以上信息摘自CNAS网站"认可的认证机构统计信息"(截至2015年8月31日))。负责认证人员与培训机构认可的是中国认证认可协会(CCAA)。

在两个政府管理部门合并之前,CNACR和CNAB作为认可管理机构都已加入了国际认可论坛(IAF),CRBA和CNAB都已加入了国际审核员和培训互认协会(IATCA),并且均经过了同行评审,签署了互认协议,这就为统一管理打下了基础。目前,均已统一合并为中国合格评定国家认可委员会(CNAS)。

(3) 我国的质量体系认证机构

我国的认证机构自1993年开始建立,按照国际惯例,认证机构属于具有第三位独立地位的中介评价组织。我国认证机构着手对企业进行质量体系认证以来,认证企业的数量有着迅猛的发展。但是由于发展过快,管理流于形式,致使认证机构和审核人员均存在严重的良莠不齐。有的认证(评审)机构带有明显的"准

第 1 章　ISO 9000 族概论

官方"色彩，依托于行政管理部门，并借助其权势影响来扩大市场，这类机构往往缺乏专家队伍、只重创收不重工作质量；有的认证机构以广泛的行业专家队伍为依托，注重自身建设，加强管理，不断开拓业务范围，在市场上享有较好的声誉；还有的认证机构，尚缺乏必要的条件，难以保证工作质量，靠拉关系、回扣等暗箱操作来抢市场；有的认证机构建立初期较重视队伍建设和工作质量，曾一度在市场上有较好声誉，但由于经营管理不善，内部凝聚力明显下降，以及市场迅速扩大，形成"萝卜快了不洗泥"的局面，使其在市场竞争中相形见绌。

由此可见，从我国认证机构的现状考虑，企业如何选择好认证机构，是通过质量体系认证取得较好效果的一个相当重要的问题（参见本书第 12 章）。

(4) 我国企业质量体系认证的发展

在 1993 年以前，由于国内尚无认证机构，企业对 ISO 9000 系列标准还缺乏必要的了解，只有少数在国际贸易中感到有迫切需要的企业，特别是合资企业，聘请国外的认证机构来进行体系认证。1994 年以后国内认证机构逐步在我国质量体系认证市场上占据主导地位。历年我国及国际认证机构颁发有效证书累计数据列于表 1-6。

表 1-6　我国及国际认证机构颁发 QMS 有效证书各年累计数表

年　份	1995	1996	1997	1998	1999	2000	2001	2002	2003	2004
证书数（中国）	519	1627	4042	13001	23799	39736	56304	75755	96715	132926
证书数（国际）	127348	162700	223298	271846	343641	408062	510349	561766	497919	660132
年　份	2005	2006	2007	2008	2009	2010	2011	2012	2013	2014
证书数（中国）	143823	163298	194262	179400	183327	196527	203899	216034	239747	247764
证书数（国际）	773843	896905	951486	980322	1063751	1118510	1079228	1096817	1126460	1138155

注：表中数据来自于 CNAS 网站及 ISO 网站。

由表 1-6 可见，2000 年以前我国的质量体系认证处于起步阶段。通过试点摸索了经验，锻炼了队伍，并逐步建立、健全了机构和审核人员的管理制度。从 2000 年起逐步进入认证高峰期，目前仍处于方兴未艾之中。质量管理体系认证证书历年发证数量比对图（2004 上半年—2015 上半年）如图 1-2 所示。

此外，由于贸易保护壁垒，以及某些外国公司不信任我国认证机构的工作质量，使一些国外的认证机构在庞大的中国质量体系认证市场中，也在扩展并占有一定份额。特别是一些产品认证（如欧盟 ROHS 和 CE 认证），只有国外某些机构具有相应资质，但它们都是以通过 ISO 9001 认证为前提的。按作者估计，国外认证机构在我国认证市场份额约为 10% 以下。

据统计，我国各类组织有 3000 万家以上，截至 2015 年上半年，通过质量体系（QMS）认证的约 25.4 万家。因此，认证市场潜力还非常巨大。

25

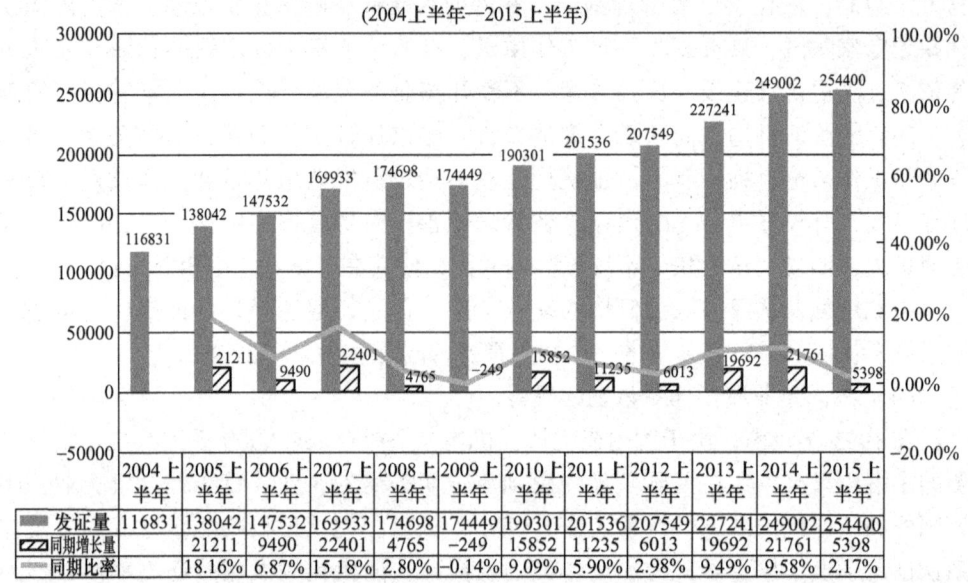

图 1-2　质量管理体系认证证书累计发证数量比对图（摘自 CNAS 网站）

1.4.5　ISO 9000 热的由来

除在本书 1.3.1 节中所列举的 ISO 9000 产生的背景因素外，还有以下具体缘由。

（1）国际贸易的需要

就像奥林匹克运动会需要竞赛规则一样，国际贸易需要关于质量管理体系的通行规则。同样，这种规则也应适应市场形势的发展，不断加以修订和完善。如 87 版和 94 版 ISO 9000 系列标准强调的质量保证要求，反映了当时国际贸易对实物产品质量体系的基本要求，2000 版及 2008 版标准则反映了这种最低要求的门槛已提高了，从质量保证提升到质量管理。而 2015 版标准适用性更加广泛而灵活，特别是在服务型贸易中将带来新的变化和需要。

为了建立信任，从而减少一些重复的检查、认可，以降低采购成本，把质量管理体系认证的证书，作为具有可以参与国际贸易的入门资格的标志，已成为日益广泛的需要。

（2）市场竞争的需要

1）产品和服务竞争中科技含量日益提高

国际经济的发展趋势是由数量增加转向质量的提高。因而拉开产品的档次脱颖而出，是摆脱单纯价格竞争的明智之举。高新技术产品及技术密集性生产方式，可以使产品的附加值明显提高。这时，质量对市场的影响更是决定性的。特别是产品开发周期缩短,为使顾客满意,更需要周密的质量管理。在这方面,我国是有深刻教训的,如国产数控机床尽管价格便宜,但大多由于质量不过硬,可靠性不高,服务跟不上,因而在许多情况下竞争不过进口数控机床。生产这类高科技产品,没有良好的质量管理体系,是谈不到占领市场的。

2) 第三产业兴起并竞争日趋激烈

在全世界范围内,第三产业占每个国家的国内生产总值(GDP)中的比重明显提高,在发达国家和地区,甚至已成为国民经济的主导力量。而在第三产业中,如何做好服务,从而赢得顾客,已成为普遍关注的焦点。第三产业的行业门类和企业数众多,像金融、保险、旅游、邮政、宾馆、酒店、超市、医院、学校、房地产及物业管理、科技服务和电子商务等,都需要通过加强质量管理来扩大市场份额。

3) 采购方推动力日益增强

我们常遇到一些企业对 ISO 9000 族知之甚微,而要出售其产品,特别是维持供货关系,不得不适应采购方对供方质量管理体系的要求,按限期拿到 ISO 9000 认证证书。

应该指出,产品日趋复杂,产品升级换代周期加快,传统的靠采购商直接进行逐户评定供应商的做法已极不适应,因为这种评定往往要花费昂贵的代价聘请顾问公司或专家来进行。为了降低采购成本,提高采购质量,确保自己生产的产品质量的稳定性,愈来愈多的采购商(特别是主机制造厂、房地产开发商、政府招标等)对提供关键和重要零部件、原辅材料及服务的供方,要求限期通过 ISO 9000 质量管理体系认证。就这样一层推动一层,使认证的要求像细胞分裂一样迅速扩展。

4) 招标项目的必要条件

全世界包括我国的招标项目十分繁多,是极好的商机,但在招标项目中把拥有 ISO 9000 认证证书作为必要的资质条件已相当普遍,甚至如不能出示质量体系认证证书连招标书都买不到。这种态势极大地推动了质量体系认证的发展。

(3) 产品认证的局限性

产品认证不适用于无形产品(如软件),也不适用于服务行业和行政组织。对于无统一的有权威性标准的硬件产品,也不能实施产品的认证。因此,这就为质量管理体系认证的发展提供了更为广阔的发展空间。

(4) 政府和行业的强力推动

不少国家和地区的政府都积极推进 ISO 9000 认证的发展,甚至制定了许多优惠政策,如韩国、新加坡、马来西亚等国,在政府采购、宣传广告、认证经费补助等方面,提出了一系列的鼓励政策。

世界银行、亚洲发展银行在审查贷款项目时,已把项目的供应商是否具有ISO 9000认证证书作为重要条件之一。

世界海运组织甚至决定自1998年7月1日起,凡未通过ISO 9000认证的海运公司的船只不准许靠岸、不许通过运河、不准予保险。

目前,我国许多地方的政府采购和重大工程招标都将ISO 9000认证纳入基本条件之一;某些房地产商也将ISO 9000认证作为建筑施工企业投标资格的基本条件。

(5) 某些重要的产品贸易和准入制度,已把获得ISO 9000认证证书作为必要条件

欧盟大多数规定CE标志的指令等,都规定必须先取得相应的ISO 9000认证证书。国际汽车行业实施的ISO/TS 16949认证和美国航空和航天工业的AS 9100认证,都是以通过ISO 9001标准认证为前提的。

(6) 企业生存和发展的需要

随着社会经济和生产力的发展,各国居民的消费水平和消费结构发生了显著变化,越来越多的人宁可付高价也要购买质量好的商品,并对质量常常提出苛刻要求,这些都迫使企业加强其质量管理,把产品缺陷降低到最低限度。

同时,对组织内部而言,通过完善的质量管理,高效地开发新产品,确保质量并优化过程,提高效率,降低成本,从而以优异的质量价格比和良好的服务来实现顾客满意,并让顾客对组织的能力和品牌建立信任,最终才能立足于市场。这是现代组织生存发展必由之路。

(7) 保留证据,避免或减轻产品质量责任

对自己的活动过程,提供质量管理能力的证实,对分清质量责任起着重要作用。这可以让企业避免或减轻由于不属于自己的质量责任而带来的损失。这在涉及法律诉讼时尤为重要。

中央电视台的焦点访谈栏目曾报道过这样一件事情:在西安有一位中年妇女,因患肿瘤,先后在西安的两家医院动过手术,几年后发现有一把手术止血钳留在腹中作痛,待取出手术钳后因长年腐蚀已无法辨认。在法院审理此案决定应由谁来承担这起质量事故的责任时,两家动过手术的医院都难逃干系。但其中一家医院提供了当时手术前后的器械清点记录,有充分证据证明手术钳未遗失。最后法院判决由不能证明自己未丢失手术钳的另一家医院承担全部赔偿责任。

1.4.6 ISO 9000 发展的特征

ISO 9000热又称"ISO 9000现象",它具有以下特征。

(1) 广泛性

第1章 ISO 9000 族概论

如本书 1.4.3 节中所述，全世界有经济实力的 175 个国家和地区，均将 ISO 9000 族转化为国家或地区标准，从而使其成为当今世界公认的质量管理潮流。

（2）实践性

已有百余个国家和地区建立了质量体系认证/注册制度，更多的地方开展了质量体系认证，因而使 ISO 9000 质量体系认证的实践经验更为丰富。在实践中不断提出新的问题，以适应市场的需要并提高认证的有效性，从而推进 ISO 9000 族不断完善。

（3）产业性

在世界范围已形成一个具有相当规模的质量体系认证产业，专门从事有关质量体系的培训、咨询、认证工作。这类中介服务机构已成为一支新兴的科技产业队伍。

（4）延伸性

质量体系认证领域不断扩展，从机电类硬件产品起步，逐步扩展到流程性材料和知识软件产品，进而拓展到服务领域。

为适应认证行业的发展，2015 版标准在修订时，进一步考虑到质量管理体系（ISO 9000）、环境管理体系（ISO 14000）、职业健康安全管理体系（OHSAS 18000）、其他标准和产品认证的兼容性问题。许多国家的质量体系认证机构（包括我国）为满足和适应延伸性的需要，已将其业务范围拓展到环境管理体系、职业健康安全领域、食品安全管理体系、能源管理体系、强制性（3C）产品认证、自愿性产品认证等领域，甚至更广。

（5）专业性

由于 ISO 9000 族强调质量管理体系要求是对产品技术要求的补充，且质量管理活动已深入业务领域，如对设计和开发控制、过程控制、检验和测量控制、检测设备控制等方面，因而更适于由熟悉产品专业并通晓质量管理体系的专家来从事审核。这样才有利于深入发现产品实现过程中的问题，使审核工作更富有成效。

在 ISO/IEC 导则 62《对从事质量体系审核和认证/注册机构的基本要求》中，指出："审核组应：C）对要求认证/注册的特定活动及相应程序和失效的潜在可能有适当的技术知识；D）有足够的理解力能对供方在其认证/注册范围内提供产品、加工或服务的能力进行可信的评审。"

在国际认可论坛（IAF）对 ISO/IEC 导则 62：1996 的应用指南中，更进一步明确："审核组需了解该供方提供产品或服务时，在整个过程和程序中哪些要素是关键的。审核组必须具备必要的能力，以判断该体系是否以可信任的方式覆盖这些关键要素，使提供的产品或服务保证能满足规定的要求。"

要达到上述要求，审核组不具备相当的专业知识和判断能力是不可能的。因此，ISO 9000 族虽然是通用的质量管理体系标准，但若没有足够的专业知识背景，是很难有效地开展审核的。后来,我国的 CNAS 采用了 ISO/IEC 17021 要求,实施了审核员的专业代码制度,这就为审核人员熟悉所审核的专业,创造了条件。

2008 版与 2015 版 ISO 9000 族更进一步对某些大行业,提供了专业的技术规范,如 ISO/TS 16949。

(6) 一定范围内的强制性

如在本书 1.4.5 节中所述,在世界组织(如联合国)或政府采购、重大工程招标、某些行业认证(如 ISO/TS 16949、TL 9000、AS 9100 等)和行业业务(如海运、银行、保险)及跨国集团隶属的子公司等方面,均已提出了某些关于 ISO 9000 认证证书的强制要求。

1.4.7 ISO 9000 与 TQC

由于我国长期以来推行 TQC,有些人认为 TQC 高于 ISO 9000,但不经过仔细地分析、比较,是很难得出全面的结论的。作者认为,两者的时代背景不同,其作用也不同,它分别代表了两个时代的质量管理水平。

(1) 日本式 TQC

我国机电行业从 20 世纪 70 年代末引进日本小松制作所开展 TQC 的经验和方法,进而在全国轰轰烈烈地推行 TQC,虽然在实践中不断有所发展和提高,逐步在机电行业形成了质量管理的套路,但就其总体思路而言并没有根本的变化。毋庸讳言,日本的质量管理对我国的影响不仅最大而且深远。直到 ISO 9000 标准问世,犹如一阵春风,使我国的质量管理界开始认真学习当代欧美国家的质量管理的理念和经验。

小松制作所将日本的 TQC 称为全公司的质量控制,它具有四大特点:PDCA 循环;全体参加;全员教育;QC 小组和质量控制诊断[6]。作为日本推行 TQC 的先驱者水野滋,为了说明 TQC 与欧美国家对质量管理有所不同时,将日本开展的"全企业的质量控制"称为"日本式 TQC,简称 TQC","TQC 属于实践性的经营管理"[7]。

TQC 原文 Total Quality Control,原意为全面质量控制,但在我国长期以来误译为全面质量管理。本书中严格区别了我国推行的日本式 TQC 与作为当今世界潮流的全面质量管理 TQM(Total Quality Management)的不同。

(2) 我国推行 TQC 的得与失

我国推行 TQC 始于机电行业,经过 20 年的艰苦努力,普及了 TQC 的基本知识和现代质量管理技术,大大提高了全社会和企业领导的质量意识,初步形成了质量管理队伍。许多企业建立了质量管理机构,从而推进了产品质量的提高,培育了一些质量管理先进的企业,有些获国家、部质量管理奖,出了一批名牌产品,TQC 功不可没。

然而，由于历史的局限性，在计划经济的条件下，主要靠政府的行政领导来推动检查、监督、考核企业的质量管理，企业处于被动状态。上级主管部门的某些脱离实际的要求，使得企业常采取弄虚作假的办法来应付检查，因而在 TQC 活动中形式主义泛滥成灾。计划经济体制被市场经济的潮流冲破之后，原有计划经济下的质量管理体制不堪一击，造成了全机电行业的质量管理大滑坡，产品质量大滑坡。在作者所到过的众多机电行业企业中（其中大多数是行业的排头兵企业），能坚持开展 TQC 的只有极少数。绝大多数企业已将当年搞 TQC 时编写的洋洋大观的几本厚厚的质量管理标准和工作标准束之高阁。

搞形式主义是开展质量管理的大敌。必须旗帜鲜明地、深恶痛绝地反对形式主义，这是我们应从推行 TQC 走过的弯路中汲取的深刻教训，也是贯彻 ISO 9000 标准，建立质量管理体系取得良好成效的重要保证。

应该指出，随着技术进步，日本的 TQC 也在不断发展。笔者 20 世纪 90 年代到日本不同的企业考察时就感觉到：在完全自动化生产的现代企业中，已看不到当年 TQC 的痕迹；而在那些产品老化、设备陈旧、工艺落后的老工厂里，TQC 活动还在认真地开展着，到处可见点检卡、工艺守则、人工描点形成的控制图及 QC 小组园地等。还应该指出，在日本式 TQC 中没有明确界定质量管理、质量保证、质量控制的概念，三者基本相近，且都以保证质量（即控制实物质量）为主要内容。

（3）ISO 9000 族和 TQC 的比较

ISO 9000 族和 TQC 分别反映了欧美与日本的质量管理精华，两者之间有诸多相同或相似之处，如：都依据质量环（或质量螺旋）原理，来控制产品质量形成的全过程；都按照 P（策划）、D（实施）、C（检查）、A（处置）管理循环的方法来不断改进质量控制；都要求生产出满足用户（顾客）需要的产品；都要求在经营管理中突出质量；都提倡用事实和数据说话来寻求质量控制的动态规律；都主张运用统计技术来分析、揭示质量变化的规律；都强调企业最高管理者和各职能部门领导管理职责的落实；都重视了产品实物质量存在问题的发现和纠正；都需要加强质量信息的有效反馈等。

然而，ISO 9000 族与 TQC 之间存在着明显的差异，现就 ISO 9001 与 TQC 作一比较，在表 1-7 中列出其要点。

表 1-7　TQC 与 ISO 9001 的差异

序号	比较项目	TQC	ISO 9001
1	目的	保证质量，满足用户需求，通过加强内部管理保证工作质量来保证实物质量	建立质量管理体系，取得顾客满意，在保证实物质量能满足顾客要求的基础上，使顾客建立对组织质量管理体系的能力的信任，持续满足顾客需求和期望

（续）

序号	比较项目	TQC	ISO 9001
2	出发点	从生产者出发加强管理，是生产供应商的自主的质量管理 以管理者推动为主	以顾客为中心进行质量管理 以顾客推动为主，强调最高管理者对质量管理体系的确保作用
3	指导思想	以控制为主 发现和排除质量问题 在 PDCA 中，从 C 做起[7]	以预防为主 强化质量策划（体系、内部、过程）和持续改进（管理评审、内部审核、纠正和预防措施） 在 PDCA 中，从 P 做起
4	概论基础	一般的质量管理原理	质量管理的五个基本概念和七项基本原则
5	管理模式	产品导向 既提出管理要求，又给出管理活动的实施方法 适用于硬件产品	过程导向 只规定质量管理体系要求，不规定达到这些要求的集体途径和方法 适用于四大类产品：硬件、软件、流程性材料和服务
6	管理范围	全员、全过程、全企业，但以生产过程为主 不包括质量策划、质量保证和持续改进的全部要求	重在与使客户满意有关的生产和服务过程和管理过程。管理向纵深发展，从过程优化到所有与过程有关的过程，从组织内部延伸到组织外部（如提供方的选择、评价和控制）
7	管理侧重点	重点项目和关键过程	过程，特别是关键过程的输入、输出、控制、接口和过程的有效性，过程的绩效评价
8	社会性	只注重满足用户需要和企业获利，不注意社会利益	强调必须满足法律、法规要求 注重社会利益
9	管理技术	一般的统计技术（新、老七种工具）	各种统计分析技术＋多种质量管理技术（如质量审核、质量策划等）
10	标准化	无规范化的要求，未形成标准	已将质量管理提升为标准，要求保持或保留必要的"形成文件的信息"

由表 1-7 可见，当今的 ISO 9000 比 TQC 有了很大的发展，特别是由于它的概念界定准确，实用性、有效性更强，更成熟，已上升为全世界所接受的标准。因此，完全可以说 ISO 9000 族与 TQC 分别代表了质量管理不同的发展阶段。ISO 9000 族同 TQC 相比具有"质"的飞跃，代表着当代质量管理的潮流。尽管 ISO 9001 标准在国际范围内是一个规定质量管理体系基本要求的入门标准，但由于工业基础、人员素质、技术水准、管理手段、市场条件和文化背景诸方面与发达国家相比存在一定的差距，因此对我国企业来说，它则是一个要求较高的标准，必须经过若干年坚韧不拔的努力，才能较好地达到，也许需要更长时间。

第 2 章 质量管理的基本原则

2000 版及 2008 版 ISO 9000 标准提出质量管理的八项基本原则无疑是一个重大进展。2015 版将其修订为七项基本原则（见表 2-1）。这些基本原则是在吸收戴明、朱兰等质量大师的质量管理思想和世界上众多优秀企业实施 TQM 的成功经验的基础上，并参考质量管理的先进标准（如 QS 9000、VDA 6.1 等）和卓越绩效质量管理模式（如美国的波多里奇国家质量奖），总结提炼出来的。它是当代质量管理的理论基础，它不仅可以指导组织按 ISO 9001 建立质量管理体系，按 ISO 9004 完善质量管理体系以取得持续的成功，同时也是实施 TQM 必须遵从的基本原则。因此，这些原则具有长期和重要的指导意义。

表 2-1 质量管理的基本原则变化对照表

序号	2005 版 ISO 9000	2015 版 ISO 9000
1	以顾客为关注焦点	以顾客为关注焦点
2	领导作用	领导作用
3	全员参与	全员参与
4	过程方法	过程方法
5	管理的系统方法	—
6	持续改进	改进
7	基于事实的决策方法	循证决策
8	与供方互利的原则	关系管理

对于一个组织来说，这些原则不仅应成为制定质量方针、质量目标和编制质量管理体系文件时应贯彻的基本精神，而且应是拟定长期质量战略的基本依据。一个组织只有在其质量管理体系中，全面和充分地体现了这七项基本原则，才可能持续取得良好的绩效。作者认为，这些原则不仅适用于质量管理体系，而且也适用组织其他方面的管理。

为此，本章将不仅局限于 2015 版 ISO 9000 族标准就事论事的阐述，而且着眼于帮助读者开拓思路，以更广阔的视野去深入理解这些基本原则，并论述贯彻这些基本原则的要领。

2.1　以顾客为关注焦点

2.1.1　以顾客为关注焦点的理念

"以顾客为关注焦点"作为质量管理的第一个基本原则,提出:组织依存于顾客。因此,组织应当关注和理解顾客当前与未来的需求,满足顾客要求,并争取超越顾客期望。

在我国关于顾客的许多至理名言已众所周知,如"顾客是上帝"、"用户至上"、"顾客永远是对的"等,但真正做到的组织则是凤毛麟角。探究其原因,大多数企业对"顾客是上帝"的内涵理解得比较肤浅,对于应怎样做才能赢得顾客缺乏较全面、系统的了解。

以顾客为关注焦点源于现代的质量理念,即判断产品和服务质量的唯一标准就是让顾客满意。因为市场竞争所遵循的基本规律是:只有充分识别顾客的需求和期望并通过有效的运作,使其得到满足,甚至是超值的满足,才能最终赢得顾客,从而赢得市场。

应当指出,需求和期望是不同的,其分别属于两个层次:需求是指明确的基本要求;期望则是更高层次的期待和希望,如更完善的服务和更高的产品可靠性等。

产品质量的好坏最终要由用户来评价。这种用户至上的观念在今天又有了新的发展。为了让顾客满意就不能只考虑最终产品的效果,而应将这一理念渗透到产品形成的全过程以及与顾客沟通的全过程中去。

顾客评价主要来自对产品的性价比和服务的感受。顾客是市场的焦点,理解顾客当前和未来的需求并予以充分满足乃至超过,才能赢得顾客,占领市场。在组织的质量管理活动中,应把使顾客满意作为出发点和归宿。以顾客为关注焦点,实质上就是要以实现顾客利益最大化为关注焦点。为此,就应做到组织的一切管理由"顾客导向",处处考虑能否比竞争对手为顾客提供更为理想的产品和服务。在这里,组织必须牢固树立质量与顾客息息相关的意识,从而自觉地、主动地满足顾客的需求,最大限度地减少差错的发生,高度重视来自市场、顾客的信息,并建立起快速反应机制,采取有效措施持续地实现质量改进。只有这样才能达到顾客满意。

在这方面,华为技术有限公司在组织文化中,第一条就是"以客户为中心",创办 27 年来不是靠政府,不是靠银行,靠的是用户。很多公司嘴巴上说维护客户的利益,实际上是"唯我"利益,华为则"把客户服务做到透",这是它成功的关键。正如任正非反复不断对下属说的一句话"你们脑袋要对着客户,屁股要对着领导",正是这种对客户的专注,成就了华为今日的辉煌业绩。2007年,华为公司苏丹办事处以客户经理(AR)、解决方案专家/经理(SR/SSR)、交付专家/经理(FR)为核心组建项目管理团队,形成面向客户的以项目为中心的一线作战单元,从点对点被动响应客户到面对面主动对接客户,以便深入、准确、全面理解客户需求。华为将这种项目核心管理团队称之为"铁三角"。华为公司"铁三角模式":以客户为中心,协同客户关系、产品与解决方案、交付与服务、甚至商务合同、融资回款等部门,组建针对特定客户(群)项目的核心管理团队,实现客户接口归一化,更好帮助客户实现商业成功。铁三角模式的效果立刻就显现出来,"三人同心,其利断金",华为公司获得了苏丹电信在塞内加尔的移动通信网络项目。其后,华为在全公司推广并完善"铁三角模式"。

另有一个不从顾客需求和期望出发而"闭门造车"导致失败的例子,很值得深思。我国某著名汽车厂,在原来较畅销的5t载重车的基础上开发了6t车。由于大多数零部件可以通用,因而开发这种新产品较易实现。然而,殊不知过路过桥费标准以5t为界,6～10t收费一样,购置这种载货汽车的顾客大多是个体运输户。他们要考虑如何降低成本,同样用一个驾驶员和相同的过路过桥费,宁可购置8～10t的载货汽车。因而这种新型的6t车在市场上受到了冷落。

应当指出,由于技术进步,人们的生活质量不断提高,顾客的需求也会相应地发生变化。顾客今天满意并不意味着顾客明天就会满意。因此,动态地跟踪顾客需求的变化与发展趋势,是至关重要的。只有通过持续改进和不断创新,把更新更好的产品提供给顾客,才能指望顾客会持续满意。

调查统计表明:争取一个新顾客的花费相当于留住一个老顾客的5倍;一个不满意的顾客,会将他的抱怨向10个以上的亲友、同事、同学、同乡倾诉;每一位投诉的顾客背后都有26位同样不满但保持沉默的顾客,其中6位具有强烈的不满,他们会"用脚来投票",不再重复购买;60%的新顾客来自现有顾客的推荐。因此,千万不能低估不满意顾客的消极影响的扩大效应。

必须指出,竞争可导致顾客对几个公司都可能满意,在消费时可以有多种选择。顾客满意仅仅是消费的前提,并不一定会继续这种消费。应当看到世界的顶级公司都在奉行"所完成的工作要超过顾客的期望",从而给顾客带来欣喜,使顾客不止于"满意",进而"忠诚"。拥有众多的忠诚顾客,是应对市场变幻的重要资源,能为公司在激烈的市场竞争中带来持久繁荣。因此,达到顾客满意在21世纪只不过是进入市场的基本"门槛"。

以顾客为关注焦点,就要贯彻顾客优先的原则。在处理相关方的关系时,顾客是第一位的。因为舍此其他受益的各方的利益都难以保证。

关于顾客满意的详细论述请参阅参考文献［8］。

2.1.2 组织贯彻"以顾客为关注焦点"原则的实施要点

（1）确保在组织范围内树立顾客意识

上述以顾客为关注焦点的理念，不仅在领导层中要牢固树立，而且应确保全体员工理解组织与顾客的依存关系，理解让顾客满意是关系到组织生存攸关的大事，从而自觉树立"涉及顾客的无小事"的观念。这是贯彻好"以顾客为关注焦点"原则的前提。只有在这个基础上才可能实现从高层领导到部门、班组和全员的协调一致，共同为让顾客满意努力尽其职责。顾客意识应表现在用心了解顾客、真心方便顾客、贴心为顾客服务上，真正实现从"为组织创造价值"到"为顾客创造价值"的观念转变。

（2）充分理解顾客的需求和期望

顾客的需求和期望主要表现在对产品的特性的要求上，如：产品的符合性、可信性、可用性、交付能力、产品交付后的活动、价格、全寿命周期内的费用等。有时也表现在过程方面，如对产品的工艺要求和验证要求。

为此，组织首先应在市场调研与分析中明确谁是自己的顾客，搞准市场定位，进而确切搞清这个层面的顾客的具体需求，包括当前的和未来的，并对这些需求与顾客关联的重要程度做出判断。

为了准确地把握顾客的需求和期望，在组织内部应利用多种形式，如互联网、宣传栏、报刊、用户访问、用户座谈会、信息反馈单、工作联系单等，充分进行沟通。

（3）确保组织的目标与顾客的需求和期望相一致

组织在建立质量目标时，应考虑到顾客对产品的要求。

最高管理者应确保将顾客需求转化为产品要求的目标并使之得到实现。为了全面地满足顾客要求，宜采用质量功能展开（QFD）方法。通过建造几个质量屋，依次对应地将顾客要求予以展开落实[2,6]。

（4）重点管理好与顾客接触的"第一线"

组织内与顾客直接接触的环节可称为"第一线"。在硬件产品企业，直接面对顾客的是销售部门、服务部门、技术部门、质量部门及其有关人员。在第三产业中，无论商场或超市、宾馆、餐饮业、游乐场所，还是学校和幼儿园、邮政、电信、金融、银行、保险、物业管理及中介服务，都会有更多的人直接面对顾客，为顾客服务。他们的态度直接代表着企业的形象，是让顾客满意的"前沿阵地"。其服务质量好坏往往会引起顾客强烈的反应。因此，必须善于培养和发掘能为顾客提供最佳服务的人员并按照其经验制定服务规范，并实施严细的管理，重视顾客的第一印象。

虽然让顾客满意是一项系统工程,必须对涉及到的方方面面都加以系统管理,但关键在于与顾客接触的第一线。

(5) 确保组织对顾客的诚信

一个组织要做到诚信,应从落实诚信理念入手,采取培训诚信队伍、加强诚信管理、建立诚信档案、培育诚信文化等措施,做到合同诚信、质量诚信、价格诚信、服务诚信、法人行为诚信。上海新世界股份有限公司就已按此建立了以顾客为中心的诚信体系,从总经理到一线员工均受到讲诚信的道德约束,并向社会做出了公开的、郑重的承诺。

(6) 测量顾客的满意程度并采取相应措施

对顾客的不满意的信息应全面、客观地予以收集,并在此基础上进行测评。应当指出,没有正式提出书面或口头抱怨、投诉的顾客不一定就是满意的顾客,如:入住宾馆对其某些方面不满意(如设施维修、电话服务等),但多数人并不填写旅客意见反馈表;在饭店吃饭,剩下最多的菜,就是顾客对其意见最大的菜(如原料不新鲜、味道不好等)。此外,顾客当面填写的意见未必是真实的,如一些企业的维修人员要求顾客当面填写对维修的意见,其中对维修效果(设备修复的程度)的认可,一般都是真实的,而对维修人员的服务态度的评价则未必真实,因为人们一般碍于情面,当面总习惯说好话。因此,应认真研讨如何客观地评价顾客的满意程度[8]。

针对顾客不够满意的信息,应通过纠正措施、预防措施及其他质量改进活动来改进工作,力求顾客更为满意。

2.2 领导作用

2.2.1 领导作用的概念

领导作用是:领导者建立本组织统一的宗旨和方向,应当创造并保持使员工能充分参与实现组织目标的内部环境和条件。

这里讲的领导作用,主要是针对最高管理者的,但对于其他各层管理者,在自己管辖的范围内,也应发挥相应的作用。统一的宗旨和方向以及全员参与,能使组织将战略、方针、过程和资源保持一致,以实现组织的目标。

在质量管理界有一句格言:质量管理责任"二八"开,即发生质量问题的责任80%应由管理者来承担;只要管理者参与并发挥作用,80%的问题都可以通过改进管理来解决。常言道:火车跑得快,全靠车头带。领导就犹如一个组织的

"火车头"。在我国推行 TQC 时就总结出了 TQC 实质上是"头 QC",形象地描述了"一把手"在质量管理中的关键作用。长期以来,我国各级政府历来强调企业"一把手"亲自抓质量,如提出:"厂长是产品质量的第一责任人";要求厂长"亲自领导质量管理和检验部门","亲自过问重大质量问题及顾客投诉","亲自主持质量例会";"多次产品质量监督抽查不合格,厂长就地免职"等,这些明确的规定和要求不可谓不多。甚至在"产品质量法"中,也明确规定:"产品质量监督检查不合格,经复查仍不合格的企业,责令停业整顿,直至吊销营业执照。"尽管有这样严格的法律和行政规章规定,但质量问题仍然层出不穷。因为这种法律和行政的压力,经常导致"一把手"的被动质量行为。对此,光有法律的约束和行政监督是不够的。只有市场"优胜劣汰"的机制完全形成,适者生存才可能真正促使"一把手"抓质量成为自觉的行动。我国加入 WTO 正促使大大加速了这一进程。

应当看到,要想在市场竞争中争取主动,高层领导亲自抓若干项质量工作已远远不够,而必须按照 ISO 9001 的要求,亲自领导、策划及推行质量管理体系,将本组织的宗旨、方向和内部环境统一起来。为此,应在以下 9 个方面发挥领导作用。

1)制定并保持组织的质量方针和目标。

2)通过增强员工的意识、积极性和参与程度,确保建立、实施和保持一个有效的质量管理体系促进实现质量目标。

3)确保整个组织关注顾客要求,并以增强顾客满意为目的。

4)确保实施适宜的过程,使其更加协调。

5)有效改善组织各层次、各职能间的沟通。

6)确保获得必要的资源,包括开发和提高组织及其人员的能力。

7)定期评审质量管理体系。

8)决定有关质量方针和质量目标的措施。

9)决定改进质量管理体系的措施。

2.2.2 组织充分发挥"领导作用"原则的实施要点

(1)考虑所有相关方的需求和期望

组织的持久成功取决于能否充分理解并满足现有及潜在的顾客(包括最终使用者)的当前和未来的需求和期望,以及能否理解和考虑其他相关方的当前和未来的需求和期望。

在当今竞争激烈的市场中,要想获得和保持乃至拓展自己的市场份额,高层领导必须花费与考虑内部运作同样多的精力,来考虑顾客的需求,以及如何创造性地满足这些需求。为此,必须熟悉市场的脉络、顾客需求的变化趋向、同行竞争对手状况以及当前对顾客需求的满足程度等,并以此作为决策的前提。

同时,除优先充分考虑顾客需求之外,必须兼顾其他相关方的需求。只有这样,才能充分调动其他相关方与组织共同努力去满足顾客的需求及法律、法规的要求,并创造更多的价值,实现共赢的局面。

在上述前提下,为在竞争中取胜,需要确定企业文化、价值观和总体方向。

(2) 为组织的未来描绘清晰的蓝图,制定富有挑战性的战略目标

一个组织具有明确的发展愿景,可以使员工了解其使命并感到有奔头,从而增强凝聚力。因此,组织制定战略规划并提出自己的经营方针和战略目标是十分重要的。通过建立质量战略方针和阶段性质量目标,可为实现组织的总方针和总目标提供基本保证。方针、目标应成为组织的龙头,具有"提纲挈领"的作用。这种目标应是可测量的、进取的,且是经过努力可以实现的。目标将引导组织向一个又一个新的台阶迈进。

制定出质量方针和质量目标后,还应对其实施管理,将质量目标分解、落实,并适当进行评审,以确保组织有能力实现这些目标。

由此可见,实施战略管理,从战略策划到实施计划、改进计划,并以此总览全局,对于最高管理者来说,是极为重要的。

(3) 在组织内营造"一切为了顾客满意"的氛围,建立质量管理文化

一个组织的管理文化代表组织的信念、道德和价值观,也反映了组织处理内部和外部事物的基本态度,因而它直接影响管理活动的成效。对于组织来说,组织文化是集中体现的质量文化。在这里需要领导把握组织的核心价值观、战略目标、关键成功因素、对社会和环境的责任。在组织内培育诚信和正直文化,创立并坚持价值共享、公正公平、树立职业道德的观念,尊重每个员工、重视人才、创造良好的合作共事的人际关系,将员工活动的方向和行为准则统一到组织的方针、目标的方向上,使这些观念深入人心,贯穿每一个过程,成为员工自觉的行动。

在这方面,领导的行为将影响组织文化的理念。领导推崇什么、反对什么、坚决制裁什么,都会使下级管理者和员工"投其所好"。领导最关注什么(如产值、利润、质量、交货期等),领导者如何处理组织中的关键问题,将影响员工使之认识到什么事情应该优先去做。

如有的企业以产值为"硬任务",一旦完不成产值计划就要"杀头",于是大家都去追逐产值高的产品,而忽视品种的配套,以致出现产值颇高而合同履约率甚低的局面。而在华为总部,我们遇到的每一位员工,不论是资深主管,或是刚加入公司的工程师,甚至只是负责接送的司机,都不仅把"以客户为中心"挂在嘴边,更见之于行动,就像是已经植入了 DNA 中。有人说:"口号人人会喊,但

华为是真的落实。它的文化是活的,不是死的;判断一家公司成功与否,要看它的潜规则与显规则是否一致,不能说一套做一套,华为不只一致,还相呼应,这是它最了不起的地方!"只有建立起真正好的质量文化基础,"一切为了客户满意"才真正有了根基和成长的土壤。

(4) 为员工发挥积极性提供保障和激励机制

1) 在明确各级人员职责、权限的同时,应赋予员工职责范围内的自主权。

2) 为员工工作提供所需的、合适的资源,创造适宜的工作条件和环境。

3) 增加员工参与的智力资源。通过各种方式(招聘、培训、淘汰等)使全员素质不断提高,以适应市场竞争的需要。培育和树立员工的敬业精神,使其为企业的成功贡献自己的智慧和精力。

4) 评估员工的能力和业绩,并予以激励。对员工的能力和业绩应定期进行评估,在此基础上对于为企业发展做出重要贡献,有创新成果以及完成目标的员工,应予以适当的表彰和奖励,从而在企业内部形成一种激励进取的机制。

(5) 为员工的发展创造广阔的空间

高层领导必须重视员工的发展,并为此提供良好的环境。员工的发展主要靠增长技能和才干以及晋升(工资、职位)来实现。只有让员工感到有"奔头",才可能适应持续竞争和发展的需要。

(6) 参与持续改进

高层领导参与持续改进,不在于"一竿子插到底",而要不断出题目,调动组织全员力量,考虑如何建立一支富有活力、能攻坚的团队来攻克难关,关注改进进程并帮助解决问题。同时,还应对相关职能的有效性不断进行评估,并利用评估信息指导改进。

(7) 持续进行自我反省

领导者成功的重要条件是要善于不断反思和自我审视,检讨自己的思维方式和行为方式。一个好的领导者应善于接受挑战、摒弃陈旧的观念和行为。这样做不仅能不断提高领导者的水平,而且足以为员工做出表率,从而促使员工相应地改变。当今领导者必须改变那种在工作中只强调如何改变别人,而忽略改变自己的倾向。这对于培育组织的管理文化是非常重要的。与此同时,领导者必须善于学习,不断充实自己。在新经济时代不努力学习新的管理知识和新的技术知识就要落后。很难设想对计算机网络技术一无所知的人,会去决策利用计算机网络来提高工作效率和管理水平。

(8) 让员工分享组织的发展成果

员工分享组织的发展成果,可以增强组织的凝聚力,充分调动员工为组织发展做出更大贡献的积极性。华为公司让员工普遍享有股权分红,其主要领导任正非只有 1.47% 的股权。工作达一定年限、职位的员工，都享有股权。这是世界上独特的股权方式，这也是其成功的基础。

2.3 全员积极参与

2.3.1 全员积极参与的概念

ISO 9000：2015 的"全员积极参与"原则是指：各级人员是组织之本，所有人员的胜任、授权和充分参与，是提高组织创造和提供价值能力的必要条件，才能使他们的才干通过有序的系统活动来为组织带来绩效。

全员积极参与是各种管理成功的必要条件。传统的全员参与质量管理是指不仅需要高层领导充分发挥领导作用，而且需要各级管理者、各类专业技术人员、管理人员和操作人员都投入到质量管理中来。只有全体员工共同努力和契合，质量管理体系才能取得成功。

人是社会生产力诸要素中最积极、最活跃的因素。在今天新经济时代，人力资源是组织最宝贵的资源更为突显。在质量管理体系中，人是最活跃、最具创新精神、最重要的因素。

（1）全员的质量意识是质量管理体系有效运行的重要前提

全体员工对质量的理解如果只停留在一般地、朴素地讲质量的重要性，做到"三按［按标准、按图样、按工艺（或服务规范）］"，在今天就远远不够了。因为质量观念已有了很大发展，当今已不能满足于生产出达到标准的合格产品，而要以取得顾客的持续满意为目标，参与全球化的竞争。为此，应从更深入的方面来培养员工的质量意识，使每个员工都能意识到：

1）符合质量方针和质量管理体系要求的重要性

这就要求员工不仅理解组织的质量方针、质量目标以及质量管理体系文件中与自己工作有关的要求，还应意识到本职工作与满足顾客要求、达到顾客满意有什么关联，自觉地为实现质量目标做出应有的贡献。

2）岗位工作对质量活动实际的或潜在的重大影响

员工应了解若在具体活动过程中出现了差错，偏离所规定的过程规范或服务作业规范，可能带来的过程失效模式和影响（PFMEA）。要让员工不仅知其然并知其所以然，了解规范为什么要这样规定。同时，员工还应了解自己的工作对其他过程的影响。

3）员工业绩改进可能带来的效益

通过全员参与的改进活动和沟通，来增进员工对个人贡献的重要性的认识。

由于改进作业方法，提高了效益，节约了原材料，减少废次品会给企业带来多大效益，员工应了解从中可以指望得到多少收益。

（2）员工的技能是保证各种管理程序和作业要求得以实现的重要条件

各种质量管理要求的实施，都要求员工掌握必要的知识和技能。如：从事现代设计就必须懂得创新方法、设计公理、QFD、田口方法、CAD、CATIA（计算机图形辅助三维交互式应用）、UG（数字化造型及验证）、ProE（三维造型）、Solid-works（三维机械设计）等；从事关键和特殊过程的作业必须经过严格的专业培训和考核；从事某一项服务工作也必须通过培训掌握服务规范的要求和相应的专门技能。

（3）员工的质量行为取决于对自觉性、主动性和创造性的激励

现代的质量管理要求把员工当作真正的主人，而不是规章、制度、程序、规范的奴隶。因此，不宜用死章法迫使其就范，仅满足于遵章守纪，简单地重复过去做过的、符合程序要求的工作，而应激励员工自觉地发挥"第一次就把事情做好"的敬业精神，对任何不符合顾客满意要求的程序和作业均应提出改进建议，成为持续改进的动力。传统的专业分工过分强调员工完成"分内"的工作任务的职责，在很大程度上使员工丧失了主动地正确处理突发事件的能力和灵活性。因此，应更为重视对员工的"授权"。

（4）创新取决于人

创新能力是企业的核心竞争力之一。而创新则是靠人去进行的，是基于人的智力的创造发明。各种先进的方法如QC小组、FMEA、智暴法等活动，全是靠人来做的。一个企业只有做到人才领先，科技才能领先，而科技领先，产品才能领先，从而赢得市场。为此，应倡导尊重知识、尊重人才，并为各类人才提供适宜的工作条件和生活待遇，使之深感自己受到重视，被组织和他人所认可，从而激发其创造力，发挥其潜能。

（5）团队精神和协作精神

实现质量管理追求的目标，不仅是某些部门或某些人的事，而且是关乎全局的大事，它与全体员工都密切相关，每个人的工作都与顾客满意紧密相连。因此，不仅需要全员参与，而且应做到上下理解一致，都积极地投入，搞好不同部门、人员之间的协作，从而全面而有序地推进目标的实现。全员若如一盘散沙，其能力是极其有限的。管理有各种各样组织接口和技术接口，为了提高效率和效益，倡导"把方便让给别人"，保持人际关系间的协调性，是十分重要的。协作精神是人员素质的一个重要方面。

人品决定了产品的品位，乐凯公司提出"产品即人品"、"质量硬，硬在人"的质量观，取得了显著效果。又如，华为的任正非说："我深刻地体会到，组织的

力量、众人的力量，才是无穷的。人感知自己的渺小，行为才开始伟大。"任正非认为华为有今日成绩是因为"17 万员工，以及客户的宽容与牵引"，而他不过是"用利益分享的方式，将他们的才智黏合起来"。任正非重视组织的成就远远超过对自己的成就描述，也没有将自己放在组织的顶部。他做得更多的是托起这个组织，并用组织的整体力量成就华为。

应当看到，在现今单靠个人奋斗的个人英雄主义时代已一去不复返。要想取得成功，就应充分利用人力资源，尤其应尽力形成强大的团队合力。无论是按部门划分的永久性团队，还是为完成某项任务而组建的临时性团队，都应充分发挥团队精神，使队成员对团队有强烈的归属感与一体感，成员间相互协作共为一体，对团队事务尽心尽力地全方位投入。为此，要增强团队的凝聚力，倡导维护团队利益和荣誉，确保成员之间信息沟通快，努力创造关系和谐而民主的气氛。同时，团队应具有开放、坦诚沟通的气氛，不仅内部能充分沟通，而且愿意接纳其他团队的意见，倾听顾客的呼声。

此外，从更广的视角和更高的层次上说，"全员参与"已不仅是只看到组织内部，而应包括与满足顾客需要进而达到顾客满意所涉及的外部的相关方，如供应商、分销商、维修商等。将"全员参与"从组织内部引申到"组织外部"，会给"全员参与"的目标和效果带来重大的影响。诚然，首先要搞好组织内部的"全员参与"，达到标准的基本要求，如能进而通盘考虑相关方的参与，可将质量管理体系推向一个新的高度。

2.3.2 组织贯彻"全员积极参与"原则的实施要点

（1）让每个员工了解自身贡献的重要性及其在组织中的角色

每个人都应清楚自己的职责、权限及涉及的相互关系，了解工作的目标、内容以及达到目标的要求、方法，理解其活动的结果对后续的活动以及整个目标的贡献和影响，以利于协调地开展各项质量活动。

（2）让员工识别对其活动的约束

在每项工作中，都应使员工了解所进行的活动，将会遇到什么样的困难和阻力、可能的影响，以及如何克服这些困难和阻力，消除不良影响，主动参与，以取得理想的绩效。

（3）让员工以主人翁的责任感去解决各种问题

一般情况下，员工的思想、情绪是经常波动的。一旦做错了事，往往发牢骚、逃避责任、试图把责任推卸给别人。因此，要将此类借口消灭在萌芽中，关键在于在员工中提倡主人翁意识。要让每个人在各自岗位上树立责任感，考虑如何发挥个人潜能，勇于承担责任，而不是逃避和推卸。

这可以通过明确规定员工的职责、权限和相互关系，在培训教育时讲清工作目标和要求、必须遵守的程序和规范，并采用数据分析方法寻求更佳的工作方法，从而使员工能以主人翁的态度来正确处理问题。

（4）创造宽松的环境，加强内部沟通和契合

员工发挥潜能的前提是心情舒畅。为此应开展有效的内部沟通。应当鼓励员工发表对质量管理的看法，对改进工作提建议以及对所见不公平、不合理的事提出批评。同时，及时把组织目标、反映顾客的需求和期望以及当前不满意问题的信息，告知员工。

为此，建立各级领导与员工间平等的契合关系，尊重员工，同时创造能自由沟通的氛围是极为必要的。

（5）客观公正地评价员工的业绩

员工可以从自己的工作成绩中获得成就感，并意识到自己对整个组织的贡献，也可以从工作的不足中找到差距，明确改进方向。因此，客观公正地评估员工的业绩，称赏和表彰员工的贡献、钻研精神和进步，并辅以必要的奖惩，可以激励员工的积极性。可以倡导员工对其业绩进行自我评价、自我衡量，以利进取。

（6）使员工有机会增强其自身能力、知识、技能和经验

应授予员工更多的自主权去思考、判断及行动，提倡公开讨论、分享知识和经验。因而也相应要求员工具有较强的思维判断能力。为此，员工不仅应加强自身的技能，还应学会在不断变化的环境中判断、处理问题的能力，这种能力往往来自其知识和经验。组织应为员工增强其能力提供必要的条件，如培训和适当的工作机遇。

2.4 过程方法

2.4.1 过程方法的概念

"过程方法"原则是指：将活动和相关资源作为一个连贯的系统相关联的过程进行管理，可以更高效地得到期望的结果。

系统地识别和管理组织所应用的过程，特别是这些过程之间的逻辑系统和相互作用，称之为"过程方法"。

为了运用过程方法以获得更好的结果，应该深刻理解过程管理的概念。

（1）过程管理是现代质量管理的基本原则和方法

94版标准虽然引入了过程和过程网络等重要概念，但并未全面深入地阐述过程管理的思想，就其涉及的范围而言是围绕20个要素的"小过程"的控制。在

ISO 9001：1994 的质量保证体系中以产品为导向，对产品的重视胜于过程。然而，产品质量及其管理是由一系列过程来实现的，质量、成本、交货期以及效率等都是过程的结果。为此，进一步来理解过程并管理好全部过程，是现代质量管理的必然趋势。自 2000 版标准以来把过程方法作为质量管理的基本原则之一提出，是个重大进展，它反映了现代质量管理的理念，过程已不再局限于 20 个要素的"小过程"，而着眼于整个质量管理体系的"大过程"。新修订的 2015 版标准将 2008 版过程方法和管理的系统方法进行"合并"，更有效的说明过程方法本身就是一个相互关联的系统管理方法。

现代质量管理是面向过程的管理。过程的输出结果取决于过程策划、过程优化、过程输入、过程控制等。最大限度地获取过程的增值效应，才是使顾客满意最根本的基础。这种面向过程的管理是立足于"治本"的管理。

一个组织只有持续地改进过程，才能持续而有效地提高质量、降低成本、提高工作绩效，从而达到持续的顾客满意。

（2）过程方法需要组织结构与之适应

长期以来，社会和企业的组织机构都是按职能分工原则建立的。这种模式更适合于计划经济。其优点在于促进技术和管理专业化，有利于实现规模效益，对大量生产的定型产品的管理是相当有效的。

但是，高度的职能分工方式，必然造成横向协调性差，因为各职能部门间存在沟通和合作的壁垒。职能部门犹如林立的碉堡，因而人们常表现出"隧道视野"、"部门本位主义"，都只关注如何完成自己分担的任务，但无人为整体、为顾客负责。这种方式难以适应今天这种顾客主导的市场，以及趋向个性化、变化无常而竞争激烈的市场经济环境。我国许多企业的"老大难"问题迟迟得不到解决是与这种管理体制的弊端分不开的。传统的严格的层次关系，固定僵化的职责，高度的正规化，正式的沟通渠道，集权的决策，导致人们总是期待上层领导来识别问题和解决问题。但当变革速度加快，依赖任何正式的组织都过于繁复，因为这样会使创新和决策过程过于迟缓，往往会失去市场赋予的良机。于是近 20 年来，在全球范围内引发了一场深刻的组织结构变革，即由纵向的职能分工的碉堡方式向横向的面向顾客的过程方式转变。为此，要从顾客的需求出发，在对业务流程进行深入分析的基础上，简化流程和不必要的、非增值的无效管理。组建适当的团队（如项目组），实施横向协调的管理。这可以大大减少扯皮、协调的工作量，减少了环节，不仅提高了工作效率，缩短了交货周期，可以对顾客的需求做出最迅速的响应，而且还能提高质量，降低成本。一些组织实施的组建横向协调小组进行多方论证的方法，在需要多个部门配合协调的场合，如开展质量策划、QFD（质量功能展开）、FMEA（潜在的失效模式及后果分析）等活动时，收到了特别明显的效果。

注：QFD（质量功能展开），是把顾客或市场的要求转化为设计要求、零部件特性、工艺要求、生产要求的多层次演绎分析方法。对于特定产品，QFD 技术可以用作质量策划过程的一个组成部分，特别是 QFD 第一阶段。

注：FMEA（潜在的失效模式及后果分析），为了减少事后的风险和可能的巨大损失，较容易地、花费代价较少地对产品设计进行修改及对不同的设计方案进行客观评价。

在一些组织贯彻 ISO 9000 标准过程中，往往将过程的有关职能分配给现有职能部门去完成，而未考虑如何适当改变现有组织结构、过程职能和相互关系，使之更适应 2015 版的要求。这种在质量管理体系策划中的欠缺，往往造成体系运行中一些难以克服的障碍。

此外，20 世纪 90 年代美国企业界和学者在借鉴日本的精益生产方式的基础上，不断创新，提出业务流程重建再造工程（BPR）、敏捷制造等，进而提出过程管理，是考虑到下列需要。

1）由于市场需求多变，企业按传统方法不能从容地做出及时有效的调整。因此，必须面向过程，不断改进与变革。

2）用过程保证决策的实施。市场竞争要求组织对其经营、制造（或服务）全过程，不断进行审视、研究与改进，并果断决策。在决策的实施上，要讲求如何快速适应市场与环境的变化，增强柔性和可控性，降低风险，持续地提高组织的竞争力和发展后劲，从而取得良好的综合经济效益。

3）信息技术如何与过程改进相辅相成。现代计算机多媒体技术的飞速发展，为改进过程管理提供了高效的手段，如在信息传输中应用网络技术实现产品设计和制造过程的同步开发[9]等。

4）用过程保证决策的科学性和民主性。决策过程应建立在占有必要信息并在数据分析的基础上，集思广益地做出决策。只有这样才能做出正确的选择。对决策过程实施控制是决策科学化和民主化的有力保障。

5）组织能够向相关方提供关于其一致性、有效性和效率方面信任的证据。

6）过程改进的后续管理。过程改进以后如何保持涉及到过程的维护和管理问题，如相关方的管理、风险的预防、对相关文件的修改、人员培训及配备所需资源等。

2.4.2　组织贯彻"过程方法"原则的实施要点

（1）运用 PDCA 循环（戴明环）

其中：

- P（Plan）策划：根据顾客的要求和组织的方针、目标，确定必需的过程、过程目标、控制措施及所需资源，并识别和应对风险和机遇；
- D（Do）实施：根据策划提出的要求（一般用规范或作业指导书来指导过程实施）来实施过程和对过程施加控制方法和手段；
- C（Check）检查：根据过程目标或预期的结果，对过程以及形成的产品和服务进行监视和测量（适用时），并报告结果；
- A（Action）处置：对报告结果采取提高绩效的措施，以持续改进过程业绩。

对每一个过程都应按 PDCA 循环实施闭环管理。闭环管理重在有始有终，直到实施的结果符合策划中提出的过程目标为止。

当所提出的目标已经达到，就应视需要与可能，适时提出新的目标，进入下一轮 PDCA 循环。如此螺旋式地上升，逐步实现过程的持续改进。

PDCA 循环适用于各种过程，包括质量管理体系的"大过程"和具体作业的"小过程"。PDCA 循环能够应用于所有过程以及完整的质量管理体系。图 1-1 表明了新版 ISO 9001 标准各章如何组成 PDCA 循环。

（2）过程策划

做好过程策划是组织实施好整个过程的前提，在过程策划中必须充分考虑到影响过程的诸因素并使其受控。策划的重点是：

1）设定目标

确定过程目标时，应考虑到如何充分满足顾客需求，在同行业中具有竞争力以及实现的可能性。

2）识别必需过程的流程，特别是关键过程和特殊过程

通过对流程的分析，根据所设定的目标，确立最简捷而有效的流程，认定每个过程的特性并按产品特性重要度分级，对其进行分类控制。

在这里，识别多余的、非增值的、无效的工作过程，对提高效率是特别具有实际意义的。

同时，应特别重视影响关键和重要特性的那些过程，可将其相应地定为关键过程或重要过程，做出重点控制的安排。对重要性不同的过程分别施以不同力度的控制，对于保证质量和降低成本都具有重要作用。

一般来说，应将影响人身及财产的安全、健康，和环保及功能实现的过程，定为关键过程。

对于无法通过检验和验证（或成本很高）来证明其实现策划结果的能力符合要求的过程，称为"特殊过程"。在策划时，对特殊过程应做出确认和再确认的安排。

3）控制过程输入、输出

每个过程都是为了实现从输入到输出的增值转换。为了减少输出的波动则必

须严格控制输入的波动及其对输出的影响，并应采取有效的排除干扰的措施。所以，过程控制应包括对输入、干扰、过程作业、输出等方面的控制。

4）测量和分析关键过程的能力

掌握关键过程的能力，将有助于了解过程是否有能力达到策划的目标。对关键活动进行监视和测量是控制过程不偏离要求所必需的。为此，应能获取充分的数据、信息并加以分析。同时还应评估作业人员是否具有相应的能力。在策划时，应对这些监测活动应做出安排。

5）识别过程的接口

一个过程与其他过程之间的相互衔接处，以及一个过程的若干职能部门之间都存在界面。在界面处应明确具体职责和权限（组织接口）的划分。同时与过程相关的来自其他过程或职能的信息（技术或业务接口）应能有效地传递。在策划时，识别这些接口并加以控制，对于过程顺利运行是十分重要的，详见本书2.4.3节。

（3）明确管理的职责和权限

活动对输出结果起着重要作用，这些活动应在受控状态之下进行。为使活动有效受控，应明确过程的"所有者"及从事有关活动的人员的职责和权限。做到"事事有人管"，职责和权限不交叉。特别对关键过程更必须明确相应的人员职责和权限。

（4）配备过程所需资源（包括人力、设施设备、原材料、作业方法、工作环境和信息资源等）。通过过程的有效管理，资源的高效利用及职能交叉障碍的减少，来提升组织的效率。

（5）重点管理能改进组织关键活动的各种因素

一个过程对其有影响的因素可以用"6M1E"（即人、机、料、法、环、测、管）因素来描述，但对于具体过程的改进起主导作用的因素是哪些，则应从实际出发进行具体分析。但应注意首先抓住影响关键活动的因素，并改进控制方法，从而确保组织有能力提供合格产品。

（6）评估过程风险以及对顾客、供方和其他相关方可能产生的影响和后果

可用 PFMEA（过程失效模式及后果分析，Process Failure Mode and Effects Analysis）和过程审核的方法进行过程风险评估。对于风险较大的问题，应优先采取纠正措施或预防措施。

2.4.3　过程管理的系统方法

（1）概述

单一的 PDCA 的过程本身就是一个系统，P、D、C、A 之间存在着因果的逻辑

关系。

多个相关联的过程就会组成一个或若干个系统，并形成更大的过程。那么如何对这些多个过程组成的大过程或更大的过程进行管理呢？ISO 9000：2005版标准中的"管理的系统方法"作为一个独立的原则，是指：将相互关联的过程作为系统加以识别、理解和管理，有助于组织提高实现目标的有效性和效率。而ISO 9000：2015中，并没有将这一原则保留，但这并不意味着取消，而是因为"过程方法"这一原则本身就包含着"管理的系统方法"的内容和要求。这样做的好处是，对多个过程组成的更大过程能进行系统的管理，这就提高了管理的层次和角度，使各过程之间能更好地协同和配合，提高过程和过程系统的效率和业绩，同时也降低决策和运行风险。

（2）管理的系统方法的作用

运用系统工程的方法对过程实施系统管理，不仅能促使目标的实现而且由于各个过程的协调运作，还可以减少浪费，缩短周期，从而降低成本。

20世纪60年代末阿波罗宇宙飞船登月成功，实现了人类登上月球的梦想，并大幅度节省了开支，从而充分显示出现代系统工程这门综合性技术的巨大威力。因此，引发出全世界各行各业都试图运用系统工程的方法来获得更大成功。在质量管理领域也不例外，日本式的TQC已部分应用了系统工程的方法，但其不够自觉、不够完整。1979年英国标准BS 5750按系统工程方法正式提出的质量保证模式标准，引入了质量体系和要素、质量方针、质量目标、程序、接口、控制、审核、评审等重要概念，标志着质量管理领域进入了一个应用系统工程方法的崭新时期。在此后的20多年间，ISO 9001：1987等同采用了BS 5750的第1部分；94版ISO 9000族引入过程、过程网络等概念，使其在过程的系统管理方面更加明确；2000版ISO 9000族则更明确地提出将"管理的系统方法"作为质量管理的基本原则，并更充分、更全面地体现了系统工程方法的管理思路。至此，在质量管理中运用系统方法已不仅停留在理论上，并且在实践中已经有相当成熟的经验。

过程管理的系统方法在实践的范例很多，如在现代城市建设管理中，我们经常会看到马路被修了挖，挖了填，反反复复的事情，这种情况包括电力、通信、水务、供暖、燃气等，都是由于城市职能的条块分割，造成现代城市发展的通病。每个部门只看到自己眼前的事，只干好自己门前的事就万事大吉啦。这种现象除职能分工不清外，最重要的还是需要有更高层次来对各部门和职能进行综合协调，这就是"过程管理的系统方法"的应用。城市建设管理的好坏考验着城市管理者的管理水平，运用"过程管理的系统方法"的能力无疑是重要的指标之一。

（3）管理的系统方法的基本要求

管理的系统方法必须满足以下四个基本要求。

1) 识别构成系统的要素

要素的综合构成了系统，要素和系统之间是部分和整体的关系。对各要素进行控制是系统管理的基础。在 ISO 9001：1994 的质量体系中，规定了 20 个要素。而在 ISO 9001：2008 的质量管理体系中要素则是其基本过程，如：管理职责；资源管理；产品实现；测量、分析和改进四大过程。ISO 9001：2015 质量管理体系的要素为：通用的过程和方法、领导作用、质量管理体系策划、运行、绩效评价等过程，对于每个基本过程又规定了若干子过程或活动。

2) 识别系统各要素间存在的有机联系并应完成其相互规定的任务

必须搞清系统各要素（过程）间的关系，相互之间有什么要求，相互应完成哪些任务，才能满足各要素（过程）的要求，即应明确系统各要素（过程）间的接口及要求。

3) 系统的整体必须具有目的性

系统应具有明确的目的，而这个目的不应是模糊的，宜用定量的、可测量的目标来描述。质量管理体系的所有要素（过程）都应围绕一个共同的目的，即为了实现组织的质量方针和质量目标，持续地达到顾客满意。而具体的质量目标则应在市场竞争中通过优化加以拟定。

4) 系统不仅作为状态而存在，而且应具有有时间性的程序

这里，首先强调的是程序，即系统必须处于有序状态。不仅对各要素（过程）和各项活动的内容、方法和先后顺序都进行规范化管理，而且应使各要素（过程）和各项活动都处于动态管理之中，以使其发挥更大效能。

在质量管理体系中，不仅需要各种程序，而且应该使其根据运行中存在的问题，以及广义环境（如市场、竞争对手、技术和法规等）的变化，持续地加以改进，以臻逐步完善。

综上所述，在按照系统工程原理和方法建立质量管理体系的过程中，根据质量目标去识别、理解并管理好每个过程及其接口，每个过程系统及其接口，是提高管理的有效性、组织整体效率和效益的重要途径。为此，各级管理者应学习一些有关系统工程的基础知识。

2.4.4 组织贯彻"管理的系统方法"的实施要点

（1）建立一个系统（体系），并以最有效的方法实现组织的目标

建立一个管理体系，可以增强组织实现其目标的能力。每个组织的各种管理体系都有其目标，而目标的实现则依赖于管理活动。管理应当有系统性，使组织的管理层次、职能分配为实现目标提供资源保障，以及对目标的管理、测评和改进等更为有序，管理的系统性可以通过构造一个体系来实现。一个良好的体系是

高效地实现目标的保证。

(2) 了解体系内各过程之间的相互关系和依存关系

体系是由一组相关的过程及其相互作用构成的。过程之间的相互作用是比较复杂的，往往表现为过程网络关系。经常可见，某个过程的输出是下一个过程的输入。应特别注意起关键作用的那种相互依存关系。若以产品实现为主过程来实施一系列管理活动，则在资源提供和测量分析改进活动要求中应明确其与主过程的相互关系。如产品要求的评审为后续的生产和服务实现过程提供了顾客要求的信息，而生产和服务实现过程又为产品要求的评审过程提供了满足顾客要求能力的依据。

由此可见，所谓过程之间的相互关系和依存关系的具体表现形式为：在 PDCA 循环中的信息支持、资源条件支持和结果验证支持等。

(3) 理解为实现组织目标所需承担的责任，减少职能交叉造成的障碍

最高管理者和员工均应理解组织总目标对他们的意义，以及在实现目标过程中各自的作用和责任。通过构筑合理的组织结构，确定职责、权限和相互关系，沟通了解，从而减少或消除由于职能交叉和职责不清导致的障碍，提高过程运行的效率。在这方面，职责、权限和相互关系的确定，内部沟通以及员工能力、意识和培训等活动，均是这一措施的具体实现时的表现。

(4) 认清组织的能力，在行动前确定资源的局限性

最高管理者和整个组织应清楚地了解保证产品实现过程和必要的支持过程有效运行所需的资源，并应确保获得这些资源（包括人力、设施、工作环境和信息）。在审核中，经常可以见到组织在其质量手册中宣称已配备了所需的资源，然而实际上远非如此。人力资源短缺、测试设备不足及测试环境乃至生产环境达不到保证产品质量的要求的情况极为普遍。关键在于习以为常，并不曾认真地按其所执行的标准识别资源的需求或者信息不畅通，以致最高管理者并不了解在实际运行中已发现的资源短缺。

(5) 设定目标并确定如何管理体系中的特定活动

系统的目标是通过构成系统的各过程协调运作实现的。因此，应根据组织的总目标，来设定各过程的分目标，并通过运行实现其分目标，从而确保总目标的实现。这是运用管理的系统方法的重要思想。

对于体系中的特定活动，应注意到：每个具体过程的控制应按 2.4.2 节中所述，形成具体的控制程序并付诸实施。

(6) 通过测量和绩效评估，持续改进体系

对系统和子系统应根据其运行绩效结果，对照目标或顾客要求来进行测量与评估，并报告结果。根据目标实现情况，决定制定系统的新目标或采取措施保证

目标实现，从而实现体系的持续改进。具体运作可按2.5节所述进行。

2.5 改进

2.5.1 改进的理念

ISO 9000：2015标准中"改进"原则是指：改进是组织维持目前业绩水平必不可少的，同时也是为应对内部和外部的环境变化，并创造新的机会。组织应从质量管理体系的适宜性、充分性和有效性方面进行"持续改进"。

成功的组织总是致力于改进。持续改进是组织发展、增强参与市场竞争能力并取得优胜的一个重要条件。这是因为市场千变万化，顾客的需求和期望增多且越来越高，竞争对手在前进，同行业的产品和服务水平不断提高，人才竞争日趋激烈，时代在前进，技术在进步，若总以老产品、老面孔、老的管理模式来应对这种变化，则随着时间的推移，迟早会被顾客抛弃。

市场严格遵循适者生存的规律。因此，组织必须在经营理念、组织体制、运行机制、人员素质、产品和服务的适应性、保值增值等诸方面进行改进，以改善组织的总体业绩水平、提高竞争实力并让所有相关方都满意。由于改进是无止境的，所以持续改进应是组织的永恒目标。组织要在市场竞争中立于不败之地，就必须适应这种永恒变化的环境，坚持改进。持续改进也是一个过程，为此对其应进行动态管理。若不能持续地不间断地进行，则如"逆水行舟"，不进则退。

2.5.2 改进的方法

（1）改进的目标

改进的目标是使所有顾客和相关方获得更多的"实惠"，因而更满意，使组织改进过程绩效、组织能力和顾客满意度，自身获得更多的效益，如：提高产品和服务质量，降低成本，开发性能价格比更高的产品和服务，改进服务质量，使顾客更感"物有所值"；减少排污，在改善环境质量，促进人类健康文明发展方面做出更多贡献；通过改进管理，提高效率，创造更多价值和效益使其他相关方得到更多的回报等。

（2）改进的对象

改进的对象是质量管理体系、产品和服务过程。组织应增加对调查和确定基本原因及后续的预防措施和纠正措施的关注。为此，对持续改进机会的识别应考虑到全局性问题，如质量方针、质量目标、质量体系过程的优化重组和组织结构等；还应考虑围绕产品和服务的设计开发，以及产品和服务实现过程的控制有效性的问题；也应考虑对产品和服务实现过程及管理过程的局部改进。

（3）改进的方式

持续改进的基础是过程的改进。持续改进的方式，可分为以下两类。

1）渐进式改进

在现有过程中，由现有职能部门进行的渐进的改进活动，即为提高实现目标，满足要求能力而反复进行的活动。这些活动应按 PDCA 循环的方法进行，一般包括以下步骤：

- 明确改进需要：根据运行中的信息，识别改进机会，在风险评估的基础上，选择优先改进的环节和领域，并记录需要改进的原因。
- 目前状况分析：评价现有过程的有效性和效率，并分析有关数据或证据，以便发现哪类问题最常发生，确定改进的特定问题和改进目标。
- 原因分析：识别并验证产生问题的根本原因。
- 确定可能解决问题的措施：寻求解决问题的方法或替代办法。针对产生问题的根本原因，选择并实施最佳的解决问题的措施。
- 评价效果：确认问题及其产生根源是否已经消除或其影响已经减少，是否实现了改进的目标；如未消除，应再回到"目前状况分析"重新进行上述的循环活动。
- 将经验证的有效措施规范化：一般宜修改原有控制文件，并付诸实施。
- 评价实施改进措施后的过程：对改进措施的有效性和效率做出评估，并考虑将其推广。

需要时，对遗留问题重复上述步骤，继续开展改进活动。

2）突破性改进

对现有过程进行重大改进或实施新的过程，可称为突破性项目。这类项目通常由日常运行之外的跨职能的小组（横向协调的小组，可由各有关职能部门的人员参加）来实施。

突破性项目通常包括对现有过程进行重大的再设计，它应按项目管理方法来进行管理，并应包括以下活动。

- 确定改进目标和项目的总要求。
- 分析现有过程并认清创新性变更的机会。
- 策划并确定过程改进。
- 实施改进。
- 对改进进行验证和确认。
- 评价已完成的改进，包括吸取教训。

更改完成之后，所制定的新的质量计划应当为过程的持续管理奠定基础。

(4) 改进的手段、工具和技术

1) 管理手段

在质量管理体系中，管理评审，内、外部质量审核（包括体系、产品和过程的审核），以及纠正、预防措施等，是促使质量管理体系不断改进和完善的基本方法。

2) 借鉴组织内、外的成功经验

应当重视对组织内的改进成果的推广，以在更大范围内取得绩效。同时，应看到"他山之石，可以攻玉"，虚心学习前人及同行的经验，来帮助组织实施改进。对制造业来说，通常提高质量和生产率的改进机会有：

- 计划外停机时间。
- 设备安装、模具更换及机器调整时间。
- 过长的生产周期。
- 报废、返工和返修。
- 非增值使用场地空间。
- 过大的变差（指一批产品间特性的差异）。
- 低于100%的初次运转能力。
- 均值偏离目标值（双向公差）。
- 累计结果与试验要求不符。
- 人力和材料的浪费。
- 不良质量的成本。
- 产品难以装配或安装。
- 过多的搬运和储存。
- 以新的目标优化顾客的过程。
- 改进测量能力。
- 顾客不满意，如抱怨、修理、退货、错送、履约不全、忧虑、售后质量保证等。

3) 改进的工具和技术

应学习和掌握持续改进的工具和技术，以利持续改进活动的开展并取得更好绩效。这方面常用的工具和技术有：

- 控制图。
- 试验设计（DOE）[2]。
- 限制（约束）理论。这是一种用来帮助组织增强"改变努力"的积极影响的制造思想。它通过确定并说明那些阻碍有关预定目标实现（即限制）的问题（如频繁出现的政策问题或"旧的方式"，而并非机器或人力的障碍），以便集中考虑持续改进。
- 设备总效率。这是一个用来度量设备潜能的指标，可用来评价设备的利用程度。

$$设备总效率 = 可利用率 \times 运行效率 \times 成品率$$

式中，可利用率指机器可用时间的百分比，由可用机器每年可利用天数和班次的乘积与实际利用情况相比较得出；运行效率指设备的实际运行速率同其设计的循环运行速率之比；成品率指生产出满足质量规范要求的产品的百分比。

- PPM 分析。PPM 是每百万零件不合格数。这是一种根据实际的有缺陷产品的资料来反映过程能力的一种方法。通常可根据 PPM 数据优先制定纠正措施的项目。在这里，缺陷的定义因顾客而异。
- 价值分析。价值分析是为降低成本对产品或过程进行分析的一种方法。这种方法采用系统化方法来消除不必要的功能（非增值的那些），它用于提高生产阶段的价值，可用来降低总成本。在设计和开发阶段的早期阶段使用这种方法时，通常就是价值工程。
- 基准确定。这是一种用于确定特殊过程或产品"最佳"样板的技术。在衡量企业管理水平和产品水平时，与同行业竞争对手进行水平比较，寻找赶超的"标杆"，是一种十分有用的方法。
- 运动/人机工程分析。人机工程学是对产品或过程设计的评价，以确保与人的能力相适应。运动分析是指与完成任务（如提升、扭转、延伸）有关的人的能力的评价，以防止或减轻变形、应力和过度疲劳等问题。有关影响因素有：操作者的人体尺寸、设计产品的布置、开关/按钮的布置、操作者的负荷以及诸如噪声、振动、照明和空间等方面对环境的影响。
- 防错。这是使用过程和设计特征来防止制造不合格品的一种方法。通常也可以用来防止非预期的使用（如误操作），以使人身或设备安全不受到损伤。

2.5.3 组织贯彻"改进"原则的实施要点

（1）在组织的三个层次上全面开展持续改进活动

1）使员工深明持续改进对个人发展及整个组织的重要性，具有持续改进的心态，从而将产品、过程和体系的持续改进作为每个员工的目标。只有员工的积极参与，发挥其主观能动性，持续改进的目的才能达到。

2）在各职能部门和职能小组的活动中，发扬团队精神，群策群力地开展持续改进。

3）整个组织的持续改进建立在前两项的基础上，此外应抓住三个重要环节：
- 从高层领导和各级管理者做起，在全组织内营造必须持续改进的危机意识，营造持续改进的氛围。
- 制定积极的政策去引导和鼓励员工实施持续改进，对做出贡献的员工和团队给予相应奖励。
- 就全局性的持续改进问题，如质量方针、质量目标、组织结构、政策等，适时做出必要的调整，以顺应持续改进的需要。

（2）为员工提供有关持续改进方法和手段的培训

改进是一个寻求改进机会，制定改进目标，最终实现改进目标的循环过程，过程活动的实现必须采用适当的方法和手段，如本章2.5.2节（4）中所列举的。当前我国各类组织的预防措施和统计分析活动普遍开展得较差，这是因为对于员工来说，要想真正掌握这些方法，只有通过相应的培训才能实现。正如古人所云："工欲善其事，必先利其器"。

（3）确定目标以指导、测量、追踪持续改进

目标为持续改进指明了方向，可指导持续改进的实施；并可作为测量的依据，以评估改进的结果；也为追踪改进措施的绩效提供基础。

（4）识别并通报改进的情况

有关改进的信息应有效地传递到相关部门和领导，以便适时做出决策，保证改进绩效。进行管理评审时，应包括这一活动。

2.6 循证决策

2.6.1 循证决策的概念

ISO 9000：2015的"循证决策"原则是指：有效决策应建立在数据、信息分析和评价的客观事实基础上。在大数据时代，数据就是极其重要的资源。然而许多组织连自己身边的"小数据"都不会利用，其决策的局限性可想而知。

对事实的数据和信息的分析可为决策科学化提供依据，在这些分析结果的基础上再加上经验和直觉做出判断，确认分析结果的可靠性，从而做出正确的决策。如医生不能只凭各种化验结果和检查报告做出诊断，仅当这些报告与他所观察到的病人的临床症状相一致时，才能做出正确的诊断。有时，医生常根据临床经验怀疑化验结果或检查报告的正确性。因此，在强调数据分析的同时，还应靠经验来加以确认。

如果缺乏数据分析，缺乏具体事实的基础，进行"拍脑袋"式的决策，往往导

致组织定位不准确，产生误导，使组织迷失方向甚至出现灾难性后果。通过数据分析可以探求事物的发展规律和趋势。因此，为了防止决策失误，组织必须以事实证据为依据，并通过周密分析，来做出决策。在这方面，统计分析技术是有效的工具。

2.6.2 组织贯彻"循证决策"原则的实施要点

（1）明确规定收集信息的种类、渠道和职责

收集事实证据信息并及时反馈对于组织来说是至关重要的。信息系统犹如质量管理体系的神经系统。证据信息的收集是进行有效数据分析的基础。为此，应从三方面着手：

1）通过内部沟通，收集体系运行状况及员工对改进管理的意见和建议，因为员工对组织管理体系运行中存在的弊端了解得最透彻，往往提出的改进建议最具有针对性和有效性。

2）通过与顾客和相关方沟通，收集组织外部的实际反映，如进行顾客满意度调查。

3）通过互联网收集相关数据。在大数据时代，充分掌握数据之外，了解和满足顾客的需求和期望的重要性更为突显。

为使信息收集及传递规范化，宜对信息的管理做出明确规定。

（2）确保数据和信息足够精确和可靠

为保证统计分析结果有效，必须确保收集的数据足够而可靠，并能准确地反映事实。这是正确决策的前提条件。

对监测装置进行有效控制，保证其准确度和足够的分辨力是确保数据有效的前提。同时，正确地开展监测活动，严格按照要求去收集数据，使数据分布规律符合实际情况，也是数据分析有意义的重要条件。要做到这一点则有赖于员工树立敬业精神和职业道德观念。

（3）让数据和信息的需要者能及时得到数据和信息

通过文件化信息的控制和内部沟通活动，应确保质量信息得到有效的传递，从而保证需要利用这些数据和信息的人员可以及时获得所需的信息。如：设计和开发人员需要多方面、明确的设计输入信息；采购人员采购时需要采购信息；而开展有效的管理评审则需要输入必需的信息。

（4）使用正确的方法分析数据

统计分析技术有助于正确并足够准确地分析数据，以得到所需的信息，并用于决策。但统计分析技术的应用条件均有相应的假设和限制条件，否则其结果并不能提供正确的信息。此外，统计分析的工具多种多样，解决哪一类问题宜选用什么样的统计分析技术也是极为重要的。由于审核员、咨询师、组织的质量人员

对统计分析技术缺乏较深入的了解,使我国各类组织的统计分析工作开展得相当薄弱,特别是对于像"累积和"技术这样较现代的科学方法一般都不会使用。因此,提高统计分析技术的应用水平,仍是我国广大质量工作者面临的一项艰巨任务。要缩短与发达国家在管理上的差距,这一课是必须补上的。

(5) 基于数据和信息分析,权衡经验与直觉,做出决策并采取措施

将依据数据和信息分析评价所得到的结果与经验和直觉相比较,往往会做出正确的决断。在这基础上采取措施,将获得满意的结果。进行不合格原因的分析活动时,经常采用这种方法。

在进行任何策划活动时,都要占有大量的数据和信息。在进行数据分析之后,再参照经验和直觉,完成策划方案。这样做出的方案,依据是充分的,结果将会是有效的。

2.7 关系管理

2.7.1 关系管理的概念

新版"关系管理"原则是指:与相关方的关系影响着组织的绩效,为达到持续的成功,组织应管理与其有关各相关方的关系。这与 ISO 9000:2005 "与供方互利的关系"原则不同的是,不仅要重视供方关系和利益共享,而且要考虑更广泛的相关方关系。这就要从战略高度、大环境影响角度和风险控制方面考虑更容易达到持续的成功。

相关方是与组织的业绩或成就有利益关系的个人或团体。例如:顾客、所有者、员工、供应商、银行、工会、合作伙伴或社会,其中可能包括竞争对手或反对的压力团体。

由于相关方对组织达到稳定地提供满足顾客要求和适用法律法规要求的产品和服务的能力,具有影响或潜在影响。因此,组织要对相关方关系进行有效的识别和管理。

2.7.2 组织贯彻"关系管理"原则的实施要点

(1) 权衡短期利益与长期效益,确立相关方的关系

组织与相关方之间存在着相互利益、依存或合同关系。为了相关各方的利益,组织应考虑与其建立合作伙伴或联盟关系,这时必须妥善处理眼前的利益及长远利益的关系,更多地着眼于长期合作带来的效益。确立好相关方关系其实是对环境的一种适应关系的判断,也是一种风险和机遇的评价及选择过程,同时是组织

战略考量中不可缺少的一部分。

如：对供应商的管理。随着生产社会化的不断发展，组织的生产和服务活动分工越来越细，专业化程度越来越高，促进生产技术水平越来越高，产品质量也相应大幅度提高。通常某一产品和服务不可能由一个组织，单独来完成从原材料开始加工和准备、装配或交付直至形成顾客使用的产品和服务。往往是通过多个组织分工协作，即通过供应链来完成的。因此，任何一个组织都有其供方或合作伙伴。供方提供的高质量产品将使组织为顾客提供高质量产品得到保证，最终确保顾客满意。组织的市场扩大，则为供方和合作伙伴增加了提供更多产品的机会。所以，组织与供方合作与交流是非常重要的。它将最终促使组织与供方都增强了创造价值的能力，优化成本和资源，对市场和顾客需求联合起来做出快速的反应，从而使双方都可获得更多的效益，形成双赢的局面。

然而，一些主机厂或大公司，甚至有些声名赫赫的国有央企大集团，还不能正确处理这一关系，以致制约了本身的发展。众多主机厂靠"剥削"配套厂的利益来求得自己的扩张，如无偿占压大量配套资金，不仅要大量"铺底资金"，而且货款长期拖欠；或根据市场价格竞争的需要，不分青红皂白按比例地摊派降价等。更有甚者，有一个在全国一度成为行业龙头老大的企业的总经理，曾对其配套处长说："花钱买东西谁不会，你的本事就在于不花钱把配件给我买回来"。其结果是配套厂均被压得苦不堪言，甚至连简单再生产的能力都没有，最后以或退出配套或降低质量来应付。这种"又要马儿跑，又要马儿不吃草"的政策，终究让这个显赫一时的集团，饱尝了自己种下的苦果，其品牌已经臭名昭著，市场急剧萎缩。还有一些主机厂与配套厂之间，缺乏起码的平等关系，动辄提出种种非分要求，处处刁难。这种情况在国有企业的供应、配套部门尤为严重，与其内部的腐败现象密不可分。现在有一些民营企业集团也染上了这种大企业病。

随着国有企业改制，反腐败的深入，这些恶习必将逐步削减。要为贯彻这一原则提供更有利的环境，关键在于高层领导对此树立起高瞻远瞩的视野，与供方建立互利互信关系。在这方面笔者认为华为和美的、格力电器做得比较不错。华为是与客户、供应商一同创业和成长并真正成为利益共同体的典范，值得学习和点赞。

对于其他相关方也是如此，如：金融支持，股东和员工的利益，组织和所在社区的关系，有关社团的利益等，都是不容忽视的。

（2）识别和建设好关键相关方关系

组织宜根据组织的发展阶段、所处环境条件、产品特性的重要度分级、销售和服务渠道等，识别对组织发展有重大促进和推动作用、构成产品一部分的材料、零部件、重要外协加工和服务（如技术指导、培训、检验、运输、销售和售后服务等），对整个产品实现过程以及顾客满意的影响程度，以据此识别并维系起着关键作用的相关方。对关键的相关方应提出评价、选择和控制、维护和保持的要求，使相关方的过程处于受控状态。

举个典型的例子，知道格力电器的人，都知道有个"格力模式"。简单地说，就是在20世纪90年代末，格力开始和各省一级的大经销商合资建立股份公司，共同管控当地的分销渠道。这样一来，大经销商由被动的接单者变成了市场的主宰者，而且分红的时候，总部会先向大经销商所在的股份公司倾斜。此外，格力电器还会保证参与合资公司的经销商的独立性和排他性，就是说在你的地盘，不会有人和你抢生意，不会有窜货的发生。这样一来，大经销商何乐而不为？这个模式也被认为是格力迅速崛起的秘诀之一。格力模式的价值，在于2004年格力电器不满国美当时提出的卖场返点的政策，一怒之下，全线退出国美渠道，给了格力炒国美鱿鱼的底气。当然，随着互联网的崛起，对这种单一的渠道模式，格力也在开始调整。

（3）与关键相关方共享专有技术和资源

充分意识到组织与相关方利益的一致性是实现这一活动的关键。由于竞争加剧和顾客要求越来越高，组织之间的竞争不仅仅取决于组织的能力，同时也取决于重要的相关方的过程能力，组织应考虑让关键相关方分享自己的技术和资源。例如：向重要的供应商派技术和管理专家帮助其改进过程或建立质量保证体系，以提高质量和降低成本；与供方共同制定采购规范，以便利用双方专家的知识和经验，确保采购产品满足要求且具有合理的价格。

（4）建立清晰与开放的沟通渠道

组织与相关方的相互沟通对于确保采购产品最终能满足顾客要求是必不可少的环节。沟通将使双方减少损失，在最大程度上获益。通常需要沟通的有：共同制定采购规范，在产品和服务技术细节上进行沟通；对采购订单进行理解上的沟通并达成共识；对供方的业绩进行沟通以及在供方现场进行产品验证的沟通和反馈等。

（5）开展与相关方的联合改进活动

组织和相关方联合改进活动符合双方的共同利益。如组织为开发新产品需要供方配合开发某种新材料或零部件，组织可与供方组成联合团队。联合改进的效果将超越仅凭组织本身或供方本身实施改进行动的效果。这是因为联合起来可实现人才、资源等方面的优势互补，同时，也是风险和预防思想的重要实践和体现。

第 3 章　质量管理体系的基础和术语

本章对 ISO 9000：2015 标准的内容进行诠释。由于在第 2 章中已全面阐述了"七项管理原则"，因此，在本章中只进行了简化介绍。

3.1　概述

3.1.1　ISO 9000：2015 版标准的结构及内容

ISO 9000：2015《质量管理体系　基础和术语》的引言中已明确了该标准的目的作用和基本框架内容。如下：

1) 为质量管理体系提供了基本概念、原理和术语，可作为其他质量管理体系的基础。可帮助使用者理解质量管理的基本概念、原理和术语，以便能够有效和高效地实施质量管理体系，并实现其他质量管理体系的价值。

2) 该标准基于汇集当前有关质量的基本概念、原理、过程和资源的框架，来准确定义质量管理体系，以帮助组织实现其目标。它适用于所有组织，无论其规模、复杂程度或经营模式，旨在增强组织在满足顾客和相关方的需求和期望方面，及实现其产品和服务的满意方面的义务和承诺意识。

3) 该标准包含七个质量管理原则以支持在其 2.2 中所述的基本概念。针对每一个质量管理原则，通过"简述"介绍每一个原则；通过"理论依据"解释组织应该重视它的原因；通过"获益之处"告之应用这一原则的结果；通过"可开展的活动"给出组织应用这一原则能够采取的措施。

4) 该标准包括了在发布之前，ISO/TC 176 起草的全部质量管理和质量管理体系标准，及其他特定行业质量管理体系标准中应用的术语和定义。在该标准的最后，提供了按字母顺序排列的术语和定义的索引。其附录 A 是一套按概念次序形成的概念系统图。

3.1.2　新版标准的主要变化

该标准是 ISO 9000 族的核心之一。与 ISO 9000：2005 相比主要变化如下：

1) 为适应 SL 高层次结构，新版的"基本概念和质量管理原则"替代了"质量管理体系基础"。不仅增强了该标准的广泛适用性，还提高了与其他管理体系的融合性（为多体系管理的组织提供统一的概念和理论基础，为多体系融合并形成合力，以整体达到过程管理绩效）。

2）增加了5个基本概念。分别是：质量、质量管理体系、组织环境、相关方和支持。

3）质量管理原则，将过程方法和管理的系统方案合并，变为七项原则。

4）术语和定义，由原来2005版的84个，增加为现在的138个。其变化情况见3.3节的表3-1。

3.1.3 范围

新版标准在适用范围上较2005版标准没有大的变化，只是在范围表述和概念界定上发生少许变化。

本标准表述的质量管理的基本概念和原理普遍适用于下列组织：

- 通过实施质量管理体系寻求持续成功的组织；
- 通过持续提供符合要求的产品和服务，寻求顾客信任其能力的组织；
- 希望在满足产品和服务要求的供应链中，寻求信任的组织；
- 希望通过对质量管理中使用的术语的共同理解，促进相互沟通的组织和相关方；
- 应用ISO 9001的要求进行符合性评价的组织；
- 提供质量管理培训、评价和咨询的组织；
- 起草相关标准的组织。

本标准列举的术语和定义适用于所有ISO/TC 176起草的质量管理和质量管理体系标准。

3.2 基本概念和质量管理原则

3.2.1 总则

新版标准表述的质量管理概念和原则，可帮助组织获得应对与几十年前截然不同的环境所提出的挑战的能力。目前，组织运作的环境表现出如下特点：变化快、市场全球化和知识作为主要资源出现。质量的影响已经超出了顾客满意的范畴，它可直接影响组织的声誉。

随着社会教育水平的提高，需求的增长，使得相关方的影响力在增加。通过对建立的质量管理体系提出基本概念和原则，该标准提供了一种更加广泛的思考方法。

组织应将所有的概念、原则及其相互关系看成一个整体,而不是彼此孤立。只是在不同过程、活动中目的和作用不同,但都是为质量管理活动共同服务。因此,没有哪一个概念或原则比另一个更重要。在任何时候,它们都应得到同样的重视。

3.2.2 基本概念

3.2.2.1 质量

随着时代的发展,对质量的理解必将赋予其新的内涵,在前面的总则中亦有所体现。新版标准主要理解如下:

1)高度的提升。新版标准提出了把质量作为组织的文化,能促进组织所关注的行为、态度、活动和过程为结果,并通过满足顾客和相关方需求和期望实现其价值。

2)外延的扩大。组织的产品和服务质量取决于满足顾客的能力,以及对相关方有意和无意的影响。

3)价值的内涵。产品和服务质量不仅包括其预期的功能和性能,而且还涉及顾客对其价值和利益的感知。说白了就是直接反映"值,还是不值"。

质量定义见3.3.2.6小节。

3.2.2.2 质量管理体系

对质量管理体系的内涵可理解为以下四个方面:

1)质量管理体系包括组织确定的目标,以及为获得所期望的结果而确定的过程和资源。

2)质量管理体系管理为实现其价值以及相关方的结果所需的相互作用的过程和资源。

3)质量管理体系能够使最高管理者通过考虑其决策的长期和短期影响而优化资源的利用。

4)质量管理体系提供了一种在提供产品和服务方面,针对预期和非预期的结果,确定所采取措施的方法。

通过以上四点,读者不难理解质量管理体系的作用,其关键就是:确定过程和资源、优化资源利用和提供措施方法。

质量管理体系定义见本书3.3.2.5小节。

3.2.2.3 组织的环境

组织的环境是2015版标准新增加的概念术语,应将其理解为一个过程。这个过程确定了影响组织的愿景、目标和可持续性的各种因素。它既要考虑内部因素,例如:组织的价值观、文化、知识和绩效;还需要考虑外部因素,如:法律的、技术的、竞争的、市场的、文化的、社会的和经济的环境。

组织的目的可被表达为其愿景、使命、方针和目标。

组织的环境定义见本书3.3.2.2小节。

3.2.2.4 相关方

2005版标准就已提出相关方的概念，而新版标准强调了相关方的概念内涵和外延，其超越了仅关注顾客和一般相关方，考虑所有的相关方是至关重要的。

识别相关方是理解组织的过程的组成部分。相关方是指若其需求和期望未能满足，将对组织的持续发展产生重大风险的各方。组织应确定向相关方提供何种必要的结果以降低风险。

组织为其成功，应获取、得到和保持所依赖的相关方的支持。

以上新版标准的内容可以用一个实际的例子来说明。例如，美国环保局2015年9月18日指控德国大众汽车集团在所产车内安装非法软件，故意规避美国《清洁空气法》汽车尾气排放规定，面临高达180亿美元罚款。美国环保局在北美市场对于大众公司来说是至关重要的相关方。它所发布的关于车辆排放标准或环境法律法规未得到满足，或者说大众公司采取违法的方式"虚假满足"，这必将是其重大风险所在。大众公司不仅是面临高额的罚款，同时也将迎来北美汽车市场的长期"寒冬"。

3.2.2.5 支持

（1）总则

新版标准明确提出质量管理体系必须得到最高管理者的支持，并且要通过全员参与，以便能够：

a) 提供充分的人力和其他资源；

b) 监视过程和结果；

c) 确定和评估风险和机会；

d) 采取适当的措施。

应认真负责地获取、分配、维护、提高和处置支持组织实现其目标的资源。

（2）人员

人员是组织内必要的基本资源，而且是最活跃、最关键要素的资源。组织的绩效取决于体系内的人员工作表现，这种表现包括：能力、意识和沟通等。

组织的所有活动都要通过人员的行动和行为来实现。在组织内，人员应通过对质量方针和组织期望的结果（目标）的共同理解而积极参与并保持一致。

（3）能力

能力是指人员应用知识和技能实现预期结果的本领。经证实的能力有时是指资格。

组织的所有员工如能认识到并利用了岗位和职责所需的技能、培训、教育和经验时，质量管理体系是最有效的。因此，组织在评价人员能力时，也主要围绕着教育、经验、技能和培训这四个方面来开展。在组织的实际工作中，评价主要是为了解和衡量各岗位的人员能力状况，是否满足岗位能力需求，以便做出培训要求的预案或相应的调整措施。因此，为人员提供增加必要的能力的机会，是最高管理者的重要职责。

（4）意识

树立质量意识的前提必须先建立起责任意识。美国质量管理专家朱兰博士认为，质量问题有80%出于管理层，而只有20%的问题起源于员工。也就是说，管理者可控缺陷约占80%，操作者可控缺陷一般小于20%。因此，只有所有人员认识到自身的责任，以及他们的工作如何有助于实现组织目标时，质量意识才能真正体现。据美国汽车行业的统计，这个比例，随员工素质的提高，管理者所可控缺陷因素占可达93%。因此，质量出了问题，首先要从管理者方面查找原因。

（5）沟通

沟通是加强理解和参与管理的基础。因此，组织应对沟通进行系统的策划，并在内部和外部进行有效的开展，以提高员工的参与程度和加深对质量管理体系、组织的环境、顾客及其他相关方的需求和期望的理解。

3.2.3 质量管理原则

新版 ISO 9000 标准详细列出了七项质量管理原则的介绍、理论依据、获益之处和可开展的措施，作为基本概念的支持，体现了概念和原则的统一，同时，更益于组织理解和实际操作。这是新版标准的一大改进。

七项质量管理原则在本书第 2 章中已经阐述，在此节中不再赘述。

3.2.4 质量管理体系使用的基本概念和原则

3.2.4.1 质量管理体系模式

（1）总则

前面讲的质量管理体系基本概念及原则只是纲领性和指导性的，它们必须应用于组织具体的实际运行中，才能体现其价值和意义，不同的组织有不同的应用方式。这就是质量管理体系模式。

组织就像一个具有生存和学习能力的社会有机体，具有许多人的特征。组织和质量管理体系模式，都具有适应的能力并且由相互作用的系统、过程和活动组成。为了适应变化的环境，均需要具备应变能力。组织经常通过创新实现突破性改进。在组织的质量管理体系模式中，我们可以认识到，不是所有的系统、过程和活动都可以被预先确定。因此，组织需要具有灵活性，以适应复杂的组织环境。

（2）体系

组织寻求了解内外部环境，以识别相关方的需求和期望。这些信息被用于质量管理体系的建设，从而实现组织的可持续发展。一个过程的输出可成为其他过程的输入，并将其联入整个网络中。虽然每个组织的质量管理体系，通常是由相类似的过程所组成的，但实际上，每个质量管理体系都是唯一的。体系具有的基本特征是一致的：

1）为内部质量管理的需要而建立；
2）依据经营环境的需要和组织自身条件建立；
3）质量管理体系是通过一系列过程来实现的；
4）质量管理体系应形成文件的信息；
5）质量管理体系贵在实施。

以上特征具体参看 3.3.2.5 小节（1）项。

一个好的体系如不投入运行，就不能发挥其应有的作用。当前普遍存在的规定要求和实际实施"两层皮"的问题。这来源于制订规定的要求时，没有充分考虑到操作的可行性并跟踪实际运行情况，这就属于"先天不足"；在实施中，由于内部沟通不足，对不可操作的要求没有信息反馈，致使"两层皮"问题长期存在，这属于"后天失调"。

建立体系是容易的，但要付诸实施则非易事，而要保持有效运行则更难。这里特别需要高层领导持之以恒，并在组织中对实施中的业绩建立一套监督、考核、奖惩制度。

（3）过程

组织体系运行时包括许多可被确定、测量和改进的过程，这些过程相互作用，进而产生与组织目标相一致的结果。在这些过程中某些过程可能是关键的，而另一些起辅助支持作用。但所有这些过程的模型都一样，即具有内部相关的活动和输入，以提供输出，也就是我们通常所说的"过程三要素"。

对过程的系统的管理在第 2 章已详述，过程定义及过程作用关系参见 3.3.2.4 小节。

（4）活动

活动是指在开展过程工作中能识别出的最小工作项。

组织在过程运行中开展他们的日常活动。某些活动被预先规定并依靠对组织目标的理解，如：持续改进、项目管理、更改控制等；而另外一些活动则是通过对外界刺激的反应，以确定其性质并予以执行，如：顾客沟通、与产品和服务有关要求的确定、设计和开发的策划等活动。

质量策划、质量保证、质量控制、质量改进等活动是组织质量管理为实现质量方针、目标的最重要的四项活动，其构成"从属关系"（参见 3.3 节图 3-2）。

3.2.4.2 质量管理体系的建设

1）质量管理体系是一个随着时间的推移不断发展的动态系统。每个组织都有质量管理活动，无论其是否有正式计划。新版 ISO 9000 标准都为如何建立一个正规的体系管理这些活动提供了指南。确定组织中现存的活动及其适宜的环境是必要的。ISO 9000 和 ISO 9001 可用于帮助组织建立一个有凝聚力的质量管理体系。

2）正规的质量管理体系为策划、执行、监视和改进质量管理活动的绩效提供了框架。质量管理体系无须复杂，而是需要准确地反映组织的需求。在建设质量管理体系的过程中，ISO 9000 中给出的基本概念和原理可提供有价值的指南。

3）质量管理体系策划不是一件单独的事情，而是一个持续的过程。计划随着组织对标准的学习和环境的变化而逐渐形成。这个计划要考虑组织的所有质量活动，并确保覆盖 ISO 9000 的全部指南和 ISO 9001 的要求，该计划应经批准后实施。

4）定期监视和评价质量管理体系的计划执行情况和绩效状况，对组织来说是非常重要的。应仔细考虑这些指标，以使这些活动易于开展。

5）审核是一种评价质量管理体系有效性、识别风险和确定满足要求的方法。为了有效地进行审核，需要收集有形和无形的证据。在对所收集的证据进行分析的基础上，采取纠正和改进措施。知识的增长可能会导致创新，使质量管理体系的绩效达到更高的水平。

6）质量管理体系方法是为帮助组织建立一个协调而能有效运行的体系来开展质量管理活动，以实现质量方针和质量目标而提出的。这种方法有一套系统而严谨的逻辑步骤和运行程序，它是将质量管理基本原则之一的"过程方法"应用于质量管理体系的研究成果。

建立和实施质量管理体系的方法的步骤如下：

1）分析组织的环境及识别风险和机会；
2）确定顾客和其他相关方的需求和期望；
3）建立组织的质量方针和目标；
4）确定实现质量目标必需的过程、职责和提供必要的资源；
5）规定监视、测量每个过程的有效性和效率的方法；
6）应用适宜方法分析和评价每个过程的绩效和效率；
7）确定控制不合格的措施及防止不合格，并消除产生原因的措施；
8）建立和应用持续改进质量管理体系的过程。

由上述步骤可见，质量管理体系方法是"过程方法"原则在质量管理体系中的具体应用，它为质量管理体系标准的制定提供了总体框架。这种方法充分地体现了 PDCA 的循序渐进、逻辑性和系统性的思路。

3.2.4.3 质量管理体系标准、其他管理体系和卓越模式

ISO/TC 176 起草的质量管理体系标准和其他管理体系标准，以及组织卓越模

式中表述的质量管理体系方法，基于共同的原则，均能够帮助组织识别风险和机会并包含改进指南。在当前的环境中，许多问题，例如：创新、道德、诚信和声誉均可作为质量管理体系的参数。有关质量管理的标准（如：ISO 9001），环境管理标准（如：ISO 14001）和能源管理标准（如：ISO 50001），以及其他管理标准和组织卓越模式标准，已经开始解决这些问题。

ISO/TC 176 起草的质量管理体系标准，为质量管理体系提供了一套综合的要求和指南。ISO 9001 为质量管理体系规定了要求，ISO 9004 在质量管理体系更宽泛的目标下，为持续成功和改进绩效提供了指南。质量管理体系的指南、质量管理体系技术支持指南、支持质量管理体系的技术报告和用于某些特殊行业的标准已在 1.1、1.2 节详细阐述。

组织的管理体系具有不同作用的部分，包括其质量管理体系，可以整合成为一个单一的管理体系。当质量管理体系与其他管理体系整合后，与组织的质量、成长、资金、利润率、环境、职业健康和安全、能源、治安状况等方面有关的目标、过程和资源可以更加有效和高效地实现和利用。组织可以依据若干个标准的要求，例如：ISO 9001、ISO 14001、ISO 31000 和 ISO 50001。对其管理体系同时进行整体综合性审核。

在这方面，国际标准化组织（ISO）的《管理体系标准的整合采用》手册可提供帮助（见标准 2.4.3 的注释）。

3.3 术语和定义

3.3.1 概述

3.3.1.1 ISO 9000：2015 术语和定义的修订情况

同 ISO 9000：2005 相比，标准在术语定义的结构和内容上都有很大变化，主要表现在以下方面。

（1）术语的分类和数量变化

ISO 9000：2005 版标准对术语和定义的分类分 10 个方面：有关质量的术语、有关管理的术语、有关组织的术语、有关过程和产品的术语、有关特性的术语、有关合格（符合）的术语、有关文件的术语、有关检查的术语、有关审核的术语和有关测量过程质量保证的术语，共列出了 84 个术语和定义。

ISO 9000：2015 新版标准对术语和定义的分类分 13 个方面（见表 3-1），共列出 138 个术语和定义。其分类的原则是按照《ISO/IEC 导则 第 1 部分 技术工作程序》的附录 SL 的要求，确定了适用于所有 ISO 管理体系标准的通用术语和定义，这也为 ISO 9001：2015 标准成为第一个具有"高层次架构"的体系标准，以及基本概念和原则在组织的质量管理体系的应用方面、质量管理体系与其他管理体系和卓越模式整合方面，都奠定了概念基础。

（2）术语及其变化表

新版术语和定义分类及修订情况见表 3-1。

表 3-1　2015 新版术语及其修订变化情况

序号	术语和定义	数量	重要术语变化情况		通用术语及核心定义
			术语	2015 版较 2005 版变化	
1	有关人员的术语	6 个	最高管理者	增加 3 个"注"	通用及核心
2			质量管理体系咨询师	新增加	
3			参与	新增加	
4			积极参与	新增加	
5			管理机构	新增加	
6			争议解决者	新增加	
7	有关组织的术语	9 个	组织	定义有变化	通用及核心
8			组织的环境	新增加	
9			相关方	定义有变化	通用及核心
10			顾客	定义有变化	
11			供方	定义有变化	
12			外部供方	新增加	
13			提供方	新增加	
14			协会	新增加	
15			计量职能	减少了"注"	
16	有关活动的术语	13 个	改进	新增加	
17			持续改进	定义有变化	通用及核心
18			管理	增加了"注1"，由原"注1"补充为"注2"	
19			质量管理	定义有变化	
20			质量策划	无变化	
21			质量保证	无变化	
22			质量控制	定义有变化	
23			质量改进	无变化	
24			技术状态管理	新增加	
25			更改控制	新增加	
26			活动	新增加	
27			项目管理	新增加	
28			技术状态项	新增加	

（续）

序号	术语和定义	数量	重要术语变化情况		通用术语及核心定义
			术语	2015版较2005版变化	
29	有关过程的术语	8个	过程	定义有变化	通用及核心
30			项目	定义多了"协调"两字，增加"注4、注5"，修正了"注3"	
31			质量管理体系实现	新增加	
32			能力获得	新增加	
33			程序	删除了"注2"	
34			外包	新增加	通用及核心
35			合同	删除了"注"	
36			设计和开发	定义有变化	
37	有关体系的术语	12个	体系	新增加	
38			基础设施	无变化	
39			管理体系	新增加	通用及核心
40			质量管理体系	新增加	
41			工作环境	增加了"注2"	
42			计量确认	无变化	
43			测量管理体系	定义有变化	
44			方针	新增加	通用及核心
45			质量方针	定义有变化	
46			愿景	新增加	
47			使命	新增加	
48			战略	新增加	
49	有关要求的术语	15个	实体	新增加	
50			质量	定义有变化	
51			等级	定义有变化	
52			要求	修改了"注4"，增加了"注5"	通用及核心
53			质量要求	新增加	
54			法定要求	新增加	
55			规章要求	新增加	
56			产品技术状态信息	新增加	
57			不合格（不符合）	增加了"注"	通用及核心
58			缺陷	定义有变化	
59			合格（符合）	补充了"注1"，增加了"注2"	通用及核心
60			能力	定义有变化	
61			可追溯性	定义有变化	
62			可靠性	新增加	
63			创新	新增加	

第 3 章 质量管理体系的基础和术语

（续）

序号	术语和定义	数量	重要术语变化情况		通用术语及核心定义
			术语	2015 版较 2005 版变化	
64	有关结果的术语	11 个	目标	新增加	通用及核心
65			质量目标	定义有变化	
66			成功	新增加	
67			持续成功	新增加	
68			输出	新增加	
69			产品	定义有变化	
70			服务	新增加	
71			性能	新增加	通用及核心
72			风险	新增加	通用及核心
73			效率	无变化	
74			有效性	增加了"注"	通用及核心
75	有关数据、信息和文件的术语	15 个	数据	新增加	
76			信息	无变化	
77			客观证据	定义有变化	
78			信息系统	新增加	
79			文件	定义有变化	
80			形成文件的信息	新增加	通用及核心
81			规范	修正了"注 1"，增加了"注 2"	
82			质量手册	定义有变化	
83			质量计划	定义有变化	
84			记录	修正"注 1"	
85			项目管理计划	新增加	
86			验证	增加了"注 2、注 3"，删掉了原"注 2"	
87			确认	增加了"注 1"	
88			技术状态纪实	新增加	
89			特定情况	新增加	
90	有关顾客的术语	6 个	反馈	新增加	
91			顾客满意	增加了"注 1"，修正了"注 2"	
92			投诉	新增加	
93			顾客服务	新增加	
94			顾客满意行为规范	新增加	
95			争议	新增加	
96	有关特性的术语	7 个	特性	无变化	
97			质量特性	定义有变化	
98			人为因素	新增加	

（续）

序号	术语和定义	数量	重要术语变化情况		通用术语及核心定义
			术语	2015版较2005版变化	
99	有关特性的术语	7个	能力	定义有变化	通用及核心
100			计量特性	定义有变化	
101			技术状态	新增加	
102			技术状态基线	新增加	
103	有关确定的术语	9个	测定	新增加	
104			评审	定义有变化	
105			监视	新增加	通用及核心
106			测量	新增加	通用及核心
107			测量过程	无变化	
108			测评设备	原术语为"测量设备"	
109			检验	定义有变化	
110			试验	定义有变化	
111			进展评价	新增加	
112	有关措施的术语	10个	预防措施	无变化	
113			纠正措施	定义有变化	通用及核心
114			纠正	补充了"注1"	
115			降级	定义有变化	
116			让步	定义有变化	
117			偏离许可	定义有变化	
118			放行	定义有变化	
119			返工	定义有变化	
120			返修	定义有变化	
121			报废	定义有变化	
122	有关审核的术语	17个	审核	增加了"注1"，修正了"注2、注3、注4"	通用及核心
123			多体系审核	新增加	
124			联合审核	新增加	
125			审核方案	定义增加了"安排"两字	
126			审核范围	修正了"注"	
127			审核计划	无变化	
128			审核准则	定义有变化	
129			审核证据	无变化	
130			审核发现	修正了"注1"，增加了"注2、注3"	
131			审核结论	定义有变化	
132			审核委托方	删除了"注"	

(续)

序号	术语和定义	数量	重要术语变化情况		通用术语及核心定义
			术语	2015版较2005版变化	
133	有关审核的术语	17个	受审核方	无变化	
134			向导	新增加	
135			审核组	定义有变化	
136			审核员	定义有变化	
137			技术专家	无变化	
138			观察员	新增加	
	总计	138个			21个

3.3.1.2 术语的重要性

（1）便于国际交流

对于国际贸易交往和学术交流来说，准确地界定和阐明与 ISO 9000 族系列标准有关的术语和定义内涵，以取得共识，是至关重要的。特别是在 ISO 9000 族广泛应用的今天，统一对术语和定义的认识，尤为重要。为此，在术语和定义修订中调整和增加了分类。同时，也增加和修订了一大批新定义的术语，从而使各种交流中有更多的共同语言，避免歧义而造成的误解。

（2）便于将不同部门、行业、组织的习惯称谓统一

由于不同的部门、不同的行业、不同的组织，不同的质量工作者和工作人员，常常是根据特定的需要和习惯上的称谓来使用术语的，因而对同一术语理解上的差距有时相当大。对术语理解上的歧义，往往会导致合同执行中的差错，引起毫无意义的损失。因此，就是在一个国家的范围内，将术语和定义标准化也势在必行。我国就有许多关于术语的国家标准。

如前所述，修订后的 ISO 9000：2015《质量管理体系 基础和术语》，进一步适应了这种需要，该标准力求澄清一些术语（如："最高管理者"、"组织的环境"、"外部供方"、"质量计划"、"客观证据"、"合格（符合）"、"审核发现"、"向导"和"观察员"等）在理解上的混乱，增强术语和定义的通用性，以促进国际间的交流。

（3）学好术语和定义是正确理解 ISO 9000 族的基础

在学习 ISO 9000 族过程中，会接触到许多新、老术语，如果顾名思义地想当然，往往造成对术语理解上的偏差和障碍。这时应首先去查阅 ISO 9000 中对术语的定义，从而找到正确的答案。该标准中定义的术语，是涉及到质量领域的专有概念，不能像对待一般词汇那样按字典所述进行解释，更不能按照习惯认识去理解，如："确认"在字典中解释为：明确承认，而在 ISO 9000 中则有完全不同的定义。

因此，按 ISO 9000：2015 标准中所规定的定义和注释，去理解过去熟知的老术语并赋予新的内涵，对于长期从事质量管理和审核的人员，更显得特别重要。

3.3.1.3　学习术语和定义的要领

（1）抓住关键词

在理解术语时，首先要抓住关键词。因为理解术语最大的困难在于对关键词的内涵搞不清，术语中除关键词外为一般的连接词、形容词，搞通了关键词则对术语的概念就迎刃而解，如：

【例1】质量定义中的关键词有：实体的固有特性、满足要求的程度（"实体"是指可感知或想象的任何事物；可能是物质的，也可能是非物质的或想象的）。

【例2】能力定义中的关键词有：实体、输出和要求的本领。

【例3】组织定义中的关键词有：目标、职责、权限、相互关系、个人或一组人。

（2）了解术语和定义的发展

了解并分析术语的发展沿革，有助于深刻理解其时代背景，准确地把握其内涵。这里所谓"发展"，一方面是指观念随时代进步，随科技和管理水平的提高而进展的情况；另一方面是指 ISO 9000：2015 与前几版在术语定义中的异同，对于重要的修改更应给予特别的关注。对于"能力"的定义便是这方面的一个示例。

【例】在 2005 版中，将能力定义为：经证实的个人素质以及经证实的应用知识和技能的本领。而在 2015 版定义为：应用知识和技能实现预期结果的本领（注：经证实的能力有时是指资格）。从上述定义的演变中，可以清楚地看到从"证实"到"预期结果"是一个明显的变化。也就是说资格已不是必须，能力不一定"非要以某种形式来证实"才行，更注重解决问题的效果。联系到我国经五花八门的培训机构颁发培训证书获得内审员资格的人中多数流于形式，并不具备相应的能力的事实，不难看出，从"资格"到"能力"意味着对审核员素质的要求有着实质上的提高。

（3）重视注释

"注"虽不是术语和定义的标准正文，但它所传递的信息对正确理解标准正文及其内涵极有助益。它往往对标准正文做出了进一步说明，或对其适用范围和条件进行明确的解释。

【例】新版标准在"验证"的注释中说明了"已验证"一词可用于表示相应的状态；验证所需的客观证据可以是检验结果或其他形式的测定结果，如：变换方法进行计算或评审文件；为验证所进行的活动有时被称为鉴定过程。与 2005 版该术语定义相比，字面上并没有什么变化，但从"注"的解释对照就不难发现是有内涵区别的,明晰了验证所需的"客观证据"的形式和方法,引入了"鉴定过程",评审文件不一定是在设计文件发布前。因此,可以看出"验证"一词通过"注"已经从 2005 版产品设计检查概念,变成 2015 新版的过程的概念,在质量管理体系的各个过程中更具有广泛的适用性。

(4) 严格区别近义词

如何区分貌似相近而内涵不同的术语是一个难点。对此,应查到出处并仔细地加以比较,从而找到区别点。对词义相近的术语要特别仔细地识别其差异,以免混淆。例如:

【例1】"返工"和"返修"

返工:为使不合格产品或服务符合要求而对其所采取的措施。

显而易见,经返工的产品或服务应是合格品。如车床加工外圆未达到预定尺寸,但还有余量,则再车一刀可加工出合格品。再如,电缆的导体合格而塑料护套的外形尺寸不合格,则可将护套剥去,重新再挤出,使其合格。

返修:为使不合格产品或服务满足预期用途而对其所采取的措施。

由上述定义可见,经返修的产品或服务仍然是不合格品,但其由于不合格程度有所减轻,而能满足预期用途的要求。返修也包括对原来的合格品,为重新使用所采取的修复措施(如除锈等)。

【例2】"纠正"和"纠正措施"

纠正:为消除已发现的不合格所采取的措施。

纠正措施:为消除已发现的不合格或其他潜在不期望情况的原因所采取的措施。

比较这两个定义,不难看出:"纠正"是一种就事论事"治标"的行动,如进行返工、返修或降级;而"纠正措施"则要求举一反三,是建立在对不合格原因深刻分析的基础上采取针对性措施,来保证同样的问题不再重复发生的"治本"方法。

【例3】"验证"和"确认"

验证:通过提供客观证据对规定要求已得到满足的认定。

确认:通过提供客观证据对特定预期用途或应用要求已得到满足的认定。

比较这两个定义,便可看出离开了"特定预期用途或应用要求",就不存在确认问题。例如:对生产通用基础件或通用设备的企业,它的产品事先并无确定的对象,因此,只进行"验证"即可,但应明确其使用范围和使用环境的要求。而对有特殊要求的顾客或新产品开发中对可能的顾客的隐含要求识别不充分时,则应进行"确认"。

应该指出,"验证"一般在组织内部进行即可,而"确认"则需要到特定预期用途的顾客那里去通过较长时期的使用进行。"确认"只有当组织具有能完全模拟使用条件的手段（如模拟试验室、模拟试验台或计算机仿真软件）时，才能不到使用现场进行"确认"。但新版标准的注释中提出验证和确认都可采用变换方法进行计算或评审文件的方式进行。因此，根据产品和服务的情况两者可以同时进行。

【例4】"让步"和"偏离许可"

让步：对使用或放行不符合规定要求的产品或的许可。

让步通常仅限于在商定的时间或数量内及特定的用途，对含有不合格特性的产品和服务的交付。因此，让步是面对顾客的，一般应征求顾客同意。

偏离许可：产品或服务实现前，偏离原规定要求的许可。

由定义可见，偏离许可是组织内部的活动，通常称为回用，但它也应受到时间和数量各特定用途的限定。

（5）注意定义的经济和时间含义

应注意识别标准所涉及的概念所包括的经济和时间的含义。

1）经济含义

一个完善的质量管理体系应在考虑利益、成本和风险的基础上，使质量最佳化并对质量加以有效控制。只有这样的体系，才会为组织创造更多的价值，从而成为组织参与市场竞争的重要的管理资源。

因此，必须站在这样的高度上去理解术语的经济内涵。

【例1】效率：得到的结果与所使用的资源之间的关系。

显而易见，这个定义所反映的"资源"和"结果"的关系，意味着只有最大限度地降低资源消耗（如：人力、原材料、能源、资金占用及设施等），同时达到预期的结果，才能实现高效率。

【例2】让步：对使用或放行不符合规定要求的产品或服务的许可。

长期以来，我国机电行业规定了"五不准"，特别强调不合格的原材料不准投产、不合格的零部件不能转序、不合格品不准出厂等。事实上，在我国许多企业对某些采购的产品和成品实行偏离许可或让步接收是非常普遍的。为了合理地控制成本，适度的偏离许可或让步是可行的，但这种"让步"是以充分估计可能的风险为前提的。同时，必须考虑到我国的产品质量法要追究由于产品缺陷损害引起的法律责任。让步过度就会造成这种风险。

因此，应当注意这里的"让步"是有限制的。正如标准中的注释所述："让步通常仅限于在商定的时间或数量内及特定的用途，对含有不合格特性的产品和服务的交付。"

当然对于有"缺陷"的产品是不能"让步"的，否则要承担相应的法律责任。这对于企业来说具有难以承受的风险，不仅会产生巨大的直接经济损失，而且会导致企业的信誉急剧下降而带来无形损失。

由此可见，把握术语中有关的经济含义，通过风险评估，来确定如何适度，才能使组织利益最大化。

2）时间含义

许多定义与时间均有着不可分割的联系，例如：

项目：其中包含了起止时间。

质量目标：是指某一时间范围内的目标。

特性：其中含有重要的时间概念，如可靠性、准时性。

质量计划：其中包含了时间安排。

让步：通常仅限于在商定时限内。

（6）利用术语概念图

术语的概念之间的关系建立在某类特性的分层结构上。因此，搞清概念的上一层次或同层次其他概念的不同特性，就比较容易找出这些概念之间的联系和区别。

3.3.1.4 概念关系及其图示

可用以下三种基本形式来表述概念之间的关系。

（1）属种关系

在属种层次结构中，下层概念具备上层概念的所有特性，并表述了下层概念与上层和同层概念的区别。例如：文件信息和规范、作业文件、质量计划、记录之间的关系即属此类。这种关系可通过无箭头的扇形或树形图来表示，例：春、夏、秋、冬与季节的关系，如图3-1 所示。

图3-1 属种关系

（2）从属关系

从属关系即整体与部分关系。在其层次结构中，下层概念是上层概念的组成部分，即可包容在上层概念中，这种关系可通过没有箭头的耙形图来表示，如图3-2 所示的年与四季的关系。只表达单一的部分时可由一条线绘出，例如：一个企业的体系包括质量管理、环境管理、职业健康安全管理、财务管理等多个方面，但只表达体系与质量管理体系之间的关系时其间可用一条直线相联系。

（3）关联关系

关联关系不能像属种关系和从属关系那样清晰地表明两个概念之间的关系，

但它可以帮助识别两个概念之间存在着的某种联系，如：原因和结果、活动和场所、工具和功能、材料和产品及服务、过程和程序、纠正和纠正措施、不合格和缺陷等。

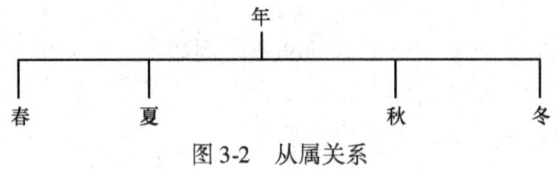

图 3-2　从属关系

这种关系可通过两端有箭头的直线来表示，如图 3-3 所示阳光、夏天和游泳的关联关系。

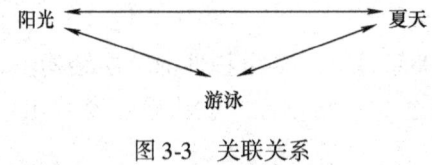

图 3-3　关联关系

3.3.2　术语及概念关系

3.3.2.1　有关人员的术语

有关人员的术语共有 6 个。除最高管理者是 2005 版原有的以外，其余全部为新增加。

（1）最高管理者

【定义】在最高层指挥和控制组织的一个人或一组人。

新版标准对定义增加了 3 个注释，更清楚地界定了其内涵和外延。最高管理者是 ISO 质量管理体系标准中的通用术语及核心定义之一；最高管理者在组织内有授权和提供资源的权力。如果管理体系的范围仅覆盖组织的一部分，最高管理者是指组织的这部分的管理者和控制者。

如果一个组织的总经理或其分支负责人不能对质量管理体系的职责和权限进行授权，或对提供资源不能完全说了算，还要向董事长或董事会等汇报决定，这时就要把最高管理者理解为一组人。

（2）质量管理体系咨询师

此术语是 2015 版标准新增加的。

【定义】对组织的质量管理体系实现给予帮助、提供建议或信息的人员。

如组织没有能力自己建立 QMS，则需要直接聘请或委托第三方派遣咨询师。在选择咨询师时，组织应基于实现 QMS 的总体目标来识别需求和期望。咨询师的作用通常包括：

a) 帮助组织确保所建立和实施的质量管理体系适合组织的文化、特色、教育水平以及特定的经营环境;

b) 以清楚、易于理解的方式在整个组织内阐明质量管理的相关概念,尤其是对质量管理原则的理解和运用;

c) 在组织的各个层次上与所有相关人员进行沟通,促使他们积极参与质量管理体系的实现;

d) 建议并帮助组织识别质量管理体系所需的适宜过程,明确这些过程的相对重要性、顺序和相互作用;

e) 帮助组织识别为确保有效地策划、运行和控制这些过程所需的文件;

f) 评价质量管理体系过程的有效性和效率,以激励组织寻求改进的机会;

g) 帮助组织促进过程方法的应用并持续改进其质量管理体系;

h) 帮助组织识别培训需求,使组织能够保持其质量管理体系;

i) 适当时,帮助组织识别质量管理体系和其他相关管理体系(例如环境或职业健康安全管理体系)的关系,促进这些体系的整合。

详见 ISO 10019《质量管理体系 咨询师的选择及其服务指南》。

(3) 人员种类及相关概念

人员种类及相关概念如图 3-4 所示。

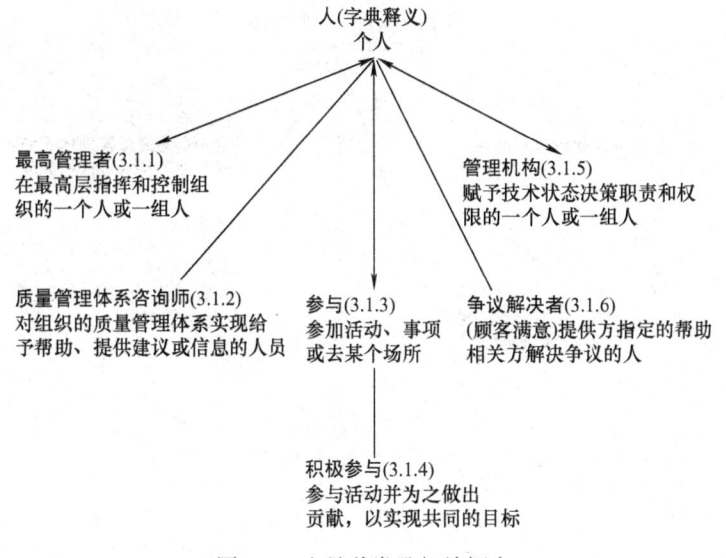

图 3-4 人员种类及相关概念

3.3.2.2 有关组织的术语

有关组织的术语共有 9 个,有 5 个是原来的术语(4 个定义有变化),其余 4 个为新增术语,其中组织和相关方是核心术语。

(1) 组织的环境

【定义】对组织建立和实现目标的方法有影响的内部和外部结果的组合。

组织的环境概念除了适用于赢利性组织，还同样适用于非盈利或公共服务组织；由注释人们可以理解，组织的目标可能涉及产品和服务、投资和对其相关方的行为。

(2) 相关方

【定义】可影响决策或活动，也被决策或活动所影响，或他自己感觉到被决策或活动所影响的个人或组织。

2015 版较 2005 版定义有很大差别。新版定义强调了"决策或活动"的"相互影响"，而 2005 版强调了"业绩或成就"的"利益关系"。但我们从注解中发现，两者所指对象并没有发生实质的变化。因此，理解新定义应从新定义的角度出发，才能更有效地把握组织和相关方在决策和活动中的相互影响关系，以及风险和机会。

(3) 组织种类及相关概念

组织种类及相关概念如图 3-5 所示。

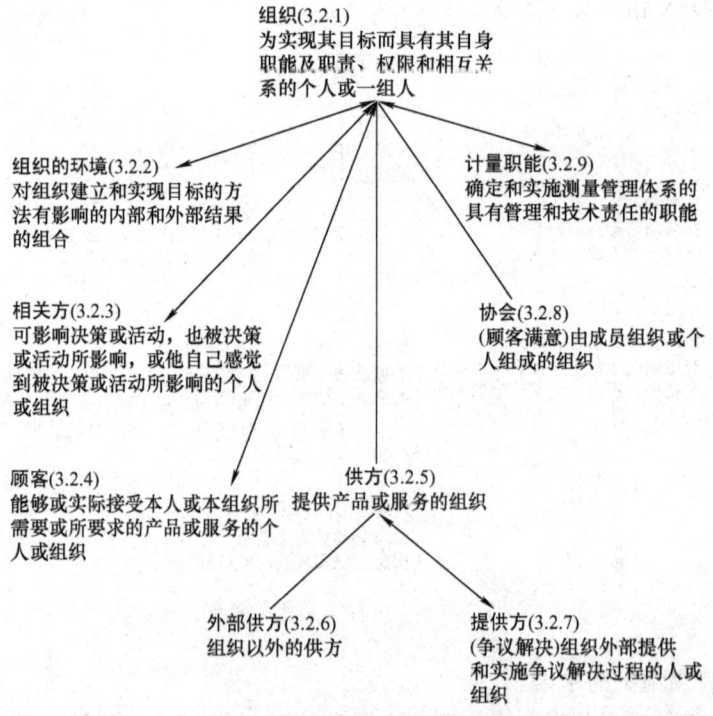

图 3-5　组织种类及相关概念

3.3.2.3 有关活动的术语

有关活动的术语共有 13 个，其中包含多个质量管理活动的多个重要术语，如：质量管理、质量策划、质量控制、质量保证和质量改进等。本节给以重点介绍。

(1) 质量管理

1) 定义

【定义】关于质量的管理。质量管理通常包括：制定质量方针和质量目标，以及通过质量策划、质量保证、质量控制和质量改进实现这些质量目标的过程。这就是指挥和控制组织的活动的基本内容。"协调的"活动是指上述 6 个方面应协调一致。

组织的管理有许多方面，如：经营方针和目标、行政管理、物流管理、财务管理、生产管理、技术管理、环境管理、安全管理以及质量管理等。质量管理只是企业管理的一部分，它涉及各类管理中与产品质量有关的部分。

2) 质量管理的发展

由于质量管理在提高产品质量、提高工作效率、增加经济效益、保障市场开拓和增强市场竞争力等方面的显著作用，伴随着国民经济发展、科技进步，质量管理也在不断地适应新的需要，有一个持续发展和逐步完善的历程。就世界范围而言，质量管理有几次大的飞跃，如图 3-6 所示，质量管理随市场竞争不断发展与创新。

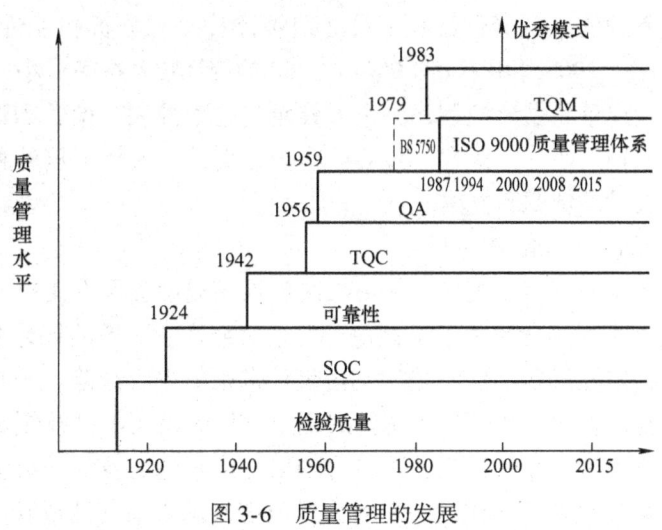

图 3-6 质量管理的发展

a. 质量检验阶段（20 世纪初—目前）

在 18、19 世纪，生产方式主要是手工业，产品质量是靠有经验的工匠的手艺来控制的。随着工业化的发展，产品数量迅速增加，要求专业化分工，于是出现了专职检验人员。但逐个产品检验的成本过高，为了降低检验成本并保证产品质量，在20世纪中期就出现了统计抽样检验的方法，至今仍在普遍应用。

产品质量检验对于把好实物质量关，保证出厂产品的质量，维护企业的产品信誉有着重要的作用，故能延续到今天。但是，产品质量检验只能消极地"把关"，却不能查出不合格的原因，不能防止或减少不合格品的产生，以降低成本。因此，这种以检验来实施质量管理的方法，有相当大的局限性。对于硬件产品的生产来说，这种检验把关的方式仍然是当今质量管理中的必要手段，但其重要作用正趋于淡化。

b. 统计质量控制（SQC）阶段（1924年—目前）

1924年在美国贝尔实验室，休哈特发明了一种可用于监视和测量过程控制的工具——控制图。然而直到二次世界大战之初，由于武器质量方面的问题明显影响战斗力，这种控制图才在美国军用标准中采用。继而迅速推广到民用工业普遍采用。

统计质量控制的核心是：运用数理统计理论，在生产过程中用控制图来监控产品质量波动情况，发现异常时，便于及时采取对策，从而可以定量地控制不合格品数量。

同时，在产品交货验收时，采用了更为严格的统计抽样检验方法。这种方法直到今天仍是过程控制和检验控制的重要手段。然而，统计技术的应用已不局限于此，在质量管理的许多重要过程都可运用统计技术来分析和评价管理的效果。在 ISO/TR 10017：2003《用于 ISO 9001：2000 的统计技术指南》中，对质量方针、管理评审、合同评审、设计控制、分供方评定、过程控制、检验和试验、检测设备控制、纠正和预防措施、储存、包装、防护、交付、内部审核种种过程活动推荐了运用统计技术的课题和方法。

c. 可靠性阶段（1942年—目前）

可靠性的系统研究始于美国，在第二次世界大战中美国军用电子设备频繁发生故障。1942年起，美国致力于提高电子管的可靠性。一般的统计质量控制只能解决产品质量稳定性问题，但不能识别由设计带来的先天缺陷。于是可靠性理论与技术得到迅猛的发展，从国防系统扩展到全世界的民用高科技领域。1958年日本科技联盟成立了可靠性研究会。1965年 IEC（国际电工技术委员会）设立了可靠性技术委员会。1969年美国阿波罗号登月舱在月球表面着陆成功，标志着可靠性技术已进入成熟阶段。可靠性的工作成果已带来巨大的效益，如：美国塔康电子设备系统由于可靠性的提高使其维修费用降低了80%；波音飞机上的自动导航设备可靠度达到0.99999。20世纪80年代我国航空航天、电子工业率先重视运用可靠性技术提高产品质量，已取得丰硕成果，家用电器的故障率明显降低。目前，我国的重大科研项目、军事装备、重大工程项目都非常重视可靠性，如：我国长征系列运载火箭已超过 200 次发射。从 1970 年东方红一号卫星成功发射以来，长征系列运载火箭先后把载人飞船、月球探测器、北斗导航卫星等 250 多颗国内外航天器成功送入太空，我国航天事业走出了一条独立自主、创新超越的发展道路，运载火箭的可靠性、安全性和发射测控能力均达到世界先进水平。然而，我国在可靠性技术普及方面与先进国家仍有很大的差距。然而，我国在可靠性技术普及方面与先进国家仍有很大的差距。

d. 全面质量控制（TQC）阶段（1956 年—现在）

1956 年美国的菲根堡姆首先提出 TQC 的理念，但由于第二次世界大战后美国的产品未受到挑战，因而经济界对推行 TQC 不感兴趣。20 世纪 60 年代初期，日本出于经济振兴的需要，聘请美国的戴明在日本培训骨干、推行 TQC。后来在各工业部门认真实践，并结合日本的实际情况，创造了一套实施 TQC 的经验和方法，并在企业中推广，取得了极大的成功，使日本的经济发展出现了奇迹般的腾飞。但由于其未引入欧美不断完善的质量保证和管理思路，因而有较大的局限性。因此，日本式的 TQC 未能形成世界潮流。但就其应用的质量管理的某些原理（如 PDCA 循环）和技术（如 QC 小组，新、老 7 种工具）而言，在今天仍具有相当高的实用价值。

e. 质量保证（QA）阶段（1959 年—目前）

第二次世界大战推动了统计质量控制和可靠性技术的发展，1959 年美国军用标准实施的 MIL-Q-9858《质量保证大纲》，正式将质量保证纳入军用采购的要求。

质量保证对于确保采购产品的质量及其稳定性起着重要的作用。采购者要求供应商提供质量保证，使质量保证成为供应商的关注焦点。

质量保证从军品到民品，日益得到广泛的应用，其核心在于：确保满足顾客需求，向顾客提供足够的信任。质量保证在开拓市场、规避风险方面，发挥了重要作用。然而，它并不能完全适应企业组织目标和内部管理的需要，因而也有其局限性。

f. ISO 9000 质量体系（1987 年—目前）

将质量保证纳入规范的要素管理，按照系统论方法建立质量体系能更好地保障质量保证和质量管理要求的有效实施。为此，1979 年 BS 5750 标准提出了三种质量保证模式，并在英联邦范围内普遍实施，对国际贸易产生了重要影响。1987 年 ISO 9001、ISO 9002、ISO 9003 就采用了 BS 5750，使之成为国际通用标准。当时虽然日本人投了反对票，但终难逆转潮流。与此同时，ISO 9004 则以美国的质量管理标准为蓝本，提出了一个更为完善的质量管理体系。

1994 年对 87 版 ISO 9000 系列标准进行了修订，使之成为对硬件制造业特别适用,质量保证能力有所提高的标准。然而,随着第三产业的兴起,甚至在发达国家逐渐变为国民经济的主体,这套标准更显得不能适应。于是在 2000 年进行了重大修订,使它上升为适用于各类产品和行业的不同规模组织质量管理体系标准。在修订中借鉴了 TQM、QS9000、VDA6.1 等方面的经验。此后,出现了 2000 版、2008 版、2015 版标准。

  g. 全面质量管理(TQM)阶段(1983 年—目前)

  20 世纪 80 年代初期美国市场面临着日本产品的巨大压力,在汽车、家电、复印机等领域日本产品更充斥美国市场,像通用汽车、施乐复印机等市场份额被日本产品抢占不少。当时,在全美国放映了名为"为什么日本能美国不能"的大型纪录片,使全国为之震惊。这种形势迫使美国检讨反思在质量管理方面,与日本的差距,戴明、朱兰等质量大师由此才受到重视。

  美国人富有创新精神。他们不会简单追随日本人的成功之路,而是在借鉴日本 TQC 的基础上,融合美国军工的质量保证体系并按照现代高科技企业和第三产业发展的需要,不断丰富其内涵,逐步创造了 TQM 方法[1]。在美国人着手探讨 TQM 的同时,欧洲人也做了巨大的努力。在全世界范围内正式见诸于文字公开提出 TQM 的,是在 1983 年英国撒切尔夫人执政时的工贸部发动的一次国家质量战役中引入了这一术语。然而,对 TQM 贡献和成就最大的还是美国人。美国人的 TQM 致力于发展一个发挥美国的优势,特别是以人才资源优势为代表的综合优势,最终目的是使顾客满意的体系。一些著名的美国公司如福克斯波罗、施乐、IBM、AT&T、贝尔等通过开展 TQM 活动,取得了显著成绩。例如施乐公司在全世界的复印机销售市场份额,就从逐步降低的低谷 25% 攀升到 40%,美国三大汽车公司(通用、克莱斯勒和福特)在开展全面的、系统的质量管理活动和 ISO 9000 的基础上,总结出一套 QS 9000 质量体系,不仅使其走出了亏损的困境,而且创造了高额利润。

  应该指出,质量管理的发展是无止境的,那种抱残守缺、无所作为的观念极大地阻碍经济的发展。TQM 也在不断发展和完善之中,以美国波多里奇国家质量奖为代表的卓越绩效质量管理模式,代表着当代质量管理的先进水平。

  (2)质量策划

  1)定义

  【定义】质量管理的一部分,致力于制定质量目标并规定必要的运行过程和资源以实现质量目标。

  2)质量策划的作用

  a. 重要的预防活动

  在策划中,对影响质量目标和质量要求实现的所有过程的每一个因素、每一项风险和机会，都预先做出有效的控制安排，就能够避免在实施中偏离目标和要求所造成的损失。因此，可以说做好质量策划是最有效的预防。

b. 确保覆盖顾客的全部要求

在质量策划中用质量功能展开（QFD）的方法，可以将顾客的要求一一对应地转化为产品的要求、过程的规范、过程控制的参数[2]。这样，就可确保顾客的每项要求在过程控制措施中不致被遗漏。

c. 合理、优化地配置资源

通过周密的策划，对资源的要求不再是模糊的，而是具体的、有针对性的，甚至其主要参数、性能指标均可定量化。这样，可以使资源的配置合理化、最佳化，既可避免因资源不足而导致偏离质量目标和质量要求，又可避免资源的浪费。

d. 有利于实施持续改进

改进策划本身就是有力的预防措施。同时，在质量策划和质量计划中，都会对原有类似过程存在的问题，采取针对性措施，并规定若出现偏离要求的情况，应如何采取纠正、预防措施。

e. 增强顾客对满足其要求的信任

顾客可以通过质量策划和质量计划来确切地评价组织所具有的质量保证能力，从而可增强对组织满足其要求的信任。

3）质量策划要点

a. 质量策划首先应确定质量目标

质量策划的目的，在于制定质量目标并规定实现目标的条件和措施。视策划的对象不同，质量目标可能涉及组织的质量目标、产品的质量目标、过程的质量目标。确定质量目标时，必须考虑到策划时应关注的信息。

b. 为实现质量目标规定相应的措施

为实现质量目标，应先识别与其相关的直接过程和支持辅助过程，并规定这些过程的顺序、相互作用、过程所需资源以及过程控制的其他措施。

c. 质量策划的输出可以有多种表达形式

质量计划是质量策划输出的一种形式，其他形式有：质量目标文件、程序、技术和检验规范、专项科研试验计划、检测设备研制计划、资源配置计划等。

(3) 质量控制和质量保证

1）质量控制的定义

【定义】质量控制：质量管理的一部分，致力于满足质量要求。

对于硬件产品来说，为达到质量要求所采取的作业技术和活动，就是质量控制。控制的目的在于减少波动，保持质量的稳定性和一致性。这也是长期以来我国的质量管理的基本内容。

2）质量保证的定义

【定义】质量保证：质量管理的一部分，致力于提供质量要求能得到满足的信任。

质量保证是指为了证实组织能够满足质量要求，在质量管理体系中，实施并根据需要进行证实的全部有计划和有系统的活动。质量保证活动的目的在于提供信任。

3）质量控制要点

a. 质量控制范围包括专业作业技术过程和质量管理过程

质量控制是指为达到质量要求，在质量形成的全过程对每一个环节所进行的一系列专业技术作业过程和质量管理过程的控制。对硬件类产品来说，专业技术过程是指产品实现所需的设计、工艺、制造、检验等；质量管理过程是指管理职责、资源、测量分析、改进以及各种评审活动等。对服务而言，专业技术作业过程是指具体的服务过程。

b. 质量控制的关键是使所有质量过程和活动始终处于完全受控状态

事先应对受控状态做出安排，并在实施中进行监视和测量。一旦发现问题，应及时采取相应措施，恢复受控状态，把过程输出的波动控制在允许的范围内。

c. 质量控制的基础是过程控制

无论制造过程还是管理过程，都需要严格按照程序和规范进行。控制好每个过程，特别应注意关键过程是达到质量要求的保障。

4）质量保证要点

a. 证实性

质量保证活动的关键在于能提供产品符合要求及质量管理过程符合要求的证据。无必要的证据，则谈不到信任。要把对具体产品的信任提高到对组织的信任，只有使顾客对组织未来提供的新产品，也同样寄予信任，才会取得更大的成功。

b. 预防性

质量保证要求对质量问题的发生，具有充分的预防能力。这可以通过有效的质量策划来实现。要防患于未然，对一切可能影响产品质量的因素，预先做出周密的控制安排，确保其不失控。在实施中，还应针对发生的问题，采取相应的纠正和预防措施。

c. 系统性

不能把质量保证活动当作孤立的事件，而应从系统性的高度，从全局做出安排并加以协调控制，如诸文件间的相容性、各过程的界面和接口、过程的信息反馈、过程网络功能的发挥等。

d. 反应能力

以目前国内外各类企业的管理水平，要使问题根本不发生是难以做到的，然而质量保证的前提是满足要求，因此，对任何偏离要求的现象，应能迅速做出反应，采取有效措施来加以纠正和预防。

5) 质量控制和质量保证的联系与区别

a. 质量控制是质量保证的基础

两者都以"满足要求"为前提，没有质量控制就谈不上质量保证；反之，质量保证能促进更有效的质量控制；质量保证包容了质量控制。

b. 关注的侧重点不同

质量控制着眼于影响产品质量的过程受控，以满足要求，而质量保证则要求系统地提供满足要求的证据。

c. 管理范围不同

质量控制是为了"保证质量"，其工作重点在产品，着眼于过程，是具体的作业技术和活动；而"质量保证"则着眼于整个组织的体系，是系统地提供证据从而取得信任的活动。

(4) 质量改进

1) 质量改进的定义

【定义】质量改进：质量管理的一部分，致力于增强满足质量要求的能力。质量要求可以是多方面的，如质量特性、功能、有效性、效率或可追溯性等。

2) 质量改进的要点

a. 识别需改进的要求

顾客、相关方和组织自身都可能对质量管理体系、过程和产品，提出各种不同的质量要求。组织应识别在这些要求中，哪些是关键和重要的质量要求，并考虑改进影响关键和重要质量要求的过程，以增强满足要求的能力。

b. 向顾客提供更高的价值和使顾客满意是实施质量改进的出发点和归宿

c. 质量改进的对象是体系、过程和产品

我国在推行TQC时，质量改进关注的是产品的实物质量，而对体系和过程的改进则重视不够。实际上质量改进的基础在过程，应认识到每个过程都存在改进的机会，并能使其减少输出波动、降低消耗，以更高的效率和更好的效果来运行。整个质量管理体系的改进更有助于全面增强满足质量要求的能力。

d. 质量改进应持续地进行，不断攀登新的目标

质量改进本身也是一个过程，首先应为其设定目标，然后寻求改进方案和措施，以实现质量改进的目标。实施质量改进的措施后，应评价其结果，以确保目标的实现。在实现了质量改进目标后，应再寻求新的改进机会并制定新的目标。如此周而复始，就能持续增强满足要求的能力，为组织提供更多的效益。

3）质量改进和质量控制

如图3-7所示，质量控制只能解决在一定质量水平上的质量波动幅度的控制问题，即保持质量的稳定性；而质量改进则意味着质量水平的提高，在提高后的新的质量水平上仍需进行质量控制。

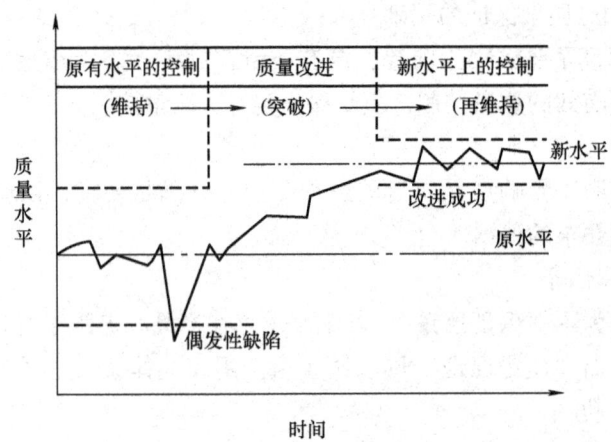

图3-7　质量改进与质量控制

4）质量改进与纠正预防措施

在广义上说，纠正和预防措施应属于质量改进的范畴。纠正和预防措施改进了组织的过程，对质量改进是至关重要的。

然而，纠正和预防措施通常是针对某一具体过程的控制来进行的，而这些过程的质量要求又是已经规定的。对过程中已经出现或有可能出现的不合格采取措施，予以消除，这本是质量控制应解决的问题。对纠正和预防措施活动的管理则又属于质量保证的范畴。总的来说可以认为，这些都属于一般层次的质量改进活动。

通常为了强调质量改进的创新与突破，只将质量水平有所突破的改进纳入质量改进范畴[1]。

（5）活动种类及相关概念

活动种类及相关概念如图3-8所示。

3.3.2.4　有关过程的术语

有关过程的术语共有8个，其中过程和外包为核心术语，质量管理体系实现、能力获得和外包三个术语为新增加。过程已在本章3.2.4.1小节（3）阐述。

（1）过程

1）过程的定义

【定义】过程：利用输入提供预期结果的相互关联或相互作用的一组活动。

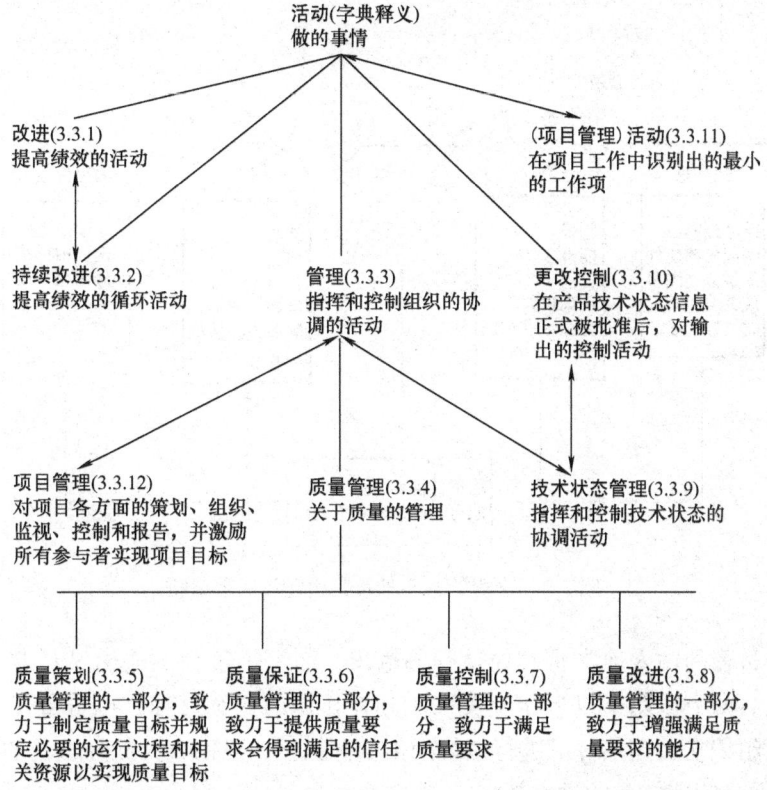

图 3-8 活动种类及相关概念

由定义可见，过程有三个要素，即：输入、输出和活动。利用资源是任何过程必不可少的活动，所有的工作包括产品实现及其管理，都是通过过程来完成的。

a) 输入是过程的起点和前提。

b) 输出是过程的结果。

c) 活动是实现增值转换及控制过程的波动，以达到预期目标所采取的措施。

应该指出，只有能实现增值转换的过程，才是有效的过程。质量管理的一个重要任务就是不断地改善过程的增值效应，并识别、剔除非增值的活动。质量管理是通过对组织内各种过程的管理来实现的。

过程的各要素及其相互作用如图 3-9 所示。每一过程均有特定的监视和测量检查点，以进行控制，这些检查点根据不同的风险有所不同。

过程与其他术语"项目"、"质量管理体系实现"、"能力获得"构成"属种关系"；与"程序"、"外包（合同）"、"设计和开发"形成了"关联关系"（见后面图 3-11）。

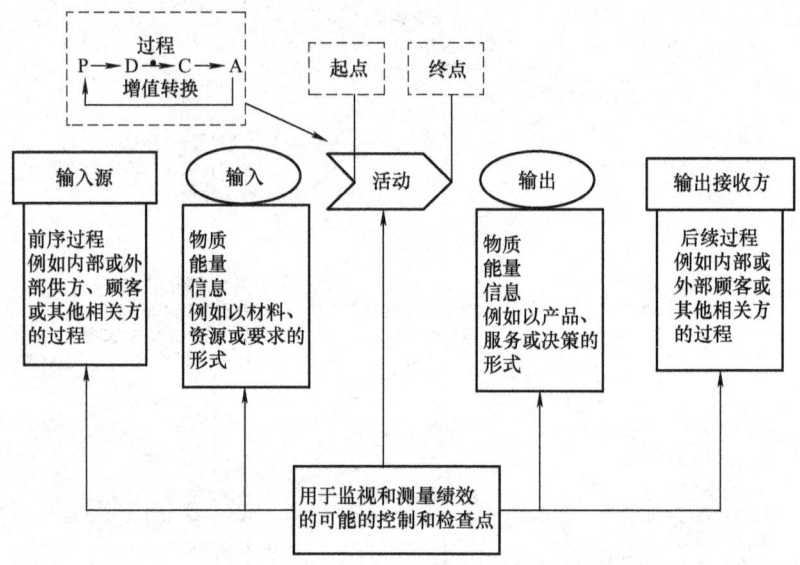

图 3-9　过程的各要素及其相互作用示意图

一个过程的输入通常是其他过程的输出，而一个过程的输出又通常是其他过程的输入。两个或两个以上相互关联和相互作用的连续过程，也可属于一个更大的过程。组织在可控条件下进行系统的策划和执行，可以大大提升过程的价值。

2）质量管理体系的过程策划

质量管理体系通过一系列过程来实现。虽然其基本过程有其共性（如几大板块：组织环境、领导力、质量管理体系策划、支持、运行、绩效评价和改进），但对一个组织来说，其具体过程是千差万别的。因此，首先要识别组织自己所需要的过程，对现有过程进行分析与评价，搞清：哪些是非增值的？哪些尚有增值的潜力？如何缩短从顾客提出要求到产品交付给顾客的响应周期？如何设定过程目标？如何识别影响过程的 6M1E（人、机、料、法、环、测、管）？如何安排使过程受控的措施？如何评价过程的有效性和效率？在这个基础上，才能建立适合于组织自己而又有更高效率和绩效的体系。

应该指出，只有能实现增值转换的过程，才是有效的过程。质量管理的一个重要任务就是不断地改善过程的增值效应，并识别、剔除非增值的活动。质量管理是通过对组织内各种过程的管理来实现的。

3）质量管理体系的过程网络系统

诸过程之间有着相互关联和相互作用，其总体可视为由各个过程的多种输入、输出编织成的一个复杂的过程网络。一个过程的输出可能是另一个或多个过程的输入。一个组织实现价值增值正是通过这个网络系统来完成的。因此，可以说过程网络是实现增值的基础。为此，认识和管理过程网络及接口是非常重要的。

a. 识别过程网络及接口

识别哪些过程的输入和输出之间相互关联存在接口，是实施过程网络系统管理的前提。识别接口的关键在于理清每个过程的全部输入和输出，搞清其来龙去脉。为了避免遗漏网络接口，常运用过程图、流程图等有效方法来进行过程分析。图 3-10 列示了进货检验过程分析。

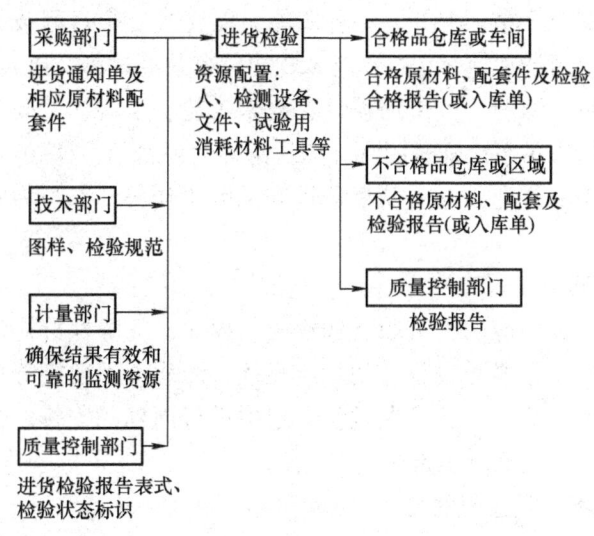

图 3-10　进货检验过程分析

b. 明确接口管理的职责和权限

在多个过程及其相互关系的管理上，往往容易出现漏洞，特别是涉及到多个职能的大型过程时，更应予以特别注意。为了落实接口的管理职责、权限，应做到每个过程都有专人负责，每个接口都有责任人。与此同时，还应明确其职责事项并授予相应的职权，以确保其履行职责。

c. 明确接口信息传递

相关过程（特别是由不同职能部门负责管理的过程）间的信息传递与沟通，是管理好过程网络及其接口的必要条件。为此，应明确信息传递的内容、方式、责任人及接收信息后应做出的响应。

d. 过程及其接口管理的分析和评价

在过程及其接口中，往往存在较大的增值潜力和较多的改进机会。因此，应开展对过程及其接口管理的分析和评价活动，如进行自我评价、过程审核、体系审核等。由此，可以找出改进的机会和需要，以实现持续改进。

4）质量管理体系与过程网络的关系

组织在建立质量管理体系时，必须确定为实现增值所需要的直接过程和支持过程，以及过程之间的相互关系。为此，应识别所有的过程及过程网络并对其进行有效的管理，以确保质量管理体系的充分性、适宜性和有效性。质量管理体系是通过过程的实现来体现其价值的。为使质量管理体系能实现更高的增值效果，应对过程网络做出更为合理的安排。

a. 过程职能的跨越

过程存在于职能之中，但并非一种职能只能完成一个过程或一个过程只能完成一个职能。应尽可能地使每个过程跨越职能兼容其他过程，以实现"超值"。例如：针对某一项目、课题，由市场设计、技术工艺、采购、试验、质量可靠性等各方面具有专长的人员组成临时团队（以往常称为项目组、课题组、攻关组）；由具有相当技术知识的专业人才去从事营销和采购工作等，都可为实现职能跨越创造更好的条件。

b. 过程的协调

过程的确定及其相应的人员职责和权限、程序、资源保持协调一致及相关文件之间具有相容性，是避免过程之间发生碰撞、矛盾、不衔接等使增值效果消减的弊端的主要条件。为此，除了在过程策划中进行周到的安排之外，在实施中加强沟通及时解决存在的问题也是极其重要的。

c. 一个体系不只是过程的总和

一个体系的增值效果不应仅是所有过程效果简单的迭加。在相互协调并相容的诸多过程之间，通过职能跨越使体系产生更多的"超值"，才能充分体现质量管理体系的价值。

(2) 程序

1）程序的定义

【定义】程序：为进行某项活动或过程所规定的途径。程序可以形成文件，也可以不形成文件。

2）规定程序的目的和作用

程序是为了有效地控制某项活动和过程而提出的一个规范化的过程，通常包含若干子过程，而每个子过程都要涉及各种各样的活动。为了高效率地实现预期的过程输出，必须有效地控制每个过程及其子过程。在过程策划中，就应包括进行活动或过程的途径的安排。按一般习惯将较大过程的控制文件称为"程序"，而将较小过程或活动的控制文件称为"作业指导书"、"操作规程"等。实质上，这类文件不论其冠以何种称谓都属于程序的范畴。

3）程序的内容

程序一般可以包括：目的、范围和做什么、谁来做、何时、何地、怎样做

(5W1H)；应利用的资源；活动的顺序；针对过程可能出现的波动做出的控制安排；异常情况的处理措施；引用的文件及需要的记录等。程序的多少及其详略程度取决于：组织的规模及组织结构、产品特点、生产（或产品提供）方式、资源条件、过程的复杂程度和员工的能力等。

4）程序的形式

程序的表达形式应从组织的实际情况出发来选择，可以采用任何形式的承载媒体，如文件或光电媒体。

(3) 设计和开发

1）设计和开发的定义

【定义】设计和开发：将考虑对象的要求转换为对该对象更详细的要求的一组过程。

定义较2005版表述有所不同，形成设计和开发输入要求，通常是调查研究的结果。其与国内对设计和开发的传统概念很不一致。宜针对硬件、软件、流程性材料等产品和服务类型的特点，对设计和开发概念的具体内涵做出适当的理解。

2）硬件产品的设计和开发

a. 先期开发

一般为确定一个新产品项目，首先应进行市场调研，明确对产品的要求，对开发产品的市场前景进行预测，并进行相应的投入产出分析，对产品实现的关键过程和技术难点做出估计，即应形成一份"可行性研究报告"或"项目建议书"。

因此，对硬件产品的开发阶段是产品设计阶段的前期工作，基本上属市场开发，为设计输入提供依据。可在设计输入控制中，将这一阶段的工作纳入。

b. 产品设计阶段

产品设计是将对产品的要求转换为产品特性和产品规范的过程，其输出通常有：产品图样、产品质量特性重要度分级表、设计计算书、可靠性分析报告、采购规范、产品标准或验收规范、产品说明书等。产品设计的控制详见参考文献[2]。

c. 工艺设计

工艺设计是将产品特性及规范转换为工艺过程特性及制造规范的过程，其输出通常有：工艺流程图、工艺过程卡、工艺卡、工序卡及相应的作业指导书和过程检验规范等。

工艺设计通常还包括专机、工装和专用工位器具的设计。由于其属于支持性的辅助过程，故不必纳入产品设计范畴。

d. 全寿命周期的考虑

请参考《现代产品设计指南》一书[10]。

总之，对硬件产品来说，设计和开发的控制，实质上就是指设计控制。

3）服务项目的开发

对服务业而言，将顾客的要求和期望，转换为特定的服务项目的特性或规范的过程就是开发。这类开发通常是过程开发，开发的输出通常形成服务特性（如时限）、规范或服务承诺书。因此，对服务业而言，不宜使用"服务设计"。

在服务业中，经常为了寻求市场的商机，而针对某一顾客群而开发新的服务项目，如：开辟暑期航线、假日旅游专列，建立电子商务平台，开发新的银行或保险业务项目、普惠金融产品（如P2P）以及开设新的培训课程等。

4）其他产品的设计和开发

对计算机程序之类的软件产品通常称为开发，而不称"设计"。

对于流程性材料而言，如配方的研制也宜称为"开发"。配方一经确定，其生产过程也属于开发，实质上是工艺设计范畴，其输出通常有：原材料规范、工艺流程和相应的装备，工艺规范、检验规范及QC工程表等。

综上所述，对于不同类型的产品，其设计和开发的内涵有所不同，采用何种称谓完全可按其产品特点与行业习惯来确定。

（4）过程种类及相关概念（图3-11）

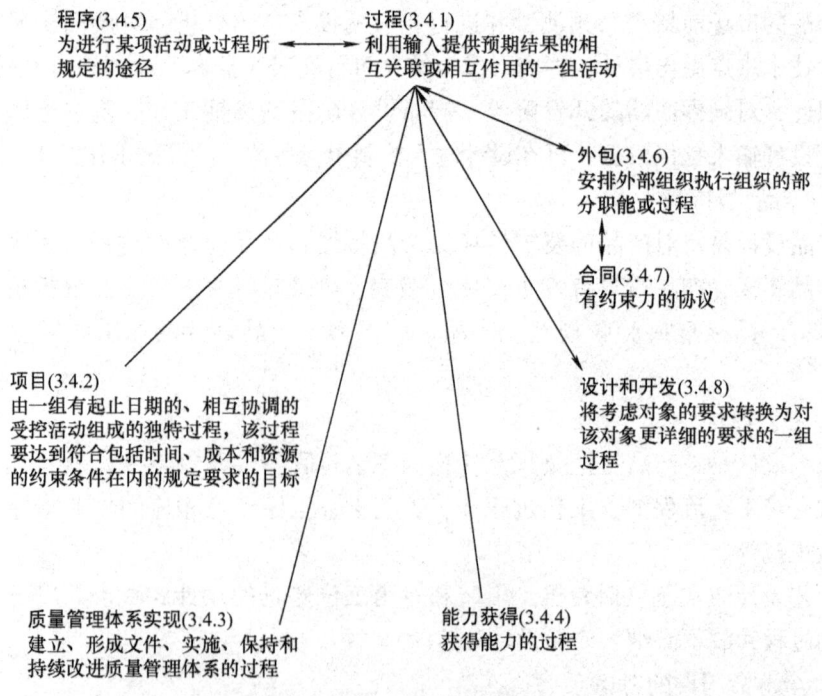

图3-11 过程种类及相关概念

3.3.2.5 有关体系的术语

有关体系的术语共有12个，其中有7个术语是新增加术语。

(1) 质量管理体系

1) 质量管理体系的定义

【定义】质量管理体系：由"管理体系"定义可知，组织建立质量方针和目标以及实现这些目标的过程的相互关联或相互作用的一组要素。

体系是指相互关联或相互作用的一组要素。要素是指构成体系的基本单元，可将其细化为：组织结构、程序、过程和资源。其中，组织结构是指人员的职责、权限和相互关系的有序安排；资源是指人员、资金、基础设施、技术和方法、信息等，是个广义的概念。

管理体系是指建立方针和目标并实现这些目标的体系。

将质量管理和管理体系的概念融合在一起则不难描述质量管理体系的含义。通常为有效地开展质量管理活动，应该建立质量管理体系，即应制定质量方针和目标，并通过质量策划、质量控制、质量保证和质量改进活动来实现质量目标。为确保这些活动的有效性，则必须对人员的职责、权限和相互关系做出有序安排，配备所需的资源，识别并管理所需的过程以及制定相应的控制程序。应该指出，质量管理体系只是组织的管理体系的一个重要的组成部分，应使组织的各种管理体系能协调而高效地实现组织的总目标。

2) 质量管理体系的特征

一个组织的管理体系具有以下特征。

a. 为内部质量管理的需要而建立

企业只有站在战略的高度，把质量管理体系作为参与市场竞争的重要资源，才可能力求提高其有效性、效率和效益。由于许多企业建立质量管理体系，是出于顾客限期取得证书的压力，把取得证书当作目的，因而"混证"、"骗证"的屡见不鲜。如果说在建立质量保证体系时（94版）受益者推动的方式曾起过重要作用的话，那么在建立"质量管理体系"（2000版）后，管理者推动则是首要的。企业的高层领导如不认真履行其多方面的职责，这样的体系就会流于形式，重蹈当年TQC的覆辙。因此，只有将"市场要"变为"组织自己要"，才能使体系进入良性的循环。组织的需要应体现在：建立质量方针和质量目标并通过系统的管理使之实现。

b. 依据经营环境的需要和组织自身条件建立

企业的经营环境主要是指市场的迫切需要和同行业竞争对手的状况。组织的自身条件包括产品方向及其特点、产品实现与提供方式、资源，特别是各级人员的素质、管理基础、传统和习惯等。不能设想一开始就建立一个完善的体系，而应该遵循实事求是、循序渐进的原则，脚踏实地去做。为此，应建立切实可行的质量目标，特别重视体系的适宜性，使体系既符合标准要求，又适合企业的实际，关键在于建立一个自我完善的机制。因此，照搬其他组织的质量管理体系文件是不可取的。应该指出：许多咨询机构都有一个固定模式的体系文件"范本"，对企业并不量体裁衣，而只按企业的实际情况稍加变化，以不变应万变地"帮助"企业编写成套体系文件。以这种方式建立的体系是很难避免"两层皮"，很难使其运行到位并产生效益的。

c. 质量管理体系是通过一系列过程来实现的

虽然质量管理体系的基本过程有其共性（如四大板块：管理职责；资源；产品实现；测量、分析和改进），但对一个组织来说，其具体过程是千差万别的。因此，首先要识别组织自己所需要的过程，对现有过程进行分析与评价，搞清：哪些是非增值的？哪些尚有增值的潜力？如何缩短从顾客提出要求到产品交付给顾客的响应周期？在这个基础上，才能建立适合于组织自己而又有更高效率和效益的体系。

d. 质量管理体系宜形成文件的信息

作者认为，质量管理体系的建立的标志是体系文件的形成。ISO 9001：2000 标准所要求的，如质量手册、程序、质量计划、作业指导书、质量记录等，在 2015 新版标准中均以保持或保留"形成文件的信息"要求提出，内容未做显著变更或增加，只不过是组织可以采用自己最适用的方式来进行体系文件化。

在对体系进行总体策划与设计的基础上，建立起形成文件的质量管理体系。在文件中，规定对体系要求的实施方法和措施。因此，形成文件的质量管理体系的水平，在很大程度上决定了体系运行可能达到的水平。文件化的体系应在进行充分的调查研究之后形成。那种仓促编写体系文件的"速成"方式，会造成无穷后患。

e. 质量管理体系贵在实施

一个好的文件化体系如不投入运行，就不能起什么作用。当前，普遍存在组织的文件规定和实际实施"两层皮"的问题。这来源于文件的编制者没有充分考虑操作的可行性并跟踪实际运行情况，这就属于"先天不足"；在实施中，由于内部沟通不足，对不可操作的文件没有信息反馈，致使"两层皮"问题长期存在，这属于"后天失调"。

编写一套体系文件，建立体系是容易的，但要付诸实施则非易事，而要保持有效运行则更难。这里特别需要高层领导持之以恒，并在组织中对实施的业绩建立一套监督、考核、奖惩制度。

（2）质量方针

1) 质量方针的定义

【定义】质量方针：由组织最高管理者正式发布的关于质量的意图和方向。

这里的最高管理者是指在最高层指挥和控制组织的一个人或一组人。在小企业中通常最高管理者只有一个人，而在大型企业中起最高管理者作用的往往是参与决策的一组人。

质量方针应与组织的总方针相一致。本书第 2 章所述质量管理七项基本原则可以作为制定质量方针的基础。

质量方针应体现组织较长期的质量战略。在质量宗旨方面，质量方针要着重体现组织关于质量的指导思想，特别是为顾客持续提供满意的产品的决心。在质量方向方面，要体现对质量的追求、对质量的态度、对质量的投入、质量工作的努力方向。

2) 质量方针的重要性

a. 质量方针是组织关于质量的总纲领

质量方针体现组织在一定时期的质量战略决策，是组织关于质量的总纲领，是质量管理体系的龙头，是组织的质量大旗。它应具有号召力、凝聚力，并且有引导员工参与市场竞争的活力，但不能是空洞的口号。质量方针应具有实质性内容和丰富的内涵，并从组织的实际出发，力求扎根于企业，体现出企业特点。

b. 高水平的质量方针是建立高水平的质量管理体系的前提

只有质量方针具有相当的高度，才能引导组织建立的质量管理体系达到相应的高度，不能设想按照一个低水平的质量方针能建立起一个高水平的质量管理体系。在这里，水平的高低是相对的，是相对组织过去的管理以及同行业的管理水平而言。通过贯彻、实施质量方针应能使组织的质量管理水平达到一个崭新的高度。

c. 质量方针可凝聚员工精神，成为员工的行为准则

质量方针是全体员工的座右铭，是处理质量问题的最高准则。按照正确的质量方针，企业的一些"老大难"问题，如生产与质量的矛盾，部门之间的协调问题，都不难解决。如何真正做到"顾客至上"、"质量第一"，也有了明确的判断准则。问题是质量方针说说容易，要做到则需要最高管理者持续地推动，使违背质量方针的行为受到强烈抵制和有力的制裁。

d. 质量目标可引导组织实现为竞争所需要的持续改进

要保证组织质量目标的前瞻性，即能体现市场竞争的需要。为了实现质量目标，必须不断改进其产品、过程和体系，从而取得更好的绩效。原有的质量目标已经实现时，则应按照市场新的需要及企业的薄弱环节，提出适当的新目标，如此，组织就可进入一个持续改进的良性循环。

e. 质量目标可作为评价组织的质量管理体系的效率和有效性的基本依据

质量目标是组织近期的努力方向,能否实现质量目标也是对组织质量管理体系的能力的考验。质量目标的实施情况与效果,可以表征组织的质量管理体系的有效性。因此,在日常管理特别是管理评审时,密切关注全组织中按阶段分解的质量目标的完成情况,是十分必要的。根据实际情况,采取相应对策以确保质量目标的实现,是质量管理的基本任务之一。

(3) 体系种类及相关概念(图3-12)

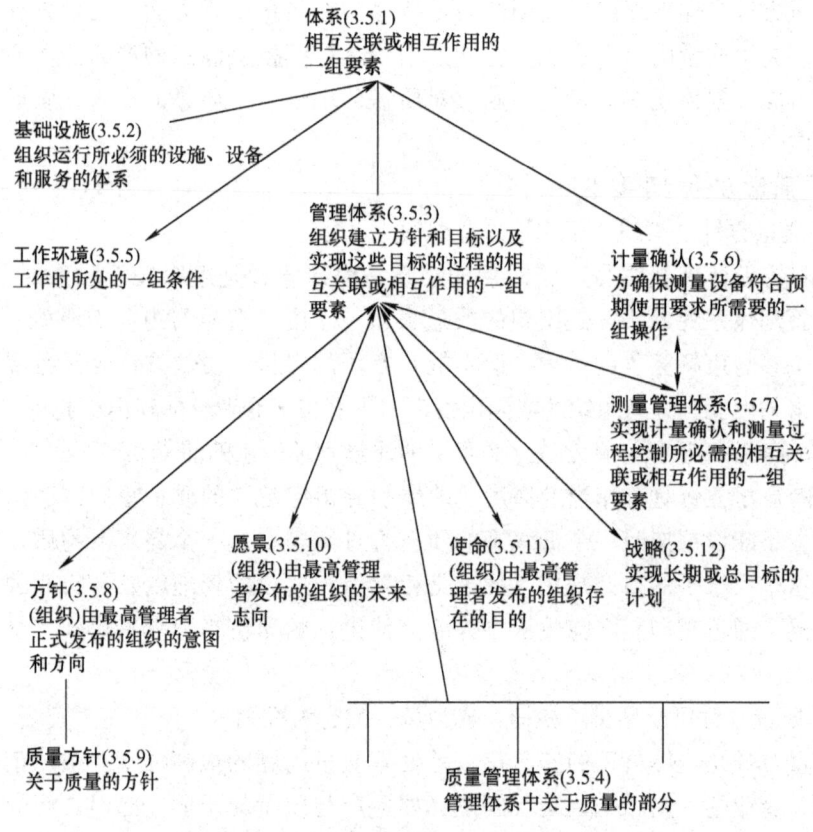

图3-12 体系种类及相关概念

3.3.2.6 有关要求的术语

有关要求的术语共有15个,其中有7个术语是新增加术语,其他的也有不同变化。

(1) 质量

1) 质量的定义

【定义】质量:实体的若干固有特性满足要求的程度。

注1：术语"质量"可使用形容词如差、好或优秀来修饰。

注2："固有的"其反义是"赋予的"，就是指在某事物中本来就有的，尤其是那种永久的特性。

上述定义中，关键词的含义如下。

a. 特性

特性指"可区分的特征"，特性的类别多种多样，如理化的：机械、电、化学、生物学、能量等；几何的：长、宽、高、角度、空间等；感观的：嗅觉（如气味）、触觉（如手感）、视觉（如色差）、听觉（如噪声）等；行为的：礼貌、诚实、正直、谦虚、敏捷等；时间的：准时性、可靠性、维修保障性等；人体工效的：人的生理特性（如对力、噪声的承受和敏感程度）、安全性和舒适性等；功能的：如机器的升降、换向、自动切换和安全联锁等。

a) 固有特性

某事物本来就有的特性，如轴的直径、材质、显微组织结构；电器元件的电阻、电容、电感；电动机的额定功率；接通电话的时间、金融产品的坏账率等。有的产品只有某一类特性，如有的化学试剂只有化学性能。而对空调机来说，它则有物理的（功率）、感观的（噪声）、时间的（可靠性）、功能的（温度调节、除湿、通风等）、人体工效的（操作方便性）等多类特性。

b) 赋予特性

赋予特性是人为的，在完成产品后所增加的特性，如产品价格、交货期、物流要求和售后服务要求（如保修期）等特性。这些特性都不属于固有特性。

c) 固有特性和赋予特性的相对性

不同的产品的固有特性和赋予特性，可能不相同。某些产品的赋予特性，对另一种产品来说可能是固有特性，例如对硬件产品而言交货期及运输方式属于赋予特性，而对运输服务业来说，就属于固有特性。

b. 要求

要求指"明示的、通常隐含的或必须履行的需求和期望"。

a) 明示的。顾客明确提出的（如通过标书、合同或传真、邮件、短信、微信等）以及组织在文件（如各种规范）中阐明的要求，可统称为明示的要求。

b) 通常隐含的。指组织、顾客和其他相关方的惯例或一般做法，是不言而喻的、合理的。如银行对顾客存款应保密；按国际惯例顾客向经销商退货，经销商就向供方退货。在美国，顾客退货时勿需说明理由。对顾客退货的原因，供方应根据自身产品的用途和特性加以识别，并做出相应的规定。在进行产品要求评审及设计和开发输入评审时，尤其应予以（特别）关注。

在这方面我们曾有过深刻的教训。笔者于1984年春曾参加一个外贸理赔小组的工作。当时,由一家外贸公司与德国的一家厂商,签订了一笔交易金额很大的链条出口贸易合同。由于对"需要"的质量要求,在合同上规定得较含糊,只写明"按 ISO 606 标准制造,按 DIN 8187 标准验收"。而 ISO 606 和 DIN 8187 基本上是一个型式尺寸标准,而非产品技术性能标准。如对链节的连接牢固度(铆头和松动力矩)、零件硬度、灵活性、扭曲量等均未做出规定。我国出口企业是按达到国内标准而又符合 ISO 606 的要求制造的,而在到港验收后对方接二连三地提出索赔。遂受机械部(现已撤消)的委派组成理赔小组赴联邦德国处理索赔事件。索赔问题的实质,在于对质量的理解存在较大差异。德国人的依据是其工厂的 9 条检验标准及顾客的退货。其中,因链条过度扭曲而退货的事例最为突出。按 ISO\DIN 及我国的标准,都不控制链条扭曲。遭索赔的生产厂质量管理较严格,在国内还获得了国家银质奖章,但其产品到了德国却由于扭曲过大而不能正常使用,顾客频频退货。

当时,由于我们的质量观与国际尚未接轨,只强调合同写明的我们承担责任,合同未写明的、提出的一些新的要求,我们将认真改进。但这一次不能承担过去供货的质量责任。由于双方观点差距很大,谈判很艰难。最终由于我方坚持,达成了理赔协议。虽然从法律角度上看,我们避免了更大损失。但从商务角度来看,我们则丢失了市场。德国这家大客户此后十年未在中国市场采购。

由上例可见,出口贸易就犹如一种游戏,游戏要能正常进行,各方必须遵守共同的游戏规则。可以认为,ISO 9000 的质量观,是当今进行外贸必须遵从的一种关于质量的"游戏规则",否则贸易不可能持续发展。

在参考文献[2]中,专门介绍了在设计和开发输入时识别隐含需求的方法。

c)必须履行的。"必须履行的"是指法律、法规要求及强制性标准的要求。

"法律"是指全国人大及其常委会制定并由国家主席颁布实施的各种"法"。

"法规"有两类:一类是国务院正式颁布的条例,在全国范围内有效称行政法规;另一类是由地方人大及其常委会颁布的条例,在所管辖的区域内有效称地方法规。

根据"标准化法",强制性标准是有关行业、企业必须执行的。我国的强制性标准代号为 GB,推荐性标准代号为 GB/T。

所有组织在产品实现过程中都必须遵守法律法规和强制性标准的要求。

还有一些部门制定的规范,虽属行政规章范畴,不属于法规范畴,但如不执行,行政部门可以动用行政权力进行处罚。按照国情,这类行政规章还是要考虑执行的。

2)质量观念的发展

a. 符合性质量

在我国长期的计划经济下形成的卖方市场的质量观,是以与标准的符合性来评价质量的。由于标准本身有很大的局限性,往往滞后于生产和社会需要的发展。因此,即使完全符合标准的产品,有的也因不适用而长期积压在仓库里。

b. 适用性质量

市场经济买方市场下的质量观,则是以能否满足顾客需要,是否合用来评价的。一种产品如不能满足顾客的需要,则不会有生存和发展的空间,最终只能被淘汰。

c. 社会性质量

随着社会的进步,法制的完善,讲产品质量时,只重视满足顾客需要和企业获利是不够的。一个产品的生产企业,还必须履行其社会责任(如环境保护、安全又不损害人的身心健康等)。这些社会要求,往往通过法律、法规、行政规章、法令、政策来体现。

d. 质量经济性

在市场经济下,企业生产产品是为了满足社会需要同时获取利润,取得必要的经济效益并赖以生存和发展。为此,要讲究质量成本,不仅要讲初期购置成本,而且要讲全寿命周期的成本。在满足顾客需要的前提下,不应盲目追求高性能、高可靠性,而宜具有适度的质量。因为质量的完善一般意味着成本的增高。因此,必须从价值工程的角度来研究适度的质量。从这个意义上说追求"质量精益求精",并不一定会带来好的效果。毫无疑问,不断地改进产品质量及其管理是正确而合理的方向,但不能不考虑这种改进所伴随的成本的增加是否能为市场所接受。

e. 大质量

随着质量管理的发展,质量的范畴已十分广阔,几乎组织管理的方方面面都与质量有关。因此,组织应从大质量的角度来考虑管理,详见16.1.3.1小节。

f. 顾客满意

进入20世纪90年代以来,判断产品、过程、体系质量好坏的标准是顾客满意。顾客是最具权威的、最终的评价者。因此,必须全方位地考虑怎样做才能让顾客满意。只有持续地实现顾客满意,才能稳固地占领市场。

3) 理解"质量"术语的注意事项

除上述要点外,在理解"质量"术语时,应注意以下方面。

a. 广义性

长期以来在我国计划经济年代,关于质量指明示的要求和符合性质量的狭义观点与现代广义质量观有很大差异,现在讲质量时应从单纯符合性质量观中跳出来。包括满足本节前述(1)1) b. 中三方面的要求,并适应本节(1)2)中所列六个方面的需要。此外,在ISO 9000质量管理体系范畴内,质量不仅指产品质量,也可指过程和体系的质量。

b. 时效性

随着社会进步、科技发展、人民生活水平的提高，组织的顾客和其他相关方对组织的产品、过程和体系的需求，是不断变化的。原先被顾客认为质量好的产品可能逐渐相形见绌。因此，对质量要求必须动态地加以评价，并适时进行调整。

c. 相对性

不同层面的顾客对产品质量的定位是不同的，如商界名流、文体明星对汽车的向往倾向于豪华，而工薪族对汽车则倾向于经济、实用。因此，组织在确定顾客需求时应先通过市场调研搞准市场定位。质量对一部分顾客而言是好的，对另一部分顾客则未必就是好的。因此，必须认识到质量的相对性。

（2）创新

【定义】创新：新的或变更的实体实现或重新分配价值。

通常，以创新为结果的活动需要管理，也通常具有重要影响。创新往往会产生顾客导向性消费，如苹果手机；也往往会提高效率或降低成本等。

创新是驱动人类文明进步的重要标志。它不仅可以增加社会财富，而且可能极大地改变人的生活方式。特别在当下，我国经济正处于调整结构阶段，既要保持在新常态下的经济中高速发展，又要保护环境，实现生态文明，更迫切地依赖创新成果。有关创新的论述参见《现代产品设计指南》[10]。

（3）要求种类及相关概念（图3-13）

3.3.2.7 有关结果的术语

有关结果的术语共有11个，其中有7个术语是新增加术语，其他也有所变化。

（1）产品

1）定义

【定义】产品：在组织和顾客之间未发生任何交易的情况下，组织生产的输出。

由定义和注释可知，产品定义发生了变化。一是，限定了前提条件，即：组织和顾客之间未发生任何交易；二是，专指包括硬件、软件和流程性材料，不再包含"服务"。但在大多数情况下，"产品和服务"一起使用，包括所有的输出类别（硬件、服务、软件和流程性材料）。

2）硬件

硬件通常是具有特定形状的可分离的产品，可对其计数，如10台摩托车、100台电动机、一套住宅。硬件产品通常由制造的、建造的或装配的零件、部件组成。

3）软件

软件由信息组成，通常是无形产品，是以方法、论文或程序等形式，可采用多种介质传递、储存（如纸张、磁盘、光盘等）。

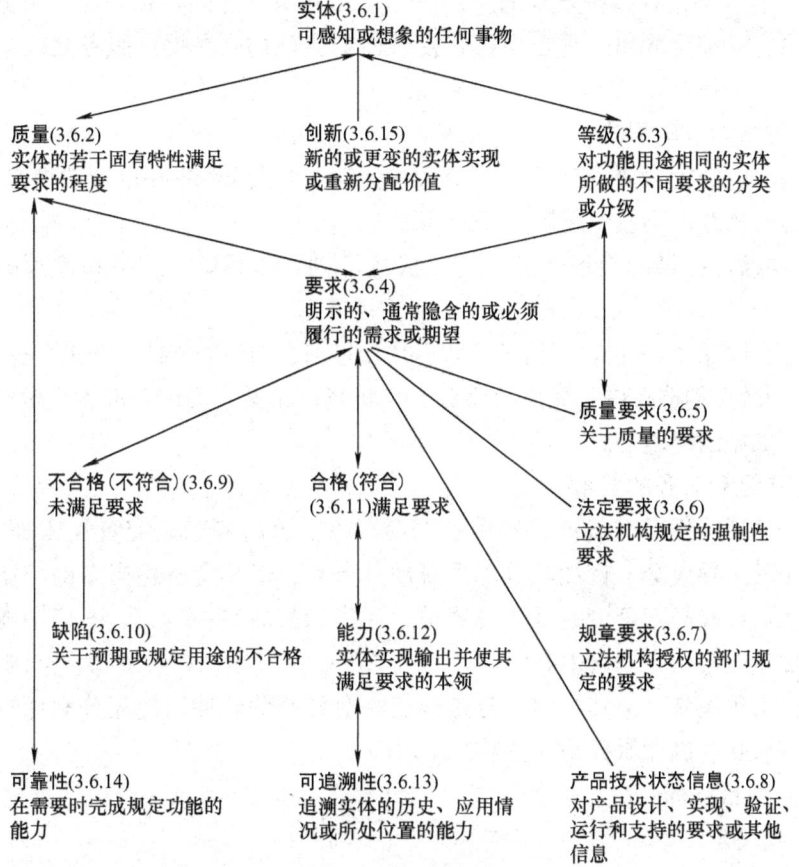

图 3-13　要求种类及相关概念

常见的软件有：计算机程序、移动电话应用程序、自动化生产流水线的控制软件、产品图样、工艺规范、操作手册、服务规范和产品使用说明书等。

4）流程性材料

流程性材料是通过将原材料转化为某一预定形态所形成的有形产品，其数量具有连续性。其状态可以是液体、气体、粉状、粒状、块状、线状或板状。通常以桶、袋、罐、瓶、盒、盘或管道等形态进行包装和交付，如啤酒、液化气、水泥、塑胶粒、煤炭、螺纹钢、电线、电缆、光缆和平板玻璃等。

（2）服务

1）定义

【定义】服务：至少有一项活动必须在组织和顾客之间进行的输出。

服务的术语是新版标准从产品定义中独立出来的新增加术语。服务的三要素为：顾客、组织和发生在组织与顾客之间的活动。这种活动可认为是服务提供过程，其结果就是直接形成顾客体验和感受。2015 版 ISO 9001 标准术语中特别包含

"服务",旨在强调在某些要求的应用时,产品和服务之间存在差异。服务的特性表明至少有一部分输出,是在与顾客接触面上实现的,在提供服务之前不一定能够确认其是否符合要求。

2)服务提供的形式

a)在顾客提供的有形产品上所完成的活动:如汽车和家用电器的维修、邮寄、快递、行李寄存、物业管理等。

b)在顾客提供的无形产品上所完成的活动:如翻译、出版和律师的辩护服务等。

c)无形产品的交付:如信息检索、技能培训、知识的传授、普惠金融等。

d)为顾客创造氛围:如庆典服务,在机场、车站、宾馆、饭店、超市布置和安排宾至如归的环境等。

3)产品和服务的关系

应当注意,许多时候产品和服务同时存在。这时判断它究竟属于那类产品,则取决于其主导成分。例如:汽车虽属硬件产品,但其含有相当多的控制软件和驾驶员手册以及必不可少的服务(售前、售中和售后),在汽车4S店中既出售产品,又提供服务;在宾馆中有许多必不可少的硬件设施,如建筑物、空调、电话、彩电、洗浴等设施,但其主导成分是建立一套规范的软件以便充分利用这些设施来为顾客服务,因而服务是其主导产品。

(3)质量目标

1)定义

【定义】质量目标:有关质量的目标。

应对组织的相关职能和层次规定目标,即应对组织的质量目标进行展开,分解为相关职能和层次的目标和措施,或建立相关的目标。

2)质量方针和质量目标的关系

a)质量方针应提供制定和评审质量目标的框架

质量方针可引导组织向更高的目标前进。制定质量方针与质量目标应从总体上一并考虑。质量方针的内涵应能用质量目标来表达。只有质量方针可当作制定质量目标的框架的情况下,它才能起到应有的作用。因此,质量方针应"有的放矢",而不能空洞无物,不切实际。

b)质量方针可调动员工去完成质量目标

由于质量方针在组织中所具有的凝聚力,可激励员工在自己的岗位上,为完成质量目标做出贡献。

c)质量目标应与质量方针保持一致

质量目标通常依据质量方针来制定。质量目标是一个时期实施质量方针的具体体现,是将质量方针具体化的奋斗目标。因此,为了便于评价,质量目标应是可测量的。

(4) 有关结果的相关概念(图3-14)

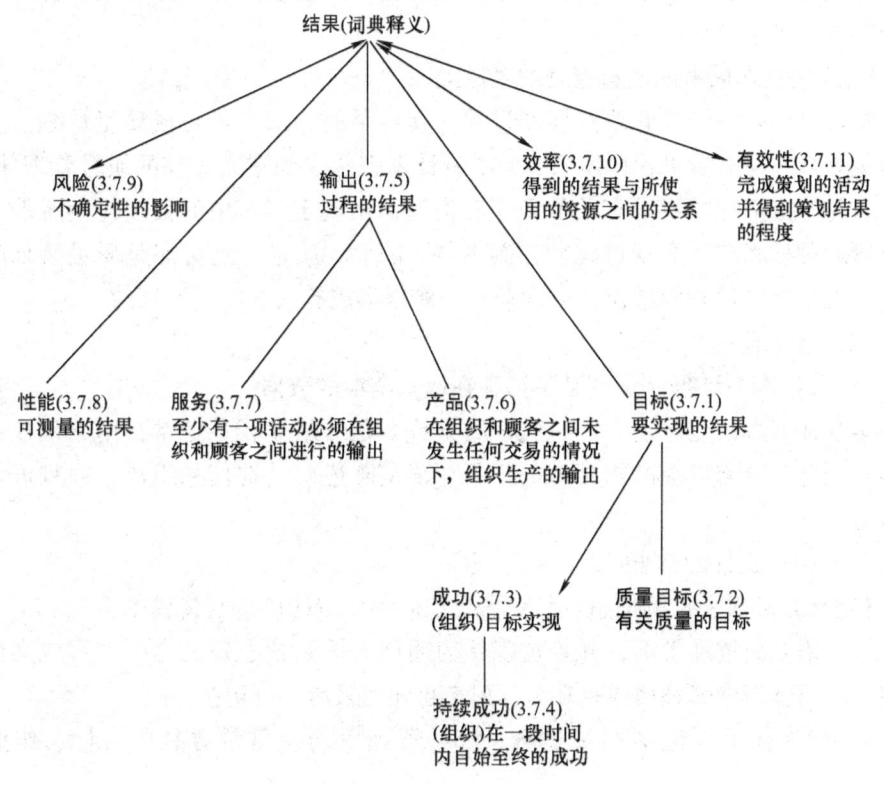

图3-14 有关结果的相关概念

3.3.2.8 有关数据、信息和文件的术语

有关数据、信息和文件的术语共有15个,其中有6个术语是新增加术语,其他也有不同变化。

(1) 质量计划

1) 定义

【定义】质量计划:对特定的实体由谁、何时应用程序和相关资源的规范。

质量计划通常是质量策划的结果的一部分。这些程序通常包括所涉及的那些质量管理过程以及产品和服务实现的过程。

对于工程项目招标来说,除技术能力和报价之外,展示自己的质量计划是获得优胜的重要条件。

2) 质量计划要点

a. 与原有质量管理体系相协调

质量计划是针对某一特定实体（项目、产品、过程或合同，人、组织、体系和资源）情况编写的，它可在特定要求和原有质量管理体系之间架起一座"桥"，从而适应特定环境的要求。通常质量计划是在原质量管理体系基础上，针对特定情况的补充措施。

b. 应建立在周密的质量策划的基础上

质量策划是一个具有系统性的过程，其结果的一部分可形成质量计划。通常质量策划涉及建立质量管理体系，而质量计划则并非要建立完整的质量管理体系，只需对与特定情况的要求有关的程序和资源做出规定。其中的程序包括所涉及的质量管理过程和产品实现过程的控制文件。因此，质量计划可能是质量策划的一部分，但没有质量策划过程（或活动）是难以形成有效的质量计划的。

（2）客观证据

【定义】客观证据：证明某事物存在或真实性的数据。

客观证据可以通过观察、测量、测试或其他方法获得。通常，用于审核目的的客观证据，由与审核准则相关的记录、事实陈述或其他信息组成，并且可以得到验证。

（3）形成文件的信息

【定义】形成文件的信息：组织需要控制和保持的信息及其载体。

该术语是新增加术语，并且被确认为通用术语及核心定义之一。形成文件的信息可以以任何格式和载体存在，并可来自任何来源，可包括：

a) 管理体系，包括相关过程，如：管理手册、质量方针、目标、作业文件等。

b) 为组织运行产生的信息；如，符合接受准则及有权放行人员的可追溯性证据等。

c) 结果实现的证据；如，监视测量结果记录、管理评审报告、纠正措施验证结果等。

（4）数据、信息和文件种类及相关概念（图3-15）

3.3.2.9 有关顾客的术语

有关顾客的术语共有6个，其中有5个术语是新增加术语。

（1）顾客满意

【定义】顾客满意：顾客对其要求已被满足程度的感受。

不同的顾客其要求和感受各不相同，所以，生活中往往出现以下情况：

a) 直到产品或服务交付前，组织有可能还不知道顾客的要求，甚至顾客自己对其要求也不是很明确。为了实现较高的顾客满意度，组织可能有必要满足那些顾客既没有明示,而且,通常还是隐含的或必须履行的要求。

b) 投诉是一种满意程度低的最常见的表达方式,但没有投诉并不一定表明顾客很满意。

c) 即使规定的顾客要求符合顾客的愿望并得到满足,也不一定确保顾客很满意。

顾客满意的要求具体见本书9.1.2节。

(2) 顾客及相关概念(图3-16)

3.3.2.10 有关特性的术语

有关特性的术语共有7个,其中有3个术语是新增加术语,其他也有所变化。

(1) 质量特性

【定义】质量特性:与要求有关的,实体的固有特性。

特性可以是固有的,也可以是赋予的。质量特性是固有的,本来就有的,尤其是永久性的。赋予实体的特性就不是质量特性,如:实体的价格。

(2) 特性及相关概念(图3-17)

3.3.2.11 有关确定的术语

有关确定的术语共有9个,其中有4个术语是新增加术语,其他也有所变化。

(1) 监视

【定义】监视:测定体系、过程、产品、服务或活动的状态。

监视是核心术语。组织可以根据测定对象的不同采取不同方法,可能需要检查、监督或密切观察等手段,通常监视是在不同的阶段或不同的时间对实体状态的测定。

(2) 测量

【定义】测量:确定数值的过程。

测量是核心术语,确定的数值通常是定量的。

(3) 确定种类及相关概念(图3-18)

3.3.2.12 有关措施的术语

有关措施的术语共有10个,没有新增加的术语,但其他术语均有所变化。

(1) 纠正措施

【定义】纠正措施:为消除不合格的原因并防止再发生所采取的措施。

纠正措施是核心定义。一个不合格可以有若干个原因,采取纠正措施是为了防止再发生,而采取预防措施是为了防止发生。

(2) 预防措施

【定义】预防措施:为消除潜在不合格或其他潜在不期望情况的原因所采取的措施。

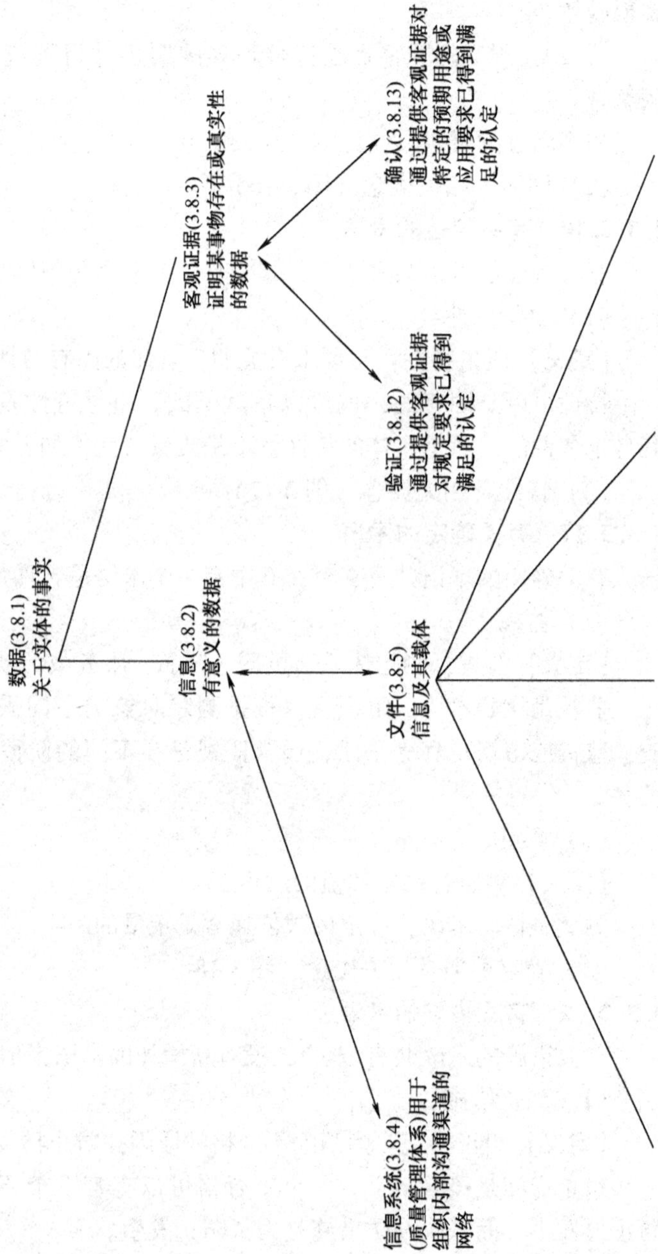

数据(3.8.1)
关于实体的事实

信息(3.8.2)
有意义的数据

客观证据(3.8.3)
证明某事物存在或真实性的数据

确认(3.8.13)
通过提供客观证据对特定的预期用途或应用要求已得到满足的认定

验证(3.8.12)
通过提供客观证据对规定要求已得到满足的认定

文件(3.8.5)
信息及其载体

信息系统(3.8.4)
(质量管理体系)用于组织内部沟通渠道的网络

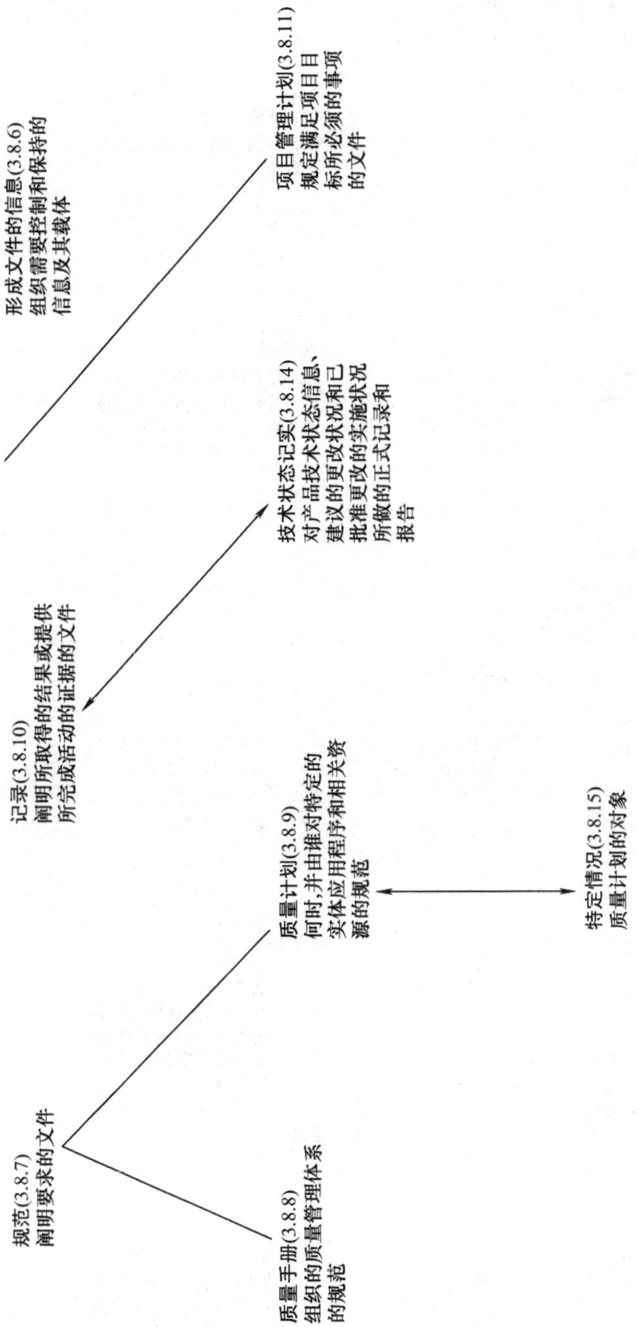

第3章 质量管理体系的基础和术语

形成文件的信息(3.8.6)
组织需要控制和保持的信息及其载体

项目管理计划(3.8.11)
规定满足项目目标所必须的事项的文件

记录(3.8.10)
阐明所取得的结果或提供所完成活动的证据的文件

技术状态记实(3.8.14)
对产品技术状态信息、建议的更改状况和已批准更改的实施状况所做的正式记录和报告

规范(3.8.7)
阐明要求的文件

质量计划(3.8.9)
何时并由谁对特定的实体应用程序和相关资源的规范

特定情况(3.8.15)
质量计划的对象

质量手册(3.8.8)
组织的质量管理体系的规范

图3-15 数据、信息和文件种类及相关概念

109

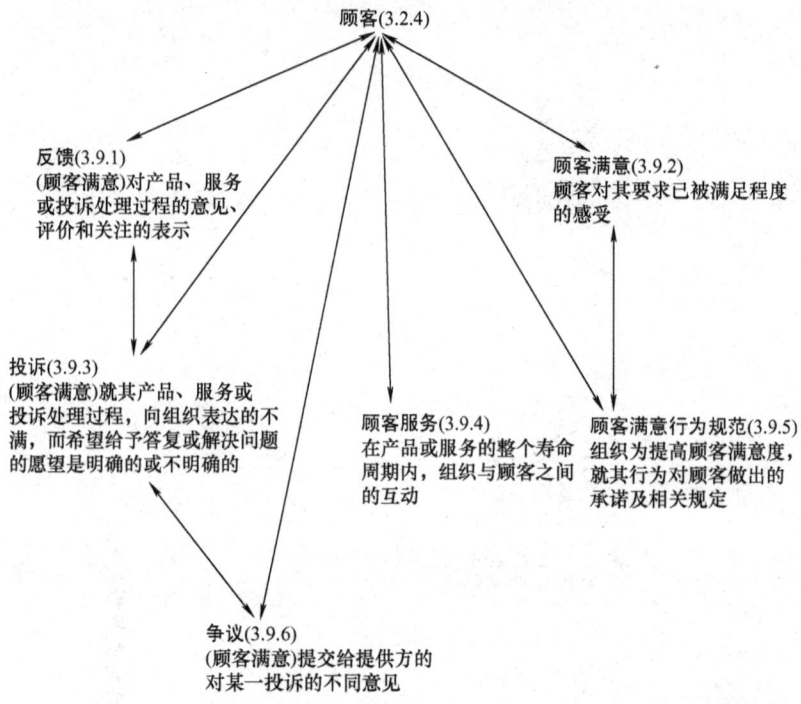

图 3-16 顾客及相关概念

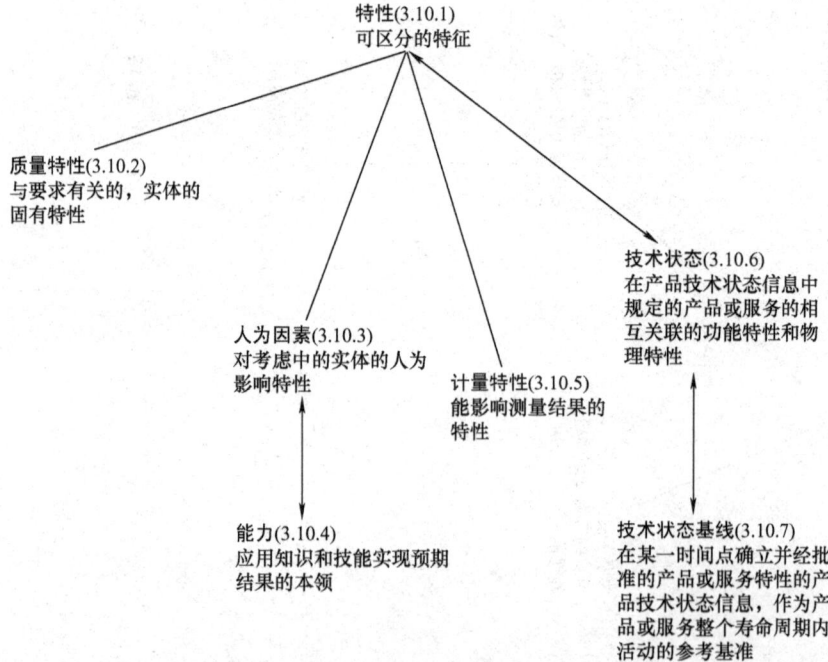

图 3-17 特性及相关概念

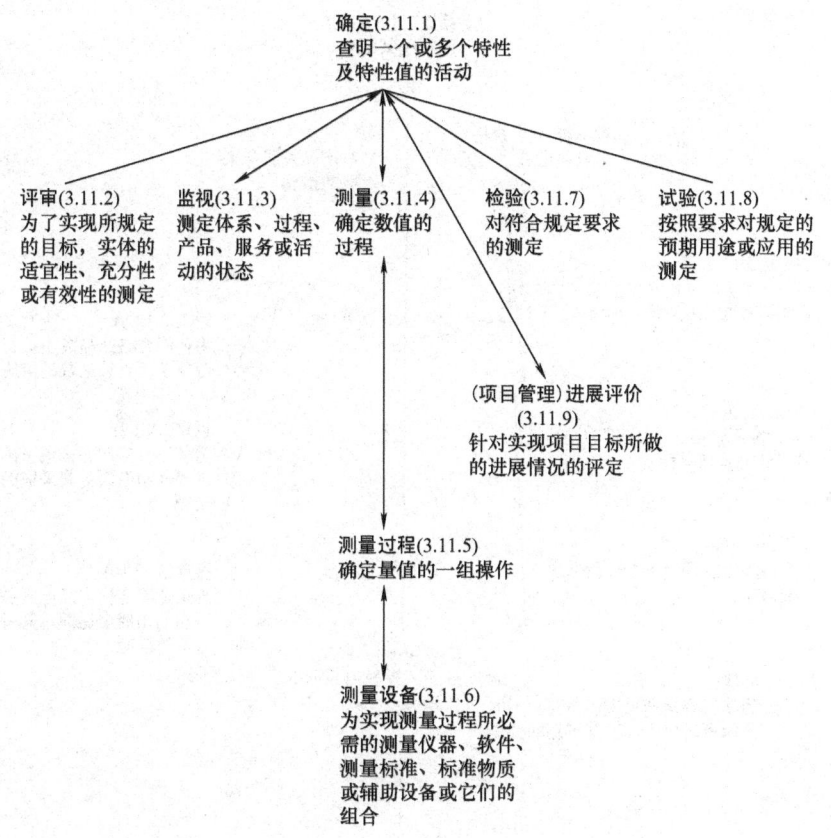

图 3-18 确定种类及相关概念

一个潜在不合格可以有若干个原因，采取预防措施是为了防止发生，而采取纠正措施是为了防止再发生。

（3）措施种类及相关概念（图 3-19）

3.3.2.13 有关审核的术语

有关审核的术语共有 17 个，其中有 4 个术语是新增加术语，有 4 个定义没有变化，其他术语有不同变化。

（1）审核方案和审核计划

【定义】审核方案：针对特定时间段所策划，并具有特定目的的一组（一次或多次）审核安排。

【定义】审核计划：对审核活动和安排的描述。

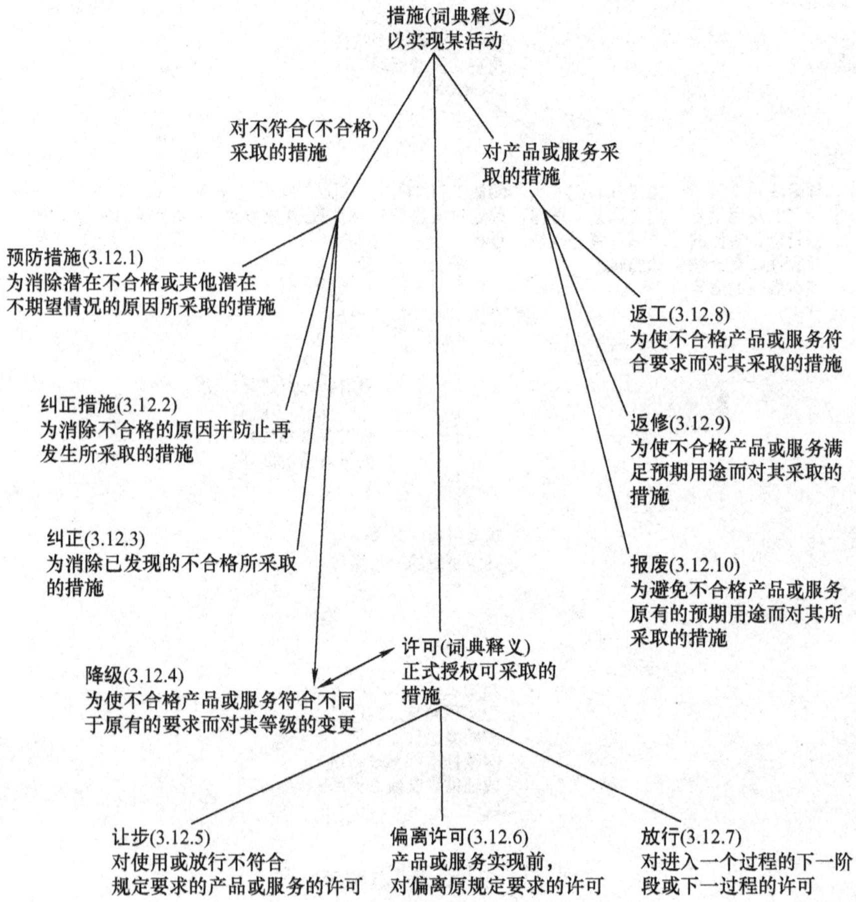

图 3-19 措施种类及相关概念

由上述定义可见,两者的区别在于在某个时间段(如一年)所安排的审核属于审核方案,而对某次审核的具体安排,则属于审核计划。

(2) 审核准则

【定义】审核准则:用于与客观证据进行比较的一组方针、程序或要求。

审核准则即审核依据,对内审来说它可以是质量手册、程序及有关质量文件;对第三方认证审核来说也可将上述质量体系文件作为准则,但最终判定不符合项时,应以质量管理体系文件中规定的、同时也是 ISO 9001 标准中要求为准则。因此,认证审核的基本审核准则应是相应的质量管理体系标准。

第3章 质量管理体系的基础和术语

(3) 审核证据

【定义】审核证据：与审核准则有关的并且能够证实的记录、事实陈述或其他信息。

审核证据可以是定性或定量的。可作为审核证据的有：审核员亲眼见到或亲耳听到的不符合审核准则的事实。所见的可来自各种记录及现场实际操作和运行情况，所闻的可来自部门发言人或有关执行者的陈述，但应注意表明审核证据的可追溯性或必要的旁证。

(4) 审核发现

【定义】审核发现：将收集到的审核证据对照审核准则进行评价的结果。

审核发现能表明是否符合审核准则，如不符合则可能导致不符合项或帮助审核员指出受审核方的改进机会。

(5) 审核结论

【定义】审核结论：考虑了审核目标和所有审核发现后得出的审核结果。

最终审核结果包括审核报告及不符合项报告。在审核报告中应考虑到"所有审核发现"，是指应对质量管理体系符合要求和不符合要求的部分进行总体的、全面的评价。

(6) 审核范围

【定义】审核范围：审核的内容和界限。

审核范围通常包括对实际位置、组织单元、活动和过程，以及审核所覆盖时间的描述。

(7) 审核员

【定义】审核员：实施审核的人员。

(8) 技术专家

【定义】技术专家：向审核组提供特定知识或技术的人员。

特定的知识或技术是指与受审核的组织、过程或活动有关的知识或技术，包括语言或文化方面的有关知识或技术。

在审核组中，技术专家只对审核组做特定的知识和技术支持，不作为审核员身份使用。

(9) 审核种类及相关概念（图3-20）

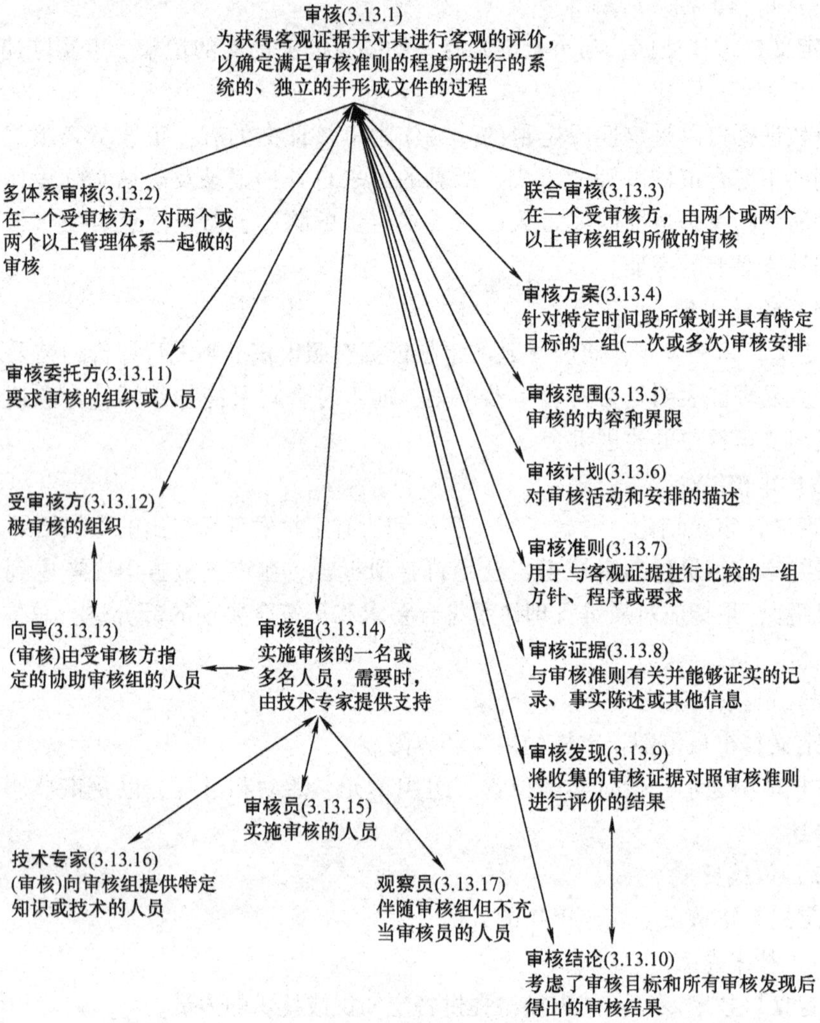

审核(3.13.1)
为获得客观证据并对其进行客观的评价,以确定满足审核准则的程度所进行的系统的、独立的并形成文件的过程

多体系审核(3.13.2)
在一个受审核方,对两个或两个以上管理体系一起做的审核

联合审核(3.13.3)
在一个受审核方,由两个或两个以上审核组织所做的审核

审核方案(3.13.4)
针对特定时间段所策划并具有特定目标的一组(一次或多次)审核安排

审核委托方(3.13.11)
要求审核的组织或人员

审核范围(3.13.5)
审核的内容和界限

审核计划(3.13.6)
对审核活动和安排的描述

受审核方(3.13.12)
被审核的组织

审核准则(3.13.7)
用于与客观证据进行比较的一组方针、程序或要求

向导(3.13.13)
(审核)由受审核方指定的协助审核组的人员

审核组(3.13.14)
实施审核的一名或多名人员,需要时,由技术专家提供支持

审核证据(3.13.8)
与审核准则有关并能够证实的记录、事实陈述或其他信息

审核发现(3.13.9)
将收集的审核证据对照审核准则进行评价的结果

审核员(3.13.15)
实施审核的人员

技术专家(3.13.16)
(审核)向审核组提供特定知识或技术的人员

观察员(3.13.17)
伴随审核组但不充当审核员的人员

审核结论(3.13.10)
考虑了审核目标和所有审核发现后得出的审核结果

图 3-20　审核种类及相关概念

第 2 篇 质量管理体系标准的要求

第4章 组织的环境

本章着重介绍组织的环境对质量管理体系的范围及其过程的影响,并对体系过程提出框架要求及控制要点。ISO 9001:2015 标准的第 4 章提出了对影响质量管理体系预期结果的能力的各种外部和内部因素,应从组织的宗旨和战略高度分析和确定组织所处的内部和外部环境,并从相关方需求和期望,组织的质量管理体系的覆盖范围,来确定质量管理体系及其过程。形成必要的文件化信息是识别、确定、建立、运行和评价质量管理体系的重要标志。

4.1 理解组织及其环境

4.1.1 识别和确定组织内外部的环境因素

在这里,对组织的环境因素应着眼于宏观的考虑,而不是指众所熟知的具体的"工作环境"。考虑这些问题是为确定适合组织的战略,产品和服务方向的定位,管理体系的范围等服务。

组织在建立和实施质量管理体系时应:

1)首先,要对组织所处的内部和外部环境进行充分分析,并识别和确定这些环境因素哪些与组织的宗旨和战略方向有关系,而且关系程度如何?

2)其次,这些环境对质量管理体系预期结果能力来说都有哪些影响因素,组织还要对这些内、外环境影响因素等信息要进行监视和评审。监视和评审的方法和频次要根据组织的实际情况来制定,但原则是适宜的和有效的。如:某些大企业设立战略发展部、信息化部、政策研究室等,都是有这方面监视和评审职能的考虑的。

4.1.2 外部环境及内部环境的理解

ISO 9001:2015 标准 4.1 节中有三个注解。分别说明:

1)环境包括可能是正面或负面的因素或要考虑的状况。

2)外部环境,可以考虑法规、技术、竞争、市场、文化、社会和经济环境方面的问题,无论是国际、国家、地区或当地的。

3)内部环境,可以考虑与组织价值观、文化知识和绩效有关的问题。

不可否认，当今社会的发展使全球的经济联系越来越紧密，并不同程度地受到政治、经济、社会、民族和宗教，组织的宗旨、发展阶段、产品和服务特点，甚至还会遭受来自战争和自然灾害等不可抗力因素的不同影响。这些影响都有可能导致组织的宗旨和战略方向的调整和转变，甚至放弃，所以对质量管理体系实现预期结果的影响就不言而喻了。

在实际解决问题时，可能需要考虑的还有组织的规模、发展阶段、人员素质、相关方、管理基础、顾客需求，等等。

4.2　理解相关方的需求和期望

4.2.1　相关方

相关方是与组织的业绩或成就有利益关系的个人或团体。例如：顾客、所有者、员工、供应商、银行、工会、合作伙伴或社会，其中可能包括竞争对手或反对的压力团体。

4.2.2　确定相关方及其需求

由于相关方对组织达到稳定地提供满足顾客要求和适用法律法规要求的产品和服务的能力，具有影响或潜在影响。因此，标准对此有以下要求：

1）识别和确定与质量管理体系有关的相关方；组织应对这些相关方确立清单，都是谁？有多少？他们各自的要求是什么？对体系的哪些相应要求和绩效有什么样的影响？并明确直接或潜在影响的是什么？其相关程度如何（如：关键、重要、一般），影响会导致什么样的后果等。

2）明确对这些与质量管理体系有关的相关方的要求；在识别和确定相关方的基础上，要搞清对其要求就不难了。

3）要监视和评审有关相关方以及他们的相关要求的信息。监视和评审的方式方法和频次，要根据不同的相关方对产品和服务的影响程度、可实现的方式、相关方历史业绩和可信程度，或其他实际情况来规定。所遵循的原则就是适宜、有效。

4.3　确定质量管理体系范围

4.3.1　确定范围

确定质量管理体系范围，是组织建立质量管理体系时必须考虑的前提之一。

其目的就是界定体系的边界和应用范围。这对下一步识别体系过程和实施过程要求，非常重要。

在确定质量管理体系范围时，应考虑：

1）标准4.1节有关条款中提到的内部和外部因素。内外部因素千差万别，这要根据组织自己的实际情况具体分析确定。

2）标准4.2节有关条款中所规定的对相关方的要求。

3）组织的产品和服务。当新版标准规定的要求适用于确定的范围时，组织应该采用这些要求。即使标准的任何要求有不适用处，也不应影响组织确保产品和服务符合性的能力和责任。

以上三条和适用性的要求，在ISO 9001：2008版中并没有提出明确要求。新版标准则明确指出了界定质量管理体系边界和应用范围，要建立在以上要求的基础上。

质量管理体系的范围界定应包含下列内容：

1）产品或服务。如产品类别和型号，或服务类别都要清楚地逐一说明。

2）主要过程。组织的产品或服务较多，其制造过程方法或服务性质完全不同时，就要描述所有的不同的主要过程。这要根据组织的实际情况来做分析和确定，不能一概而论。

3）地点范围。体系覆盖的地点有哪些，笔者认为只要是"对组织稳定地提供满足顾客要求和适用法律法规要求的产品和服务的能力具有影响或潜在影响"的地点，均应被界定为体系之内。如果是组织的一部分或多个组织多个部分，多场所、跨地区的生产和服务，更应明确界定。

4）相关方要求。相关方的要求对组织的影响也是界定范围的重要因素。因为这些因素都可能影响体系过程的运行效率和效果。所以，在界定范围时，就要考虑利与弊，以及可能带来的风险。

有些组织对以上要求除描述外，还将范围形成图，并附以清单说明。这是一种很值得提倡的简而明的做法。

4.3.2　形成文件的信息

新版标准对描述质量管理体系范围及其所覆盖的产品的信息，要形成文件，并得到维护和可获取。这些信息包括：

1）质量管理体系所覆盖的产品和服务类型。

2）任何有关所采用标准的要求不适用其体系覆盖产品和服务的理由陈述。

关于形成文件在前已说明，也很好理解。"得到维护并可获取"，是指既然形成了文件，就要按标准7.5来控制和管理。如管理评审对范围做出调整时，也应按标准 7.5 要求做出新文件的更新、标识、获取、保护等活动安排。

4.3.3 关于不适用的要求的删减

新版标准中虽无"删减"的字样，而是用"不适用"来代替，也未限定不适用的条款和章节。组织在界定描述质量管理体系时，对标准虽规定但对组织不适用的任何要求时，应加以界定和说明。这就要求把不影响"组织确保产品和服务符合性的能力和责任"的理由说清楚。这种理由说明的关键，是必须充分、可信的。在此基础上，才可以"适用"或"不适用"标准任何要求和体系过程。这与 2005 版标准的"删减"要求并无实质性区别，但给各类组织提供了更宽松的确定"不适用"的空间，同时，也大大增加了标准的适用性范围。

4.4 质量管理体系及其过程

4.4.1 总则

组织应按新版标准的要求建立、实施、保持并持续改进质量管理体系，包括其所需的过程及其相互作用。

组织应确定质量管理体系所需的过程及其在整个组织中的应用，并确定标准中的八项要求，分别为：

1) 确定这些过程所需的输入和期望的输出；
2) 确定这些过程的顺序和相互作用；
3) 确定和应用所需的准则和方法（包括监视、测量和相关的绩效指标），以确保这些过程的有效运行和控制；
4) 确定这些过程所需的资源并确保其可用性；
5) 规定这些过程的职责和权限；
6) 照标准 6.1 的要求确定的风险和机会；
7) 评价这些过程并实施所需的变更，以确保这些过程实现预期的结果；
8) 改进过程和质量管理体系。

组织应保持过程运行所需的文件化信息。文件化信息保持的程度，要足以确信过程已按策划的要求实施。

以上标准要求的具体实际操作可参考下面的 4.4.2～4.4.10 小节。

4.4.2 过程的识别和确定

组织应确定为满足顾客要求和履行产品责任需要进行管理的全部过程，包括产品和服务实现的主过程和其他支持过程。其中，应包括与领导作用，质量管理体系策划、支持、运行、绩效评价、持续改进等有关的过程。应注意不能遗漏任何需加以控制的过程，如果遗漏了过程，则会影响到质量管理体系的充分性、适宜性和有效性。

确定过程时，应按对产品和服务质量影响大小（即严重性）、对顾客责任影响大小（即后果），以及是否容易被监测出来或发现（即可探知性）等因素，来区别对待有关过程（亦即采取不同程度的风险控制措施）。特别应注意抓准关键过程（对关键质量特性影响较大的过程）和特殊过程（产品质量不能靠检验加以评定或评定费用极高，这种过程的质量问题往往要在使用中才得以暴露）。

一个过程有大有小，有简单有复杂，有一般有关键，因而对其控制的方式、方法和程度也宜有所区别。但对于任何过程来说，必须搞清：

1) 过程属于谁？过程的顾客是谁？这些顾客的要求是什么？
2) 过程所需的输入和预期输出有哪些？所需开展的活动是什么？
3) 过程需要投入的资源有哪些？
4) 过程是否需要文件信息？需要哪些具体的文件信息？
5) 过程所需的准则、方法是什么？测量分析及相关的评价绩效指标是什么？
6) 过程的职责和权限是否规定？
7) 过程的风险和机遇有哪些？是否已识别和确定？应对措施有哪些？
8) 过程的评价方法和频次，以及必要时的变更是什么？
9) 过程改进的机会有哪些？

将以上问题的答案形成文件的信息固定下来，便是过程策划的内容和输出。

4.4.3 不适用要求的说明

在确定所需的过程时，可以从实际出发，对组织的产品和服务实现中可能并不存在或不适用的过程和要求可以删减。

（1）删减条件

过程的删减必须符合下列条件：

1) 删减在新版标准中没有章节及其有关过程的限制。
2) 删减不影响组织确保产品和服务符合性的能力和责任。
3) 删减理由要形成文件，且必须充分和可信。

由上述可见，删减时，应对质量管理体系范围、组织的产品和服务过程进行充分的分析，并仅限于某些特定的情况。

（2）通常可能被删减的过程示例

【例1】"8.3 产品和服务的设计和开发"。当组织为实现所提供的产品和服务不存在设计和开发活动，也不承担设计和开发责任时，可以删减。

【例2】"8.5.2 标识和可追溯性"。当产品和服务简单易区分、材料单一、不可能发生混淆时，过程标识不适用或不可实现时，可以删除关于产品和服务标识方面的要求。当组织对所提供的产品和服务的可追溯性没有特定要求时，可以删除可追溯性方面的要求。

【例3】"8.5.3 顾客或外部供方的财产"。当组织在产品和服务实现过程中不使用任何顾客或外部供方的财产时，可将此要求删减。但应注意，是否涉及顾客或外部供方的的知识产权，如涉及则不能删减。在这方面，应特别注意容易产生法律纠纷等情况。这也是防范和规避法律风险的具体体现之一。

【例4】"7.1.5 监视和测量资源"。当组织没有必要用监视和测量装置来提供产品和服务符合性证据时，可以删减。但应注意监测装置既包括各种监测用的硬件装置，也包括监测用的计算机软件。

(3) 可删减的示例

【例1】某机械厂只生产定型产品，其产品图样及各种技术规范均由总公司的研发机构提供，工厂只负责组织生产，无权修改图样和技术规范，也不承担相应的责任。在这种情况下在其质量管理体系中，对"设计和开发"的要求可以删减。

【例2】某律师事务所在其业务活动中没有使用任何监测装置。因此，在其质量管理体系中，可将"监视和测量装置的控制"的要求删减。

【例3】某宾馆的业务范围在开业之时已经确定，也不要求开发新的服务领域，则在其质量管理体系中可将"设计和（产品和服务）开发"要求删减。

【例4】某超市连锁店，由于其"设计和开发"完全受总部控制，故可将对此过程的要求删除。

(4) 不可删减的示例

【例1】某火力发电厂的总承包工程公司，将"设计和开发"分包给一个设计院，将土建工程分包给一个建筑公司，将机电设备的安装、调试分包给一个安装公司，将测试验收分包给一个发电研究所，将电厂的试运行及有关培训分包给一个发电厂。虽然整个产品实现过程的工作基本上不由它自己承担，但它却负有责任。因此，在这个工程公司的质量管理体系中不能删除有关的要求。

【例2】某机械厂虽然只生产定型产品，图样和技术规范均从一个研发单位购得，它对原设计不负责任，但有修改权，故对"设计和开发"也负有一定的责任。因此，不能删减"设计和开发"的全部要求，至少应保留"8.3.6 设计开发更改的控制"的相关要求。

【例3】某宾馆的服务范围虽已基本确定，但却为适应市场竞争要求扩大和增加新的服务项目,则在其质量管理体系中不能将"设计和开发"要求删减。

【例4】某超市连锁店,虽然其货源皆由总部配送,但考虑到它为总部的采购和配送提供了重要信息,并提出了采购要求。因此,在其质量管理体系中没有删减"8.4 外部提供的产品和服务的控制"。

【例5】某咨询公司输出的产品是知识和信息,虽然在业务活动中未使用过监测用硬件装置,但它所提供的信息有些是利用计算机软件得来的,故需对所使用的软件加以控制。因此,不能删减"7.1.5 监视和测量资源"的全部要求。

【例6】某银行考虑到顾客在储蓄时提供了重要的个人信息(如姓名、地址、电话、身份证号码等),应承担保密的责任。因此,在其质量管理体系中,没有删减"8.5.3 顾客或外部供方的财产"。

【例7】某锅炉公司顾客经常对其产品有一些特殊要求并涉及到设计,因此该公司必须具有符合国家有关压力容器的法规规定的相应设计资质。故在其质量管理体系中应包括"设计和开发"。

【例8】某化妆品公司需要根据市场需要(如开发防晒霜),开展配方比及相应的性能试验。因此,在其质量管理体系中,不能删减对"设计和开发"的要求。

【例9】某幼儿园在园内重要位置和各班级内安装了摄像头,目的是安全监控、服务过程情况监控、追溯性记录监控。因此,不能删减"7.1.5 监视和测量资源"的全部要求。

4.4.4　确定过程的顺序和相互作用关系

为使过程能有效运行,并达到预期目标和绩效,组织应对已识别出需要加以控制的过程之间的顺序和作用关系予以确定。通常过程的排列顺序可用过程图、流程图或其他方式来表达。对于每个过程应搞清其输入、输出的来龙去脉。一般一个过程的输出可直接成为下一个过程的输入。应确定过程之间的内在联系和相互关系,明确过程的接口。

也就是说把所有识别的过程的顺序和相互作用关系搞清楚,其实就是把输入和输出的关系"联结"起来,形成完整的质量管理体系的"大过程"。一个最基本的简单过程只要有输入和输出,就一定和其他过程发生关联。这种关联可能是"串联",也可能是"并联"或"混联",也可能是包含与被包含,或部分包含,亦或"交集"。通过确定这些过程的输入和输出、过程顺序和相互作用,可形成一个适于本组织的过程网络。在确定过程和过程相互作用时,宜列出相应的过程示意图或流程图,例如,图4-1 所列示为某公司的资源管理过程,图4-2 所列示为某公司的测量、分析、评价和改进过程。

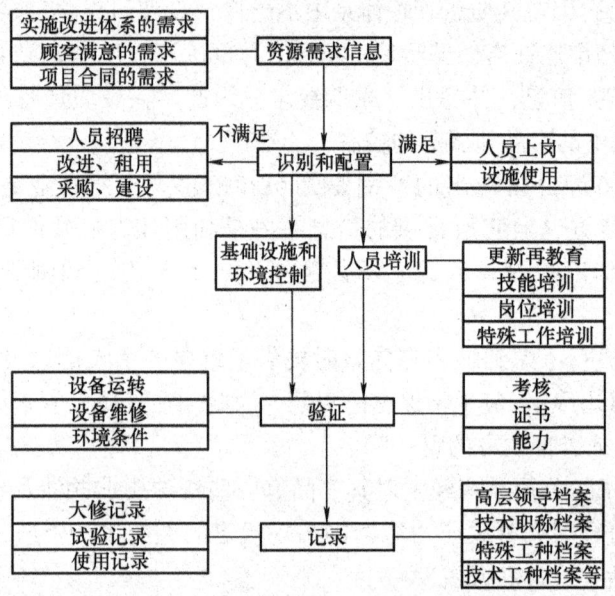

图 4-1　某公司的资源管理过程示意图

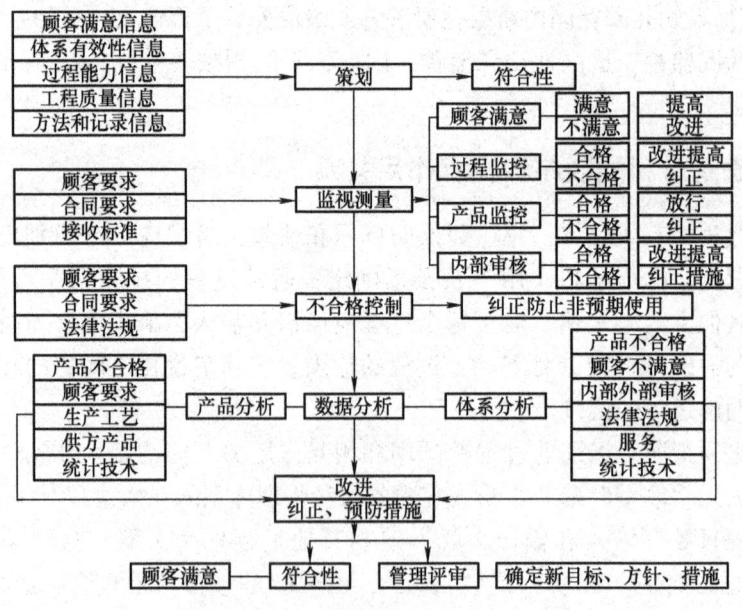

图 4-2　某公司的测量、分析、评价和改进过程示意图

4.4.5　确定过程控制准则和方法

为确保过程的有效运行和控制，使其受控并达到预期的目标、结果和绩效指

标，组织必须对过程的输入、输出、开展的活动及其控制方法和手段、绩效指标等进行策划（详见本书8.1节），并对这些准则和方法做出明确规定。

具体讲，准则和方法，就是指对过程从输入到输出的任何要求，不管是专业技术，还是过程管理要求，均属准则和方法。它往往以过程控制计划、控制程序、规范和作业方法等形式体现。如制造行业的：×××工艺控制计划、×××工艺流程卡（单）、检验和抽样方案、零部件采购计划等；服务行业的：×××服务规范、×××话术、×××专业教学大纲及实施性教学计划等。

以上准则和方法，多数应是以正式文件、表格、图示或报告的形式存在，不管是书面、电子媒介或其他形式。

4.4.6 确定和提供过程所需资源

为确保过程能按策划的要求有效运行并对其加以监视，需确定为达到策划过程绩效目标所需的内部及外部资源，如：人员及其能力意识、基础设施、过程运行环境、监视和测量资源、知识和文件化信息等。组织应能够获得这些必要的资源，包括对过程运行、监视的信息，以保证组织质量管理体系的建立、实施、保持和持续改进（详见第7章）。

为此，可按照前面图4-1所示资源管理过程开展各项有关的活动，确保过程运行所需的资金、人力资源和公用设施、设备、软件、工装、工位器具及环保设施和工作环境等配置达到要求，并提供过程运行所需信息（如计划、规范、图样、工艺、作业指导书等）。同时，还应对如何收集过程监视信息、收集哪些信息、怎样进行反馈等，做出适当安排，并通过对信息的判定（包括与过程的规定要求加以比较），看产品和服务的符合性、顾客满意与否、过程的运行特性及其变化规律和趋势等。这样，就可判断是否实现了对过程的有效运行、对绩效目标的有力支持和保障。

4.4.7 确定过程职责和权限

过程的顺序和作用关系、准则和方法、资源和信息都已识别并确定，那么就要有人来负责和执行。所以，就要对过程活动的各环节，特别是输入、输出和接口的职责和权限，进行清楚明确的规定，也可以说是"分工"（详见本书5.3节）。这种分工应尽量避免"自扫门前雪"而出现"三不管"地带，这样就失去了规定职责和权限的意义，并一定会使执行效率和绩效结果大打折扣。

另外，还要指出的是，规定过程职责和权限最好落实到岗位，而不是人头。这样的好处是，职责和权限、过程一体，而且是为过程绩效目标服务，而不是跟着人走，更不能跟着朝令夕改的领导"嘴"走。这种确定和规定要相对稳定，在组织内已达成共识,并可在执行需要时明确得到这个规定。但职责和权限不是不可以更改和调整,在组织的机构发生重大变更和调整、质量管理体系和过程的调整和改进、组织的环境变化和顾客需求变化等情况下可以变更,但变更后应重新得到明确规定和保持相对稳定。

4.4.8 过程的监测、分析和评价

过程的监测和评价对确保过程达到预期结果具有重要意义(详见第9章)。应充分考虑过程结果的特性并给出对过程进行监视和测量的准则和方法(如过程参数规范及监测要求,过程检验方法及过程不合格的判定准则和需采用的控制图等)。有时对过程的测量方法不适用或不经济时,可以监视,但不一定要进行测量。

通过对过程的监测和分析评价,可以了解过程运行的规律和趋势,以及实现策划结果的程度和过程绩效。应当注意对过程的监测和分析评价活动至少应考虑过程输入和输出情况(输出结果是否符合要求)。监测和评价得出的信息(如产品特性受控情况、过程能力等)对过程的改进,具有特别重要的意义和价值。这些监测、分析和评价结果,可用于:

1)证实与产品和服务要求的符合性;
2)评定和增强顾客满意;
3)确保质量管理体系的绩效、符合性和有效性;
4)证实计划的执行已成功,即策划得到有效实施;
5)所采取的应对风险和机会的措施的有效性;
6)评定外部供方的绩效;
7)确定在质量管理体系中改进的需求或机会。

4.4.9 确定质量管理体系过程持续改进的机会

当监测结果表明过程已失去有效控制,偏离了要求时,则应采取针对性的纠正措施,以恢复过程的受控状态,使过程的输出达到要求(详见第10章)。

通过监测和分析结果,常常会发现一些可以进一步优化过程以实现更多增值的机会,从而提高过程的效率和绩效,实现持续改进。

当组织考虑分析和评价的输出,以及管理评审的输出时,可能会对过程进行调整和改进,或其结果影响足以使质量管理体系也随之调整和改进,就会使组织的质量管理体系更加适宜、充分和有效。同时,也实现了组织持续改进的机会和需求。

改进可以是被动影响式的(如纠正措施)、渐进式的(如持续改进)、阶跃变

化式的（如突破）、创造式的（如创新）或重组式的（转换）。

4.4.10　必要范围和程度的形成文件的信息

组织应保持和保留质量管理体系及其过程运行所需的形成文件的信息，形成文件的信息保持和保留的程度要足以达到下述目的：

1）支持过程运行；

2）确信其过程按策划进行。

为大家更好的理解新标准，特别要说明以下两点：

1）在 ISO 9001：2008 中使用的特定术语如"文件"、"程序文件"、"质量手册"或"质量计划"等，在本版标准中规定为"保持形成文件的信息"要求。

2）在 ISO 9001：2008 中使用"记录"这一术语表示提供符合要求的证据所需要的文件，现在表示为要求"保留形成文件的信息"。组织有责任确定需要保留的形成文件的信息及其存储时间和所用介质。

除标准要求保持或保留形成文件的信息外，不同组织和发展阶段的质量管理体系形成文件的信息的多少与详略程度可以不同。形成文件的信息编制、更新、使用时要根据要求和组织实际情况，进行适当的识别和控制；形成文件的信息的方式和媒介可根据组织的情况多样化，详见本书 7.5 节。

综上所述，本章着重强调组织的内部、外部环境和相关方需求，是确定和建立质量管理体系的前提和基础。并对质量管理体系范围的确定、质量管理体系的建立提出了具体的要求，也充分体现了"基于风险思维"、"过程方法"、"持续改进"的基本要求和原则。

第 5 章 领导作用

5.1 领导作用与承诺

5.1.1 质量管理体系的领导作用与承诺

最高管理者应对建立、实施质量管理体系并持续地保持其有效性和绩效目标做出承诺。

最高管理者是指在最高层指挥和控制组织的一个人或一组人。对于小型组织往往是一个人,对于大型组织通常为一组人,但其主要职责应由总经理、总裁或首席执行官(CEO)承担。

在 2015 新版和 2008 版标准中,都强调了质量管理体系建立、实施和改进的主要职责应由最高管理者来承担,而不像 94 版标准这一职责由管理者代表来承担。这是因为质量管理体系比质量保证体系要求更高,涉及的范围更广也更复杂,特别是大质量的概念的普遍采用,使质量管理体系的内容,几乎涉及组织管理的方方面面。因此,必须以更高的权威和更大的力度,由最高管理者亲自推动才能奏效。这也是新标准不再要求设置管理者代表的缘由。同时,只有最高管理者亲自参与和推动质量管理体系的建设,才能达到体现"领导作用"原则的要求,使质量管理体系收到预期的效果。

最高管理者为实现领导作用和承诺,应通过以下活动提供证据。

(1)为质量管理体系运行的有效性承担责任

最高管理者是质量管理体系的有效性的第一责任人。其提供的证据应该有三个方面:

1)坚持质量管理体系的基本原则和要求。
2)身体力行、亲自参与,坚持做质量管理体系的第一推动者。
3)履行指导责任和监督责任。

(2)确保质量方针和目标的建立

质量方针和质量目标的建立,是组织质量管理体系各过程遵循的基础,并作为评定其有效性的依据。一个组织的质量管理体系有无能力制定并实现适宜的质量方针和质量目标,是体系有效性的基本度量。质量方针和质量目标体现了组织在质量方面的宗旨、方向和目的。因此，对每个组织来说，制定适合于自身的质量方针和质量目标，具有举足轻重的意义。最高管理者必须亲自抓好质量方针的制定，并确保在此基础上建立质量目标并分解落实到有关职能和层次上。

适宜的质量方针和质量目标及其分解本身，就是最高管理者建立和实施质量管理体系的有力证据。

(3) 确保质量方针的传达、理解和应用

质量方针建立起来，不能成为摆设。最高管理者要在组织内以适当的方式进行传达、理解和应用，使之成为一种自觉意识。传达比较好的方式可以是正式发布的书面文件或电子文档。员工对方针的理解深度可以不一样，但方向必须一致；质量方针应用最有效的体现，就是在工作中进行所涉及的任何过程活动时，都能和质量方针要求保持一致；另一方面，当出现与策划的目标不一致的情况或有其他特殊情况发生时，所做出的反应和行动不能和质量方针发生偏离或相悖。

这里我们说一个很典型的例子。1985 年，时任青岛海尔电冰箱总厂厂长的张瑞敏亲手抡锤砸掉了 76 台有质量问题的冰箱。砸冰箱砸醒了海尔人的质量意识，砸出了海尔"要么不干，要干就要争第一"的精神。在 1988 年的全国冰箱评比中，海尔冰箱以最高分获得中国电冰箱史上的第一枚金牌。在海尔的初期发展过程中，质量始终是海尔品牌的根本。这也正是海尔人确保质量方针传达、理解和应用的成功案例和典范。可惜这种理念未能贯彻到后续的一些其他产品中去。因为海尔产品多元化后，质量方针的贯彻和执行不到位或缺失，造成了产品多元化后质量管理上的诸多问题，也致使某些产品质量不佳。

(4) 确保质量管理体系要求纳入组织的业务运行

组织的生存主要依赖核心的"业务"活动来支撑。组织将质量管理体系要求纳入业务运行，体现新标准在两个方面的考虑：一是，质量管理体系要求一定要和具体业务相结合，并融入日常工作和活动中；二是，防止具体业务与质量管理体系相脱离，而变成独立系统在运行。如不能实现这两个方面的要求，不但使管理体系文件，对具体业务没有促进和帮助，反而增加了额外的工作程序和工作量，其实是个极大的浪费。这也正是当前很多组织都存在的实际情况，造成了贯标的形式主义和敷衍了事，也造成了大量组织和社会资源的浪费。这种现象从根本上讲，主要责任还是最高管理者的作用和承诺没有实效，也可能是质量管理体系要求未纳入日常业务运行变成了可有可无。

(5) 促进使用过程方法和基于风险的思维

与过去相比，过程方法的意识有了很大的提高，组织的各层员工都不同程度地接受了一些过程方法和相关的培训,掌握了一些过程方法知识,但仍然处于较低水平。因此,提高过程方法的意识也是最高管理者的重要责任之一。作者认为最根本的原因,是多数组织缺乏组织文化氛围影响和过程意识淡薄。特别是中高层领导,他们有什么样的意识,就会有什么样的决策和行为。这也直接影响下属的意识和行为。因此,中高层领导的过程方法意识强,引导方法正确,很快就能形成一个良好的思维方法、行为的习惯。这种氛围经过长时间坚持,就会形成组织文化的一部分。这样,过程方法的意识提高了,风险意识的提高也就不是什么难事了。

(6) 确保质量管理体系所需资源的获取

最高管理者必须确保获得建立、实施、保持和改进质量管理体系所需的资源。这是保证质量管理体系有效运行的基本条件。然而,在许多通过认证的组织中,人力资源短缺、测试设备不足的情况较为普遍。其原因或为认识不足,或为资金不足。然而,有些就是因为从未认真识别所致。因此,常见有的组织在基建、技改许多"大钱"都花了,但却对并不需要花多少钱的资源短缺视而不见。究其原因,一方面是习以为常,在贯标中并未重新审视资源的需求;另一方面是资源状况信息反馈不灵、渠道不畅。

因此,最高管理者要做到确保资源的获得,应对识别资源的短缺给予足够的关注并采取得力措施落实才行。

(7) 传达有效的质量管理及满足质量管理体系要求的重要性

所谓传达的重要性,是指确保各级有关人员都能重视传达工作。有效的质量管理通常包括:成功制定质量方针和质量目标,进行适宜可行的质量策划,有效实施质量控制、质量保证和质量改进等活动。以上活动也应建立在满足质量管理体系要求的基础之上。对这些活动的有效指挥和控制,同时也是质量管理体系有效性和预期绩效实现的可靠保证。因此,最高管理者传达以上信息的重要性是极为关键,也是必须的。

(8) 确保质量管理体系实现预期的结果

最高管理者必须对质量管理体系预期的结果和有效性负责,确保质量管理体系实现预期的结果。此处所述各项作用和承诺,均应视为有力的推动和保障措施。预期结果没有实现,说明策划或过程的有效性有问题。所以,标准在这里的要求是强调策划中的预防,也就是说只有对过程策划和过程有效性有保证,才能确保预期结果的实现。

(9) 吸纳、指导和支持员工对质量管理体系的有效性做出贡献

员工是组织基层活动的细胞,质量管理体系的有效性是和每一位员工的贡献分不开的。因此,最高管理者应善于吸纳能够为质量管理体系有效性做出贡

献的人才，也就是选人和配置人员，包括职责的调整。其次，最高管理者作为质量管理体系的第一责任人，必须对体系有较全面的了解。这样在具体策划和决策时，可以指导员工，最起码也要是方向性、原则性的指导。再次，要鼓励员工发挥积极性和创造性，对员工做出的贡献要予以肯定和鼓励，甚至给予必要的奖励。应该强调的是，对于奖励的承诺一定要兑现，并且体现公平的原则。否则，很容易转化成负面效应，承诺失信后，员工的积极性和执行力就会大打折扣。

（10）推动改进

最高管理者应该自己保持一种持续改进的思想和工作作风。持续改进应是组织质量管理的永恒追求，管理者应主动寻求改进组织的过程业绩和有效性，而不是相反。改进的范围可以从日常的、渐进的具体环节开始，直至组织的质量管理体系等战略性突破。持续改进应成为一种习惯，这种习惯重在持续和坚持，形成影响使组织的所有员工都能从日常小事做起，坚持不懈，从而形成良好的习惯。作者认为，只有看到组织的各个活动和人员都能养成这种习惯，才能真正体现最高管理者对增强持续改进的承诺。

（11）支持其他管理者在其负责的领域展示其领导作用

各层领导的团结一心，也是做好质量管理体系工作最重要的一环。众所周知的有"折筷子"的故事，还有"众人划桨开大船"的道理，但在实际工作中，往往因为权利的分配、职能的条块化、领导的不同性格等原因，再加上组织运作过程中，接口和交叉处置不当，必然导致各种问题，甚至是矛盾。若问题解决解决不好，就成了"冤家"、"死对头"。这样，就容易产生思维定势，从而出现了凡是你说的做的，就是对的我也要反对的现象。对人而不对事，大家彼此不是合作，而是"顶牛"、"做对"、"互相拆台"、"看笑话"等。以上都是对组织的发展和质量管理体系正常运行极为不利的，而且具有很强的副作用。

根本的解决办法，就是使各级领导在建立质量管理体系前必须达成共识，共同遵守体系的原则和方针，求同存异。在发生不同意见时，也应"对事不对人"，而且判定的原则和标准就是：是否与质量方针和目标保持一致？是否满足法律法规及顾客要求？是否对组织长远发展和体系业绩有利？是否会给组织带来风险？如果能对以上原则达成共识并执行好，那么这个组织的领导层一定是一个团结的、向上的、有责任的、有战斗力的领导团队，这个组织也将是有发展前途的，更是有希望成功的组织。

应该指出，新标准对最高管理者的要求，从原来的5项增加到11项，这表明最高管理者应在质量管理体系中发挥更多、更全面的作用，也要承担更多的责任。

5.1.2 以顾客为关注焦点

组织的生存和发展依存于顾客。以顾客为中心，是质量管理首先应遵循的基本原则。因此，最高管理者应以增强顾客满意为目的，引导全组织确保顾客的要求得到确定并予以满足，并把不断提高顾客的满意程度作为组织的根本追求。为此，应做到以下方面。

（1）顾客要求和适用的法律法规要求得到确定和满足

确定和满足顾客及适用法律法规要求，是 ISO 9000 标准的核心要求和根本目的。最高管理者本人并责成有关职能部门或人员负责，以保持与顾客沟通渠道的畅通，理解顾客当前和未来的需求，包括明示的或隐含的要求。顾客需求信息通常与下列因素有关：

1）组织所提供的产品和服务及其样本、介绍、广告。
2）查询、招投标、报价或订单的处理、技术或服务协议的质量要求。
3）意见反馈，包括抱怨、投诉或诉讼。
4）法律法规要求。

应对上述有关信息进行分析，从中准确判断和确定顾客的需求。

（2）风险和机遇的应对

最高管理者本人以及所责成有关职能部门或人员，应经常进行市场调查研究和分析，以把握市场需求的变化和趋势、竞争对手状况的有关信息、政治经济环境变化和法律法规的变化。这些信息与满足顾客需求直接相关。关于如何开展市场调研，请参阅本丛书中的《设计控制》[2]。针对风险和机遇的调查和分析结果，组织应对变化进行分类，特别是可能会影响产品和服务的符合性，或是影响增强顾客满意的因素，一定要重点关注并拿出切实可行的措施来应对这些变化。如最近几年，汽车 4S 店为了增加集客量和提高满意度，纷纷在店内建立了客户服务区，包括网吧、免费 WIFI、客户休息区、娱乐室、VIP 室、茶艺室，甚至小型的儿童乐园等；这些设施的投入的确方便和满足了顾客的需求，这是增强顾客满意的机会；但 4S 店最重要的是要持续维护好这些设施的完好，并提升和创新这些设施项目的服务水平，否则很容易引起新的抱怨和投诉，这就是风险。

（3）将顾客需求及法律法规要求转化为组织的规定

在充分理解顾客需求的基础上，最高管理者应责成有关职能部门或人员，把顾客的需求及法律法规要求，转化为组织的明确规定。在"顾客沟通（8.2.1）"、"与产品和服务有关要求的确定（8.2.2）"、"与产品和服务有关要求的评审（8.2.3）"和"产品和服务的设计开发（8.3）"等活动中，以合同、订单、协议、委托书、图样、标准和规范等形式，将顾客要求转化为产品或服务的、过程的特性或规范。此外，还应注意到在质量管理体系方面，是否需要相应做什么调整。

（4）内部沟通

最高管理者应责成有关职能部门或人员，将规定通常以管理制度、作业文件、服务规范、行为准则等形式表达，并及时传达到有关管理和执行人员，以便在体系运行中贯彻实施。各级管理、执行人员在按规定实施遇到障碍（如不可操作）时，应及时反馈，以便做出相应的调整，确保顾客要求得到满足。

（5）监测和改进

最高管理者本人及所责成的部门或人员应通过对体系、产品、过程的监测，特别是顾客满意程度监测的信息，来评估顾客要求和相关法规要求是否得到满足及明确改进方向，使改进更有针对性。确保顾客需求得到满足的基础上，始终致力于增强顾客满意程度。

5.2 质量方针

5.2.1 质量方针的制定、评审和保持的要求

最高管理者应确保所制定的质量方针符合以下要求。

（1）与组织的宗旨和所处环境相适应

质量方针应与组织的总方针相适应。组织的宗旨除质量外，还会涉及环境、安全、技术、经营、发展战略等诸多方面。因此，质量方针只是总方针的一部分。不同组织的产品和服务类型、规模、所处环境、产品和服务实现方式、传统各不相同，使其具体的质量方针也不同，但均应反映出通过提供满足顾客要求的产品和服务，而达到增强顾客满意及法律法规要求的目的。质量管理七项基本原则可以作为制定质量方针的基础。因此，在制定组织的总方针时，亦应考虑对质量方针的这些基本要求，并将其纳入组织的总方针的范畴。

（2）提供制定和评审质量目标的框架

质量方针与目标之间的框架关系表现在：组织的质量目标应在内容上与质量方针相吻合，而质量方针的实现则通过质量目标的实现来体现。因此，在制定质量方针时必须"言之有物"，应考虑能否提出恰当的质量目标来体现它。质量方针的制定是与确定质量目标有密切联系的活动，因而不能孤立地进行。质量方针提出了组织的质量方向，而质量目标则是在这一方向上落实的具体要求。组织的质量方针必须体现"一个框架、两个承诺"的要求。前者是指为制定目标提供框架，后者是指满足适用要求和持续改进的承诺。

（3）对满足适用要求做出承诺

要求包括顾客明示的、隐含的需求和法律法规要求。最高管理者应对组织有能力完全满足这些要求做出承诺。组织通常会将上述要求转化为组织的产品和服务、过程、体系的特性。因此，这种承诺可包括对满足产品和服务、过程和体系特性的承诺。

（4）对持续改进质量管理体系的承诺

组织应在质量方针中体现持续改进质量管理体系有效性的内容。组织可以通过监测和管理评审对质量管理体系进行系统的评价。体系的有效性可以集中地体现在质量方针和目标、最高管理者承诺是否能实现上。因此，对持续改进的承诺不应是空洞和虚华的，而应侧重组织要着力改进的方向，并附以质量目标来做支撑和证实。

5.2.2　沟通质量方针

最高管理者应确保质量方针的沟通和实施，包括以下方面。

（1）形成文件的信息

将质量方针文件化本身就是兑现最高管理者承诺的一部分，同时也是体现质量管理体系策划增值过程的活动之一。

在前面我们已经讲过，文件的价值体现在能够沟通意图、统一行动。因此，将质量方针形成文件，有助于全组织成员清楚地知道必须满足的顾客及法律法规的要求。同时，这样也给评价质量目标、体系有效性和过程业绩实现情况、理解方针和实施适宜的培训及评价等方面，都提供了依据。

形成了文件就应对质量方针的制定、批准、发布、评审和修改进行控制（详见本书7.5节）。

（2）在组织内得到沟通和理解

为了组织内对质量方针的理解上下一致并使其最终实现，应采用各种方式向组织内各级人员传达制定质量方针的意图及质量方针的内涵（可考虑将内涵纳入其他战略纲领性文件），务必使各层次人员充分了解质量方针的背景。宣传和沟通的目的不是让员工能背诵，而是要使员工明确所从事的岗位工作的重要性，以及如何为实现质量方针和质量目标做出自己应有的贡献。对质量方针的理解可通过最高管理者讲解、内部沟通、培训等方式实现。不管采用何种方式，关键在于要让员工知道他所在岗位的工作（包括服务）质量对产品或服务有何影响、影响程度及后果。这样，就应该不难具体地理解质量方针，并使沟通和培训工作更有针对性。

（3）在持续适宜性方面得到评审

随着组织所处内、外环境的不断变化，需要及时对组织的质量方针做出相应的调整,以确保质量方针发挥引导组织沿着增强市场竞争力、不断增强顾客满意的方向前进的作用。为此,组织应对质量方针进行持续适宜性方面的评审,必要时予以修订。评审的周期和频次应和管理评审一致,从而较为方便和适宜。

(4) 适宜时,可为相关方获取

某些情况下,相关方的战略方向、产品和服务、利益等与组织紧密程度很高,这种情况下,相关方的经营理念、质量方针,甚至体系的要求就要和组织保持一致,就应确保质量方针在内的信息提供给相关方,如外部供方。

5.2.3 质量方针示例

【例1】江华工程机械有限公司的质量方针是:"品质过硬、创新争先,力求用户更满意。"

其内涵为:

1) 品质过硬:指产品特性均能达到标准(或合同)或法规要求,可靠性居国内领先水平。

2) 创新争先:指努力开发新产品和专利产品,以满足用户新需求,在市场中力争上游。

3) 力求用户更满意:指用户满意程度逐年不断提高。

点评:

1) 上述质量方针与组织的总宗旨是一致的。作为工程机械公司只有使其生产的工程机械产品满足要求并让用户满意,不断提高市场竞争力和经济效益,才能维持生存并求得发展。

2) "品质过硬、创新争先"体现了对满足要求的承诺。

3) "创新争先,力求顾客更满意"体现了对持续改进的承诺。

4) 质量方针给出了明确的方向,可以为制定质量目标提供框架。

因此,上述质量方针满足了"一个框架,两个承诺"的基本要求。

【例2】新友物业管理有限公司的质量方针是:"以业主为出发点和归宿,法规为准绳;以人为本,提升业主的生活质量,创造安全、宜人的居住环境,不断增强业主满意度。"

点评:

1) "以业主为出发点和归宿,法规为准绳"体现了满足要求的承诺。由于物业小区居民繁杂,素质不一,要求不同,因此,只能依据物业管理的有关法规来最大限度地满足业主的合理要求,将法规要求和业主要求统一起来。

2) "以人为本,提升业主的生活质量,创造安全、宜人的居住环境"体现了物业管理公司的总宗旨。作为物业管理公司,应保障所管理的物业小区住户的安全、维修便利和环境宜人,其宗旨就是要为住户提供优质的物业管理服务。

3)"不断增强业主满意度"体现了持续改进的承诺。由于内、外环境变化(例如私家车不断增多,如何解决停车问题),业主要求不断变化,只有通过持续改进工作,不断提高服务质量,才能不断增强业主满意度。

4)质量方针明确了物业管理工作的方向,便于制定相应的质量目标加以落实。

因此,上述质量方针满足了"一个框架,两个承诺"的基本要求,但不够简练。

【例3】 启明书店的质量方针是:"努力传播精神文明和科学文化,依法经营;为读者营造舒适的购书环境,提供丰富的图书品种,奉献优质服务;不断满足读者日益增长的科学文化需求和期望。"

点评:

1)质量方针符合书店的总宗旨,作为书店就应该为读者提供健康的、有用的图书、音像资料,只有品种丰富,购书环境舒适,服务周到,才能吸引更多的读者,从而为书店带来更多的收益。

2)"依法经营"、"提供丰富的图书品种"和"奉献优质服务"都体现了满足要求的承诺。

3)"不断满足读者日益增长的科学文化需求和期望"体现了持续改进的承诺。

4)质量方针明确了书店管理的方向,可制定相应的质量目标予以落实。

因此,上述质量方针符合"一个框架、两个承诺"的基本要求,但不够简练。

【例4】 成达电器厂的质量方针是:"用户至上,质量第一、恪守信誉,竭诚服务。"

点评:

1)质量方针虽简练,但其内涵不甚清晰,质量方向不够明确,难以为制定和评审质量目标提供框架。

2)质量方针中,"用户至上"可以视为对"满足要求"做出了承诺。

3)质量方针未体现对"持续改进"的承诺。

若按94版标准来进行文件评审,很难说其不符合标准要求,但是按2008版及2015版标准来衡量,由于这个质量方针未能完整地满足"一个框架、两个承诺"的基本要求,故可以判为不合格。

5.3 组织的作用、职责和权限

5.3.1 总要求

组织的作用、职责和权限,对指挥和控制组织内的各项质量活动,保证其协调和有序，从而为实现质量目标提供了组织保证，最高管理者对此负有重要责任。

因此，最高管理要确保组织内的相关职责、权限得到规定、沟通和理解。特别是要明确质量管理体系的职责和权限，目的是：

1）确保质量管理体系符合标准的要求；

2）确保过程产生预期输出；

3）向最高管理者报告质量管理体系的绩效和任何改进的机会和需求；

4）确保在整个组织内贯彻以顾客为关注焦点；

5）在对质量管理体系的变更进行策划和实施时，确保质量管理体系的完整性。

2015新版标准中并没有明确规定必须要设立"管理者代表"，但要求规定质量管理体系的职责和权限，也就是说要有专人来负责，并明确其职责和权限。从过去的贯标效果和实际情况来看，作者建议特大型组织还是宜保留"管代"一职，以进一步强化质量管理体系要求的落实，但应提高其层级，成为组织最高领导层的正式成员，如命名为CQO（首席质量运营官）或质量体系总监，并参与高层决策，有决策建议的机会、权利和相应待遇。对一般大中企业来说，也要根据实际情况来考虑是否设置"管代"。最低要求是也要明确职责和权限，要有相应部门、中层或主要负责人来负责。对于小微企业来说，指定专人负责即可，如果最高管理者有精力来直接管理，就不用再"指定"别人。但要说明的是，被指定的人员不管其在其他方面的职责和权限如何，都应有足够的精力、时间和工作热情来落实和推动这一工作。从我国的国情出发，没有相当高的层级，其权威性不足，是难以推动质量体系有关工作的。

为满足以上要求，组织的最高管理者应确保以下两小节的工作。

5.3.2 组织内的职责、权限得到规定

（1）明确组织内部门（或职能）和岗位的设置

确定组织结构时应考虑适应运用过程方法的要求（参见本书2.4节），根据所提供产品和服务的特点和组织的规模，来决定常设机构和职能部门或职能，并将质量管理体系的各项职能分配给有关部门或岗位，以确保质量管理体系有效运行。一般可采用职能分配表（表5-1）的形式。应当指出，组织的行政机构与质量管理体系的组织结构，对于许多组织来说不是一回事，宜分别表述。图5-1、图5-2分别列出了某公司的行政机构和质量管理体系的组织结构。

表 5-1　某公司职能分配表

ISO 9001:2015 章节号	过程和要素	总裁	副总裁（或管理者代表）	质量管理部	技术发展部	质量检验部	生产制造部	人事劳动部	综合管理部	市场部	物资供应部	财务部	生产工厂	仓库存储
4	组织环境													
4.1	组织的环境	○	☆	▲	○	○	○	○	▲	○	○	○	○	
4.2	相关方的需求和期望	☆	▲	▲	○				○	○	○	○		
4.3	质量管理体系的范围	☆	▲	▲	○	○	○	○	○	○	○	○	○	
4.4	质量管理体系及其过程	☆	▲	▲	○	○	○	○	○	○	○	○	○	
5	领导作用													
5.1	领导作用及承诺	☆	▲	○	○	○	○	○	○	○	○	○	○	
5.2	质量方针	☆	▲	○	○	○	○	○	○	○	○	○	○	
5.3	组织的岗位、职责和权限	☆	▲	○	○	○	○	▲	○	○	○	○	○	
6	策划													
6.1	应对风险和机遇的措施	☆	▲	○	○	○	○	○	○	○	○	○	○	
6.2	质量目标及其实现策划	☆	▲	▲	○	○	○	○	○	○	○	○	○	
6.3	变更的策划	☆	▲	○	○	○	○	○	○	○	○	○	○	
7	支持													
7.1	资源	☆	▲	○	○	○	▲	▲	○	○	○	○	○	
7.2	能力	☆	▲	○	○	○	○	▲	○	○	○	○	○	
7.3	意识	○	☆	○	○	○	○	▲	○	○	○	○	○	
7.4	沟通								▲					
7.5	形成文件的信息	○	☆	○	○	○	○	○	▲	○	○	○	○	
8	运行													
8.1	运行的策划和控制	○	☆	▲	▲	○	○	○	○	○	○	○	○	
8.2	产品和服务的要求	○	☆	○	○	○	○	○	○	▲	○	○	○	
8.3	产品和服务的设计和开发	○	☆	○	▲	○	○	○	○	○	○	○	○	
8.4	外部提供的过程、产品和服务的控制	○	☆	○	○	○	○	○	○	○	▲	○	○	
8.5	生产和服务提供的控制		☆	○	○	▲	○	○	○	○	○	○	○	
8.6	产品和服务的放行		☆	○	○	▲	○	○	○	○	○	○	○	
8.7	不合格输出的控制													
9	绩效评价	○	☆	▲	○	▲	○	○	○	○	○	○	○	
9.1	监视、测量、分析和评价	○	☆	▲	○	▲	○	○	○	○	○	○	○	
9.2	内部审核	☆	○	▲	○	○	○	○	○	○	○	○	○	
9.3	管理评审													
10	改进	○	☆	▲	○	○	○	○	○	○	○	○	○	
10.1	总则	○	☆	○	○	○	○	○	○	○	○	○	○	
10.2	不合格和纠正措施	☆	○	▲	○	○	○	○	○	○	○	○	○	
10.3	持续改进													

注：☆—主责领导；▲—归口负责；○—执行或相关配合。

第5章 领导作用

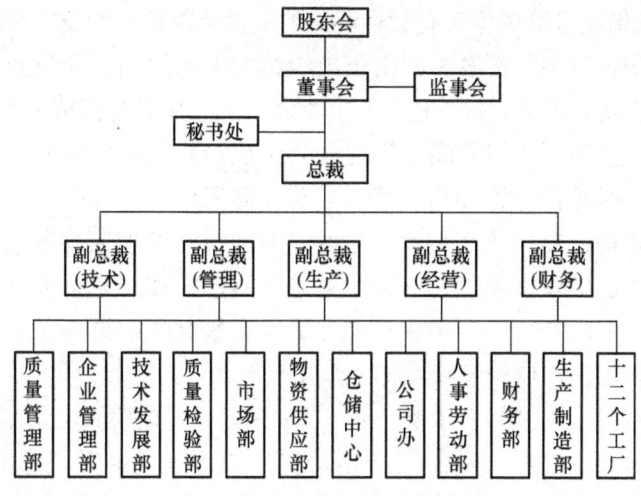

图 5-1 某公司的行政机构图

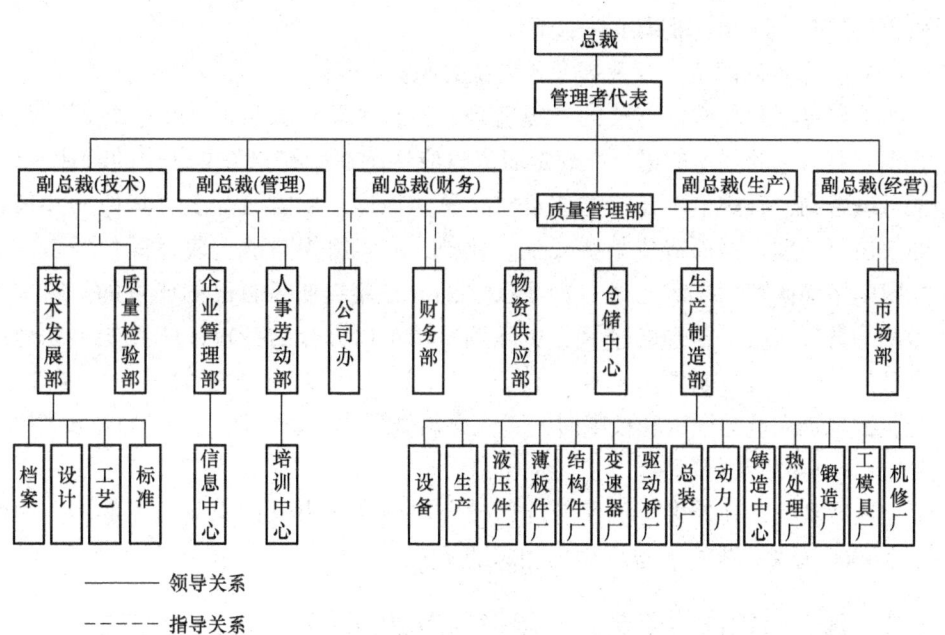

图 5-2 某公司的质量管理体系组织结构图

应当说明，在 94 版标准中管理职责中包括与质量有关的人员的职责、权限和相互关系。而在 2015 版 ISO 9001 中没有涉及相互关系（指上下级的领导关系、层级关系），这是由于对于小型组织来说，各职能部门（或职能）及相关人员的相互关系是一目了然的，无须再通过文件加以规定。而对于大型组织来说，由于组织结构较复杂，其间的相互关系必须充分表达。这一点可按满足标准 7.5.1 b）关于

"组织确定为确保质量管理体系有效性所需的文件化信息"的要求来理解。

在笔者现场审核中经常发现,由于组织结构中的缺陷而导致质量管理体系运行不良的情况,其表现为:没有能胜任其职能的质量管理部门或人员。

诚然,组织机构设置与职能分配完全是组织可自主决定的事。笔者见过一些组织的总经办同时履行企管办和质管办职能,即所谓"三办合一"的形式。组织的初衷是精简机构,提高效率。然而总经办要围绕总经理来开展工作,整日忙于事务和组织的中心工作以及接待、公文处理等行政工作,而企管办和质管办都有大量需要经常开展的工作,由于人员统一调动,最终的结果都是总经办的工作冲击了企管和质管工作,使企管和质管工作开展不力。

笔者认为有一定规模的大中型企业,"三办合一"的模式会带来诸多弊端。但对于小型组织来说,虽较可行,但必须落实专职或以质量管理为主的工作人员,才能保证质量管理体系的正常运行。还有一种将质量检验与质量管理二合一的做法,因其将执行与监督职能合一,导致出现"自己监督自己"的局面,非常不利于权力的制衡,因此其效果也普遍不佳。

(2) 任命各部门负责人及规定各岗位的职责和权限

明确规定所有与质量有关的各级管理、执行和验证人员的职责、权限,是质量管理体系运行的基本前提。在规定职责时应注意在所有相关文件中的表述一致。经常可以看到,有些组织在描述职责时,总体描述与职能分配表、其他文件信息中的表述不一致,因而造成某些混乱。此外,许多组织只着重表述岗位职责,而对权限则轻描淡写。事实上"有责无权"的人是难以履行自己的职责的。特别是在需要全员参与质量管理的今天,更强调给员工以充分的授权,使其能主动地做好自己的工作、履行职责。这种"授权式"管理,是现代管理的一个重要理念。因此,在规定人员的职责和权限时,不仅必须做到"职责分明",而且应当"授权充分",使其足以履行职责。

应注意到为提高效率,现代管理的横向协调模式中只讲职能而无部门,因此在 ISO 9000 有关标准中,早已做出相应的调整。

5.3.3 确保组织内的职责、权限得到沟通和理解

在明确各部门的职能,各级岗位人员的职责后,要求各部门和各岗位之间通过各种方式(如会议、培训等)相互了解有关的职责、权限。通过沟通可以达到人人明确自己应尽的职责和拥有的权限,并促使各部门、岗位之间更加协调,使各自的职能、职责、权限规定趋于合理。通过沟通必然会使组织的质量管理活动开展得更有成效。

(1) 沟通的作用

1) 增进信息交流。沟通可促进组织内各职能和各层次之间的信息交流，以利增进理解、达成共识、减少差错和协调一致，为质量管理体系的正常运行提供有力的支持。

2) 提高过程的有效性。沟通可促进过程输出达到策划时所预期的结果，从而提高过程的有效性。

3) 提高质量管理体系的有效性。由于涉及质量管理体系的信息得到充分交流，使得管理者易于捕捉改进的机遇并采取相应的对策，从而实现持续改进，提高整个质量管理体系的有效性。

(2) 沟通的内容和职责

沟通应在组织的各不同职能（如职能部门和其他跨职能团队）和不同层次（如领导层、管理层、执行层、验证层）之间全方位地进行，其内容包括：

1) 满足顾客和法律法规要求的重要性。
2) 质量方针和质量目标。
3) 职责、权限和相互关系。
4) 质量管理体系的有关文件。
5) 质量管理体系运行过程及其管理中需要互相配合、协同工作的任何方面。

确保有效沟通的职责，首先应在最高管理者；其次，如果有的话，应为被特别指定的质量管理体系负责人（可以是管理者代表），因为其负有确保过程的建立、实施和保持的职责，其中包括沟通过程。

(3) 沟通的方式

沟通的方式是多种多样的，如：质量例会、生产调度会等专题会议；简报、布告栏、内部刊物、局域网及声像、电子媒体；专题调查、交谈、工作联系单等。

沟通方式是否适当，所建立的沟通过程是否适宜，最终要看是否能增进质量管理体系的有效性和过程绩效。如果由于沟通不畅影响了质量管理体系的有效性，组织就应改进有关的内部沟通方式和过程。

第6章 质量管理体系策划

质量管理体系策划对一个组织来说是一项战略性决策。组织的最高管理者对质量管理体系策划负有关键责任。策划主要从风险和机遇的应对措施、质量目标的建立及其实现,以及以上策划的变更等方面来进行。这反映了新版标准的基于风险和更注重过程结果和绩效的原则思想。

质量管理体系策划的输出,是组织的质量管理体系建立计划。这个计划要考虑组织的所有质量活动,还要确保覆盖组织的产品服务指南和 ISO 9001 的要求。这个计划是属于组织整体战略策划的重要一部分,所以应经过细致评估并经过批准后实施。

6.1 风险和机遇的应对措施

6.1.1 确定应对的风险和机遇

组织在策划质量管理体系时,应在考虑标准 4.1 和 4.2 的环境因素和相关方的有关要求前提下,考虑其带来的影响,确定需要应对的风险和机遇。这样,可为达到质量管理体系能实现其预期的结果提供保证,并达到预防或减少非预期的影响及实现持续改进的目的。

6.1.2 应对措施的策划

风险对体系过程的影响是负面的,要根据实际情况,积极应对和预防,以降低风险程度或消除影响。应对风险的措施包括:回避风险、为获取机会而接受的风险、消除风险源、改变风险的可能或其后果、分担风险或经过评估决策而保留风险等。

机遇往往是对过程及绩效的影响,是正面而有益的,但也要有敏锐的思维和判断力,及时将其抓住。机遇往往是有时效性的,否则会稍纵即逝。所以,准确的判断和时机性非常重要。此外,还要正确利用,以使机遇的作用得到充分发挥。机遇可带来新的实践应用、发布新产品、打开新市场、获得新客户、建立合作关系、使用新技术等。

组织在识别和确定体系过程活动中的风险和机遇后,还要对它们对质量管理

第6章　质量管理体系策划

体系过程的影响程度进行分析。其目的是策划和采取适当的措施,来应对这些风险和机遇。这种分析方法被称作 SWOT 分析,即优势(strength)、劣势(weakness)、机遇(opportunity)和风险(threat)。SWOT 分析是制定组织发展战略时的常用方法。

如何在组织的质量管理体系过程中纳入和应用这些应对措施?那就要在以上分析的基础上,可通过调查表的方法,列举出来机遇和风险各种因素,最好用矩阵形式排列。然后,用系统分析的思想,把各种因素相互匹配起来加以分析,从中得出一系列相应的结论。这些结论通常可为决策提供依据。这种结论和决策内容,应该纳入到应对措施中去。

需要指出的是,在分析机遇和风险因素对质量管理体系和过程业绩的影响程度上,要分出等级,如:关键、重要、一般。在处理时间上,也要分出轻重缓急。此后,要根据轻重缓急和组织的实际情况,有针对性地落实。可以是简单的对策表,对重大的可能变成专案进行应对。也就是说,在策划每一个质量管理体系过程中,都要纳入考虑风险和机遇的因素,即要安排预案。其基本内容就是要回答:"如果(可能)出现某种情况,组织应采取的预防措施和对策是什么?如何来评价措施和对策的有效性?这些措施和对策是否与影响程度相适应?"

【案例6-1】某资产中介管理机构的主要产品是 P2P(peer to peer)理财,现对其风险和应对措施进行分析。

背景:P2P 理财目前在我国方兴未艾,机构总数已逾三千家,现已有数以千计的企业倒闭或老板跑路。但由于其利息收入比银行理财要高一倍至数倍,在市场资金短缺,特别是小微企业及个人融资困难及通货膨胀导致物价"高启"的今天,是许多人(无论组织还是顾客)赖以赚钱、融资的机会。除极少数骗子以外,多数这类机构运转不下去,是因为风险控制出了问题,导致资金链断裂。

(1) P2P 理财的风险

1) 利息过高(如年化收益大于18%),难以为继。

2) 对贷款人的资信了解不够,风险控制措施不力,导致坏账率居高不下。

3) 自有流动资金过少,周转不灵。

4) 违法经营,放高利贷或集资投向房地产等高回报行业。

5) 个人调动大额资金较容易,且不受监控。

6) 内部管理不善,特别是忽视顾客反馈信息,组织缺乏自我完善的纠错机制。

(2) 可采取的应对措施

1) 降低年化收益率,如达到12%以下。

2) 通过融资或自己加大投入,增加实到注册资金。

3) 建立风险金独立管理制度,收取贷款人风险金(如2%),作为代为赔付的基金。

  4）由第三方进行信用担保。

  5）杜绝违法经营，引入第三方资金代管或托管，以免挪用客户资金而不受监督。

  6）加强贷款人的风险评估措施（如提供一年以上单位工资收入记录、开户行一年以上的资金流水记录，查询有关信用记录等），并将评估结果与其贷款金额和周期挂钩。

  7）根据贷款额度和资信评估结果，确定适当的还款周期。

  8）根据2006年诺贝尔奖获得者尤努斯的理论和实践，通过小额信贷，分散风险。

  9）对中小企业较大资金（大于100万元）需求，实行抵押贷款、严格限制并监控其用途（只允许用于流动资金，绝不允许用于固定资产投资），并适当控制贷款周期（例如限贷半年或更短）。

  10）改善企业管理，完善顾客信息有效沟通机制，确保重要信息及时传递到决策层，并针对问题采取纠正措施。

  11）健全关键绩效指标（KPI）的考核机制，如不盲目追求销售额，而增加风险控制有效性（如坏账率、风险金的赔付倍率等）、顾客满意率等考核指标。

  措施效果的评估：凡采取上述措施者，均运营良好，且顾客和组织的利益都得到了保证，且运营进入了良性循环。

6.2　质量目标及其实现的策划

  质量目标的策划是质量管理体系策划最重要的一部分，致力于制定质量目标并规定必要的运行过程和相关资源以实现质量目标。质量目标是衡量和评价质量管理体系及其过程有效性和绩效的最重要标志，也是最关键的依据。因此，质量目标的制定是否适宜、充分，对实施后续的监测和评价，甚至对整个质量体系及其过程的调整和决策，都非常重要。

  在质量目标清晰之后，体系策划的任务就在于如何保证质量目标的实现。为了实现质量目标将涉及许多职能、过程和活动，因此，确定必要的过程和活动并配备相应的资源是实现质量目标的必要条件。这时，质量管理体系策划的关键就在于所规定的过程、职责、活动和资源能否满足质量目标的要求。

6.2.1　在相关职能、层次和过程上建立质量目标

  组织应将质量目标在组织的各相关职能、层次和过程上展开，并分解到每一

层次。应当指出,在标准中只讲职能而未提及职能部门,这是由于在国外随着市场竞争组织结构不断进行调整,传统的职能部门在弱化,跨职能的团队在增多。而在我国,多数组织仍然保持着传统的职能部门。本书的相关职能是泛指,不一定是职能部门,取决于组织的实际管理职能分配状况;层次是指管理层、执行层(作业层)、验证层等。

质量目标展开和分解的关键在于,根据组织的实际情况,将组织的质量目标转化为各有关职能、过程和层次的工作人员的工作任务和目标,从而使每个人都明确为了完成组织的质量目标,自己应在哪些方面,做些什么,达到什么程度。

应当指出,有的职能部门和过程(特别是支持过程)可能与公司的质量目标并不直接相关,难以分解到该部门和过程,但是每个职能、过程和层次都应建立自己的质量目标。这时,可提出有关工作质量方面的目标。

图 6-1 列示了某公司的质量目标展开示意图,该公司实行由职能部门经理与工程项目部经理分司其责的矩阵式管理。

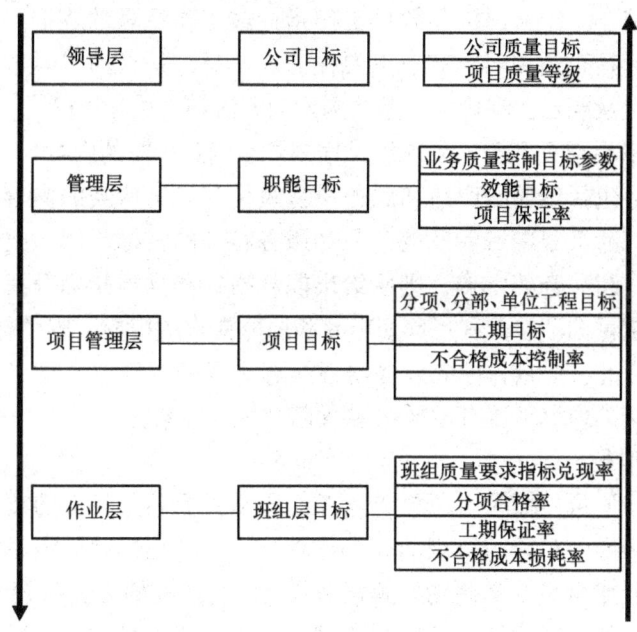

图 6-1　某公司的质量目标展开示意图

为此,组织的质量目标应满足下列要求。

(1) 与质量方针保持一致

质量目标应建立在组织质量方针的基础上,质量目标应在质量方针规定的框架内展开,质量目标与质量方针不能"南其辕,北其辙"。

在前述示例中已列出了一些组织的质量方针,本小节下面的示例将对应这些质量方针来制定质量目标,并加以点评,从中读者可以进一步理解质量目标和质量方针的关系。

(2) 可测量

质量目标应是可测量的。质量目标可以是定量或定性的。但无论定量或定性的,都应该可以通过测量方法,确定其实现的程度,以便为评价质量管理体系及过程的有效性或绩效提供评定指标。如在服务及时性方面,餐饮业可要求点菜后10分钟内开始上菜;物业管理中的急修可要求10分钟内到位,也可要求服务及时率达到95%;宾馆服务可要求服务人员面带微笑(有可见性,因而可测量)。当然,有条件时质量目标宜尽可能定量,特别是在过程和作业层次的质量目标更应力求定量,以便测量和考核。

(3) 适用性

所谓质量目标的适用性就是指组织所策划制定或将其分解到各层次、岗位上的目标,要和实际工作有较强的相关性。并且,能反映实际工作过程的结果、效果、效率或业绩,能作为评价和测量工作指标或工作质量的依据。所以,在策划和制定质量目标是否适用时,有三点要注意:一是,是否和实际工作强相关;二是,是否方便定量或定性测量;三是,测量的方法和频次是否得当。

(4) 包含满足产品和服务要求以及增强顾客满意所需的内容

质量目标应包括预期的产品和服务质量目标和要求所需的内容,即对产品的具体追求,如产品策划中所涉及的产品和服务特性的目标。例如空调机厂承诺为顾客提供节能、超静音的空调,则应给出能耗指标和噪声指标等特性值。若一个组织提出的质量目标不涉及满足预期产品和服务要求的内容,则"满足顾客要求"便无从谈起。因此,质量目标应包含增强顾客满意的内容。这里"包含"的意思是指在质量目标的内容里要有增强顾客满意内涵的"体现"。

(5) 得到监控

在策划制定质量目标时,还要着重考虑质量目标和分目标的测量监控方法和频次。这也是标准中对预防思想的又一体现。这一策划过程应该说是在质量目标策划活动中"技术含量"最高的。其原因就是测量监控的方法和频次取决于过程、产品和服务、工作和岗位性质不同而不同,还要考虑测量监控各层次和职能岗位的目标,要为后续统计技术和分析方法服务,即考虑到这种测量监控方法、频次和数据的采集,是否便于采用适当的统计和分析方法来处理。组织在策划质量目标时,应该是一个团队行为,团队必须对组织的各过程、职能、岗位要求、工作内容、工作目标、质量管理统计工具很熟悉,才能策划出适用和便于监控的目标体系。因此,可以认为质量管理体系的策划,也是一项较为复杂、系统的活动。

(6) 得到有效沟通

质量目标能否让广大员工理解和贯彻执行，就在于实施之前对其进行的沟通和传达。这沟通应该是在各个职能和层次上的。通常的做法是以文件加培训的方式，也可是自学或执行过程中体验摸索。其实，传达和沟通过程本身就是一个培训过程，能使员工了解质量目标是怎么确定和设计出来的，主要目的是为了监视和测量体系、过程及其业绩，以利改进而不仅仅是为了考核。此外，通过培训了解每一个质量目标及分目标的分解、监控、统计、分析的方法和要求等。这就为每一岗位员工按其执行打下了基础。如一个岗位人员（或小组，或部门）知道自己的岗位或负责的分目标或工作目标是什么？有几个？监控的方法和频次是什么？统计方法和达标指标是什么？这样他就很容易理解，执行时目标明确，在执行中也不易出现偏差。质量目标和他的实际工作结合得越紧密，反馈就越充分和及时，也就越容易实现改进，目标也更趋于合理和适用。

（7）质量目标动态管理

质量目标是组织一个时期（例如一年或三年）的目标。制定目标所依据的内、外部环境（如顾客需求、市场竞争形势以及组织内部结构）会发生变化，质量目标也需要适时修订和改进。因此，质量目标并非是一成不变的，要根据实施运行情况（如提前完成某项目标）及时进行修订，以利充分发挥质量目标的作用，给组织带来更多收益。

对质量目标的实施，应编制年度分解计划，并对有关职能和层次完成目标情况进行测量与考核。同时，应及时反馈在完成质量目标过程中出现的问题，并加以协调，务必排除执行中的障碍。

（8）质量目标形成文件的信息要求

在 ISO 9001：2008 版中，并没有对质量目标文件化进行要求，而 2015 版则明确提出了"形成文件的信息"并加以保持这一要求。这说明质量目标必须按正规的文件进行编制、更新、控制和管理（详见 7.5 节文件化信息一节）。质量目标的文件化，应该说更有利于将其在各职能和层次上进行系统地识别、确定、分解、培训和落实，以利于明确有效执行、监控、统计、分析和改进方面的依据。这一点也突显了新版标准更重视过程运行结果和有效性这一要求的变化。

6.2.2 质量目标如何实现的策划要求

为了有效地落实和实现质量目标，就要在策划阶段对质量目标进行周密的规划和部署，从而达到对质量目标的可实现性有清晰地估计。因此，组织应从以下几点考虑：

1）应该做什么。在策划质量目标时应首先确定过程的结果目标是什么？影响这个过程结果的关键环节或特性有几个，分别是什么？

2）为实现质量目标都需要哪些资源？包括完成目标所需要的人、财、物外，还有方法、依据文件、相关专业知识等。

3）完成这些目标的责任人都是谁？

4）何时能完成？

5）如何评价结果？包括如何评价质量目标策划的业绩结果的方法等。

以上五点确定清楚后，如何完成质量目标的 PDCA 也就基本清晰了。同时，策划所遵循的原则、方法和要求也明确了，完成质量目标的策划工作就抓住了重点。这样就可使质量目标策划工作更具有针对性，策划的输出更具有可操作性。这几点对执行者来说，也是执行时的关键信息。

6.2.3 质量目标示例

以下示例中将列出与（本书 5.2.3 节）中例子中的质量方针相对应的质量目标并加以点评。

【案例 6-2】 江华工程机械公司三年的质量目标为：

1）产品出厂合格率 100%。

2）可靠性指标：整机 MTBF（平均无故障工作时间）不少于 400 小时，首次大修期低于 8000 小时。

3）新产品、专利产品的销售比重 >30%。

4）用户满意度≥80%，且呈逐年上升趋势。

点评，由以上四项目标可见：

1）前两项目标体现了质量方针中"产品过硬"的要求，并包括了对具体产品和服务特性的要求，同时体现了对满足适用要求的承诺。

2）第3）项目标体现了质量方针中"创新争先"的要求（产品的战略发展方向）。

3）第4）项目标体现了质量方针中"力求用户更满意"的要求，同时体现了持续改进的承诺。

由上述可见，对质量方针的每句话，在质量目标中都应予以落实。该公司的质量目标与质量方针完全一致，且质量目标反映了产品特性并均可测量，因此，该质量目标符合要求。

【案例 6-3】 新友物业公司三年的质量目标为：

1）物业管理具体规定完全符合省人大常委会制定的"住宅小区物业管理条例"。

2）服务及时率≥90%。

3）环境卫生、绿化达市文明小区标准。

4) 消灭小区火灾和匪盗，确保居民安全。

5) 丰富居民文体生活，举办6期健身、书法等培训班。

6) 业主满意率85%，且呈逐年上升趋势。

点评，由以上六项目标可见：

1) 第1) 项目标体现了质量方针中"以法规为准绳"的要求，宗旨和情境相适应。

2) 第2) ~5) 项目标体现了质量方针中"以业主为出发点和归宿，以人为本，提升业主的生活质量，创造安全、宜人的居住环境"的服务要求。

3) 第6) 项目标体现了质量方针中"不断增强业主满意"的要求（持续改进）。

由上述可见，对质量方针的每句话，在质量目标中都予以落实。该公司的质量目标与质量方针完全一致，且反映了物业管理的服务特性并均可测量。因此，该公司的质量目标符合标准要求。

【案例6-4】 启明书店三年的质量目标为：

1) 黄色、盗版等非法出版物销售为零。

2) 向读者宣传推荐≥30种优秀的科学文化书籍。

3) 购书环境及服务水平达省级"文明书店"标准。

4) 图书品种门类齐全，总品种数≥5000，其中新书占70%。

点评，由以上四项目标可见：

1) 第1)、2) 项目标体现了质量方针中"努力传播精神文明和科学文化，依法经营"的要求，宗旨和情境相适应。

2) 第3) 项目标体现了质量方针中"为读者营造舒适的购书环境，奉献优质服务"的要求，宗旨和情境相适应，且体现满足适用要求的承诺。

3) 第4) 项目标体现了质量方针中"提供丰富的图书品种，不断满足读者日益增长的科学文化需要和期望"的要求。不仅体现满足适用要求的承诺，还体现了持续改进的承诺。

由上述可见，对质量方针的每句话，在质量目标中都予以落实。该书店的质量目标与质量方针完全一致，并反映了服务特性，且可测量。因此，该书店的质量目标符合标准要求。

【案例6-5】 成达电器厂的质量目标为：

1) 产品质量符合国家标准、行业标准或企业标准。

2) 成品一次交检合格率90%以上，成品出厂合格率100%。

3) 在提高顾客满意度的基础上，使产品销售量逐年增长。

4) 重大事故发生率为零。

点评：

1）上述质量目标与该厂的质量方针未能保持一致，如：目标之4）在质量方针中未涉及；而方针中提出的"恪守信誉，竭诚服务"，在质量目标中却未体现。

2）目标1）和2）涉及到产品质量，虽然还停留在符合性质量的水平上，但从工厂的实际出发并非不可接受。

3）目标3）体现了"用户至上"的方针和持续改进的精神。

4）上述目标都是可测量的。

5）没有规定目标完成的期限，将造成目标分解和评定的困难。

将该厂的质量方针和质量目标联系起来看，虽然部分地满足了标准要求，但从总体上说，这样的质量方针和质量目标是不可接受的，应在文件评审中指出，要求工厂进行修订。

6.3 变更的策划

当组织的决策涉及到了质量管理体系的变更时（详见本书4.4节），应有计划系统地实施变更。变更时应考虑以下几个方面。

（1）变更目的及其潜在的后果

组织往往会根据实际情况及改进的需要，对原来质量管理体系的策划进行调整和变更，其目的就是了使组织更好地适应内、外部环境，满足顾客或市场的需要。如果达不到这个目的就没有变更的必要。因此，对变更后任何潜在的后果要有预判和预案，如：质量体系对内、外部环境的适应性、风险和机遇的应对措施是否适宜，原策划过程和目标结果是否需要变更，变更后体系及过程结果业绩是否会提高等。

（2）保持质量管理体系的完整性

在对质量管理体系的变更进行策划和实施时，应充分考虑到变更所涉及的职能、层次和有关人员，以及变更可能带来的影响。组织的产品和质量管理体系都可能因为内、外部环境发生变化而需要加以调整和改进。当发生重大变化时组织应预先进行变更的策划，以确保体系的完整性，防止局部失效。经常可以看到变更策划不力的情况，如一些组织因为改制、重组或搬迁等原因而要求推迟质量管理体系获证后的监督检查。实际上，在这些组织中，其质量管理体系已局部失效、运行不良。保持质量管理体系的完整性，是指质量管理体系的管理职责、过程和活动等方面，不因体系变更而受到影响。如出现组织结构调整可能导致原有部门或岗位的职责未按变更情况重新落实；质量目标未按变动情况加以调整或重新展开、分解加以落实；资源配置不适应变化了的产品需要等情况，都可以认为没有保持体系的完整性。

（3）资源的可获得性

组织的质量体系变更前，还应对原策划方案所需的资源的进行必要的重新调整，以确认原来配置的资源是否在变更后仍可用；是否还需要补充和增加新的资源。如果这种变更被确定，组织就应确保上述资源的获得。

（4）职责和权限的分配或再分配

质量管理体系的变更，可能会导致组织结构和职能随之变更，进而导致职责和权限重新分配及再分配。

在这里，职责和权限的分配或再分配可有以下理解：

- 重新分配职责和权限；
- 在原来基础上进行调整（增加、减少或调整归口或接口）；
- 更进一步的细化分配和调整（二次分配，即再分配）；
- 再分配也可理解另一种情况就是，在原来分配的职责和权限上增加新的部分。

需要说明的是，由于变更的策划导致的职责和权限的分配往往伴随着对其进一步地明确和界定，即：再分配。

第7章 支　　持

任何组织的质量管理体系的建立、实施、保持和持续改进都离不开各种形式的支持，包括：资源、能力、意识和沟通。支持是质量管理体系及其过程的一个重要组成部分，也是组织实现质量方针和质量目标的必要条件。同时，增值创造过程是靠支持来实现和保证的。因此，支持过程的有效性和效率是过程业绩的基础保障。

ISO 9001：2015 新版标准，在以往标准关于人力资源、基础设施和工作环境的基础上，增加了"资源获得"、"组织知识"等，并对支持的资源进行了重新规划和要求。与前几版相比，其要求更广泛、深入、系统和与时俱进。

7.1　资源

7.1.1　总则

组织应根据自身的宗旨、产品及服务的特点和规模确定所需要的资源，并确定如何配置这些资源。通常按照资源利用率所反映的经济上的得失，来决定哪些资源需自备、哪些可以从外面租借或外包。

资源提供的主要职责应由最高管理者来承担。

组织应围绕两个目标来确定和提供资源。一是，建立、实施、保持质量管理体系并持续改进其有效性；二是，通过满足顾客要求，增强顾客满意。因此，应从以下两个方面考虑来确定和提供资源。

（1）内部现有资源的能力和制约条件

内部现有的资源有哪些？能力如何？例如，资金、人员的能力和意识、基础设施、过程运行环境、监视和测量设施设备、知识和经验、文件化信息程度等。对这些资源要围绕上述"两个目标"来展开系统的分析，搞清哪些能满足"两个目标"要求？哪些及哪些方面还不能满足？制约的条件和因素是什么？只有在以上分析的基础上，才能最后确认内部现有资源的能力状况和不足之处的制约条件是什么。有些资源是通过内部努力及时调整资源配置，是可以解决的，如为了适应现代消费潮流普及信用卡，就需要银行设置ATM机提供自动取款服务，在消费场所则需要配置信用卡结算的POS机。这样做极大地方便了顾客，从而可达到顾客更满意的效果。

（2）需从外部供方获得的资源

由于内部现有的资源能力状况和制约条件限制，组织就要考虑从外部供方那里获得这些资源。如阿里巴巴在美国的上市融资，学校的保安及住宅小区物业外包，产品的型式试验的外委和委托检验等均属此类。

因此，应对资源进行动态管理，适时提供所需的资源，保证质量管理体系及其过程的有效性，从而达到增强顾客满意。

7.1.2 人员

为确保组织能持续满足顾客要求和适用法律法规要求，组织应为质量管理体系的有效运行，提供所需的人员。这里，重点就是要搞清楚"所需"的内涵，就是要识别和确定影响质量管理体系有效运行的过程、活动、产品和服务的岗位。这些岗位都需要具有什么样的能力和素质的人担任，需要多少。这里的"所需"一般来说，是指最低和基本的要求。这些基本的要求，包括适当的教育、培训、技能和经验，并能胜任。

在这里，明确了所需岗位人员应能胜任工作的要求，并给出了判定岗位人员能力需考虑的因素。为达到这一要求，组织应做到以下方面。

（1）选择能胜任的人员上岗

组织应根据质量管理体系各工作岗位、质量活动及规定的职责对人员能力的要求，选择能够胜任的人员从事该项工作。有些组织编制了"岗位规范"，对各类岗位人员的上岗条件做出了详细而明确的规定，并需通过考评。合格者上岗，不合格者转岗、下岗，或接受培训合格后才能上岗。服务业的岗前培训尤为重要，如基本技能、服务规范、礼仪规范、投诉与应急对策等。以上培训措施也具体体现了服务业"应对风险和机遇的措施"原则。

（2）以教育、培训、技能和经验来评定能力

组织在制定岗位规范或考评员工能力时，应从受教育的程度（学历）、接受的培训（有相应的合格证明）、工作技能（如按等级工考工标准进行考评等）和工作经验（履历、岗位工龄、岗位和创新、发明业绩）等方面全面衡量。组织在实际评价人员能力时，也不应排除有特殊专长的人才，如：能工巧匠，对他们的能力评价就不适用"全面"来衡量。

7.1.3 基础设施

基础设施是指"组织过程运行所必需的设施、设备和服务的体系"。这里，所指的基础设施已不再局限于通常的概念，其所涵盖的内容要更为广泛。其中，"运行"是指整个组织的运行，包括诸多系统，但在ISO 9001中仅限于质量管理体系的运行。

基础设施是组织实现产品和服务符合性的重要保证,正所谓"工欲善其事,必先利其器"。为确保所提供的产品能满足要求,组织应配置所需的基础设施,并加以维护和保养,使其具有持续满足要求的能力。这些基础设施一般包括以下方面。

(1) 建筑物和相关的设施

一般指办公、生产和服务场所,相关设施即指一般的公用设备(如水、电、蒸汽、压缩空气、煤气、空调及通信网络等)。

(2) 设备(包括硬件和软件)

设备中的硬件包括制造设备、工艺装备、运输装置(如起重机、自动输送线、叉车、机器人等)、检测设备、安装设备,以及各种工位器具、工夹具等生产用设备,还包括管理用设备(如计算机、传真机等)。

过程设备中的软件包括在产品实现、产品提供以及管理过程中使用的各类软件,如 CAD、CAM、检测设备用的测试或数据处理软件、物流控制软件、企业管理软件(如 SAP 和 ERP)等。

(3) 运输资源

包括通用交通工具、特种专用运输工具、配套的交通运输设备或装备及物流系统(含委托或外包)。特种专用运输工具如:食品鲜活冷藏专用车、大件运输及许可、专用校车等。

(4) 信息和通信技术

通信服务、信息系统以及交付后的维修网点等。

以上四方面,都要根据组织的产品和服务的实际情况进行具体分析、识别。这样才能确定、提供和维护好各种基础设施,进而达到其适用性,确保产品和服务的符合性。

下面以制造业设备管理为例说明基础设施的管理。

(1) 调整设备管理思路

长期以来,我国从学苏联开始到整个计划经济时期,所形成的设备管理套路与市场经济下的管理要求存在诸多不适应的情况。至今这一套管理思路仍有相当广泛的影响。事实上,按这种模式进行设备管理,在许多情况下会造成很大浪费。因为这种模式的管理,其核心是确保设备完好率,要求设备始终达到新设备或大修后设备标准,因而将设备管理封闭起来自成体系。设备部门与工艺部门和生产部门在管理上缺乏充分而有效的沟通和配合,不能针对实际使用的需要开展管理,即适用性管理。例如:设备管理部门不了解其所管设备承担加工产品的质量特性和过程应监控的参数。在我国,大量存在通用设备只在流水线生产中承担某些工序的情况,这些工序仅用到设备的部分功能。因此,在管理中要求保持"完好"

状态,实际上并不都具有意义。只要能满足工艺要求,保持影响工序质量特性的若干项设备性能指标就足够了。例如:在普通车床上加工齿坯,本来就大材小用,对于齿坯来说,除尺寸精度外,只需保证径向跳动(与车床主轴径向跳动有关)和端面跳动(与车床主轴轴向窜动间隙有关)。为此,只需保持车床上与齿坯相关的少数项目有足够的精度,就可以满足工艺要求。一台新车床出厂时有18项精度指标,若全面保持其"完好",对只加工齿坯的车床来说,许多功能都是多余的(如对尾架、丝杠等要求),也就是非增值的。对非增值的管理活动,应坚决予以摒弃。因此,对这类流水线生产用通用设备,根本就没有必要搞什么"大修",通常结合"二保"进行"项修"就可满足要求。而大修一台设备的费用约可"项修"10台设备。由此可见,管理出效益的潜力很大。

诚然,对于工件和工艺不确定的机修、工具部门用的设备来说,保持设备完好,以便充分发挥其潜能,则是有意义的。

(2) 设备总效率

设备总效率比"完好率"能更好地评价设备实际所发挥的效能,它可如下计算:

$$设备总效率 = 可利用率 \times 运行效率 \times 成品率$$

式中,可利用率——设备可用时间的百分比;

运行效率——设备相对其设计循环运行的效率;

成品率——设备生产的满足质量规范要求产品的百分比。

(3) 设备的预防性维护

目前,许多企业对设备维修的管理还停留在"救火"状态,只忙于设备出故障时的"急修"或设备根本无法使用时进行的"大修",而未能主动地采取措施保持必需的技术性能。这种状态是不符合2015新版标准的"基于风险的思维"的基本思想。应重视设备的预防性维护,在"二保"以及年度精度检查中积累大量有关设备特性的数据,通过数据分析可看出设备特性衰减的规律和趋势,从而可有针对地进行预防性维护。

在实施预防性维护中应标识关键过程设备,为设备提供适当的资源(如润滑剂、清洗剂、备件等),并建立有效的、有计划的全面预防性维护体系,包括:

1) 描述有计划的维护活动程序。

2) 制定、评估和改进设备维护的目标。

3) 开展定期的维护活动(如日保养、一级保养、二级保养等)。

4) 采用预防性维护方法(如正常运行时间的优化、评估统计过程数据和预防性维护活动的相互关系、易损件的重要特性等)。

5) 防护措施。

6) 随时可获得关键生产设备备件。

(4) 工装管理

工艺装备（如模具、夹具和样板等）是发挥设备效能，使产品特性符合规定要求的重要基础。因此，保持工装能力是实现产品符合性质量的重要前提。

现代工装管理的要点有：

1) 建立、实施并保持工装管理体系，包括：如何监控工装的状态（例如，对冲压模具保留首末件等）；提供保修设施和人员；储存与修复；重要工装和计量用工装（如卡规、通止规等）、样板的周期性检查；工装准备；易损件的更换计划。

2) 提供必要的技术资源，进行工具、量具的设计、制造，进行全尺寸、全性能检验。

3) 若工装的某个项目分包，则应建立相应的跟踪系统，确保其过程和质量均符合要求。

4) 在工装管理中，明确并保持与工艺要求相关的工装的质量特性是有效管理的前提。

7.1.4 过程运行环境

组织应确定、提供和维护并管理为达到产品符合要求所需的过程运行环境，即工作环境。

过程运行环境与"达到产品要求符合性所需的条件"有关，是组织实现产品符合性的支持条件。应当指出，新标准中的"过程运行环境"，是同时考虑"物"和"人"的因素的，而传统的工作环境是见"物"不见"人"的。

从"物"的方面考虑，工作环境包括温度、热度、湿度、粉尘、气压、气流、空气流通、卫生、照明、辐射、电磁干扰、振动和噪声等。不同行业、不同产品对工作环境要求是不同的，如：液压件生产要求"净化"；半导体芯片生产或高精密设备、发动机装配等要求"超净化"；计量仪器、仪表要求控制温度、湿度和洁净度；而药品和食品生产则有相应卫生法规的要求。对环境的这些要求一般应给出定量的控制范围，并确定监测方法和手段。许多企业以没有监测手段为借口，而对需要严格控制的环境条件未给出定量的要求，如"净化"要求。事实上，类似单位面积的粉尘含量等指标，环保部门可以测定，完全可以请环保部门周期性地予以监测。

从"人"的方面考虑，是指环境宜人，适合于人的健康、体能、体力、活动空间、便于操作，以及工作氛围等心理（包括：降低压力、倦怠预防、情感保护等）和社会因素（包括：不歧视、平和、不对抗等）。创造一种良好的工作氛围，可以更好地发挥人员的潜能。这就要考虑现代设计，满足在人机工程方面的要求。

特别要指出的是，对洁净度没有明确技术要求的产品或服务的场合，如：矿山开采加工、打磨车间、喷涂作业、田间药物喷洒作业等，但对现场作业人员却有直接或潜在职业病和安全危害的，均应采取必要措施进行积极预防。这不仅是过程运行环境对"人"的要求，同时也是组织满足法律法规的要求和社会责任。

在我国，因过程运行环境引发的安全恶性责任事故也屡见不鲜。如 2014 年 8 月 2 日昆山中荣金属制品有限公司打磨车间发生爆炸，导致 75 人死亡，185 人受伤。事故调查组最后确定，粉尘浓度超标，遇到火源发生爆炸，是一起重大责任事故，主要责任人是企业董事长等，当地政府领导和监管责任也落实不力。

2013 年 6 月 3 日，吉林宝源丰禽业公司火灾事故，造成 121 人死亡，77 人受伤，其主要原因是主厂房部分电气线路短路，引燃周围可燃物，燃烧产生的高温导致氨设备和氨管道发生物理爆炸。这起事故也是责任事故，和工作环境有着直接关系。

2015 年 8 月 12 日，天津滨海新区塘沽开发区的天津东疆保税港区瑞海国际物流有限公司所属危险品仓库发生特大爆炸，以及近年来因工作环境导致尘肺病引发法律纠纷和社会责任危机的事件，造成了成百上千无辜生命和家庭的不幸。

以上事实都是以生命为代价的血淋淋教训。因此，应引起最高管理层的高度重视。思想意识淡薄和麻痹、得过且过的工作作风，是造成惨痛事故和灾难的根源！

7.1.5 监视和测量资源

7.1.5.1 总则

为表明产品和服务能满足规定要求提供监视和测量证据时，组织为了确保监视和测量结果的有效、可靠，应确定监视和测量所需的资源。这种资源是指用于产品或服务的检验、试验活动和过程监测活动的监测手段，如仪器、仪表、量具、监控设备、比对或校准软件等，也包括上述活动所需的过程、依据和评价标准等。监测资源直接影响产品和服务过程监测结果的准确性和有效性。因此，控制好影响监测装置的测量误差的所有环节，是评价监测结果的前提。

（1）监视和测量的资源要求

监视和测量的资源应满足：

1）适合所进行监视和测量活动的类型；

2）这些资源要得到适当的维护，确保其持续满足使用要求。

此外，组织在提供监视和测量资源满足使用要求的证据时，应保持适当的文件化信息，包括：监视和测量活动的过程信息、监测方法和要求、所依据的标准、维护、验证或校准后的状态记录等。

(2) 测量溯源涉及的三个方面

测量溯源是为满足三个方面的要求：

1) 法律和法规要求，如我国《计量法》规定的必须进行的检定；

2) 顾客或相关方的期望；

3) 是为组织有效的测量结果提供信心的重要组成部分。

基于以上三方面的要求，组织应对测量设备做如下安排：

1) 对照能溯源到国际或国家的测量标准，按照规定的时间间隔或在使用前，进行验证或校准。当不存在上述标准时，用于校准或验证依据的文件化信息应予以保留。

2) 识别校准状态。

3) 防止导致校准状态和随后的测量结果失效的调整、损坏或恶化。

当在计划的验证或校准期间或在使用中，发现设备对以往测量结果的有效性存在问题时，组织应确定并采取必要的纠正措施。

应当指出，为了适应各地区、各行业，特别是服务业的实际情况，新版标准关于监测资源的要求，相对2008版标准，在形成文件的信息要求的范围和内涵上进行了扩大，不只是要求记录，还包括了适当的监测设备验证和校准的过程、方法和依据等。而相对94版标准则有一定程度的弱化和简化。笔者认为，94版标准关于检验和试验装置的要求比我国计量控制的实际水平要高得多。在某些方面，我国曾实行的一级计量与此相比，尚有相当大的差距，如：要求对计量器具进行验证或校准而不是检定；保存校准记录；校准状态标识；对调整的控制要求；以及计量器具失准后应重新评定其检测结果的有效性等[11]。对于机械行业，特别是涉及较精密制造的行业，仍适于按94版标准要求实施控制。在汽车行业，如ISO/TS 16949中关于测量系统分析（MSA），在94版ISO 9001标准的基础上，对检验和试验装置提出了更高的要求。

7.1.5.2 实施方法和控制要求

(1) 监视和测量装置的配备

在后续的运行策划和控制（本书8.1节）、生产和服务提供的控制（本书8.5.1节）时，将明确规定在整个产品和服务实现过程中，需进行的监测活动，应为这些活动配备相应的监测装置，包括必要的试验软件和比较标准（例如粗糙度标样），以提供产品和服务符合要求的证据。

监测装置应满足被测对象的监测要求，例如，其准确度和精密度应能保证测量结果有效。必要时，应进行测量能力指数 M_{cp}[11] 的核算。这里主要指的是检验和试验用的测量装置。

(2) 建立监测装置的控制方法和过程

为确保监视和测量活动可行并以与监视和测量要求相一致的方式实施，应建立监测装置的控制方法和过程。监测装置的控制方法和过程包括：

1）监测装置选用、校准或验证；
2）监测能力的保持；
3）监测误差的控制；
4）异常时的处置等。

应当注意，新标准要求了保留适当的形成文件的信息。那么，监测的过程、方法和依据的信息就要加以保存，其基本原则就是能证明满足使用要求即可。对于测量装置较多、较复杂的制造业来说，宜制定相应的管理规程。应区别监视装置（如银行、商场、超市、宾馆、幼儿园、车站和医院等的监控摄像头、人员工作状况的监控摄像头等）和测量装置。两者的控制要求不同，对监视装置只要其功能和性能满足要求即可。

（3）测量溯源与控制要点

为确保结果有效，在进行产品和服务符合性测量、过程参数测量或特殊过程测量时，对测量设备控制要求如下。

1）校准或验证

对照能溯源到国际或国家标准的测量标准，按照规定的时间间隔或在使用前进行校准或验证。当不存在上述标准时，应记录校准或验证的依据。组织应根据测量装置的使用场合和频次，合理地规定校准或验证周期，应保持校准和验证依据及结果的记录。

应当指出，校准活动可以由组织自己进行，但所用比较标准器应相对被校准仪表、量具有足够高的准确度，可溯源到上一级标准并配备有能力从事校准的人员。同时，应当注意，属法规规定的强制检定范围的测量装置（如影响安全、健康、环保、贸易结算的计量器具和组织的最高标准器），则必须按期提交授权部门检定。

另外，要特别说明的是，英文原文"verification"本意为验证。而在中文版标准中，有时将其译为检定，有时译为验证，过于随意。特别应注意94版标准中只提"校准"（误差定量），而未提"检定"（合格与否，由政府授权部门判定），译为"检定"意味着降低对制造业的测量装置的控制要求，并强化行政管理，这是不妥当的。

2）进行调整

必要时，组织应对测量装置进行调整或再调整。同时，应防止可能导致测量装置失效的调整。对测量装置进行封缄（如出租车计价器上的铅封），或由有能力的操作人员进行调整，都是防止失效的有效措施。

3）校准状态标识

为了识别校准状态，防止误用，应对经校准的测量设备加以标识，并注明其校准有效期，如校准合格标贴（一般为绿色）、验证记录、准用证、停用证等。

4）在搬运、维护和储存期间防止测量设备损坏或失效

如采取有效的预防措施，提供适宜的搬运方法和储存条件等。

5）失准时的控制

在使用中，若发现测量设备偏离校准状态（失准）时，应对以往的测量结果的有效性进行评定和记录。应该指出，对以往测量结果的合理判定，是以校准为前提的。在已知失准测量设备的误差后，可将原测量结果加上这一误差的影响进行修正，判定考虑测量结果后是否仍然合格或不合格。同时，应对测量设备和受影响的产品采取适当的纠正措施（包括修理、校准或报废、追回错判产品或重新测量等）。

（4）监测用计算机软件的确认

当计算机软件用于规定要求的监视和测量时，应在初次使用前确认其满足预期用途的能力，并在必要时予以重新确认。重新确认的时间和频次，可按软件使用设计要求或使用经验来确定。确认计算机软件满足预期用途的能力的典型方法，包括使用验证和保持其适用性的技术状态管理。

（5）监视和测量装置的分类控制

不同用途的监视和测量装置的要求不同。因此，为了降低成本可对其进行不同力度的控制，通常可分为以下三类。

1）A类：一般包括检验和试验用以判定合格与否的测量设备及重要过程参数且容差非常小的监测装置，以及法律法规规定的需要强制检定的计量器具。当要求进行周期校准或验证，组织无条件进行此类校准时，可外委有能力的认可实验室进行。

2）B类：过程参数用的监测装置。过程参数都有一定的变化范围，可按此范围选用相应的监测装置，一般可自行校准，其校准周期可规定较长的时间，例如一年。

3）C类：一般性监视装置。如指示性电流表、电压表、电视机、摄像机等。对C类监视装置可进行一次性验证，损坏时修理或更换。

总之，组织应根据"确保结果和证据有效"的要求，来确定哪些测量装置需要进行校准或验证。同时还应指出，并非所有员工使用的测量装置都需要进行校准或验证。

有兴趣读者及专业人士可具体参看 ISO 10012《测量管理体系——测量过程和测量设备的要求》、《检验和测量控制》[11]。

7.1.6 组织的知识

知识是过程运行以及达到产品和服务符合性的重要基础资源。因此，组织在

过程策划如何运行和控制时，应识别和确定所需的知识，并对知识如何获得、保持、保护、应用和应用到必要程度做出安排，并在必要范围内可得到。适当时，组织应当与相关方共享知识资源。

诚然，我们正处在一个知识大爆炸的时代，新技术发展日新月异，随之知识更新也非常迅速。因此，在应对变化的需求和趋势时，组织除要保持和保护现有的知识外，还应考虑如何从内部和外部资源获取满足组织当前和未来需要的知识，甚至是必要的额外知识。

新版标准引入组织的知识的要求的目的是：

1）避免组织丧失其已有的知识，如：由于员工更替丧失的知识、未能及时获取和共享的信息；

2）鼓励组织获取知识，如：总结经验、专家指导和标杆比对。

知识除产品和服务的专业技术知识、管理知识外，还可包括诸如知识产权和经验教训一类的信息。组织获取知识的途径可考虑内、外部两方面。

（1）内部资源

1）组织已有的知识产权；

2）从失败和成功的项目中获取经验和教训；

3）从组织内部员工和特长专家处，获取分享非文件化知识和经验、过程、产品和服务的改进结果；

4）从日常管理数据和记录信息总结的知识和经验等。

（2）外部资源

1）从法律法规和标准中获取；

2）从学术交流和行业专题会议中学习；

3）从顾客或供应商处收集到的知识等。

组织应对获取知识建立制度，确保获取知识的渠道、持续性，以及鼓励、奖励政策，并如何将其固定下来并普及推广，与组织原有过程相融合，等等。日本的"QC"是一个很好的方法，值得我们学习和借鉴。

7.2 能力

能力是人力资源最重要的核心资源之一。组织应确定并控制所有从事影响质量管理体系绩效和有效性的人员的必要能力。组织应通过提供培训、辅导、重新分配任务、雇佣或外包胜任的人员等措施，来满足各岗位人员的能力需求，从而满足质量工作和过程业绩要求。

为此，对岗位人员能力管理应提出以下要求。

（1）确定岗位人员的能力要求

组织宜对从事影响产品和服务质量工作的岗位人员进行分类，并在此基础上对各类人员所需的教育、培训、技能和经验，提出最低限度要求，确保其具有胜任工作的能力。将这些要求编制成各级各类人员的"岗位规范"是一种有效的形式。提出对"能力"的要求而不仅是对"资格"的要求，意味着对员工的综合素质和实际工作能力有更高、更广泛的要求。事实上，在各类组织的各类人员中有"资格"而无相应能力的大有人在。因此，要把从重视"资格"的表面管理转入重视对实际"能力"的管理，以适应新版标准的要求。这是个相当艰巨的任务。

（2）通过培训或采取其他措施满足岗位能力要求

1）明确需求

一般通过培训和辅导的方式来达到要求，当采用组织内部培训和辅导无效或不可能使现有人员达到要求时，应考虑采取其他措施（如招聘、进修、实习、考察、交流等），务必使上岗人员满足岗位能力要求。

对于培训需求应细化，如必须完成哪些门类的课程和作业的培训，每个培训科目学时多少，应达到什么水平或取得何种资质等。将对能力的要求，展开为对培训科目的要求，需要做大量的调研工作，了解同行业的状况、相关教材（如各类机械工人等级工培训教材），确定每个岗位的"应知应会"。达到岗位培训需求是进入该岗位的"门槛"。

2）培训策划

应对培训和辅导进行策划，包括拟定培训计划、培训大纲、培训方式等，以提供岗位所需的技术和管理知识、技能和经验，使其增强能力、达到要求。

在编制培训计划时，应突破传统职工业余教育模式的束缚。不能仅有"自下而上"式的培训，即培训要求由各部门、各单位提出，通过培训使员工在原有基础上各自有不同程度的提高；应强调"自上而下"的指令性的培训。各岗位的培训需求、员工的已培训记录及能力评价结果、拟提高和发展的能力等，就是编制培训计划的依据。某些特殊行业或创新型组织宜根据员工实际能力状况编制个性化的培训计划。

3）培训实施

培训应按计划实施，如遇到情况变化原计划难以实施时，则应调整计划并陈述相应的理由。实施过程中应保持重要的记录（如考勤表、考核成绩、评价结果等）。

（3）评价所采取措施的有效性

应对所有与产品和服务质量有关的岗位人员的培训及所采取的其他措施的有效性进行评价（如工作能力提升表现、实际操作考核、业绩评定、问卷调查和观察等），以检查培训或其他措施的效果，是否达到了预期的能力目标。

(4) 保留适当的形成文件的信息

保留适当的文件化信息，是证实岗位人员能力的重要证据记录，它应包括：学历证书、培训记录、职称证书、岗位（或工种）资格认可证书、工作履历等。培训记录一般包括：培训计划、培训大纲、培训安排（科目、教师、教材、授课时数等）、培训考核（考勤、考卷或现场操作考评成绩）及员工培训卡片（档案）等。新标准的要求是"保持适当的文件化信息"，那么组织就可以根据自己的实际情况，来保持适当的信息，但基本要求就是，这些证据能够证明岗位人员能力是充分的即可。

读者可参阅 ISO 10018：2015《影响人们参与和能力的指南》及 ISO 10015：1999《质量管理 培训指南》。

7.3 意识

组织应控制和导向员工的质量意识。质量意识具有对员工质量行为的控制功能，使其行为符合质量意识的要求。因此，质量意识在产品和服务质量形成中的作用是不言而喻的。

质量意识的形成、巩固和发展都有赖于质量教育，质量教育的目的就是促进和提高员工质量意识的形成、巩固和发展。组织应开展员工质量意识方面的宣传教育，形成质量意识的工作氛围和文化，使员工意识到：

1）质量行为和活动要与质量方针保持一致；

2）与其相关的质量目标不仅明确，而且应为之实现而努力；

3）他们对质量管理体系有效性及为实现质量目标的努力和贡献，包括改进质量绩效的好处；岗位工作与整个质量管理体系的相关性（与其他过程及组织的发展有什么关系）和重要性（在岗位上把每一件事做好的意义）。

4）对于偏离质量管理体系要求的后果，组织应建立警示性的惩罚制度来加以约束。

质量意识淡薄、态度不端正的员工，就会反感质量管理活动，忽视工作质量。质量意识强的员工，就会重视质量，对质量工作抱积极态度，会积极考虑新任务的质量问题，在完成任务过程中就会时时把质量放在首位，而不论领导是否给他交待或强调过。因此，质量意识重在教育和培养，企业文化是最重要的环境因素。

例如，我国真正走向世界的华为公司，从高层到具体岗位员工都有清晰的质量意识，并有适当的组织机构保证其质量方针和目标的实现。华为在国际上得到普遍信任，靠的是其产品质量过硬且服务质量一流。作者在华为现场参观及与员工讨论时,深有体会。给作者留下特别深刻印象的是,在采购部门也设有专职的质量管理小组,每三个月对合格供方进行一次系统的评价,并有书面信息反馈。这在其他公司是无法想象的,没有强烈的质量意识是不可能做到这一点的。

7.4 沟通

为了增进质量管理体系的有效性,组织应确定与质量管理体系相关的内部和外部的需求。这种需求根据不同的组织性质、产品和服务、质量目标、法律法规要求、过程策划、机构设置及职能划分等而不同。但在沟通的作用、内容、对象和方法上有一些以下方面的共性。

(1) 沟通的作用

1) 增进信息交流。沟通可促进组织内部和外部各职能和各层次之间的信息交流,以利增进理解、达成共识、减少差错和协调一致,为质量管理体系的正常运行提供有力的支持。

2) 提高过程的有效性。沟通可促进过程输出达到策划时所预期的结果,从而提高过程的有效性。

3) 提高质量管理体系的有效性。由于涉及质量管理体系的信息得到充分交流,使得管理者易于捕捉改进的机遇并采取相应的对策,从而实现持续改进,提高整个质量管理体系的有效性。

(2) 沟通的内容和职责

沟通应在组织内部和外部的各不同职能(如职能部门和其他跨职能团队)和不同层次(如领导层、管理层、执行层、验证层)之间,组织与相关方之间的全方位地进行,其内容包括:

1) 满足顾客和法律法规要求的重要性。

2) 质量方针和质量目标。

3) 职责、权限和相互关系。

4) 质量管理体系的有关文件化信息要求。

5) 质量管理体系运行过程及其管理中需要互相配合、协同作战的任何方面。

6) 产品或服务的信息。

7) 与所有相关方必要的信息沟通。

8) 其他必要的信息。

确保有效沟通的职责,首先应在最高管理者,其次应为最高管理者的授权人(如设置管理者代表时),因为其负有确保过程的建立、实施和保持的职责。其次,组织应根据实际需要规定以上沟通内容,由哪个岗位人员来负责。

(3) 沟通的方法

沟通的方法是多种多样的，但一般是指较正式的方式。如：质量例会、生产调度会等专题会议，项目协调会；简报、布告栏、内外部刊物、局域网、音像、电子媒体；专题调查、商务或工作洽谈、工作联系单等。平时日常工作中的电话或其他方式虽然也比较正式，但在有提供证据信息要求时，则不能提供的就不能作为证据采信，尤其是与外部沟通时。

沟通方法是否适当，所建立的沟通过程是否适宜，最终要看是否能增进质量管理体系的有效性。如果由于沟通不畅影响了质量管理体系的有效性，组织就应改进有关的内部和外部沟通方式和过程。

(4) 沟通的时机和对象

沟通能体现与人打交道的能力，沟通的信息往往还具有时效性，沟通早了起不到应有的效果，沟通晚了则失去了意义。因此，沟通的时机，应在各项决策之前进行。沟通的对象涉及前述内部和外部，即包括所有相关方。在具体问题上，只需与有关的内外部相关方进行必要的沟通，并不确定谁来负责沟通，与谁沟通等。

7.5 形成文件的信息

7.5.1 总则

从 ISO 9000：2015 标准 3.8 文件的定义可知，文件是信息及其载体。质量管理体系形成文件的信息是体系运行的依据，同时也是体系运行结果和有效性的证据，可以起到沟通意图、统一行动、提供证据的作用。组织应根据实际情况确定形成文件的信息的形式、详略程度、保存时间和载体，其取决于：组织规模，以及活动、过程、产品和服务的类型；过程的复杂程度及其相互作用；组织的人员能力。

(1) 标准要求的形成文件的信息

组织应形成的质量管理体系的形成文件的信息范围应包括见表 7-1。

表 7-1 组织应形成的质量管理体系的形成文件的信息范围

2015 版标准要求的 25 处 "形成文件的信息"					
序号	条款号	条款标题	要求描述	目的或操作应用说明	备注
1	4.3	确定质量管理体系的范围	组织的 QMS 范围应可获取并保持形成文件的信息	说明所覆盖的产品和服务，对不适用标准的要求应说明，理由应充分	文件

(续)

2015 版标准要求的 25 处 "形成文件的信息"					
序号	条款号	条款标题	要求描述	目的或操作应用说明	备注
2	4.4.2	质量管理体系及其过程	组织的质量管理体系范围应作为形成文件的信息,可获得并得到保持	为过程运行提供支持;证实过程是按策划执行	文件+记录 总要求
3	5.5.2a)	沟通质量方针	作为形成文件的信息,可获得并保持	形成文件化（书面或电子媒体等）	文件
4	6.2.1	质量目标	组织应保持有关质量目标的形成文件的信息	有关质量目标的信息均应文件化	文件
5	7.1.5.1	监视和测量资源—总则	组织应保持适当的形成文件的信息,作为监视和测量资源适合其用途的证据	能证明满足和适用即可	记录
6	7.1.5.2 a)	监视和测量资源	当不存在上述标准时,应保留作为校准或检定（验证）依据的形成文件的信息	没标准依据时,必须建立文件依据	记录
7	7.2d)	能力	保留适当的形成文件的信息作为人员能力的证据	能证明满足即可	记录
8	8.1e)	运行的策划和控制	在必要的范围和程度上,确定并保持、保留形成文件的信息：1) 确信过程已经按策划进行；2) 证实产品和服务符合要求	保持必要；依据+实施+证据	文件+记录
9	8.2.3.2	产品和服务要求的评审	适用时,组织应保留以下方面的形成文件的信息 a) 评审结果; b) 产品和服务的新要求	条件适用时,证据：应予保留	适用时：记录
10	8.3.2j)	设计和开发的策划	证实已满足设计和开发要求所需的形成文件的信息	证据：满足要求,充分	记录
11	8.3.3	设计和开发的输入	组织应保留有关设计和开发输入的形成文件的信息	保留有关的输入信息,应充分	记录
12	8.3.4f)	设计和开发的控制	保留这些活动的形成文件的信息	保留控制活动的证据作为支持	记录
13	8.3.5	设计和开发的输出	组织应保留设计和开发输出的形成文件的信息	保留输出的证据	记录
14	8.3.6	设计和开发的更改	组织应保留下列形成文件的信息（更改、评审的结果、更改的授权、为防止不利影响而采取的措施）	保留四个方面的证据	记录
15	8.4.1	总则	对于这些活动和由评价引发的任何必要的措施,组织应保留形成文件的信息	只要必要就要有证据	记录

(续)

序号	条款号	条款标题	要求描述	目的或操作应用说明	备注
colspan head			2015 版标准要求的 25 处 "形成文件的信息"		
16	8.5.1 a)	生产和服务提供的控制	可获得形成文件的信息,以规定以下内容:产品和服务、活动的特性;要达到的结果	适用时:产品和提供服务的依据文件或图样等;活动的结果和效果(有效性);操作或服务实施的依据+结果证据	适用时:文件+记录
17	8.5.2	标识和可追溯性	有可追溯要求时,组织应控制输出的唯一性标识,且应保留所需的形成文件的信息以实现追溯	可实现追溯的证据	记录
18	8.5.3	顾客或外部供方财产	组织应向顾客或外部供方报告,并保留相关形成文件化的信息	保留非正常情况的备查记录	记录
19	8.5.6	变更的控制	组织应保留形成文件的信息,包括有关更改结果、授权进行更改的人员以及根据评审所采取的必要措施	只要和变更活动有关的证据均应保留	记录
20	8.6	产品和服务的放行	组织应保留有关产品和服务放行的形成文件的信息,包括:a) 符合接受准则的证据;b) 授权放行人员的可追溯性信息	接受准则依据文件+授权文件+授权放行人的追溯记录	记录
21	8.7.2	不合格输出的控制	组织应保留下列形成文件的信息:a) 描述不合格;b) 描述所采取的措施;c) 描述获得的让步;d) 识别处置不合格的授权	保持四个方面活动产生的证据和清楚处置权限	记录
22	9.1.1	总则	组织应保留适当的形成文件的信息,作为结果证据	保留适当监测过程结果的证据,能证明满足即可	记录
23	9.2.2f)	内部审核	保留形成文件的信息,作为实施审核方案以及审核结果的证据	保持实施过程和结果证据,能充分证明满足	记录
24	9.3.3	管理评审输出	组织应保留形成文件的信息,作为管理评审结果的证据	保留管理评审结果证据,要充分满足	记录
25	10.2.2	不合格和纠正措施	组织应保留形成文件的信息,作为下列事项的证据:a) 不合格的性质以及随后所采取的措施;b) 纠正措施的结果	不合格性质和采取措施的证据+纠正措施结果证据	记录

注:形成文件的信息可包括:文件、制度、质量手册、程序文件、质量计划、作业或服务规范、记录、图样、报告、外来文件及标准等。

2015版标准较2008版和2000版标准,对文件化信息的强制性要求有了较大程度的放宽,没有要求统一的质量手册和程序文件,其目的在于适合各种类产品和服务及规模的组织,也适合标准的高层次结构与组织管理形成整体一致的效果。给组织制定文件化的自由度明显增加,以便更切合实际,提高质量管理体系的运行效果和有效性,把关注的重点和主要精力从文件和记录转移到过程的有效控制、运行和绩效上来。对文件过多的统一规定,既束缚了组织,又影响了过程增值的效果,这也是94版标准的一个弊端。

(2)确保质量管理体系有效运行所需的形成文件的信息

组织为确保质量管理体系有效运行所需的形成文件的信息形式众多,包括:记录、规范、程序文件、图样、报告、标准等。如:针对特定项目、产品和服务、项目的质量计划,为控制某个过程或活动所规定的程序、操作规程、作业指导书,以及为证实这些活动已按其策划进行并按要求完成的证据记录等。

虽然2015版标准对文件和记录的强制性要求减少,但给予组织在制定文件上的灵活性是为了更有效地按照实际情况来进行过程策划、运行和控制。这并不意味着除标准中要求的24处文件化信息之外,不再需要其他文件和记录证据。因此,组织必须从分析自己存在的实际过程出发,确定为保证质量管理体系的有效策划、运行和控制需要哪些文件和记录。

例如,对硬件制造业而言,产品的检验和试验是很重要的活动,而在2008版标准"8.2.4产品的监视和测量"以及2015版标准"9.1监视、测量、分析和评价"中只做了较原则而笼统的规定,特别是新版标准,并未对进货检验、过程检验和最终检验提出具体的控制要求。但在94版标准的"4.10检验和试验"中对此做出了详细规定,而且这些要求都是从机电行业必要的质量管理活动中,总结提炼出来的。因此,对于硬件制造行业来说,学习94版标准,并在此基础上来识别自己的过程,以进行过程的有效策划、运行和控制,是十分必要的。关于如何理解94版标准及其控制要点可参见《ISO 9000质量保证体系》[1]。

诚然,对其他类型的产品而言,94版标准并不完全适用,但亦有重要参考价值。目前,一些组织缺乏94版标准的基础直接按新版标准来建立质量管理体系,而且时间又相当短(有些从编写文件到体系运行仅半年左右),虽然可能获得认证证书,但这种"先天不足"的体系,如不经过认真的补课,是很难指望其能发挥更大作用,创造出预期的效率和效益来的。

应当注意,标准中所使用的"规定"、"安排"、"方法"、"准则"、"方式"、"途径"等也都可能以文件的形式出现。

(3)形成文件的信息的详略程度

组织可根据发展阶段、规模、行业及产品和服务特点、管理基础等,自行确定文件化的形式和详略程度。注意最低的基本要求是应该满足新版标准4.4.2条款的要求，也就是说：一是，如不能保证支持过程运行时，就要有文件化依据；二是，证实过程是按策划执行，即有效性证据，其实就是记录和证据的要求。

记录证据是对所完成的活动或达到的结果提供证据的特殊形式的文件。应控制所建立的记录，以提供符合要求和质量管理体系有效运行的证据。记录可用于追溯、验证等活动，其目的是：证明产品、过程符合要求及质量管理体系有效运行；为采取纠正、预防措施以及为改进质量管理体系提供必要的信息。在 ISO 9001：2008 标准中，共需要 22 种记录（见该标准正文中带括号 4.2.4 的记录），而 2015 版标准中 25 处"形成文件的信息"中隐含 19 处证据的要求，而且多处为"适当时"和"必要时"。这并不是意味着新版标准没有明确记录要求就可以没有，而是要能充分证实组织的每一项活动已按策划要求有效实施，关于具体提供什么记录，提供多少，要由组织根据实际情况而定。组织应在所有活动策划输出的文件化清单中规定记录的名称和数量是必要的，也是必须的。应当指出，提供质量管理有效实施的证据，是质量保证的基本要求，也是取得顾客信任的基础。

文件及记录证据的具体构成（层次）、数量多少、详略程度取决于：

1）组织的规模（通常由人数多少、产品和服务跨类别多少、体系覆盖多场所的个数来定），活动、过程、产品和服务类型。

2）过程及其相互作用的复杂程度（如设计和开发、生产、安装和服务过程及这些过程之间相互作用的复杂程度），通常这种过程的复杂程度，是由产品的复杂程度和顾客要求决定的。如，教育行业的过程及其相互作用关系，就是复杂程度很高的。

3）人员的能力。例如，人员接受培训多少、教育程度高低、技能的熟练程度和经验丰富与否。

对于一个提供简单产品和服务的小型组织来说，可能在文件和记录中涵盖标准要求的形成文件的信息就可以了，而对于大型组织来说文件层次和数量则要多些，也更细致严谨些。

7.5.2 编制和更新

形成文件的信息的范围为标准中要求的质量管理体系形成文件的信息，及组织确定为确保质量管理体系有效性所需的形成文件的信息。包括：质量方针和质量目标、必要的程序、质量计划、规范、作业指导书、图样、标准、记录和报告等，还应包括质量管理体系所需的外来文件（如标准、法规、图样、行业规定，以及来自顾客和相关方的有关文件）。

下面介绍编制和更新文件的基本要求。

文件是"信息及其承载媒体"，其中信息即有意义的数据，在数据的含义中包括了数字和资料。因此，组织对编制和更新形成文件的信息时，确保适当的：

（1）标识和说明

标识和说明包括例如：标题、日期、作者、索引编号等。

（2）格式和媒介

格式包括例如：语言、软件版本、图示、标准样件和模板或实物等；媒介包括例如：纸质、电子格式、视频等。

（3）评审和批准

要进行评审和批准以保证文件信息的适宜性和有效性。

1）评审

在新建体系时，由于有些文件较复杂涉及多个过程、多个职能，需得到各方面有效配合才能实施，往往通过评审可以识别出可操作性和接口方面的问题，事先能更好地预防文件实施中的障碍。

文件在实施中常因质量管理体系环境（如组织结构、产品和服务、工作场所、工作流程、设施、装备和法律法规等）发生变化需要更新。这时，有必要对原文件进行评审，明确其不适应需要更新的内容。组织也可以根据质量管理体系运行的需要，对文件进行定期评审，以适应持续改进的需要。

无论在哪种情况下通过评审导致文件更新，都应再次进行批准。

2）批准

文件在发布前应予以批准，以确保其充分性（对照标准要求不漏项）和适宜性（文件内容适合组织及其产品情况）。

在94版标准中要求，对文件发布前进行审查和批准。对于小型组织来说往往审查和批准由同一个人进行，故不适宜。然而，在有条件的情况下，批准前进行审查是有好处的。因为一般审查人员应确保文件充分和适宜，批准表示赞同文件实施，履行行政发布职责，确定实施时间。例如，国家标准的批准人是行政负责人，而并不是熟悉各行各业的国家标准内容的专家。

7.5.3　形成文件的信息的控制

形成文件的信息的控制，是指对文件和记录的编制、评审、批准、标识、分发、访问、检索、使用、存放、保护、更改、保留和处置等全过程所有活动的管理工作。其目的是确保在文件的使用场所得到文件的现行有效版本且适用，并得到充分保护（如防止泄密、不当使用、缺损等）。

应当指出，记录是一种特殊的文件。其特殊性在于当记录尚未填写时，为一张空白的表格，它属于一般的文件，对其控制和管理也应与文件一样，一旦填写完毕就起到提供所完成活动的证据作用，这时就转变为记录的范畴，不允许对其进行更改或更新。而记录的表式作为一般文件亦应加以控制，但对控制的要求可适当放宽，如通常不需要进行批准，但对其版本一致性加以控制，仍属必要。

(1) 分发和访问

分发一般是指纸制文件，组织要根据自己的实际情况确定文件的分发范围和方式。分发前应制定一个分发记录，以便在分发过程中记录文件发放的名称、版本、时间、份数、部门和签收人。这样做的好处是为后续的版本控制、作废收回、防止误用和不当使用、防止泄密、缺损补发等管理工作留下足够的依据和信息，以备查阅和追溯。特别是那些规模较大、产品和服务复杂、层次和接口较多的组织建立文件发放记录，是很有必要的。

如果组织已建立网上办公系统，文件的分发是在网上进行，则要做好"访问"工作。"访问"是指得到查阅文件、记录或信息的许可，或授权查阅并修改形成文件的信息，说白了就是检索阅读、修改、评审和批准权限。

(2) 检索和使用

为了便于检索，区别不同类型和修订状态的文件，对文件应以编号、版本号、修改码等方式进行标识。对质量记录应进行恰当的标识、收集、编目和归档，确保在需要时便于快速查阅。这就需要对每一个记录给定分类号和流水号。分类号一般代表部门和记录类别；流水号为记录的顺序号，它可以表明记录的完整性，就像财务发票一样。由于一天之内可能有多个记录，故仅以日期作为记录的标识，是不充分的，因其不具有唯一性。

确保使用场所得到有关文件的现行有效版本。这一要求可通过控制文件发放范围、适时发放以及保留发放记录来达到。通常应制定经批准的各类文件发放范围的规定并加以实施。这样就可以使需要使用文件的场所和人员获得所需文件的有效版本。应当区别"获得"与"拥有"。此处只要求能"获得"，并不一定要"拥有"。

(3) 存放和保护

文件记录要保持清晰，是指字迹和图线应易于辨认并保持这种状态。当文件污损不易辨认时，应及时予以调换。不能在文件上进行涂改或乱写、乱画。

记录是证实质量管理体系符合标准要求并有效运行的必要证据。有对记录的防护和保管要求，目的在于保持记录的完好无损。

对记录应实施规范化管理，务必保证组织确认和必要的记录齐全，特别是关键记录齐全。为此，对每种记录应设计适当的表式和栏目，确保所提供的信息是充分的；同时，还应保证记录的真实和有效。在审核中经常发现一些组织在运行时并未留下当时的记录，事隔多日为了应付检查而去补记录。因为所补记录是不真实的，非增值的，故补记录的做法是一种"自欺欺人"的行为，它不仅付出了无谓的劳动，而且在组织内形成了一种弄虚作假的风气，必将贻误质量管理体系。事实上，发现体系运行中的问题是好事，只要从发现之时起认真进行改正，就可以符合标准要求。记录要真实、准确、清晰和易于辨认。记录应保持清晰，是指内容齐全、字迹清楚，凡栏目空白、填写错误、涂改、签名不全、未填年、月、日或字迹不清的，都不符合要求。记录不能随意涂改，即使有笔误需要更改时，也只能是划改并加盖责任者的印章，切勿涂改。

对于储存于电子媒体中的文件和质量记录来说，应注意电子图像的退化速率。

组织还应对所保存的作为符合性证据的记录予以保护，防止非预期的更改。

标识文件和记录，也是存放和保护的重要和有效手段，如可采用颜色（如不同用途的记录使用不同颜色的纸张）、编号（如分类号和流水号）等方式来确保记录能易于识别。

（4）更改与版本控制

文件一旦经过批准并发布实施就成为有效版本。若进行文件更新，则更改前的文件为已作废的无效版本，更改后的文件为新的有效版本。在质量管理体系有关场所都应使用现行有效版本的文件，以确保文件的统一性，这是保障质量管理体系能协调而有效运行的基础。

组织应能识别和确认所有文件的更改和现行版本状态。可以由组织选择一种简单可行的识别的方法，例如分类编制文件的有效版本控制清单（如现行有效版本的文件目录、图样目录、标准目录等）、文件修订一览表等。这时，不仅要注明文件的版本号（如 A 版、B 版、C 版）还应标出文件的修改码（如 01、02、03 等），因为文件可以在不换版的情况下进行多次修订。可将文件控制清单存于计算机数据库中，以便于随时按文件修订情况进行更新。若采用电子版文件，只要控制修改人的权限和修改依据，有效版本的控制就变得非常简单了。

（5）保留和处置

组织应防止作废文件的非预期使用，例如"回收"或如前所述严格限定其使用。但无论何种情况（包括存于档案室中供人借阅的），只要保留作废文件，都应对其进行适当的标识（如加盖"作废"、"保留"或"参考"章，或标明限用范围）。当然如有可能，应考虑将这些作废文件从所有发放和使用场所及时收回并统一进行销毁。

一般说来文件有新版本时，旧文件就应作废，但有时并不如此。一种情况是新旧文件交替过程中有过渡期；另一种情况是由于产品型号不断更新，有的老顾客还在使用老产品，组织可能还需要按旧版本文件来为顾客生产并提供某些配件。这时应注意严格限制旧版本文件的使用范围和期限。

一些组织采用在文件上加盖"受控"或"有效版本"章的办法来控制有效版

本，实际上文件一经修订即使盖有"受控"或"有效版本"章的文件也会变成不受控的无效文件。因此，盖这类印章并不能一劳永逸，而应时刻跟踪文件的最新修订状态。

记录可通过适当的载体来保存，如使用纸张、磁盘、光盘或其他电子媒体。应安排适宜的储存环境，以防止质量记录的损坏或丢失。

新版标准对如何记录没有要求。所以，组织应根据自己的需要和产品特点、法规要求以及合同要求，来确定记录的保存期限。一般可根据产品的寿命周期、"三包"期限、参考保留价值来分别确定不同记录的保存期限。记录最终如何销毁组织应制定一个基本原则，对超过保存期限的记录，应予以定期清理，统一销毁。

(6) 外来文件

组织应识别与产品和服务、质量管理体系的策划和运行有关的必需的外来原始文件（包括与产品和服务有关的法律法规、顾客提供的图样、产品标准、与相关方必要的文件和信息沟通等），并对其进行适当的识别和控制管理；应控制外来文件的分发和有效版本的跟踪，使其处于受控状态。

(7) 相关资料

组织在应用本标准编制体系文件时可参阅 ISO/TR 10013：2001《质量管理体系文件指南》。

第 8 章 运 行

2015 版标准第 8 章与 2008 版标准相比的主要变化,是在策划时考虑了风险的预防和相应的措施。因此,对 2008 版标准 7.5.2 过程确认,在 2015 版中没有单独条款提出要求,只是作为应受控条件之一其实是把这种特殊性问题纳入风险识别来加以控制。2008 版标准的 7.6 监视和测量设备的控制也被纳入了新版标准的第 7 章作为支持的资源,这是合理的,也是新版标准的一大进步。

产品和服务的运行过程,就是产品和服务实现的过程。本章主要包括:产品和服务运行的策划、要求、设计和开发,外部提供方过程、产品和服务的控制,生产和服务提供、放行和不合格输出的控制等活动。

8.1 运行的策划和控制

运行策划就是对产品和服务实现的过程、目标、内容、实施和控制要求的设计活动,是保证产品和服务达到质量要求的重要控制手段。因此,组织无论提供何种产品和服务,为了实现顾客、相关方满意和法律法规要求,都应认真策划其产品和服务实现过程。策划应该以标准 4.4 和 6.1 为前提要求,并结合组织的产品和服务实际情况,来考虑策划和控制的具体事宜。

读者或应用组织可参看:
- ISO 10005:2005《质量管理体系 质量计划指南》;
- ISO 10006:2003《质量管理 项目管理质量指南》;
- ISO 10007:2003《质量管理 技术状态管理指南》。

8.1.1 策划和控制的基本考虑

(1) 策划应满足标准 4.4 和标准 6.1 的要求

对产品和服务实现的某一过程运行进行策划时,应与标准 4.4 和标准 6.1 中对同一过程的管理要求相一致。三者存在必然的逻辑从属关系,标准 4.4 是从宏观质量管理体系识别和确定过程,并对建立、实施和保持、风险和机会等提出了要求;标准 6.1 则从识别风险和机会的作用、策划其应对的措施要求;因此,在标准 8.1 中,要策划在实际过程运行时如何具体实施和有效实现标准 4.4 及标准 6.1 的要求。又如标准 8.5.1 c) 和标准 9.1.1 中的"监视和测量"和"风险评价",是根据标准 8.1 的策划安排进行的，而标准 4.4 和标准 6.1 中对监测和风险评价也提出了要求。因此，在确定监测活动和评价活动时，必须既符合标准 8.1 又要符合标准 4.4 和标准 6.1 的要求。

（2）策划和控制的对象

策划的对象是产品和服务实现的过程要求、准则、所需资源、控制要求、必要的形成文件的信息等。组织的产品和服务类型可以是硬件、软件、流程性材料或服务（如连锁超市、游乐园、博物馆、各类学校及培训机构、汽车 4S 店、家电维修等）。许多情况下，一个组织提供的产品和服务不是单一类型，如汽车本属硬件产品，而其控制系统包含了软件成分，往往还伴有维修服务，但其基本的产品类型是硬件；在涉及控制系统软件开发时，则应按软件产品来管理；在开展维修服务时，则应按服务类产品来管理。

产品和服务实现的过程策划，应包括设计过程控制、外供过程控制、生产和服务提供过程控制的策划。特别是其中的生产或服务提供过程，往往需要开发，即开展过程的设计和开发，如加工业的工艺设计、开发；服务业的服务流程、服务规范的开发等。

（3）策划与产品和服务质量目标的关联

产品和服务实现过程的策划以实现质量目标为目的，为此应对总的产品和服务质量目标进行相关分析，以明确产品和服务实现的每个过程和质量目标有何联系，从而搞清需要控制什么，控制到什么程度，才能实现产品和服务的符合性和过程目标。

（4）产品和服务实现过程的分类

产品和服务实现的策划涉及对质量管理所有过程的策划。为了便于管理，通常将这些过程分为两类。

1) 直接过程：包括产品和服务实现的全部工作流程，即标准第 8 章所涉及的过程和活动，如产品和服务要求的确定过程、设计和开发、外供、生产和服务的提供、放行、交付及不合格输出控制等，产品和服务实现的策划主要是针对直接过程的策划。

2) 支持过程：指为了保证产品达到顾客满意的管理过程，即标准第 4、5、6、7、9、10 章中所涉及的过程，如质量方针、目标管理、管理职责、质量管理体系要求、基础设施、文件化信息、内审和管理评审、持续改进等，这些过程一般不因具体产品和服务的改变而变化，而在质量管理体系文件中宜做出通用的管理规定。

（5）与质量计划的关联

如组织提供的是通用的产品和服务，则属于一般的策划范畴。若针对某特定产品和服务的项目、合同或过程进行策划，则策划的结果就是针对该项目、合同或过程的质量计划。通常质量计划中的通用部分可直接引用质量管理体系文件和作业文件。

(6) 策划和控制的输出形式

策划的输出形式因组织的规模、产品和服务的特点而异，应适合组织的运作方式，可以是文件、图示、影像、口头、实物等形式。例如：对硬件产品往往是图样或电子图形软件、加工工艺和操作规范/CAM软件、操作指导书、各类操作规程或卡片等；对化工类流程性材料产品可能是配方和工艺流程、工艺规范；在小微型组织中可能是口头指令；对装饰类产品可能是样板、实物模型、照片或图示；在幼儿园及4S店等服务型组织中多为图示和影像。

对特定产品策划的输出形式是质量计划。

(7) 策划和控制的变更管理

策划一旦形成并不是一成不变的，也不是不可以变更的。实际上往往会因相关方要求的变化、产品和服务要求变更、环境或不可抗力的环境变化，而调整和变更策划。变更前要在新要求的前提下，对原来策划的直接过程和间接过程逐一进行重新识别、确认和评价。必要时，采取相应可行的措施减轻任何不良影响（具体见标准8.5.6）。如果变更较大应该重新输出策划结果或质量计划。

(8) 外部提供产品和服务的控制策划

组织应策划外部提供产品和服务的控制，确保外部提供的产品和服务满足标准8.4的要求，包括外包过程。组织在确定外部提供产品和服务所需的过程后，应策划的控制要求如下：

1) 外部提供的产品和服务的要求；

2) 建立外部提供产品和服务过程的接收准则，即满足外部提供过程、产品和服务要求；一般在合同或技术协议里应提出专项要求；

3) 为达到2) 条中接收准则要求所需的资源；

4) 按照2) 条准则实施过程控制的措施和方法；

5) 确定和保持必要的形成文件的信息有哪些。

标准中提到的"外包过程"通常是指由外部承担的、涉及组织提供给顾客所要求的产品和服务的过程。这些过程可以是产品和服务实现的直接过程中的一部分（如设计开发、外供产品和服务、外协加工等），有时也会涉及管理性的支持过程（如运输、工程监理、环境管理、内部审核等）。

在标准8.1中涉及对外包过程的识别，而对这些外包过程的控制则可按8.4标准"外部提供产品和服务的控制"的要求进行。但若涉及标准中的相关过程外包时，也必须考虑相关过程的要求，如"设计和开发"外包还应考虑标准8.3的要求,"内部审核"外包还应考虑标准9.2的要求。

对外包过程的控制应考虑:

1) 外包过程对组织提供满足要求能力的潜在影响。

2) 共享过程的控制程度。

3) 通过标准8.4获得的所需的控制能力。

8.1.2 策划和控制的内容

(1) 产品和服务的质量目标和要求

产品和服务的质量目标是组织的质量目标的一部分。策划产品目标时,应针对某一具体的产品和服务、项目或合同,识别产品和服务质量特性、绩效,建立其目标值,并明确质量要求(包括固有特性、交付和交付后要求等)和约束条件,使之能满足相关方和法律法规的全部要求以及组织自身的要求。

(2) 确定过程和资源

根据已确定的产品和服务质量目标和要求,首先应识别并确定所需的过程、子过程以及活动。例如:硬件产品生产一般包括设计、采购、制造等较大过程,其中每个过程又由若干个过程或活动来完成。同时,应确定这些过程所需的资源。这些资源应该是充分的,足以确保产品和服务符合要求,能实现其设定的过程、产品和服务的目标。

(3) 产品和服务的过程活动及接收准则

在产品和服务的策划中,应确定为实现该产品和服务需要开展的各种过程检查活动和接收准则。那么,就要对过程、检查和接收活动进行规范性要求,形成正式文件的信息就称其为准则。这类活动还包括产品和服务所要求的验证、确认、监视、检验和试验,例如:设计和开发的验证、确认;产品和服务或过程的监视;各阶段产品和服务的检验和试验。

过程的输出应按验收准则进行评价,证实满足输入要求。必要时,还应按使用工况加以确认。对过程的关键、重要特性,应进行监视和测量,以确保过程的中间产品和服务达到要求。对最终产品和服务应规定验收准则,并按其实施检验和试验,以判定可否放行。

(4) 形成文件的信息要求

组织应对已识别的过程、产品和服务确定和保持必要的的文件(如:程序、作业文件、服务规范、准则和必要的记录表式等)。为了确信过程已按策划予以实施,并证实产品和服务与其要求的符合性,组织就要有这些过程实施的依据和证据,也要有产品和服务符合性的证明符合的依据,依据的就是指作业文件、验收标准、评价准则等,证据就是以上活动的实施、监控、验收和评价结果记录。这些记录应能确信过程运行是按策划要求实施的，并充分证实产品和服务要求的符合性及结果的有效性。

应当指出，新版标准条文里所说的"必要"，是让组织根据自己的实际情况和需要来制定和保持适合自己的形成文件化的信息，够用就行。体现了新版标准的灵活性和适用性，并非越多越好，也并非越细越好，清楚明了、简单适用、够用，才是最好的。

8.2 产品和服务要求的确定

8.2.1 顾客沟通

这一条款是新标准为了贯彻"以顾客为关注焦点"的基本原则，又在2008版基础上增加了"顾客财产管理"和"应急措施的特定要求"的要求。本条款也体现了《卓越绩效评价准则》中"顾客驱动"的基本理念。

（1）沟通的目的与意图

与顾客进行有效的沟通，是为了充分而准确地了解顾客的要求，掌握顾客对所提供产品的满意程度的信息，并以此作为提高组织管理水平、持续改进、提高服务质量和驱动创新的输入。同时，应确保在产品和服务提供之前、之中以及之后都建立起适宜的沟通渠道、沟通方法和原则、沟通职责和范围、抱怨或应急沟通安排等，以便与顾客进行及时有效的交流，最终达到顾客满意。

（2）沟通的内容

1）产品和服务信息

一般情况下，组织可通过市场调研了解顾客有关产品要求的信息，利用广告、样本、样品展览会、宣传册页和网页等形式，通过各种媒体来宣传介绍组织可提供的产品和服务。同时，组织可以通过市场的开发、投标、老客户续约等形式，给顾客或相关方提供产品和服务信息。但无论采用何种形式，都应确保与产品和服务有关信息的真实性，既不能误导顾客，也不能提出没有兑现能力的承诺。

2）问询、合同或订单的处理，包括对其修改

在答复顾客的问询、签订合同或接受订单以及产品和服务实现过程中，应就顾客所关心的问题，进行有效的沟通。组织应以适当的方式给顾客以明确的答复，暂时没有明确回复的，也应告之再次答复时间。沟通可以消除顾客的疑虑，明确顾客的要求，从而为最终提供顾客满意的产品和服务创造条件。

但在任何与顾客已达成的合同、订单、协议或其他约定有修改时，都要保证在修改之前将变化之处与顾客重新进行确认，并达成共识。还要确定处理的方式。

这种方式可能是重新签订合同、订单或协议，或者是对其增加补充形成文件化的信息等附件。

3）顾客反馈，包括顾客抱怨

应重视收集并管理在产品和服务实现过程中（如让步）、产品交付后顾客所反馈的信息，包括顾客的抱怨和投诉，了解顾客对所提供的产品的满意程度。当顾客反馈或抱怨时，不要忽略任何一个问题，因为每个问题都可能有一些深层次的原因。顾客反馈抱怨不仅可以增进组织与顾客之间的沟通，顺利地使产品和服务得到有效运行和实现，而且可以为组织诊断产品和服务、内部经营与管理所存在的问题。要善于利用顾客的反馈与抱怨，来发现组织需要改进的产品和服务、过程和环节，为其提供宝贵的信息来源。这正是所谓的"抱怨是金"。

与顾客沟通中，可能会因为存在沟通的障碍而产生误解，但组织都应以平和的心态来处理顾客的抱怨或投诉。应该认识到，能向组织表达有抱怨和不满的顾客，是对组织仍寄予期望的顾客。对于抱怨行为应该给予肯定、鼓励和感谢，也应尽可能地改进，以满足顾客的要求。这样才能充分体现一个成熟组织的风范，也才能充分体现"以顾客为关注焦点"和"顾客驱动"的理念得到了实实在在的落实。

比如，一个顾客在某商场购物，对于他购买的产品基本满意，但是他发现了一个小问题，提出来更换，售货员不太礼貌地拒绝了他。这时他开始抱怨，投诉产品质量。但是事实上，他的抱怨中，更多的是售货员服务态度问题，而不是产品质量问题。对于顾客的抱怨应该及时正确地处理，拖延时间，只会使顾客的抱怨变得越来越强烈，顾客会感到自己没有受到足够的重视和尊重。

4）顾客财产的管理或处置

由于组织所处行业或提供的产品和服务不同，某些时候，合同或订涉及顾客的财产由组织管理和处置。绝大多数物流业，如港务和船运公司、铁路或公路运输、快递业等，在这方面，都是比较典型的。这时，在运行的各阶段都应利用保持与顾客沟通的渠道沟通财产状况。在现代电子商务中，例如，在淘宝网和京东网上，可以随时查到所购物品的物流状态，这样可使顾客对购物到达时间心中有数。

组织应该在接收客户财产前，确认对其管理和处置是否可以满足顾客提出的要求。为了确认能否满足要求，就先要对顾客财产进行识别和确定，宜列出清单，有的组织还附有照片等信息。对不同的顾客财产、不同地点、不同时间、不同环境、处置原则、交付或委托交付等，均应与客户沟通和确定，并应以协议或合同附件形式确定下来。

在运行过程中要及时沟通客户财产管理和处置状况，以保证顾客财产的完整性。

除知识产权等外，顾客肖像、涉及个人的任何信息均属此类。因此，组织要信守承诺、自律约束，并严格执行法律法规要求，否则极易引发法律纠纷事件。

5）应急措施的特定要求

在运行过程中，往往会因为一些不可抗力的客观条件、产品或服务的本身缺陷、环境变化的影响，导致突发情况：如组织机构重组导致原有项目合同策划重大修改变更、某品牌汽车防撞钢梁因设计缺陷招回、突发地震或海啸致使合同不能按时履约等。因此，沟通还应包括在需要采取应急措施时，要将所有可能出现的紧急情况及相应措施、特定要求与顾客进行充分沟通，并达成共识。

(3）沟通的安排

沟通的安排包括：明确沟通的职责方式、渠道、内容、时间；组织内部协调；结果的处理等。组织应确定上述五个方面需沟通的内容并实施有效的沟通安排，以确保满足顾客的明确要求和隐含的期望。

总之，沟通的安排越充分，对后续识别和确定产品和服务要求就越准确，对其评审也就越充分；产品设计开发就越容易接近和满足顾客要求，甚至超越；对外部提供的产品和服务控制就越有针对性和有效性；生产和服务提供就越高效，质量、成本、交货期就越有保障。因此，顾客沟通绝不是停留在嘴上的一句空话，而是要在一系列工作中实实在在地去落实。

8.2.2 产品和服务要求的确定

组织应建立、实施和保持过程，以确定将提供给潜在顾客的产品和服务的要求。这是新版标准的新要求。笔者认为，该条款适用于确定顾客，也适用于不确定的潜在顾客（包括网上顾客）；而对确定的顾客，如预签订合同、协议和订单等，则更适用于标准8.2.3条款。

组织只有充分了解与产品和服务有关的全部要求，特别是潜在的顾客的需求和期望后，才能确定出将要提供的产品和服务的恰当要求，以达到潜在顾客满意并进一步开拓市场。

在确定与产品和服务有关的要求时，应明确以下方面内容。

(1）产品和服务要求

特定的合同顾客对产品和服务的要求应该很明确，但在顾客不确定的情况下，组织要有能力识别和确定潜在顾客对产品和服务的明确要求，包括对产品和服务固有特性的要求（如汽车的动力性、经济性、平顺性、制动性、舒适性，服务业的及时性、卫生、文明礼貌等）、对产品的交付要求（如包装、交货期、交货地点和运输方式等）和交付后的要求（如售后服务）。这些要求通常不是特定顾客明确提出的，而是组织预先提供的产品和服务应该具备的基本功能和特性，就需要组织从对潜在顾客和市场进行调查研究、历史销售或同行经验、产品功能和特性分析、产品标准要求等信息分析判断后，得到并加以确定。

必要时，能提供证实以上所有要求满足规定要求的证据。因此，从本条要求可以看出，与产品和服务有关要求的确定，也隐含了对其评审的要求。

（2）与产品适用的法律法规要求

在我国，与产品和服务适用的法律、法规主要是涉及安全、健康和环境方面，如食品卫生法、产品质量法、消费者权益保护法、环保法、标准化法和强制性标准等。除法律之外，还有作为行政法规的国务院有关条例（如"生产许可证条例"）和地方法规。

在开拓市场时，应注意遵守地方法规；进入国际市场则应遵守WTO的法规性文件及相关国家的法律。

（3）组织认为必要的要求

许多组织为了增强市场竞争力，为顾客提供超值服务，而规定了一些附加要求。例如：目标成本；交付后活动（可包括担保、契约义务、维修服务和最终处置，诸如：送货上门、免费安装、三年内免费包修或延保、产品回收和技术培训等）。在策划时，应确定组织所需考虑的任何附加要求，但这种附加要求必须没有损害消费者权益和不违反法律法规，否则组织的风险就比较大。

（4）满足组织声称的要求

组织在向顾客提供产品和服务前或过程中往往会做一些市场活动和广告宣传，但在活动或广告中声称的要求和承诺一定要确保满足，否则极易产生负面宣传效果、索赔或法律纠纷。笔者就有这方面的经历，某企业空调产品在使用中噪声很大，与其广告宣传中的"超静音"严重不符。经多次报修也未能解决问题，半年后该企业不得不全额赔偿。该企业的服务应该说是一流的，但服务再好也解决不了产品先天不足的问题。该企业在质量管理上的起伏是值得深思的。

（5）索赔要求

索赔是指当事双方的一方违反合同、法律法规或国际规则的规定，直接或间接地给另一方造成损害，受损方向违约方提出损害赔偿要求。索赔的依据包括两个方面：一是法律依据，索赔方提出的赔偿方法必须符合法律规定；二是事实依据，索赔所需要的足够证据和文件。

组织能够满足其所提供的产品和服务的索赔要求。组织的产品和服务有可能会因为小概率事件、本身设计缺陷、经营行为违反当地法律法规等原因，导致用户投诉或索赔。因此，组织要对其产品和服务在索赔方面，做出预判和确定预案，这也体现了在产品和服务实现过程中风险的预防思想。我们在实际生活中也经常听到索赔事件的发生，电器安全、工程施工、汽车安全和旅游安全等是索赔高发领域。

8.2.3 产品和服务要求的评审

本条款通常适用的情况是预签订合同、订单或协议时。这时，组织面对的是明确和特定顾客。因此，产品和服务的要求就更加具体、明确和个性化。

组织应评审已知的特定顾客提出的与产品和服务有关的要求，这在许多情况下（如硬件制造业、商业订货等）就是合同评审，而在服务行业中则多为对服务要求或承诺的评审。

（1）评审的目的

通过评审可保证组织已准确理解了与产品和服务有关的要求并确保组织有能力实现这些要求。在这个基础上，对产品和服务要求做出明确规定，才有可能达到顾客满意。对于签订合同的项目而言，评审是确保履约的必要条件。诚然，为了履约还必须进行评审的后续管理，使合同执行的全过程受控、考核合同的履约率，并据此评价合同评审的工作质量，以使顾客满意。

因此，可以说与产品和服务有关要求的评审是在把守顾客满意的第一关。

（2）评审的对象

评审的对象是合同、标书、订单、广告、样本和其他有关产品和服务信息中，对与产品和服务有关的要求做出的承诺。在与产品和服务有关的要求中，必须全面考虑标准8.2.2中涉及的法律法规要求、组织认为必要的要求、可能的索赔要求等方面。所考虑的这几个方面，同潜在顾客的需求也是一致的。

（3）评审的时机

评审的时机应当在组织向顾客做出提供产品和服务的承诺之前。例如：在投标、接受每项合同或订单及接受每一次合同或订单的修改前进行评审。在某些情况下，如推出一种新的服务项目（如网上销售）和在向市场推出一项产品前，均应进行评审。

（4）评审的内容

组织有能力满足顾客规定和潜在的要求，以及附加的法律法规要求，这是进行评审的主要目的。在组织内部，只有通过初步的策划，拟定必要而可行的技术、管理、资源措施，才能确信有能力满足产品和服务的全部要求。这些要求包括对产品和服务质量、数量、价格、交货期以及交付后等有关的全部要求。

评审的内容应全面，并确保满足以下要求。

1）顾客规定的要求

组织对新开发的顾客或特定的顾客，要以适当的形式（如合同、投标书、订单、需求识别单、图样等）予以规定。如有些要求不准确、不尽合理或模糊、有矛盾等时，这种规定应包括对问题的澄清，包括产品和服务在交付及交付后活动的要求。这里的交付要求是指交付的时间、地点、方式、验收方法等；交付后的活动要求是指产品及服务交付后对顾客后续安装和使用培训、问询、报怨、投诉等如何解决。对于售后服务的各项要求，要事先有预案规定解决的渠道和方法。

2）隐含和必须的要求

许多情况下，顾客并不是熟悉产品的专家，难以全面而准确地提出产品要求，特别是对于新客户更应注意这种情况。对于顾客虽未明确规定，但规定的用途或已知预期用途所必需的要求，也应予以明确并满足。例如：在高原使用的各种机器、用具更应考虑到在空气稀薄条件下，如何保持正常使用；在腐蚀性工况工作的各种机电设备和零部件应进行盐雾试验；在服务业中，交通运输服务中的正点率，通信服务的接通率，餐饮服务的等候时间等不言而喻的要求。

识别顾客的隐含要求是较困难的，往往需要进行市场调研、与同行业产品和服务水平相比较，以及对顾客信息进行反馈分析，才能识别。

另外，在某些情况下这些隐含和必需的要求来自于有关相关方的要求。这些要求也均要纳入评审内容。如项目开发投入的资金需要贷款，可能就涉及银行方面这样或那样的要求；交货期可能会导致工人的加班加点赶工，可能就会有来自工会组织方面的要求等。

3）组织规定的要求

对通用产品或一般标准化服务常规客户或潜在的客户要求，一般由组织自己来规定产品和服务要求，也包括交付或交付后的活动。组织也应对这些规定要求定期或不定期地进行评审，以适应因市场和环境等原因的变化产生的对产品和服务要求的变化的影响。

4）适用的法律法规要求

组织提供的产品和服务可能会受我国的法律法规、行业规定或标准的要求限制，那么该产品或服务涉及法律法规的所有要求，组织必须清楚和明确，并都要予以评审。如，我国对电器产品及其元器件产品实行强制"3C"认证制度、食品安全卫生"S"标志的生产许可，否则不能进入市场流通领域；还有一些特许行业实行的是行政许可或备案制度，如建筑、监理、学校和培训机构的资质、环境排放污染企业的环评、网络运营和电子商务、娱乐业和宾馆饭店业等的许可和备案。

5）与先前表述差异的合同或订单的要求

在实际的商务活动中常常遇到这种情况,最后签订的合同内容与投标书中做出的承诺不尽一致,或与以前的沟通或以往签订的合同或订单表述有差异,要按顾客的新要求进行确认和修改。这时,应对所有表述不一致及修改的部分再次评审,且不能漏项。只有在顾客所有要求得到组织的充分评审并有能力解决和实现时,组织才能签订合同或订单。

(5) 评审方式

评审方式应适于组织的运作,可以多种多样,可简可繁,完全从实际出发,不拘形式。只要能达到评审的目的与要求,组织就可以选择管理成本最低的适用方式。通常评审的方式有以下几种。

1) 签章评审。一般销售现货、标准的定型产品和服务可以由销售员在授权范围(如供货周期、数量、交付条件等)内以签章方式评审。

2) 会签评审。一般对较大订单的常规产品或服务仅有些易实现的特殊要求(如颜色、包装等),可由有关职能(如生产、供应、销售)的代表,以传递的方式在评审单上签署。对有某些特殊技术要求的、在定型系列产品和服务基础上的派生(衍生)产品,还应由技术发展职能的代表会签。

3) 会议评审。对新产品和服务及有较复杂的特殊要求的,宜召集相关职能代表的会议进行评审。

4) 审批。在服务性行业中,对于所开展的服务项目应达到的要求,由于比较简单、明了,无需搞形式复杂的评审,一般由主管领导审批即可。

5) 确认。在接受顾客口头表达的产品要求时(如电话订货、市场零售等),在接受前对顾客要求加以确认(如通过传真、电子邮件、短信、微信、电话记录),也是一种可行的评审方式。

当前,在我国的质量体系运行中,有相当数量的组织在评审活动中"走过场"。有的评审时没搞清要求,有的对实现要求的能力未做认真评估,以致有的合同履约率甚低。这与组织领导的错误观念,以先拿到合同再说,有很大关系。凡此种种都表明评审流于形式。这是在贯标与认证及认证后监督中,必须予以重视的问题。

(6) 评审应形成文件的信息

一般情况下,顾客所有提出的要求均应有形成文件的信息呈现作为评审依据,如意向性合同和协议或草案、商务谈判备忘录或会议记录等。在顾客没有就其要求提供形成文件的信息时,组织在接受这些要求前最好也应先进行文件化处理后(组织可根据实际情况确定方式和形式),与顾客双方共同对其进行确认,这种确认最好是以可再验证和追溯的方式进行。

评审结果的文件化信息是最重要的评审活动输出,应予以记录并保持,包括任何有关产品和服务的新要求或更改的要求。

我们从新版标准本条款要求中可以体会到,本条款的评审结果不仅要形成文件化信息,而且还要保持一个PDCA"闭环"管理的完整证据。

(7) 变更的控制

若产品和服务要求发生变更时,组织必须将变更的信息及时传达到有关职能部门或人员和相关方,以确保相关文件得到修改,并确保有关人员知道已变更的要求。

8.3 产品和服务的设计开发

8.3.1 总则

若组织的产品和服务的详细要求尚未明确,或顾客和其他相关方未明确定义产品和服务时,组织就存在将需求和期望转化为明确要求,再转化为特性或规范的过程,就存在设计开发过程。在标准第3章中,对设计和开发进行了定义,是指"将考虑对象的要求转换为对该对象更详细的要求的一组过程"。设计开发过程是产品实现过程的关键环节,它将决定产品的固有特性,产品是否存在先天性缺陷。有缺陷的设计,往往是发生质量问题和顾客报怨投诉的重要原因。同时,设计和开发是决定产品和服务成本的主导因素,设计和开发中的预防是最有效的预防。因此,组织应建立、实施并保持设计开发过程,以支持随后的产品或服务提供,即外供产品和服务控制、生产和服务提供、交付及交付要求、不合格控制等活动。

8.3.2 设计和开发策划

设计和开发策划,是指针对某个特定设计开发项目建立质量目标,规定质量要求、安排设计开发各阶段及其活动,以及各阶段应开展的控制要求。

设计和开发策划是确保设计和开发达到目标的有效手段,它还可使设计和开发过程不走或少走弯路。组织应对产品和服务的设计和开发进行策划和控制。策划的重点是使设计和开发全过程受控,力争设计和开发一次成功。这对于市场竞争要求缩短设计和开发周期、减少损失,是极为重要的。

2015新版标准在这一条款里充分体现了风险和预防的思想。

为此,组织应考虑确定以下内容。

(1) 设计和开发活动的特性、周期及复杂性

每个组织所处环境不同,管理基础、方式和方法不同,产品和服务也各有差

异,设计和开发的指导思想、应用技术和投入资源也不尽相同。因此,设计和开发的活动的特性、周期及复杂性也不尽相同。

设计和开发性质决定了整个设计开发的策划及后续活动的周期和复杂性。这种性质可包括(但不仅限于):

1) 全新的产品或服务;
2) 设计和开发是否是新领域或新技术;
3) 是在已有的产品和服务基础上的改进或附加新要求;
4) 原有设计和开发变更;
5) 是否是行政许可或强制认证范围内的产品或服务;
6) 法律法规及其他相关方制约因素;
7) 满足以上条件下资源情况等。

组织应充分和全面的对设计和开发的性质进行分析和考虑,是否具备完成这样性质的活动。以上因素决定了设计和开发活动的复杂性和周期。

(2) 设计和开发所需的过程阶段及适用的评审

组织应是在已知客户明确的合同或协议要求下,根据产品和服务的特点、复杂程度、以往经验(如行业惯例)等因素,明确划分特定设计和开发过程的阶段及各阶段要求,这种特定的过程阶段及其要求,是根据设计和开发活动的特性、周期及复杂性来决定的,包括可实现时的设计和开发评审(在下条与验证和确认一同进行阐述)。如机电产品可分为方案设计(初步设计)、技术设计、工作图设计(施工设计)、工艺设计、样机试制、定型、小批量生产等阶段;软件产品可分为功能规格说明、系统设计、软件开发(编程)、软件集成、系统集成、测试、验收、安装调试、售后服务等阶段;职业教育和培训机构开发新课程,可分为拟定教学大纲、编写教材、确定教师、教案审查、试讲和试办班等阶段。同时,应规定各阶段中的每项活动的内容、要求、责任人和完成期限。

(3) 所需的评审、验证和确认

组织在确定设计和开发所需的阶段和活动要求的同时,还应规定每个阶段需要开展的评审、验证和确认活动,包括活动的时机、方式、参与人员和活动要求等。它们与产品和服务性质有关,也与设计和开发进程周期和复杂性有关。例如,对硬件产品设计和开发的验证可分阶段进行,如材料验证、工艺验证和最终产品验证。最终产品验证可采取型式试验或全性能、全尺寸检测方式进行。

应当注意在2008版中指出:"设计和开发评审验证和确认各自具有明确的目的,根据产品和组织情况可以单独或一起进行并记录"。这就允许组织视具体情况灵活安排,而不必拘泥于评审、验证和确认活动都要单独进行,而且分别记录。

而 2015 版中虽然没有对此明确说明，但也是适用的，组织可以合理、有效的采用。

（4）内部和外部资源的安排

设计和开发活动是一组过程，可能有多个设计和开发阶段，也可能有关相关方参与。所以，组织在策划时要充分考虑内部和外部资源的安排，以确保这些已被确定的设计和开发过程满足既定目标的要求。

资源我们已经在第 7 章中进行了阐述，但都是对资源管理的总体基本要求。而组织的产品和服务设计和开发所需的内部和外部资源，就应该更明确和具体。资源是保证设计和开发成功最重要的基础因素，而这里又属人力资源最为关键。这种资源包括：人、财、物、技术和知识、能力和信息，以及上述资源的共享和分享方式等。

1）内部资源包括：

- 能够充分满足岗位能力和技术要求的设计和开发人员；
- 产品和服务设计开发所需要的必要的知识和专业技术，及其软件；
- 设计和开发所需的内部环境、基础设施和相关支持；
- 设计和开发验证和确认的场地和相关支持；
- 必要的资金；
- 经验、教训；
- 渠道、网络及相关信息。

2）外部资源包括：

- 设计和开发所需的外部专家和人员，必要时的顾客和相关方团体代表；
- 产品和服务相关的法律法规和贸易协定；
- 行业惯例及规则；
- 与产品和服务有关的技术、标准和知识；
- 其他与设计和开发有关的外部信息和通信技术等。

（5）设计和开发过程的职责、权限

为提高设计和开发效率、保证工作质量，应明确每个阶段设计和开发活动参与人员的职责和权限。需要特别指出的是，设计和开发活动是创造性劳动，为了充分发挥设计和开发人员的创新性思维、积极性，组织及领导应给予充分的授权，尽可能减少限制和干扰，并给予取得创新结果和业绩的参与人员以荣誉、奖励和肯定，是完全必要的。

组织往往会遇到在策划范围内未考虑的突发事情和问题发生，那么组织应事先明确和制定处理的措施或应急方案，明确紧急状态下的职责、权限和接口等。新版标准中并未对此情况提出要求，但在策划中能融入风险预防的意识行为是组织深入理解和执行标准，组织管理水平成熟的表现。

(6) 接口管理

组织应对参与设计和开发活动的不同单位、部门、小组、顾客和用户参加的人员之间的接口进行管理。2015 新版和 2008 版标准对接口管理的要求与 94 版相比，有所简化（如未区分组织接口和技术接口，未明确对接口进行评审的要求），以适应不同类型的产品和服务（特别是服务）和不同规模的组织，但其基本要求未变。对于较大组织、复杂的硬件产品开发，则仍宜根据 94 版标准的要求对接口实施更深入的控制。

接口管理首先要明确各自的职责分工、权限分配及相互关系，然后要规定在什么情况下、何时、以何种方式来传递和接收哪些有关的信息；在何种情况下、何人或岗位、何阶段、何种性质和范围内使用何种权限，以确保工作有效衔接，信息得到及时、准确的交流。

(7) 顾客或用户代表参与设计和开发过程

在某些项目与合作的设计和开发中，顾客或使用者代表要求或组织确有需求其参加设计和开发活动或某些阶段，应考虑这种情况的必要性和必须性。一般来说专家参与设计和开发的实际活动和评审较多，其他情况顾客或使用者参加确认和验证的活动较多。如：饭店的试营业就是服务的最后验证和确认的过程；顾客参与调研，以及对项目进度、质量的监控等。

(8) 后续的产品和服务提供的要求

设计和开发的策划，应该覆盖产品和服务的整个生命周期。通俗地讲，后续的产品和服务提供的要求设计，就是指产品和服务交付给客户后，售后服务过程的设计策划，包括售后服务的安装和调试、三包周期和期限、使用和保养说明、报废处理方式等。但要说明的是此时的产品已经交付给顾客成为商品。这种设计策划一定要符合产品和服务使用当地国的法律法规。不同的产品和服务的售后服务性质和方式有很大差别。组织应根据产品和服务实际来进行设计和开发策划，如产品和服务本身潜在失效模式、性质和用途和预期寿命等。

需要特别指出的是某些特殊行业要特别注意售后服务过程的设计策划，其使用或报废后往往会产生高污染，如：电池类产品；核工业产品等。

此策划的具体落实见本书 8.5.5 小节。

(9) 顾客和其他相关方对设计和开发的控制程度

预期的顾客和其他相关方对设计和开发的控制程度往往是由所设计和开发产品的复杂程度和重要性来决定的，如是必需和必要的应在策划时充分考虑。如我国的大飞机的制造就是科技含量很高很复杂的过程，是国家意志和战略，因此国家有关部门对其控制和参与程度就很高。又如大型工程施工项目，甲方往往委托专业的第三方监理公司，采用"旁站"的方式，对关键和重要施工环节进行监控。在项目设计和开发策划时，就应设计在哪些施工过程、哪个阶段、哪个工段的哪个位置进行"旁站"，"旁站"的具体要求、标准和必要的记录是什么。通常这种大型工程在关键处应设立"停止点"和"见证点"，以便接受监督检查。

(10) 必要的形成文件化信息

为了证实设计和开发各阶段任务已完成并满足要求，组织应策划设计和开发各阶段输出的必要文件化信息。这是确认组织有能力满足所有设计和开发要求的关键证据，也是后续设计和开发各阶段活动最重要的依据和输出目标之一。这些过程包括以上（1）～（9）全部所提到的设计和开发过程。

设计和开发的策划输出一般可采用文件、表格形式。如设计和开发计划或设计和开发策划书，其内容应包括每个阶段的输出文件化信息的"目录清单"，包括序号、输出文件或记录名称、编号、份数和页数等信息。

随着设计和开发的进展，由于产品和服务目标、资源等可能发生变化，组织应在适当阶段，修改、更新和调整策划的输出。

8.3.3 设计和开发输入

设计和开发的输入是保证设计和开发的固有质量满足要求的前提，也是设计和开发活动的依据。设计和开发的输入实质上表达了设计和开发的目标函数和约束条件。在此基础上的优化过程，就是设计和开发过程。因此，组织必须对其给予足够的重视并切实把好"输入关"。

(1) 功能和性能要求

组织在确定设计和开发的特定类型的同时，确定产品和服务的功能和性能的所有要求。在设计和开发输入时，应同市场调研、"与产品和服务有关要求的评审"，以及产品质量的先期策划等活动，有着密切的相互联系，也可以视为其间存在接口。组织应确定与产品和服务要求有关的输入并应保持记录。其内容应包括以下方面。

1) 关键要求

在这里，主要是指对顾客或其他相关方对产品和服务提出的关键要求，如质量、成本、交货期。组织要根据实际项目、产品和服务情况具体分析、识别和确定。

有时，对产品在某一方面有特定要求或组织对某项目有特定要求，都可视为关键要求。例如：目标成本，对特高、特长、特重产品的运输要求，产品储存的除湿要求等。

2）功能和性能要求

在硬件或软件产品中，功能一般指产品所能发挥的作用，即产品的功用，如：

- 电冰箱的制冷和自动除霜；
- 洗衣机的洗衣、漂洗、甩干和烘干；
- 电视机的与图像显示同步的声音、遥控、画中画；
- 汽车的前进、倒退、转向、制动、安全保护等；
- 金融证券业的统计和分析软件所能处理的数据和分析方法等。

性能指产品所具有的工作特性，如：

- 汽车的动力性、经济性、爬坡性能、越野性、机动性、起动和制动性能等，通常用技术性能指标来表述，如汽车的功率、百公里耗油量、爬坡度、离地间隙、转弯半径、起动时间和制动距离等。
- 软件的处理速度和分析的准确度等。

服务业所具有的功能和性能一般是指服务设施（如宾馆客房的空调、电话、彩电、洗浴设施以及餐厅、商务中心、商店、娱乐、健身等配套条件）及其可用性、安全性、保密性以及服务时间、环境、方式等要求。

（2）以前类似设计提供的信息

过去类似设计和开发的经验和教训是一笔宝贵的财富，应予以充分借鉴。其中，如果是经过实践证明是成熟而有效的有关设计要求和信息，适用时，也应考虑作为设计和开发输入的内容。

（3）适用的法律、法规要求

如涉及安全、健康和环保的法律法规以及强制性标准等要求，必须加以满足。对于政府的行政规章，只要不与法律、法规相抵触，也应予以满足，否则不仅产品和服务业务难以开展而且还会受到相应的行政处罚。

对于出口产品还应特别考虑国际性法规和贸易伙伴国的法规或协定。

（4）组织承诺遵守的标准或行业准则

组织在签订合同、协议时，可能会对产品或服务做出遵守标准或行业规则的承诺。这种承诺最好在合同或协议里以书面的形式体现，要清楚界定遵守承诺的原则、范围、前提条件、时限、特例处理、争议纠纷和解决等。对组织的承诺要充分、准确地输入到设计和开发的任务书中去。这样才能使标准或行业准则要求在产品或服务的设计中，从特性值上反映出来。

（5）失效及潜在后果

在组织的设计和开发过程中，往往会由于产品和服务的特性导致设计和开发失败，或者存在潜在的失效风险。随着工业化革命的发展，产品制造业已积累了大量的经验教训，特别是汽车制造业。为了减少事后的风险和巨大的损失，较容易地、花费较少的代价对产品设计和开发进行修改及对不同的设计方案进行客观的评价，事先应花时间深入地进行潜在的失效模式和后果分析（FMEA）。在本书后续的15.7节里将详细阐述。

这是风险预防思想具体落实的又一体现。

（6）输入的评审

2015版标准在这里并未对输入进行评审提出要求，似乎是简化和放松了2008版标准的要求。但笔者认为这是新版标准对组织根据自己的实际情况选择的自由度放松。但是，不进行输入评审必须在组织能确保输入完整、清楚并能满足设计和开发的目的，输入之间的分歧矛盾完全解决的前提下。这对绝大多数组织来说，是很难达到的，除非是对某一产品或服务多次进行设计和开发（包括部分变更），经验相当丰富和成熟，能力有可靠保证。否则，评审是必须的，也是必要的。评审的重点在于确保输入的充分性、完整、明确和清晰化（对模棱两可、含糊不清、过于笼统难以评价是否实现的要求进行明确化）、协调矛盾以及无遗留问题。

（7）形成文件化信息

组织应保持设计和开发输入的文件化信息。这里的文件化信息主要是指输入的证据和记录都有哪些东西。

8.3.4 设计和开发控制

设计和开发过程划分要根据组织及其产品和服务的行业及特点来确定，如硬件产品制造业、软件业、房地产业、宾馆饭店业、学校及培训业等。

典型的硬件产品制造业设计和开发过程可划分为：计划、设计、试制、批量生产和交付（销售）"五大阶段"。设计阶段是重点，包括功能原理设计、技术结构设计、技术总体设计、商品化设计（即施工设计）等。

组织要确保对设计和开发过程的控制，下面几小节是具体要求。

8.3.4.1 设计和开发活动结果要得到明确规定

设计和开发活动的结果，要靠每个设计和开发阶段活动的结果来保证。因此，要对其活动结果进行明确规定，包括每个阶段的结果。这里可以理解为设计和开发活动的目标，见表8-1。其他行业的组织根据自己的产品特点，设计和开发活动也可以参照表8-1进行控制。此表只是粗略地给出了设计过程的思路，组织在具体参考实施时，要根据情况进行细化过程活动和控制要求，包括设计和开发所需的必要的评审、验证和确认活动。

具体请读者参看《现代产品设计指南》[10]及《设计控制》[2]。

表 8-1 设计和开发过程

设计和开发过程		步骤流程	各阶段目标	各阶段方法
第一阶段	计算阶段	任务 市场调研	可行性研究报告 设计技术任务书	调查研究方法 技术预测方法
第二阶段	功能原理设计	可行性论证 制订设计任务书 确定设计要求明细表 功能分析与求原理解 设计方案优化组合 方案评审决策	原理方案图	创造性科学方法 系统化设计法 机构综合设计法 参数优化法 相似设计法 模块化设计法
	结构设计	结构要求与结构方案 结构设计，计算优化 方案评审决策	结构设计图	结构设计原理及方法 结构优化设计 有限元设计、强度、刚度计算 可靠性设计
	总体设计	总布置设计 人机工程设计 外观造型设计 部件与总体设计	总装配图	计算机辅助设计（CAD）
	商品化设计	零件图设计 各类技术文件编制 样机试制	部件工作图 零件工作图 产品技术文件	计算机辅助设计（CAD）
第三阶段	试制与试验阶段	样机试验 产品评价鉴定	样机试验大纲 鉴定技术文件	试验设计
第四阶段	批量生产阶段	产品图样修改定型 工艺文件验证 产品批量投产	工艺工装验证 产品质量认证 提高生产效率	计算机辅助制造（CAM）
第五阶段	销售阶段	产品销售技术服务 用户走访信息反馈	产品推销服务 用户信息反馈	反馈控制法

8.3.4.2 设计和开发评审控制

组织应按设计和开发计划的要求实施评审。评审的目的是为了确保设计和开发结果的适宜性、充分性、有效性，以达到计划设定目标所进行的系统的活动。为了把设计和开发的缺陷消除在设计和开发过程中，提高设计和开发质量，应充分利用评审这一手段。

(1) 评审目的

● 评价设计和开发结果满足要求的能力。评审应在设计和开发的重要阶段

（例如输入、方案、输出）进行，以确定是否可以转入下一阶段，并确保最终满足要求的能力。

- 识别任何问题并提出必要的措施。应当指出，从事设计和开发的人员由于其知识和经验的局限性和片面性，使设计和开发的结果很可能存在某些隐患。评审就应集思广益来充分识别这些隐患，从而防患于未然。识别问题是评审能否起作用的关键。在识别问题之后，就应针对性地提出解决措施来改进设计。因此，评审是设计和开发过程中最有效的预防活动。

（2）评审的安排

在设计和开发策划中应对评审做出安排。评审的安排通常应考虑评审点的设置、评审方式（如会议或传阅会签）、评审人员、评审准备、评审主要内容和要求等。

（3）评审人员

评审的参加者应包括与所评审的设计和开发阶段有关职能的代表。一般有关职能包括：市场营销、采购、制造、服务、监测、可靠性、质量管理等。评审的参加者根据需要，可不限于组织内部，可聘请专家、邀请顾客及供方代表。为了取得良好的评审效果，除了保证评审参加者的广泛性之外，还应确保参加者的业务素质，有能力识别问题并提出改进建议。

（4）评审记录

评审结果及任何必要的措施的记录应予保持。这些"必要的控制措施"的实施情况与效果应予以跟踪，在实际应用中还是必要和实用的。

8.3.4.3　实施验证

（1）验证的目的

设计和开发的验证是通过提供客观证据对设计和开发输入的要求已得到满足的认定。由此可见，验证在于确定设计和开发的输出是否能满足设计和开发输入的要求。如不能满足要求，则应寻找问题所在并采取相应措施。

（2）验证的安排

在设计和开发策划中，应对验证的时机（验证点设置）、验证方式、所开展活动的内容和要求及留存的记录做出安排。验证应按策划的安排进行。应为开展这些验证活动，提供相应的资源，包括能胜任的人员。对验证人员的职责和权限亦应做出明确规定。

（3）验证的时机

标准要求"在适当阶段"进行验证。应当指出，设计和开发各阶段的验证要求虽有所不同，但都应遵循尽早安排、以免遭受更大损失的原则。因此，每个阶段的验证都应在输出文件发放前进行。例如：在试制图样输出前应得到充分的验证，以免样机试制中因反复而造成的损失，特别是工装、模具有时成本相当高，一旦图样有误，浪费巨大。在样机试制后的型式试验，则可全面验证设计和开发能否达到要求，包括制造中对偏离设计要求的控制。

(4) 验证方式

验证方式可以根据需要和可能来选择，通常有以下几种。

1) 变换方法进行计算

用不同的计算方法进行计算，看能否得出同样的结果，从而可以相互印证，判断分析计算结果的正确性，特别是在判断数学模型和严重计算错误方面有显著效果。例如：对机械结构强度和刚度计算，有解析法、图解法、经验公式法以及 SAP-5、ANSYS 计算程序等，用一种方法算出结果后，再用另一种方法计算，从而可以比较判定结果是否可信。

应当指出，换一个人用同样方法再计算一遍，这只能属于验算，而不属设计验证活动。

2) 试验证实

试验证实的方法很多，有按相似原理进行模型试验（如飞机、汽车模型的风洞试验，水力枢纽模型试验等）、样机（品）试验、模拟试验、计算机仿真等。

3) 类比分析

由于试验验证的实施往往代价很高，故对于一般产品常采用替代的方法，如类比分析，进行验证。与已证实的类似设计的比较结果，可以判定设计和开发的成熟性与可行性。这对于简化新产品开发过程十分有益，只需考虑变化的条件和内容，可运用模块化结构来拓展。

4) 设计和开发输出结果的评审

设计和开发输出文件发布前，对照设计和开发输入要求进行评审，以证实没有遗漏并满足了要求。例如：对表明机械产品的结构、标准、技术条件、图样尺寸、公差、表面粗糙度及工艺要求的产品装配图、零件图等的评审。

应当指出，一般验证活动至少在上述方式中，选用不少于两种方式进行，才能确保验证更为有效。

(5) 验证记录

无论用哪种方式进行验证，都应保留相应的证据，以证实设计输出是否满足了设计输入要求，如果存在问题使某方面未能达到要求，则应记录所采取的措施及其效果。

8.3.4.4 实施确认

(1) 确认的目的

设计和开发确认的目的在于，确保所设计和开发的产品和服务满足规定使用

第8章 运 行

要求或已知预期用途的要求。虽然经过了设计验证,但并不能确保产品和服务满足预期用途要求。因为设计输入如有疏漏,如对隐要求识别不足,即使设计输出满足了输入的要求,也并不能完全满足顾客实际使用的要求。因此,需要在顾客实际使用状态下予以确认。

(2) 确认的安排

在设计和开发策划时,应对确认点的设置、确认方式、内容和条件等做出相应安排。只要可行,确认应在设计和开发完成后,正式批量生产或服务正式提供之前进行。对于单件产品则应在正式交付之前进行。若在产品交付或实施之前不可能进行全部确认时(如控制软件、建筑设计等),则应在此前尽可能完成部分确认。例如在电站工程建设中,常对主要设备(如主变压器),通过模拟使用工况的试验进行确认。

(3) 确认方式

1) 顾客使用

由顾客(用户)在实际的使用条件下进行使用考核,是最直接、最简便的确认方式,例如在实际使用的气温、气压、腐蚀性介质下,通过试用得到顾客认可。如我国第一艘航空母舰辽宁号下水试航及歼15着舰试飞,均是确认其动力、装备使用、航电系统、指挥系统、舰机协调系统、武器系统等,是否满足预期的使用要求;又如药品的临床实验也属此类的确认活动。

2) 运行测试或模拟试验

在顾客实际使用工况下往往历时过长,有时消耗亦较大,可以采用在试验室中模拟真实使用情况进行试验。例如:汽车模拟撞击实验就是确认汽车各项安全性能;汽车、摩托车、道路试验的标准路面,工程机械的试验场,在取得机器、设备实际运行的载荷谱以后,可以用高频疲劳试验来模拟等;软件系统及电站项目工程均可进行运行测试进行确认。

(4) 确认记录

设计和开发确认结果及任何必要的措施的记录应予保持。当确认结果表明设计和开发的产品不能全部满足预期使用要求时,应采取有效措施加以解决。对这类措施及其结果都应保留相应的证据。

8.3.4.5 对评审、验证和确认活动确定的问题采取必要的措施

评审、验证和确认活动都可能发现设计和开发的问题,组织应采取必要的措施予以应对。应将措施的有效性作为后续评审、验证和确认活动的输入内容。

评审、验证和确认之前的关系及在概念上的区别,在图8-1、表8-2中已列出。

评审、验证和确认虽然概念上有区别,但并不意味着完全是独立的活动而没有关系,往往实际工作中根据组织的产品和服务的具体情况,可以单独或以任意

组合进行，或在一个过程中完成。如验证作为评审的一部分来进行，或验证和确认同时进行，没有必要重复进行同一活动。

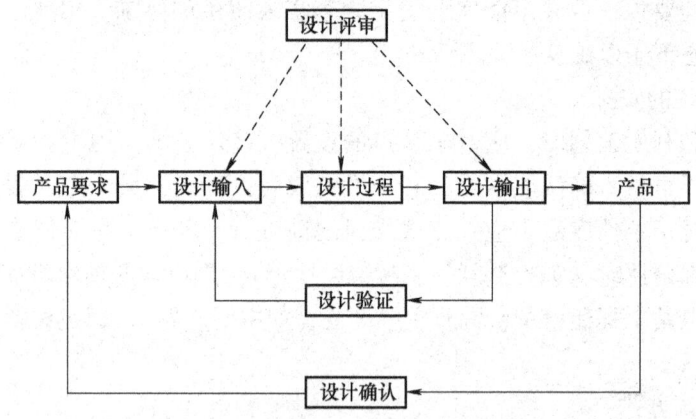

图 8-1　设计评审、验证、确认的关系

表 8-2　设计和开发评审、验证、确认的比较

	评　审	验　证	确　认
目的	识别存在问题，寻求解决途径，以确保设计和开发结果满足要求	证实设计和开发输出满足设计和开发输入的要求	证实产品的特定预期用途或应用要求已得到满足
对象	阶段性的设计和开发结果，如方案、结构、参数等	设计和开发输出，如说明书、计算书、图样、验收准则等	提供给顾客的产品（或样品）
时机	在设计和开发的重要的决策阶段	在设计和开发输出结果形成但未发布实施前	只要可行，应在产品正式交付之前。对服务类产品应在提供服务之前
方式	一般采用会议，对较简单而重要的问题也可传阅评审	由组织自行安排试验、不同方法的设计、类比分析和文件发布前的评审	由顾客试用或在具备条件时组织进行实际使用工况下的模拟试验

8.3.5　设计和开发输出

输出是设计和开发过程的相关资源和活动的结果，对每个阶段都有输出，这种输出就是下一阶段的输入。标准中的这个要求不仅适用于最终的输出，而且适用于中间过程每个阶段的输出。因此，组织应确保设计和开发的输出满足以下要求。

（1）一般要求

1）输出方式

设计和开发的输出方式可以因产品和服务的特点而不同（如文件、图样、样机、材料、过程规范、检测要求、必要的生产设备细节、配方、菜单、食谱、烹饪方法、服务手册等），但应能够便于针对设计和开发输入进行验证。宜列出设计输出与设计输入对比表，来表明输出达到输入要求的程度。如列出输入提出的某项性能指标（或其范围），以及通过计算或试验验证实际可达到的指标。

2）批准

设计和开发输出应在放行前得到批准。在94版标准中要求对设计输出文件"发放前评审"，对于较复杂的硬件产品，这一要求仍然适用。将"评审"改为"批准"就为不同产品类型、不同复杂程度的产品的设计和开发输出提供了较简化的把关方式。但应注意批准人应有足够的能力，并承担相应的责任。设计和开发输出为产品和服务实现的后续活动（如采购、制造或服务、监测）提供有关产品和服务的规范，是基本的实施依据。因此，在发放前应由规定的授权人员批准，以确保设计和开发输出全面满足设计和开发输入的要求，且正确而可实现，是十分重要的。

(2) 输出内容

设计和开发输出应满足以下要求。

1）满足设计和开发输入的要求

设计和开发输出应满足设计和开发输入的要求，是设计和开发工作质量的根本保证。每个从事设计和开发工作的人员，必须时刻紧扣住满足相应的输入要求来开展工作，而不能脱离实际地盲目追求理想化境界。还应特别注意，当设计和开发输入有所变更时，应满足变更后的输入要求。

2）适合于后续的产品和服务提供过程

如提供产品特性、产品规范、图样、采购规范、产品实现过程规范（如服务业的服务规范）、产品防护的细节、使用说明书、安装维修手册和培训资料等，以保证后续产品和服务提供的过程得到充分的输入信息，这些信息是生产和服务过程最重要的依据，也是全面表述产品和服务特征和特性的载体，确保能够提供符合要求的最终产品和服务。

3）包含或引用监视和测量的要求及产品接收准则

当产品和服务有国家、行业或所在地区统一标准或规范要求时，设计和开发输出应考虑监视和测量的要求要包含或引用这些要求，以满足新版标准8.3.3 c)设计和开发输入"组织承诺遵守的标准或行为守则"。输出包含或引用的监视和测量的要求，为后续的验证和确认活动、产品和服务实现活动和产品验收活动都提供了依据，也是后续所有监视和测量活动要求最初和最根本的依据。

产品和服务的接收准则是对产品和服务的质量特性是否符合规定要求进行考

核和判定做出的规定,也是相关部门和顾客判定产品和服务符合性的依据。合理制定产品和服务接收准则,是满足要求的重要保证。设计和开发人员最熟悉产品和服务质量特性及其对产品和服务质量的影响程度,由他们来制定产品和服务接收准则,以更好地体现设计和开发意图。

4)确保满足预期用途、安全和正确使用

应规定对产品和服务的预期用途、安全和正确使用所必需的产品特性。识别对产品和服务的预期用途、安全和正确使用所必需的产品特性,从而可以在管理中抓住"关键的少数",既有利于保证产品质量满足要求,又有利于降低成本。产品的安全问题不仅在硬件产品中很明显,如汽车制动性、电器设备的绝缘能力等;在服务业中也存在,如所用建筑物中的安全通道,银行储蓄中存款安全,游乐场、动物园中游人的安全等。"正常使用所必需的产品特性"是指产品达到其基本功能所必须具有的质量特性,例如电视机的声像同步、清晰度、杂音及调节等。

通常为了便于对不同重要程度的质量特性实施不同力度的控制,将质量特性进行重要度分级,从中识别出关键特性和重要特性。在审核中常常可以发现,一些组织虽将产品特性按重要度进行了分级,然而并未将这方面的信息传递给相关部门和人员,因而在产品实现过程中不能充分、全面地体现这种控制要求,往往因为没有采取相应措施而使一些已标识出的重要特性失控(例如在机械行业中对零部件形位公差的控制)。

8.3.6 设计和开发更改的控制

(1)设计和开发更改控制的作用

设计和开发更改的控制范围一般包括对各阶段设计和开发输出的更改,特别是用以指导产品和服务实现的后续活动(如采购、制造和监测等)的有关图样、图示和规范的更改。改进设计可保证并提高产品和服务质量和可靠性,进一步降低成本,提高产品和服务的经济性。然而,与此同时设计和开发更改可能引发出新的问题。例如:向新的供货厂家订购零件可能出现材料或尺寸不符的情况,因为它不像老的供货厂家那样了解图样修改过程;对某热处理工序的布局进行改进后,由于进、出口距离过近,出现热处理前、后零件混淆现象。应当指出,设计更改常常"牵一发而动全身"。因此,必须对设计和开发的更改,进行有效的控制,以确保更改达到预期效果。

(2)设计和开发更改的识别

标准要求应识别设计和开发的更改,并保留更改的形成文件的信息记录。组织应识别何时需要进行设计和开发的更改,并对其加以标识。一般可导致设计和开发更改的原因有:

1)设计和开发本身失误,例如,由于经验不足、设计和开发中的疏忽引起质量问题。

2)顾客对产品提出了新的要求,如提高可靠性指标。

3)相关法律、法规和强制性标准提出了新的要求,如在环保方面要求控制排污。

4)设计评审、验证和确认中,对发现的问题需要采取相应的措施。

5)随着设计和开发的进展,当初策划不周的问题已暴露,需加以弥补。

6)设计和开发过程中,当初设定的条件发生变化,如所需资源难以保证。

7)设计和开发的产品和服务成本已超过合理的目标成本,需要调整。

8)组织内部在产品和服务实现过程中,引起诸职能间难以协调,如有的设计要求需工艺保证或检验验证,但却没有合适的方法和手段。

应当指出,对有经验的设计和开发人员来说,除非必要不轻易作任何更改。如美国宇航局在阿波罗登月舱设计中就曾提出:"追求更好是保持良好的大敌",意即只要满足了设计要求,就无须再进行改进。越是复杂的项目越应对更改持慎重态度。

(3)设计和开发更改的评审

对任何设计和开发的更改,都应进行必要的评审,并在实施前得到授权人的批准。但应根据产品和服务复杂程度和更改范围的大小、重要性的不同,来确定对评审的具体安排。对更改的评审除了应考虑标准8.3.4.2对评审控制的要求外,还应评价更改部分对产品和服务其他部分及整体功能、性能、结构等方面以及对已交付产品和服务的影响(如维修备件)。

(4)设计和开发更改的记录

对更改的识别、评审结果及任何必要的措施(包括更改信息的传递、更改的实施、变更的授权、所采取的预防负面影响的措施和相关的更改等)都应保留文件化信息记录,以提供更改受控的证据。

关于设计和开发的详细论述,请参阅本丛书中之《设计控制》[2]。

8.4 外部提供的产品和服务的控制

外部提供的产品和服务是指任何影响本组织所提供的产品和服务质量的采购及过程的外包活动。如:机械厂采购的钢材等原辅材料和轴承、阀门等配套件采购,以及热处理等外协加工;化工厂的化工原料;宾馆的卫生用品、清洁工具,及外包的洗衣服务;各类服务业采购的管理软件等。又如,一个大型水(火)电站工程的建设公司的交钥匙工程,其建设过程中所需设备和各项服务都是采购或外包的。由此可见,采购产品对本组织的产品和服务能否符合要求,有着极其重要的影响。采购产品质量低劣,往往有对产品带来先天性致命缺陷的风险。例如在电缆中,铜的质量基本上决定了其导电性能。还应指出,由于采购产品的质量问题导致组织向顾客提供的产品和服务出了问题,组织要首先承担直接责任。因此,组织必须对外部提供的产品和服务过程进行有效的控制,确保外包过程及外部提供的产品和服务满足规定要求。

8.4.1 总则

(1) 基本要求

确保外部提供的产品和服务符合规定要求,这是对外包和采购过程控制的基本要求。采购和外包的质量控制,主要通过对外部提供的产品和服务及其供方的控制、制定采购和外包规范、验证采购和外包产品,来确保采购和外包产品在质量要求、交付和服务等方面,均符合规定的要求。

组织应将规定的要求应用于对外部提供的产品和服务的控制活动。而规定的要求往往已包括在设计和开发输出与外部提供产品和服务有关的文件化信息之内,详见本书8.3.5节。

(2) 对外部提供的产品和服务的控制条件

1) 组织把外部供方提供的产品和服务纳入自己的产品和服务

对外供产品和服务的控制范围,通常是以是否构成所提供的产品和服务的一部分来判定。如:对机电产品的生产工厂来说,原辅材料及零配件,以及生产中的外协加工和外包过程(如储存、运输)都应受控,而办公用品及一般劳保用品、生活用品则可不纳入受控范围;而对于餐饮业来说,除主食、副食、饮料、酒类之外,甚至于餐巾纸都应在受控范围之内。

2) 由外部供方直接向顾客提供产品和服务时

有些时候由外部供方以组织的名义,直接向顾客提供产品和服务,如:劳务公司的劳务派遣业务;网购电商的快递业务等。这种情况均有一个前提是"以组织的名义"。因此,组织要按规定要求来规范外部供方直接向顾客提供的产品和服务,

3) 当过程或职责外包时

当组织将过程或过程的部分环节由外包方提供时,也要实施控制,如:外协热处理和电镀工序;房地产开发公司的建设施工外包给建筑和监理公司;学校之间的委托培养学生等。

(3) 建立外部供方的选择、评价、绩效监测和再评价体系

1) 总的考虑

建立外部供方的选择、评价、绩效监视和再评价体系，是为了更好地引导外部供方与组织共同实现质量目标，促进提高和发展外部供方的潜力和创造力。同时，为了更确切的了解供方的供货业绩、态度、能力状况、绩效等基本状况，为组织进一步选择、评价和再评价等提供信息依据。

组织应根据外部供方提供外包过程或产品和服务的能力，来选择和评价外部供方，并制定相应的选择、评价、绩效监视和重新评价准则。对外部供方的评定方式和控制力度取决于外包过程或采购产品重要性的类别。例如：对关键产品或零部件，可要求由认可实验室出具型式试验报告进行样件认可，并经批准试用，才能正式供货，同时要求其具有 ISO 9001 认证合格证书，并进行必要的现场评定；而对于一般产品或零配件，可由检测部门对其配合尺寸、外观尺寸和外观质量进行检测来认可样件。又如，对服务业外包的管理软件开发应进行确认。

2）选择和评价准则

制定选择、评价和重新评价准则时，一般可考虑外部供方的以下方面：

- 资质、经验和业绩；
- 外包或产品质量、价格、交付及后续服务情况；
- 安装调试和支持能力；
- 质量管理体系状况，遵守法律法规和履行社会责任情况；
- 所提供外包过程和产品的顾客满意程度；
- 财务状况与履约能力。

3）建立外部供方的选择、评价、绩效监视和再评价体系

组织对外部供方的评价和重新评价，是对其绩效监视的重要手段。制定准则时，宜与评价、重新评价一起综合考虑，主要有以下方面：

- 体系评价的内容和频次。应根据外部供方提供的外包或产品对组织的产品和服务影响的重要程度而定，主要内容包括：质量指标、供应指标、经济指标、服务与支持指标等。
- 建立绩效监视的指标体系。如质量指标包括：来料批次合格率、进货检验合格率、免检率、报废率（包含生产、安装时发现的）等；供应指标包括：准时交货率、订单变化适应率等；经济指标包括：价格水平、降低成本的态度和行动、付款响应等；服务和支持指标包括：售后服务表现、合作态度与表现、反馈响应与共同改进、沟通方法与效果、参与开发、其他支持等[5]。

4）例外采购

在实际运行中，有时会出现因经评定的"合格供方"不能正常供货，生产又急需时，而出现"例外采购"。对"例外采购"应实施更为严格的控制：如由高层

领导批准;更严格的进货检验;做出标识,跟踪了解生产过程及交付顾客后的情况;必要时,可设立停止点;限定试用的数量和时间等。

5) 中间商的评定

应当指出,对于中间商和直接生产厂商的评定是不同的。对中间商的评定应注意:定生产公司、定品牌;中间商是否具有合法供货的正式渠道(如内销产品由生产公司直接发货的代理商,进口产品应有合法的销售代理权);中间商在标识和仓储管理方面,必须能确保不混料、混件、混品牌和混批次。

(4) 形成文件的信息

组织应对外部供方的选择、评价、绩效监视和再评价体系结果及其所引起的任何必要措施的记录应予保持。这些记录一般可包括:样件认可记录、现场评定记录、合格供方名录、整改通知单及供方业绩记录(包括供货的一次交检合格率,生产过程、最终检验及顾客反馈所暴露出的质量问题,以及整改的态度和效果等)。外部供方的业绩记录是进行重新评价的重要依据,应该用数据说话来进行重新评价。此外,对外部供方的现场的质量管理体系评价,亦应纳入监督和重新评价的内容。

8.4.2 对外部供方的控制类型和程度

(1) 对外部提供的产品和服务的分类控制

组织可根据外部供方所提供的外包过程或产品和服务对组织产品实现过程及最终产品和服务的影响大小,来决定对其控制程度,一般将其分为 A、B、C 三类,分别施以不同的控制力度。在划分外部供方产品和服务类别时,应首先考虑其所影响的质量特性的级别,并兼顾外包过程及采购数量和金额。例如,可对应产品和服务质量特性重要度的等级来确定外包过程和采购产品的类别,也可酌情对采购数量特别大和贵重的物资适当提高控制的类别,以防一旦这类采购产品不合格造成重大损失。

对不同类别的外包过程和采购产品,其控制方式和程度可以有很大差别。

如对 A 类产品的供方应实行最严格的评定,产品的进货检验也相应严格(检查项目多,抽样数量大,甚至可达100%,极限质量水平或合格质量水平相应提高等);而对 C 类产品则合格供方评定较简单且进货检验的要求(从抽样到合格判定)宜适当从简。

综上所述,在确定对外包过程及外部供方提供的产品和服务控制的类型和程度时,组织应考虑以下方面因素:

1) 对组织稳定地满足顾客和适用法律法规要求能力的潜在影响;
2) 对外部供方预期的控制效果。

对外包过程及外部供方提供的产品和服务控制的类型和程度首先由是否满足1) 条的要求来决定。一般来说对潜在影响大，或一旦发生问题就会产生较大经济损失或顾客抱怨，甚至受到法律法规和行政处罚而失去顾客或市场的供方，那就要接受组织较严格的和重点的评价、监视等控制措施；反之，可以降低要求的程度。对2) 条的理解主要两方面：一是，组织对预期的控制措施有效，外部供方的业绩也很稳定时，可以适当放宽控制措施和程度，甚至"免检"；二是，若组织没有达到对外供方预期控制效果，就要提升和加严对其控制措施，甚至采取停止供货或取消供货资格的处罚。

（2）实施验证或其他必要的活动

组织应确定并实施检验或其他必要的活动（如进货验证、供方现场监测等），以确保外包过程和采购的产品和服务满足规定要求，并不受其不利因素影响。因此，组织应根据外包过程及采购产品和服务的重要程度、验收的必要性来确定其验证活动的方式和要求，并严格实施。

1）进货检验和验证

通常，根据所外包过程及采购产品和服务对最终产品的影响（即产品质量特性重要度）、外部供方质量管理体系现场运行的评定情况以及外部供方的业绩，来确定采用适当（既能把关又能降低成本）的验证方式。

- 进货检验：外包过程及采购产品和服务中含有或涉及 A、B 类质量特性的，应通过检验和测量等方式，得出确切的数据，以确保其满足要求。应当指出，随着标准化、专业化的普及，企业为了降低成本、缩短生产周期，愈来愈倾向于选购原材料、标准件、配套件。由于外包过程及采购产品和服务达不到要求而导致机电产品主机质量问题的已占多数。因此，通过进货检验把好进货质量关，防止"病从口入"，是极其重要的。对于某些自己不具备条件检验的重要质量特性，应委托认可实验室进行检验或对供方检测进行监督。

- 进货验证：进货验证一般是指不用仪表设备等检测，而通过检查外部供方提供的客观证据，来认定外包过程及采购产品和服务产品符合要求的活动。一般验证内容可包括：材料质保书、出厂检测报告、合格证（应有出厂日期、放行检验员签章）、生产厂信息（是否"三无"产品）、包装质量（贮运中有否损伤）、外观、规格型号、数量、外形尺寸、安装尺寸、附件、备件、产品说明书、较复杂产品的安装简图等。对于不涉及重要质量特性、经过严格的评定（含产品、过程、体系）或已经货源处验证的产品，都可以采取这种验证方式。

2）货源处验证

无论组织还是其顾客拟在外部供方的现场实施验证时，组织都应在采购信息（如合同或协议）中规定拟验证的安排，如验证项目和验证方式（如实施抽检、监检等）和采购产品的放行方法。例如军工产品，采用驻厂军代表监督生产、检验过程，对符合要求者签字放行。

当采购产品价值昂贵、生产周期长、运输路途遥远或自己缺乏必要检测手段时，一旦采购产品出现问题来不及补救，会严重影响合同履约或造成重大损失。在这种情况下，组织通常采用派出代表实施货源处验证。

顾客对于关键的设备或零部件（如火力发电站的汽轮机主轴、汽轮机、主变压器等）往往设置若干见证点、停止点，不经顾客或其授权代表认定，就不能进入下一工序。

（3）外包的过程或职能仍然受组织质量管理体系控制

组织常常会将一部分过程和职能外包给外部供方，但这不等于包出去可以不受控。2015 新标准更加明确要求，此种情况仍然要在组织的质量管理体系控制范围之内，并根据其对组织稳定地满足顾客和适用法律法规要求能力的潜在影响，以及组织对外部供方预期的控制效果情况，制定出对外部供方及外包过程输出结果所采取的控制措施。如：可能采取的措施方式是对外包供方要求提供 ISO 9001 认证证书；对其进行现场审核或委托第三方审核等，包括与组织产品有关的职能的落实状况。

组织对外包供方现场审核或委托第三方审核的内容和要求，可依据下面 8.4.3 小节内容进行。

8.4.3 外部供方的相关信息

新版的"外部供方的相关信息"就是 2008 版的"采购信息"。明确无误的采购信息是采购产品和服务符合要求的前提之一。这些信息应在采购文件（包括：组织拟采购产品和服务的技术质量要求、采购计划及采购合同或协议等）中，事先做出充分、适宜和明确的规定，并与外包供方进行如下方面的沟通。

1) 拟采购的产品和服务，或以组织的名义实施的过程。
2) 对拟供应的产品和服务、方法、过程和设备的批准或放行：

- 产品批准要求，可包括拟采购产品的样件认可、验收规范或标准等。
- 程序批准要求，指对供方提交产品的程序中应予以批准的要求，如样件/试生产/批量生产批准程序、见证点设置、停止点设置、放行方式、让步申请等。
- 过程批准要求，是指对拟采购产品的过程批准要求，如对涉及到关键特性的过程、特殊过程和外包过程的批准要求。

- 设备批准要求,是指对提供采购产品所必需的设备和特定设备的批准,如对精密孔加工必须用数控磨床或坐标磨床;外包运输时必需的空调设备;必需的检测手段等。

3)人员能力,包括必要的资格。对拟采购产品和服务实现过程有关的人员能力和必要资格的要求,主要针对一些要求有特殊技能的岗位(如耐高压焊缝的焊接人员、炉前分析的光谱检测人员和餐饮业的厨师等)。

4)与组织的质量管理体系的相互作用。通常拟采购产品含有关键和重要特性时,要求供方管理体系与措施要与组织保持一致,至少要达到 ISO 9001 标准要求,或对所涉及的过程或活动按 ISO 9001 标准要求进行控制。

5)组织对外部供方绩效进行控制和监视(具体见本书 8.4.2 节)。在实际管理中,组织应建立外部供方的绩效档案,监视和记录供方提供的产品和服务的验证信息、供货及时性和准确性信息、后续服务信息、纠正措施的反映和反馈信息、第二方或第三方审核评价结果信息等。以上活动也是控制外部供方的常用办法。

6)组织或顾客拟在外部供方现场实施的验证活动(具体见本书 8.4.2 节)。

在与供方沟通前,组织应确保(如进行审批)所规定的要求是充分的(无遗漏)和适宜的(可行)。

8.5 生产和服务提供

生产和服务过程直接影响向顾客提供的产品和服务的符合性。因此,组织应对生产和服务提供过程进行策划,是通常讲的如何实现产品和服务,同时,依据设计和开发的结果进行的工艺策划或服务过程策划,是对影响产品和服务质量特性的诸因素规定其受控条件并加以实施。在质量管理体系策划及产品和服务实现过程策划中,对此就应有所考虑,并做出安排。

8.5.1 生产和服务提供的控制

组织应策划并在受控条件下,进行生产和服务提供。生产和服务的提供,对于不同类型产品和服务其含义不同,如对有形产品(硬件和流程性材料)是指其制造(包括加工、装配、包装等)直至交付后的过程;对计算机软件产品是指软件实现、交付、安装、配套和维护过程;对服务类产品是指服务提供的全过程。适用时,受控条件应包括以下方面。

(1)获得表述产品和服务特性的文件

生产和服务提供部门应得到来自设计和开发、过程策划、营销等部门(或小组)的有关产品和服务特性的文件化信息,如图样、产品和服务规范、工艺规程、样件、包装规范、质量特性重要度分级和服务规范等，以使员工按规范进行操作。如电镀时应提供零件图样、镀膜厚度、电镀液配比及浓度、电流和通电时间等；对餐饮服务业提供宴会服务时，营销部门应明确宾客引导、时间、人数、席位布置、菜单、上菜顺序和酒水等要求。

（2）获得规定活动的实施及其结果的文件

这里的形成文件的信息通常可以理解为生产和服务的作业指导书。组织应得到为指导生产和服务提供的作业指导书。在这里，作业指导书是广义的，其形式可多种多样，如：工艺过程卡、服务规范、工艺卡、工序卡、操作规范和检验实施细则等。

应当注意，并非所有作业活动都需要作业指导书，只有在没有作业指导书难以保证作业质量时，它才是必需的。一般操作人员经过充分的培训并有足够的能力且作业活动并不很复杂时，并不需要详细的作业指导书。如机械工业中可以用工艺过程卡代替工艺卡和工序卡。然而对涉及关键质量特性和特殊过程、复杂过程的作业，一般应编制相应的作业文件。

同时，应当指出的是作业文件还包括规定作业结果的要求，如合格的标准是什么、重点控制的特性值、合格质量水平、交付的条件等。

在需要作业文件时，需考虑操作人员应易于获得。

（3）获得和使用适宜的监视和测量资源

组织应配备和使用适当的监测装置，以便在生产和服务提供过程中，对产品和服务特性及过程特性进行监测，关注其变化并通过调整等措施，将这些特性保持在受控范围内。如电镀时需用测膜仪对镀层厚度进行测量或用电流表对电流参数进行监测。监测装置可以利用计算机软件，使其更直观，如可直接跟踪显示热处理过程与设定的温度—时间曲线是否吻合。

使用适宜的监测和测量资源，可以方便和简化监测活动，提高监测效率和效果，从而也可以降低成本。适宜的资源包括监测设备装置、人员、内外信息、可参考的以往监测结果、检测技术和经验等（参见本书7.1.5节）。

（4）在适当的阶段实施监视和测量活动

组织应在适当阶段或对重要产品和服务特性形成的过程实施监视和测量活动，以验证过程控制和过程输出的准则以及产品和服务的接收准则，已得到满足。监测活动可以包括对产品和服务特性（例如测量后绘制控制图）、作业人员、作业过程、工作环境的监视和测量等方面。对特殊过程的监测，更具有确保输出满足要求的重要作用。

（5）使用和控制适宜的基础设施和过程环境

为使生产和服务提供能确保产品质量，组织必须提供、使用和控制适宜的基

第8章 运 行

础设施和过程环境,包括基础设施、生产设备、安装设备、服务设备和配套的工装、夹具、模具、工位器具和辅具、温度、湿度、通风等用于生产和服务提供的手段。适宜即表明在选择这些设备和环境参数时,应能满足相应质量特性的要求,也包括通过维修来保持其特性,即保持所需的、实际的过程能力(Cpk),从而能持续稳定地生产合格产品和服务。如幼儿园应保证安全、舒适的校舍及设备,所有设施、设备应考虑幼儿的安全,座椅和床的高度适宜且应是一次注塑成型或木制榫铆工艺;室温也应适宜儿童,不能变化很大。

(6) 人员能力及资格

在生产和服务过程中人员能力及资格也要受控。我们在本书7.1.2节中已经阐述,人的因素是各种活动最基础和根本的要素。因此,必须保证人员具有足够的能力。人的能力决定着行为和活动的效果,但人的能力千差万别,这就要求生产和服务过程中要保证相关准则要求的岗位人员所需的最基本能力。

适用时,许多涉及安全和技术性、专业性很高的特殊工种,如电工、教师、厨师、高空作业者、建筑监理等,都需要取得相应的资质。这一般都是法律法规或行政规章的强制要求。

(7) 特殊过程控制

当生产和服务提供过程的输出不能由后续的监测加以验证或仅在产品使用后(或服务提交之后),问题才能显现出来的过程,一般可称为特殊过程。组织应识别并确定是否存在这样的过程。应对任何这样的生产和服务提供的过程实现策划结果的能力,进行确认和定期再确认。

例如,铸件中的砂眼不能在浇铸成型后完全检出,但在进一步机械加工中却常因发现砂眼而导致"料废",甚至在使用中因为压力、磨损、腐蚀等原因而造成穿孔。又如,银行的自动提款机,其输出正确与否很难实施监测和验证。其他如电镀、注塑、胶接、酸洗、喷漆、金属热加工等,都不是在使用中才能发现问题的。这些都属于特殊过程。不能单靠书本提及与否来判断是否属于特殊过程,而应重视对实际过程的分析判断。笔者曾在某大型企业看到液压系统的油管清洗工序,其合格与否难以判定。众所周知,液压系统保持油路清洁是非常重要的,如发现油路堵塞或由于杂质造成过度磨损,就应当把这样的过程当作特殊过程来控制。应当指出,是否称为"特殊过程"并不重要,关键在于应如何控制这样的过程。

这种特殊过程的确认,一般可以在组织内部完成。这一点与设计和开发确认有所不同。为确保特殊过程的输出能持续满足要求,除进行过程监测(可能时)外,还应运用过程确认的手段,证实这些过程有能力达到过程策划中预期的结果。

组织应根据过程及其形成的产品和服务特性的特点,对这些过程的确认和再确认做出安排，适用时可包括：

1) 规定过程的评审和批准准则，如焊接工艺评定准则、标准样板等。

2) 设备认可和人员资格的鉴定。对这些过程所使用设备的过程能力和操作人员进行鉴定。设备的认可活动，可包括用统计过程控制（SPC）方法计算出的实际过程能力指数 C_{pk} 来判定，还应通过维护、保养来保持其过程能力。这种认可活动，应当在正式批量投产前进行。非常遗憾，我国许多企业生产所用设备的 C_{pk} 值相当低，这反映了设备落后、陈旧的事实。但为了提高质量，特别是保持质量稳定性，设备这一关是非过不可的。对操作人员资格的考评和认定，可通过理论考试和实际操作（如对高速转轴动平衡）来综合鉴定或提供由权威机构颁发的有效资格证书，如劳动部门颁发的电工、焊工证和公安部门颁发的汽车驾照等。

3) 使用特定的方法和程序。对于较复杂的特殊过程往往需要制定专门的方法和程序，如发动机曲轴、电机轴的动平衡等，都需要制定详细的操作指导书。

4) 再确认。当特殊过程的影响因素发生变化（如产品和服务、材料、设备、人员、工艺等）或组织和顾客、相关方需要时，对这类过程可考虑安排再次确认，确保对影响过程的变更及时做出反应，使其保持受控。再确认的目的就是当这些因素变化后，确认组织是否能持续稳定地保持所提供的特殊过程达到策划结果的能力要求。

5) 确认记录。虽然 2015 版标准中没有直接提出记录的要求，但在实际操作中，为提供过程已达到策划结果的能力进行确认和再确认的证据，还是需要的。组织应保持必要的记录，并规定过程确认需保留相应的记录要求，如证实设备认可、人员资格鉴定、过程能力评定等活动的记录要求。

（8）防止人为错误的措施

防止人为错误的措施有很多种方法。这种方法也根据产品和服务的不同而千差万别，特别是劳动密集型和手工作业型组织，如传统的制造业采取的"三检制"（自检、互检、专检），出版业的"三审制度"就是从制度规定上防止人为错误的措施，都是被证明很有效的也是很适用的方法。随着电子和网络技术的发展，防止人为错误的措施方法也在日新月异的发展和创新，如海底捞的点菜器已换上了平板电脑，菜品名称、编号和照片、价格等信息全都在上面，顾客只要看图点击确认就可以了，这就很有效地避免了人工点餐的差错。

还有一种专门的防错法（poka-yoke）可参见《现代产品设计指南》[10]。

（9）产品和服务放行、交付和交付后活动的实施

生产和服务提供过程包括产品和服务放行、交付和交付后活动，应对其控制要求做出明确规定，并付诸实施。组织应按策划的安排实施验证活动，并在产品

和服务已得到满足时，才能放行。向顾客交付产品时，应按规定的交货期和交付方式如数提交。应根据不同产品和服务的特点，规定适当的交付及交付后的活动，如：商品"三包"；上门安装和调修；配件供应、培训、设立售后服务网点；软件维护和升级；商品售后的投诉处理；报废产品的回收；邮政挂号信函、快递和汇票的查询等。应当注意，交付后活动已不仅限于传统的售后服务，而且应该考虑到顾客在产品交付后可能有什么需要。企业开展哪些方便顾客的交付后活动能更吸引顾客，例如各大民航公司都推出了吸引旅客的里程积分兑换或奖励活动。

关于"交付后的活动"可参看本书8.5.5小节，不合格的"产品和服务控制"可具体参看8.7节。

8.5.2 标识和可追溯性

为确保产品和服务的符合性，必要时，组织应使用适宜的方法识别过程输出。为防止在产品实现的全过程中产品及其状态发生混淆和误用，以及必要时进行追溯，组织应使用适当的方法在产品和服务实现的过程中，针对监视和测量要求标识过程输出的状态。

过程输出是任何活动的结果，它将会给组织的顾客或内部顾客（作为下一个过程的输入的接受者）带来直接的影响。过程输出包括产品、中间件、部件或服务等。

（1）标识的基本规则

无论产品标识或状态标识，都应遵守以下规则。

1）标识不应与被标识产品分离

无论采用什么方法进行标识，标识都不能与被标识产品分离，即在产品或其包装物、盛放工位器具上应具有标识。笔者经常看到，在车间的某一工序有多种产品，而其标识（如流转卡）却都集中在操作人员的抽屉中，这样就失去了标识的作用。

2）标识不清时，应停止流转

因油污、丢失等原因造成标识不清时，应立即予以隔离，停止继续流转，直到由有关技术人员或检验人员重新识别并再次加上清晰的标识为止。在外协加工时以及运输中，也常会出现这种标识丢失的情况。在商品的条形码和快递编码中，有时也会出现这类问题。

3）标识转移

当盛放产品的工位器具更换、产品上带有标识的部分已用掉（如钢材上的标识部分已在下料时切去），以及物料从仓库出库时，常会发生原有的标识没能及时转移到产品上，以致标识不明的情况。为此，应及时在标识已转移的产品上添加标识。

4）标识方法和措施

标识的方法和措施，因根据组织的产品和服务不同、组织的实际状况来确定。如，当用区域标识时，应清晰地标出所标识区域的范围，以免发生相邻区域产品的混淆；较小电子元器件宜用密封袋或专用工位盒。

(2) 产品标识

产品标识是用来识别特性（包括特征）的，如产品的名称、型号、规格、批号、炉号、应用地点、方向（如螺旋的左旋、右旋）、位置（如上下）、等级（如轴承的C、D、E、F级）等，其主要目的是防止因混料、混件而造成误用。产品标识的方法应适合行业或产品特点。对硬件产品来说，可直接在产品上铸字、在产品或工位器具上放置流转卡、加标贴、挂标签、涂色（如钢材有特定的色标）和区域标牌等方式进行标识；流程性材料行业的炉号、批号和软件行业的产品序列号均是标识的方式。在服务业，如旅游景点的导向牌、入出口标记；餐饮业的餐厅名称、桌号及菜肴上的厨师编号；各类服务人员的服装颜色、胸卡等均可用来进行标识。设计院的产品是图样及技术文件，可用图号、文件号、版本号、更改标记等标识、以表明其技术状态。对于复杂产品，可按技术状态管理[2]的方法进行标识和追溯。

(3) 状态标识

检验和试验状态反映产品监测情况，状态标识可反映产品特性之外的属性，它包括：产品状态，待检、合格、不合格、待定；加工状态，如正在加工、待加工、待处理；服务状态，如宾馆的请勿打扰、请立即打扫、已清毒；警示状态，如高压危险、小心地滑、此路不通；时间状态，如标明有效期、限时完成的时间；合同状态，如标明某个顾客名称或代码，以便按不同顾客要求进行控制。

总之，应根据行业和产品的特点，来确定应当标识哪些状态及标识方法。状态标识可用标牌、色标、印章、标贴、标签、区域、流转卡及记录等方式进行。

应当指出，将产品标识和状态标识合为一体，是一种节约而简便的办法，如产品生产过程中的流转卡就可同时反映产品标识、检验状态和合同状态标识。是否需要标识取决于产品或状态是否可能出现混淆。

(4) 可追溯性和可追溯性文件

产品的可追溯性是指通过记载的标识来追溯产品历史、应用情况或所处场所的能力。因此，在有可追溯性要求的场合，组织应控制过程输出的唯一性标识，并保持任何维持可追溯性所需的证据，如产品标识卡、工序流转卡，或带有追溯性质的任何文件化信息（记录）。实现可追溯性管理，可以有效地防止同种产品不同个体（批次）之间的混淆，也有利于查明质量问题原因、分清责任。例如，在产品上有唯一性编号时，可以按此编号和相应记录追溯出厂日期、各过程的控制情况、操作人员、检验人员等。对于大批生产的产品，一个工序有多名操作者时，还可用工号标记加以区别，这对于涉及安全的产品是必需的，如高压焊缝上有焊工的钢印标记，电动机定子嵌线时打工号等。另外，有机农产品如不可追溯，就没有价值。

应当指出，从管理上说可追溯虽有很多好处，但都相应增加了管理成本。追溯到什么程度（如每个产品或每批产品）应综合考虑，如合同和法律法规有要求的必须符合要求。出自组织质量管理目的时，宜着重考虑涉及安全的过程、标识的可操作性及追溯成本。如对特别大量生产的产品（如食品），可标明出厂日期（或批次）而难以标识到每个产品，因为每天（或每批）生产的数量都相当大。在有可追溯性要求时，应控制并记录产品的唯一性标识。例如汽车有出厂号、发动机号码等标识，这些号码对于一台汽车而言是唯一的，由此号码通过销售记录可追溯到装配时使用的是哪一家的零部件；超市的销售清单"小票"；银行卡的消费流水记录；网店的销售订单状态；快递的状态查询系统等，均是可追溯性和可追溯性所需的文件化信息的典型实例。

8.5.3 顾客或外部供方财产

（1）什么是顾客财产

顾客或外部供方财产是指为满足合同要求的顾客或外部供方，将其所拥有的产品、设施、资产、信息和数据等，交由组织控制或使用的财产。其中，包括：

1）顾客或外部供方提供的构成产品的组成部分的零部件、原材料、场地、工具和设备，如液压系统、数控系统或特殊材料等。

2）服务业涉及的，由组织保管的顾客财物，例如：寄存的财物（如停车场车主的汽车、银行保险箱中顾客的财物和仓贮的顾客物资）、顾客场地、维修店中顾客送修的产品等。

3）顾客或外部供方提供的用于维修、试验、测量和升级的产品。如检测手段和网上下载的升级软件。

4）顾客或外部供方提供的约定回收的包装材料或用于运输和防护所用的工位器具等。

5）代表顾客提供的服务，如将其产品运送到第三方（如邮件、货物运输等）。

6）顾客或外部供方的知识产权、个人信息和数据，如所提供的专利、图样、配方、商标、规范和计算机软件，个人信息和数据等。

7）顾客提供的设备、工具、辅料，如专用设备、模具、搬运器具、润滑油等。

(2) 顾客或外部供方财产控制要点

1) 识别

应对顾客或外部供方财产做出专门的标识,以便区别,实施专管专用(该顾客或外部供方的财产不能"张冠李戴",用于其他顾客)。为此,常采用一些隔离措施,将顾客或外部供方提供的物品与组织自有的同样型号的物品、严格区分开来。例如:医院化验的患者血液、洗衣店干洗的衣物、机电产品中某顾客提供的配套件等,都应加以标识。

2) 验证或确认

接收顾客或外部供方财产时,应核对产品规格、型号、数量和质量是否符合要求,并仔细验证有无缺陷和瑕疵,疏于验证就可能承担相应的责任。如汽车4S店接收来店保养或维修车辆前,所做的车辆外观验证检查及车内物品、里程、油表量的确认。

3) 保护和维护

组织应爱护顾客或外部供方财产,储存和使用时进行适当的防护(如防锈、防潮、防霉变和任何损伤)和维护(如保养和检测设备定期校验)。

4) 异常报告和状况记录

若顾客或供方财产发生不当使用、丢失、损坏或不适用的情况时,必须予以记录并及时报告顾客或外部供方。通常应对顾客或外部供方财产进行定期检查,以便有问题能及时发现。无论对接收顾客或外部供方财产进行验证时或定期检查中发现的问题,都应报告顾客或外部供方,以便及时补救而不致影响合同的完成。组织应保持有关已发生状况所有相关的信息和记录,以备调查和向顾客或外部供方报告相关情况。

8.5.4 防护

在生产和服务提供过程中,组织应确保对过程输出提供防护,以保持与要求的符合性。在组织内部生产服务提供和交付到预定地点之前,组织应对产品提供防护,以保证产品符合要求。这里,"产品"是指生产和服务提供过程中,组织需向顾客提供的产品及其组成部分,包括采购产品、中间产品及成品。防护的重点在产品的符合性,即保持其质量特性不发生不能允许的变异。组织不仅应提交检验合格的产品,而且只有做好了产品防护,才能将产品交付给顾客。防护可包括标识、搬运、包装、贮存、传输或运输和保护。对产品防护有如下要求。

(1) 标识

应建立并保护好关于防护的标识,如在包装物上画出小心轻放的玻璃杯、防雨淋的雨伞和标明起吊重心的索链等。

(2) 搬运

提供适当的搬运方法、设备和设施，防止在生产和服务提供及交付的搬运过程中，产品受到损伤，例如：

1) 防腐蚀、霉变、污染、磕碰、划伤、丢失以及防振、防电磁干扰、防辐射等。

2) 对易燃、易爆、有毒、有害（放射性、腐蚀性）或对人身、环境安全有影响的危险化学产品，应制定严格的输送和运输控制和操作规程。

(3) 包装

应根据产品特点和顾客要求，采用适宜的材料和方法进行包装，以防止搬运、储存时受损；或满足顾客对商品包装外观美观度的要求。

应特别注意，产品在包装物中的牢固定位。笔者经常看到包装物并未损坏，而其中产品却已被损坏的情况，如仪表、玻璃器皿。为此，包装设计相当重要。但遗憾的是，由于包装设计人员素质低而导致的包装设计不合理现象比比皆是。包装过程应属生产过程的一部分并加以控制，对包装材料应实施必要的检验或验证，对包装结果亦应检查其是否符合要求，只有对涉及包装的全过程加以有效控制，才能达到防护的目的。

(4) 储存

采购产品、半成品、成品储存时，组织应提供必要的环境和设施条件，如储存场所应与产品要求相适应，具有一定的通风、防潮、控温、清洁、采光、防霉、防火、防咬伤等条件。同时，应对储存采取有效的控制措施（如制定产品入库、保管、发放制度，实施先进先出和定期检查等），以防止产品受损或误用。

(5) 传输或运输以及保护

应针对重要的产品特性采取相应的保护措施，如：对精加工表面进行隔垫、带键槽或花键的轴伸端加护套以防止磕碰、划伤；对液压系统的油路外露的出、入口加封堵、封套以防尘；光、电缆两端加封帽以防潮；对重要表面涂防锈油；在餐饮业中对食品加保鲜膜防蝇、保鲜；对鲜活产品和食品要保障运输保鲜专用车，并保证密封或保鲜条件；对带有货号（条码和代码）、材质、规格、状态等标识的衣服、鞋的成品和半成品的标识保护等。

8.5.5 交付后的活动

适用时，组织应满足与产品和服务有关的交付后活动的要求。交付后的活动可包括诸如担保条件上的措施、合同规定的维护服务、附加服务（如回收或最终处置）等。在确定所要求的交付后活动的内容时，组织应考虑：

1) 法律和法规的要求。组织应特别关注《消费者权益保护法》、《产品质量法》等，有强制法定检测和 3C 认证要求的产品；

2）产品和服务相关的风险；

3）与产品和服务有关的潜在不期望的后果；

4）产品和服务的特性、使用和预期寿命周期；

5）顾客要求；

6）顾客反馈。

此条应与本章前述 8.3.2（8）条结合起来学习，就更容易理解了。

8.5.6　变更控制

在实际生产和服务提供过程中，往往会遇到生产和服务计划外的变更，组织应对生产和服务计划外的变更，进行评审和控制，以确保持续符合既定的要求。如相关方要求的变化、产品和服务要求变更、环境或不可抗力的环境变化而调整和变更策划，可能导致调整和补充过程、资源和措施方法等。变更前要在新要求前提下，对原来的生产和服务提供计划和措施要求，进行适宜性和可行性评审，并对新的变更计划实施控制。变更必须进行批准才能实施。

变更评审的结果可能是：如果变更较大应该重新输出策划结果或质量计划；如局部小的变更，可在原策划输出的基础上，补充输出变更和调整的文件化信息作为附件或补充件即可。

组织应保持描述变更的评审结果、有权变更的人员和批准、评审引起的任何必要措施的记录和证据信息。

8.6　产品和服务的放行

组织应按策划的安排，在适当的阶段验证产品和服务要求已得到满足，符合接收准则的证据应予保持，实施验证并已满足要求的产品和服务才能放行，未经检验合格或验证满足要求的产品和服务不得放行（包括内部各过程之间和最终产品的放行）。除非得到有关授权人员的批准，或得到顾客的批准，否则在策划的符合性验证安排已圆满完成之前，不应向顾客放行产品和服务。

应当指出的是，2015 新版标准特别强调了"应予保持符合接收准则的证据，有权放行人员的可追溯性"的文件信息化要求，看似只注重产品和服务的验证结果，而对产品和服务的监视和测量未提要求，这与 2008 版标准 8.2.4 单独强调"产品的监视和测量"的出发点不同，体现了新版标准更注重运行结果和有效性。这里隐含了两方面的要求：一是，建立适当阶段验证产品和服务的接收准则，即验证时依据的产品和服务的检验计划、检验规范和接收准则；二是，要提供验证实施证据,即检验或测量的验证记录,包括外部提供产品和服务的检验、过程检验、最终检验和型式试验等。

组织应建立书面文件明确有权放行产品和服务以交付给顾客的人员。要明确放行人员的职责和权限,对所有放行的产品和服务一旦出现问题可追溯。在实际工作中,人员和岗位会经常调整,因此,书面文件应动态管理,以保持最近的更新状态。

8.7 不合格输出的控制

8.7.1 不合格的控制

不合格是指未满足要求的过程输出及产品和服务。为防止不合格的过程输出及产品和服务的非预期使用或交付,必须对不合格进行有效的控制。其控制范围应包括组织运行全过程中的设计和开发、外部提供、产品和服务、生产和服务提供等过程,以及以上过程中和最终产品和服务。组织应确保及时识别和控制未满足要求的过程输出及产品和服务,以防止非预期的使用或交付顾客。

对不合格的过程输出及产品和服务的控制一般包括:职责和权限、不合格性质的判别、处置及报告等。不合格的控制程度视组织的规模和产品及服务类型,其详略程度可不同,但至少应包括以下方面。

(1) 不合格控制和处置的职责和权限

不合格控制和处置的授权人员应具有相应的能力,要明确哪一级有多大权力。如硬件产品通常经过评审来处置不合格品,对于检验人员往往可以授权处理有限的报废和返工,以简化处置过程;而对于其他处置方式(如返修、偏离许可和让步等)则需要具有更高专业知识和权威的人员来决定。

(2) 不合格性质的判定

过程输出的不合格判定原则一般有两个判定标准,一是过程的输出是否满足输入的要求;二是过程的业绩结果是否达到过程策划的预期目标。产品和服务的不合格性质判定应依据产品和服务的放行准则。不同性质的不合格对产品和服务,其符合性的影响不同。因此,组织应采取与不合格性质相适应的纠正措施。但要强调的是,这种措施同样也适用于对产品交付后或服务提供过程中发现的不合格产品和服务的处置。

(3) 不合格的处置

处置途径是根据组织的产品和服务不同,以及过程输出及产品和服务的不合格性质来决定,并由组织自行选择,但要与影响和评估风险相适宜。

因此，组织应通过下列一种或几种途径，处置不合格的过程输出及产品和服务。

1）纠正。采取措施，消除已发现的不合格品。例如制造业的返工，服务业的致歉、补偿等。对于在交付或开始使用后才发现产品不合格时，组织负有责任根据不合格影响或潜在影响程度和有关法规进行处置，采取适当的解决措施（如退货、调换、修理或延保等）进行处理。

2）隔离、制止（遏制）、召回或停止供应产品和提供服务。采取这类措施都是为了确保防止不合格品的非预期使用或应用。

- 隔离是指为了防止与合格品混淆，可采取的诸如报废、降级（如优等品降为合格品，从要求高的顾客转为提供给一般顾客）、移作他用（如大改小）等措施。
- 采取纠正措施防止不合格再发生，以免产生更严重的性质和影响。
- 召回是汽车行业普遍采用的一种不合格产品处置方法。

3）告知顾客。

4）获得让步接收授权：

- 授权继续使用；
- 授权放行、延长服务时间或重新提供产品和服务；
- 授权让步接收，例如：对采购产品需要时可有条件让步接收；对生产和服务提供过程中间产品，可在确保产品关键、重要特性满足要求的前提下，实施偏离许可（回用）予以放行，如返修或直接回用；对交付给顾客的不合格产品，在确保无缺陷的情况下，可以让步，上述处置均应在符合法律法规要求的前提下采用；
- 在这里还应指出，制造业对产品让步一般应遵从三限定原则：一是限定质量特性，即限定某些极重要的特性是不能让步的；二是限定偏离范围，即偏差过大是不能让步的；三是限定时间，即给出整改时间，不允许让步长期存在。

（4）纠正后再次验证

在不合格的过程输出及产品和服务得到纠正（如返工、返修）之后，应对其再次验证，以证实符合要求。应当指出，对返修的验证应根据返修后的接收标准进行。因此，在实施返修时，应对返修的过程（如制造业的返修工艺）和相应的接收标准，重新做出规定（因原工艺和接收标准已不再适用）。

8.7.2　不合格控制的形成文件的信息

组织应保持以下方面的文件化信息：

1）描述不合格。记录不合格的基本信息和性质,包括涉及产品和服务是关键、重要或一般特性。

2）描述所采取的措施。对纠正、隔离、遏制、退回或暂停等措施的考虑和选择。

3）描述所获得的让步。主要是指让步的理由和依据是什么。

4）规定决定有关不合格的措施的权限。对不合格做出有关处理决定的个人或机构的权限要清楚界定。

以上的文件化信息包括常见的不合格品通知单、评审单、让步申请报告,采取措施的记录和纠正后再次验证记录等,特别要指出的是这些记录必须清楚地表明处理决定的负责人或负责部门。

第 9 章 绩 效 评 价

9.1 监视、测量、分析和评价

2015 新版标准将 2008 版标准的 8.2.3、8.2.4、8.4 进行了"浓缩",笔者认为这并不是删减或简化,而是强调分析和评价的目的和适用性的重要性。关于如何来监视、测量、分析和评价,由组织自己根据实际需要来策划和设计,给了应用者很大的自由度。这是为了更好地进行产品和服务、过程和活动的绩效评价,增强新标准的适用性,而非降低要求。

9.1.1 总则

一个运行良好的质量管理体系应具有有效的自我完善机制,以便及时识别和发现产品和服务实现和体系运行中存在的问题,并采取得力措施加以解决。这种自我完善机制可以不断增强组织满足要求的能力,提高有效性和效率,确保提供的产品和服务持续符合顾客的需求,使顾客持续增强满意程度。这种机制还应发挥持续改进效能,为组织和顾客创造更高价值。为此,应开展监视、测量、分析和评价活动。

(1) 组织应确定

1) 监视和测量的对象

- 产品和服务的符合性。
- 过程绩效。
- 质量管理体系的适宜性、充分性和有效性,所谓适宜性是指能否符合组织的实际、适应环境及具有可操作性;充分性是指能否包括影响产品和服务效果的所有过程,并覆盖标准的相应要求;有效性是指最后结果能否符合预期要求。
- 顾客满意程度。

2) 监视、测量、分析和评价方法

组织应根据产品和服务的类型和特点、所处环境、相关方要求和质量管理体系自身要求等情况,确定监视和测量、分析和评价的方法。这些方法的确定,目的是为保证监视和测量、分析和评价的结果有效。

因此，组织应考虑：怎样对产品和服务的过程特性的变化规律和趋势进行监视、测量和分析；考虑监测哪些项目内容、应用哪些方法、多少频次、应保留哪些记录以及如何进行分析和评价；如何进行顾客满意程度的监视、测量、分析和评价；确定获得和利用信息的方法等。组织在实际工作中并不需要对所有的监视和测量结果都要进行分析和评价，只是在适用和需要的情况下进行即可。

对质量管理体系进行监视、测量、分析和评价，宜用顾客满意、内部审核、管理评审等方法。采用这些方法时，如内部的质量体系审核、产品审核、过程审核，也应特别注意适当的统计技术的应用（如统计过程控制 SPC、抽样检验、假设检验等），并对其应用程度（如在何处设立统计监控点，以及运用何种统计技术、统计分析的频次和结果等）做出规定。

3）监视和测量的时机

监视和测量的时机，也是根据产品和服务、活动和岗位的类型、特点和重要性不同，千差万别。时机的选择取决于监视和测量的需要及方法的应用程度，如：机场安检宜在办理登机牌后、登机前进行，如有紧急情况出了安检候机厅，再进入时还应重新安检；压力容器的气密性检查宜在焊接或其他密封工序完成后，后序工序施工前进行；建筑施工的隐蔽工程的监测宜在隐蔽前进行。

4）分析和评价的时机

分析和评价是建立在数据、证据或特定方法基础上进行的，有一定的数据基数和时效性要求。有的分析要统计多个或多组数据才能看出规律，定量或定性说明问题结论，因此要有一定的统计周期要求，如生产企业按月、季、年统计，学校及幼儿园一般则按学期和学年统计。有的数据则在超过一段时间后就失去了原有的意义，这类数据也要有时间上的要求，如关于当前过程管理的数据，就需要及时分析和评价并采取相应的措施。

（2）保留适当的形成文件的信息，以作为监测实施结果的证据

组织应确保监视和测量活动，以与监视和测量的要求相一致的方式实施。即监视和测量的实施，要按策划输出的安排进行，包括对象、规范、准则、活动内容、方式方法、时机、频次、资源和必要的记录等。笔者审核时曾多次经历某些公司虽然有检验试验方案、检验作业指导书、抽样方案等，但记录上根本不能证实或不能完全证实检验和试验是按检验策划或计划来实施的，这就让人感觉检验依据文件和要求只是摆设。监视和测量的策划输出要求和实际执行操作不一致，就会造成无法分析和评价监测结果的正确性和有效性。

组织还应保留适当的形成文件的信息，作为监测结果的证据。这里的"适当的形成文件的信息"即是指监测的记录。并不是所有的监测都要有记录作为证据，但在可保留条件下或有必要保留情况下，都应该保留，而且记录所能提供证明监

测结果的信息，要全面、充分。

(3) 评价要求

组织应评价质量绩效和质量管理体系的有效性。质量绩效主要体现在过程的输出结果，往往是由质量目标是否达到预期效果来体现的。评价和改进质量管理体系的有效性方法可以考虑：对质量方针、质量目标怎样进行评价和更新；如何通过管理评审识别发挥体系运行效能的关键障碍并采取改进措施；怎样对产品、过程和体系中的不符合采取有效的纠正和纠正措施等。

9.1.2 顾客满意

2015版新标准5.1.2要求最高管理者应证实其以顾客为关注焦点的领导作用和承诺，通过确定、理解并持续满足顾客要求，确定与应对能够影响产品和服务符合性以及增强顾客满意能力的风险和机遇，始终致力于增强顾客满意。市场竞争的本质，说到底就是"争夺顾客"，顾客满意是新世纪的质量观。贯彻ISO 9001：2015标准，首先要解决正确认识"以顾客为中心，实现顾客满意，是组织的质量工作的出发点和归宿"的问题。

(1) 顾客满意的概念

顾客满意（Customer Satisfaction，CS）是指，顾客对其要求已被满足程度的感受。通过顾客感受的信息，可以评价组织满足顾客要求的状况、满意程度的趋势及不足。一般可用顾客满意度指数（CSI）表述顾客满意程度，称为顾客满意度，可用以下公式表示：

$$顾客满意度 = 顾客实际感受值/顾客期望值 \leq 1 \qquad (9-1)$$

当顾客期望值较低时，较容易满足。但应注意到顾客期望值会不断变化，且其趋向是增大的。如果满意程度很低顾客就会抱怨。应当指出，没有抱怨并不一定表示顾客满意，如许多人在宾馆、饭店、超市等场所接受服务时，不满意时就不会做回头客，甚至不屑于提意见。还应看到，即使满足了顾客要求，顾客也不一定满意，因为顾客的"期望"尚未满足。为此，在"以顾客为关注焦点"原则中，提出了超越顾客期望（超值）的理念。在质量管理体系中要以顾客为中心，以顾客满意为目的。因此，顾客满意可作为质量管理体系业绩的一种综合的测量。

图9-1是国外某研究机构的顾客满意指数（CSI）模型[12]。

(2) 顾客满意的基本要素

1) 理念满意（Mind Satisfaction）

理念满意，是顾客满意的基本条件。它体现了组织的核心价值观，并使其得到企业内、外部的认同，直至顾客满意。组织的理念包括：企业精神、经营宗旨、质量方针和目标、组织文化、价值取向、道德规范、发展战略等。顾客可从这些理念来判断组织是否真把顾客放在应有的位置。

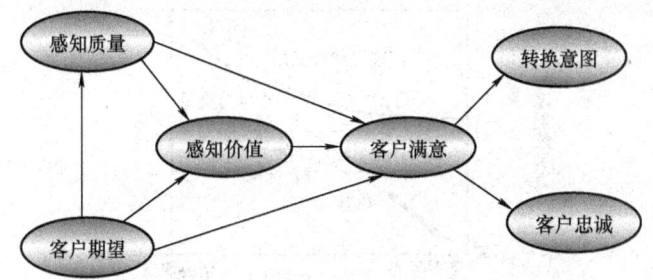

图 9-1　国外某研究机构顾客满意指数（CSI）模型

2）行为满意（Behavior Satisfaction）

行为是理念的具体体现，理念再好，如不能通过行为去兑现，只能是空洞的口号，因此行为满意是顾客满意战略的核心。为此，必须建立以顾客需求为导向的行为准则和运行系统，并要求全体员工的认同和遵守，在每位员工的行为上得到体现。

3）视听满意（Visual Satisfaction）

视听满意，是顾客快速认识、认知和认同组织的一个重要途径，在市场竞争中可以起到"先入为主"的重要作用。视听满意必须很好地策划，使其具有四个特征：强烈的个性；丰富的美感；鲜明的主题；时代的特征。

应该指出，信息满意也是顾客满意的重要内容。不难设想，若广告传播使顾客产生了期望，一旦发现实际商品与广告宣传的差异，顾客自然会有上当受骗的感觉，这必然引起顾客的不满，并会加以传播。笔者在第 8 章 8.2.2 节中已举过笔者亲身经历的某知名企业"超静音空调"的例子。

追求顾客满意是市场经济下的买方市场所要求的经营思路。组织必须学会如何站在顾客的立场上去想问题，这就需要从根本上改变传统的思维方式。

当前困扰我国许多组织的是"价格战"，这一方面是由于市场发育不成熟，大量的无序竞争还难以克服所致。更重要的是因为产品的技术含量低，附加值低，低水平重复建设，导致了这种低水平的价格大战。随着人民币汇率和出口优惠政策的调整，只有那些适时进行产品结构调整的组织，才能适应顾客和市场的新需求，才会有新的生机。

还应指出，今天顾客变得越来越"挑剔"，当期望高于现实时，顾客就会感到失望；当产品和服务的水平超过顾客期望时，顾客就会感到高兴和满意。这就是许多知名组织为顾客提供超值服务的技巧和奥妙所在。

顾客满意与产品和服务质量的关系，如图 9-2 所示。

（3）顾客感知

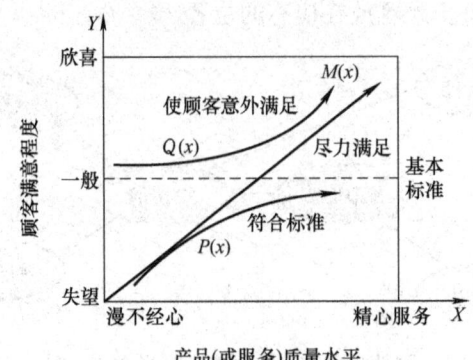

X—产品(或服务) 质量水平　Y—顾客满意程度
$P(x)$—固有质量曲线　$M(x)$—规范质量曲线
$Q(x)$—附加质量曲线

图 9-2　顾客满意与产品和服务质量的关系

从顾客满意的概念和基本要素不难看出，测量"顾客感知"是评价顾客满意指数的关键。

1) 顾客对质量的感知

图 9-3 所示为顾客对硬件产品（以电视机为例）质量的感知。

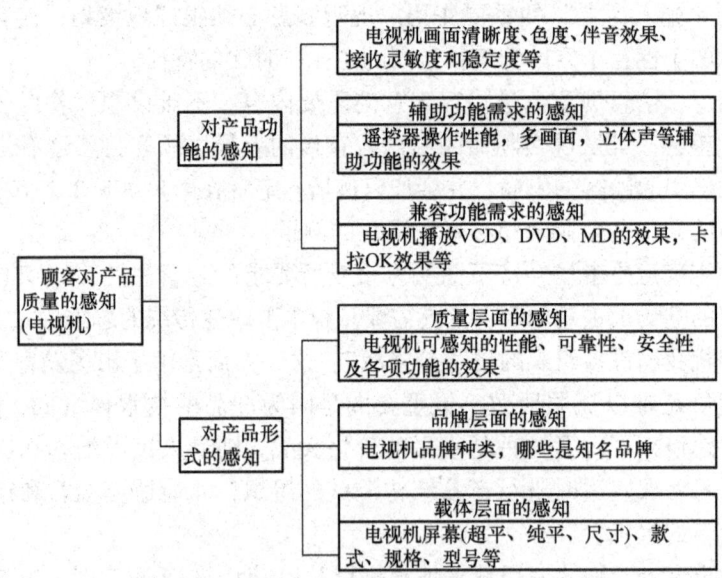

图 9-3　顾客对产品质量的感知

当顾客不了解产品质量的技术性能指标时，是从自身的体验来感受产品质量的。这种体验是从按使用说明书安装调试开始的，在长期使用中形成的。例如：与说明书或其已了解的其他信息有差异，或某种性能不稳定甚至发生故障，就会产生其要求未被满足的感知,详见文献[13]。

2)顾客对服务质量的感知

图 9-4 所示为顾客对服务(仍以电视机为例)质量的感知。

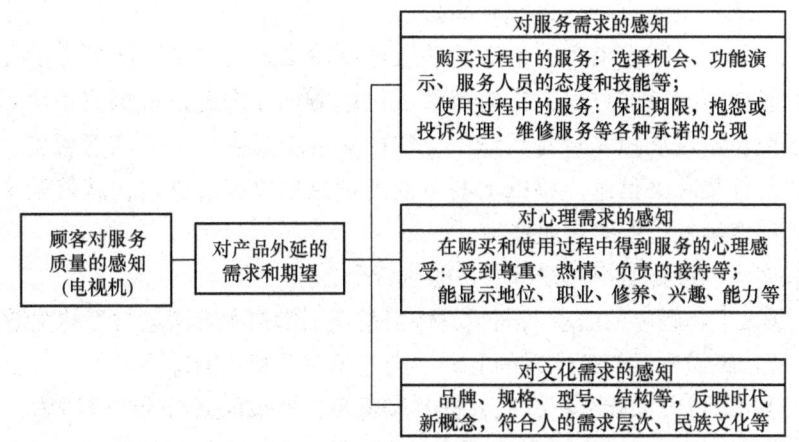

图 9-4　顾客对服务质量的感知

通常,顾客对服务质量的感知是由服务满足个人需求的程度、服务的可靠性和对服务质量的总体评价组成的。

3)顾客对价值的感知

顾客对价值的感知是指顾客在购买和消费产品或服务过程中,对所支付的费用和所达到的实际收益的体验,即是否物有所值。其核心是价格,但不仅如此。广义地说,它体现在四个方面:

- 总成本;
- 总价值;
- 质量价格比;
- 价格质量比。

顾客对总成本的感知包括:货币成本,时间成本(顾客在购买或消费时花费的时间),精神成本(所产生的忧虑、紧张、不安全、不舒服、不方便的感觉),体力成本(在信息收集、产品搬运、拆包、安装、调试、因故障与厂商联系维修等所耗费的体力)。

顾客对总价值的感知包括:产品价值,服务价值(除一般价值外,是否有超值服务),人员价值(员工的质量意识、职业道德、业务水平、应变能力等),形象价值(组织及其产品和服务的形象是重要的无形资产)。

顾客对质量价格比的感知:在同样价格下的质量水平的比较,会使顾客选择功能多、品牌响、服务好的产品,在这里,产品质量就转化为价值。

顾客对价格质量比的感知：在一定质量水平下产品价格的比较，通常如产品质量差异不大，顾客倾向选价格便宜的，但若产品更安全、更可靠、更轻巧、更方便，经济条件较好的顾客会宁可多花一些钱，购买质量更好的产品。

(4) 顾客满意的获取、监视和测量

组织应能掌握顾客满意的信息，并通过反馈信息进一步了解顾客的需求和期望，将顾客尚不满意的方面，作为持续改进的方向。为此，组织应将市场作为总体进行研究，不仅从顾客日常反馈中，掌握对组织提供产品的满意程度，还应进行专门调研征集有关信息。将以上两方面的信息加以综合判定，就能较全面而真实地得到顾客满意程度的客观评价。

对顾客满意进行监视和评审的目的有四个方面：

1）深入了解顾客的需求和期望，特别是识别影响顾客满意与否的关键因素；

2）评估组织质量管理体系的业绩及与竞争对手相比的优势；

3）对问题进行风险分析，以根据其轻重缓急，采取适当的改进措施；

4）改进组织的不适应顾客要求的生产或服务流程（如缩短流程以加快对顾客要求的响应周期）。

组织应确定获取、监视和评审顾客感受程度的信息方法，包括：渠道、收集方式、频次、数据分析及结果评审的方法和原则等。具体工作方式可以采取：

1）顾客调查。接受顾客抱怨、投诉和意见。

2）顾客对已交付产品或服务的反馈。与顾客直接沟通、走访顾客，召开座谈会等。

3）顾客交流会议。收集意见和建议、联络感情和品牌再现等。

4）市场占有率分析。了解顾客需求、期望及趋势，预测市场发展和需要。

5）媒体、有关行政主管部门、行业组织、消费者组织的信息。如国家和地方产品质量监督抽查报告，中国质量报等刊物，对质量问题的曝光或赞扬、行政主管部门约谈、召回和索赔、行业协会对同行业企业业绩的排序、消费者协会对投诉的处理等。

6）专门的问卷调查。事先设计好调查表，拟定调查的项目，请顾客在不同满意程度的方框内选择。通常采用简便易行的五级标度法，即将顾客满意程度分为五档：很满意、满意、一般、不满意、很不满意。问卷调查后，需用科学的方法进行数据分析，得出对顾客满意度定量或定性的评价结果，找出差距作为改进的依据。

7）委托第三方中介机构收集和分析。第三方进行顾客满意的测评，更能体现"客观、公正和科学"原则，更有利于促进同行业的竞争和持续改进。

关于顾客满意的测评是 2000 版标准以来提出的新要求，读者大多对此不够熟悉，在本丛书的另一专著[8]中，已对此做了深入的专题介绍，并给出了三个不同行业的调查表参考样式和测评程序。

(5) 评价计算方法介绍

这里，只介绍顾客满意度指数的具体评价方法。产品的 CSI 评价内容见表 9-1。服务的评价内容见表 9-2。

表 9-1 产品 CSI 评价内容

	质 量	价 格	交 付	服 务	灵 活 性
产品	性能、可靠性、一致性、低次品率、使用性、安全性	运用价格优势获利的能力（价格的竞争力）	快速交付（周期）、按合同及时交货	售前、售后服务技术支持、培训销售网络对投诉的处理	产品变型、按需求订货、产品研发能力

表 9-2 服务 CSI 评价内容

	质 量	价 格	水 平	态 度	应变能力
服务	及时性、满足率、重复性、与承诺的一致性	与同行相比的价格竞争力、价值体现	可供选择的服务项目的品种、文化氛围、人员技能、与顾客的沟通能力、对投诉的处理、超值	尊重热情负责亲和力耐心细致	对顾客超出原服务范围的附加要求的响应能力

顾客满意度指数是一个多层次/多指标的复杂系统，组织可以由浅入深、先易后难地选用相关方法来进行满意度测算。本书介绍五级标度法。

五级标度法简便易行，最为常用。采用这种方法，要通过问卷调查取得有效数据，再按一定规则来处理这些数据。问卷调查表可根据行业特点、组织的需要来进行设计。可参考我国民航用户工作委员会使用的旅客评价意见表（表9-3）。

表 9-3 民航旅客评价意见表

服务项目	很满意（100分）	满意（80分）	一般（60分）	不满意（40分）	很不满意（0分）
始发机场候机服务					
1. 引导标牌明显程度	☐	☐	☐	☐	☐
2. 航班信息	☐	☐	☐	☐	☐
3. 候机广播服务	☐	☐	☐	☐	☐
4. 电话通信设施	☐	☐	☐	☐	☐
5. 候机文化娱乐	☐	☐	☐	☐	☐
6. 餐饮	☐	☐	☐	☐	☐
7. 洗手间卫生	☐	☐	☐	☐	☐

(续)

服务项目	很满意 (100分)	满意 (80分)	一般 (60分)	不满意 (40分)	很不满意 (0分)
8. 候机环境与秩序	□	□	□	□	□
办理乘机手续服务					
9. 服务态度	□	□	□	□	□
10. 办理乘机手续速度	□	□	□	□	□
11. 收运行李	□	□	□	□	□
12. 航班延误时服务	□	□	□	□	□
空中服务					
13. 航班正点情况	□	□	□	□	□
14. 服务态度	□	□	□	□	□
15. 餐饮	□	□	□	□	□
16. 广播服务	□	□	□	□	□
17. 文化娱乐	□	□	□	□	□
18. 书报杂志数量	□	□	□	□	□
19. 客舱厕所卫生	□	□	□	□	□
20. 起飞、降落感受	□	□	□	□	□
到达机场服务					
21. 提取行李速度	□	□	□	□	□

注：请在所选分数栏目内涂黑（为了便于计算机进行识别）。

策划和设计问卷调查表的关键在于：所提问题对顾客满意度的评价是有意义的；顾客很容易做出明确的选择；使顾客耗费（时间、精力、货币）最少。只有做到这些，才会有较高的回收率。如果问题明确，顾客不需多加思索就可以判定在哪一栏里做出选择。在互联网不发达的过去回函的信封已为顾客印制好并且贴上邮票，那么顾客会感到非常方便，就较乐于回答。但现在只要在互联网或智能手机上就可以实现了。

在"五级标度"中，对是否满意的分值，可以采用百分制或5分制，也可以根据所调查的项目的重要性，采用加权的方法，来强调重点。但规则必须是统一的，以便与历次调查相比较，从而看出变化趋势。表9-3所示的为多属性调查表，其每个属性的权重可有所不同，而每张问卷最高为100分。

a) 顾客满意度可按如下方法计算。

先计算出每个单项属性的顾客满意度 S_j

表9-3所列的21项中某项（第 j 项）的顾客满意度为：

$$S_j = \frac{1}{n}(\sum_{i=1}^{n} S_i) \tag{9-2}$$

式中 n——参与评价的顾客数；

S_i——第 i 人的评价分值。

将多项属性的顾客满意度 S_j 综合为总体的顾客满意度 S 时，可运用指标合并的以下基本规则：

代换规则，其特征是反映了"一俊遮百丑"，常常会掩盖对某项属性很不满意的评价，此时

$$S = 1 - \prod_{j=1}^{k}(1 - S_j) \qquad (9\text{-}3)$$

式中　k——属性指标数（即被评价的项目数）。

这种方法较适于反映顾客对某项评价指标非常满意的情况。

加法规则，其特征是反映了"好坏不搭配"，此时

$$S = \sum_{j=1}^{k} \lambda_j S_j \qquad (9\text{-}4)$$

式中　λ_j——第j项指标的加权系数，$0 \leq \lambda_j \leq 1$，且$\sum_{j=1}^{k} \lambda_j = 1$；

S_j——第j项的顾客满意度值。

这种方法较适于全面关注各项评价指标的情况。

乘法规则，其特征是反映了"不可偏废"，此时

$$S = \prod_{j=1}^{k} S_j \qquad (9\text{-}5)$$

这种情况较适于强调重视顾客对任何一项评价指标是否存在特别不满意的情况。

合并规则的选用，应视研究的目的、研究的深度、广度而定。应当指出，上述五级标度法，虽然由顾客直接评分，比较适合于定性指标。但因为顾客的直接评分带有很大的主观随意性，因而最终得到的综合评价值的精确程度较低、可比性差。

b）定量指标无量纲化处理的顾客满意度评价法，若单属性的定量指标为y，而$y_{min} \leq y \leq y_{max}$。其中

$\dfrac{y_{min}}{y_{max}}$为由专家评估出的可接受的$\dfrac{最低水平}{最高水平}$

而顾客满意度为$S = S(y)$，S值应在0~1之间，且有

$S = 0$，当$y = y_{min}$

$S = 1$，当$y = y_{max}$　　$S \in (0, 1)$

当y_{min}和y_{max}确定后，若顾客给出指标y的实际值y_0，则可在y_{min}和y_{max}之间采用线性内插法确定出对应于y_0的用户满意度值S_0，如图9-5所示。

若为多属性指标时，需先求出各个属性的顾客满意度值，再选用式（9-3）、式（9-4）或式（9-5）所列合并规则的算式，就可将其综合为总体的顾客满意度值。

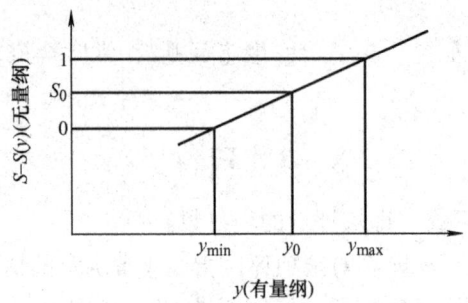

图 9-5　用线性内插法确定顾客满意度值

感兴趣的读者可关注质量管理体系关于"顾客满意度"的指南：
- ISO 10001：2007《质量管理　顾客满意度　组织行为规范指南》；
- ISO 10002：2004《质量管理　顾客满意度　组织处理投诉指南》；
- ISO 10003：2007《质量管理　顾客满意度　组织外部争议解决指南》；
- ISO 10004：2015《质量管理　顾客满意度　监视和测量指南》；
- ISO 10008：2015《质量管理　顾客满意度　商家对消费者电子商务交易指南（B2C ECT）》。

9.1.3　分析和评价

（1）分析和评价目的

组织应分析和评价来自监视和测量以及其他来源的适当的数据。适当是指监视和测量的数据要与被评价对象结果是"强相关"影响关系，"弱相关"就是不适当的。

应将分析的结果可用于评价：

1）证实产品和服务要求的符合性。这里主要是指产品和服务的监视和测量，包括：进货、生产和服务过程、最终产品检验；安装和调试；大型项目的系统和竣工验收等。例如，汽车整车产品的下线检查，热水器下线前的点火检查和打火次数试验等。

2）顾客的满意程度。如，厂家对安装调试完的电视、洗衣机、空调等产品的电话回访；汽车厂家对4S店销售的整车和服务过程满足程度的电话回访或网络调查等。

3）质量管理体系的绩效和有效性，如内审。

4）策划是否得到有效实施。例如，产品和服务的放行（见本书8.6节）。

5）所采取的应对风险和机会的措施的有效性，如对措施的分析和评价：避免风险是否成功；为获取机会而接受风险的选择是否正确；消除风险源和改变可能性或结果的效果如何;分担风险或经过决策而保留风险的正确性和适宜度如何等。

6) 外部供方的绩效,如对外部供方的评价和再评价。

7) 质量管理体系改进的需求和机会,如管理评审。

(2) 数据分析的方法

数据分析的方法可以包括统计技术。

质量管理常用的数据分析方法有:调查表、分层法、排列图、直方图、散布图及相关分析、鱼骨图(因果分析图)、FMEA(潜在的失效模式及后果分析)、控制图等。

以上方法由于篇幅限制,本书不做详细说明。感兴趣的读者可参阅 ISO/TR 10017:2003《统计技术应用指南》。

(3) 实践举例

笔者审核过的部分企业,深感在以上许多方面,还很薄弱。我国的一些制造企业还停留在质量管理的初级阶段,即统计检验阶段,其突出表现就是检验技术及装备的落后和人力资源的薄弱。

这里,仅举例说明缺乏评价的依据或不能证明符合性,主要问题表现为:

1) 没有按设计输出文件的各项要求制定检验和试验规范、作业指导书等;或虽然制定但没有覆盖或覆盖不全,或有偏差。

2) 缺少检验技术的应用,如:适宜的抽样方案、合格质量水平、判定规则、验证方法等。

3) 虽然检验和试验规范中有规定,但因成本、周期或嫌麻烦未执行或缩水。如定期检测项目,或第三方的委托检验项目。

4) 缺少必要的检验设备、仪器、手段和工具,或量程和精度不符合要求。

5) 记录或证据不规范,不能充分证明是否符合要求。

6) 提供的所有记录或其他证据不能覆盖符合性的所有要求(漏项)。

7) 检验人员的能力和基本素质欠缺,培训不够或未评价就上岗,如:所写记录不明白保留小数点后面位数的意义;不清楚抽样方案和判定原则等。

9.2 内部审核

9.2.1 内部审核的概念及目的

(1) 概念

审核是为获得审核证据并对其进行客观的评价,以确定满足审核准则的程度所进行的系统的、独立的并形成文件的过程。审核可以包括体系审核、产品审核和过程审核等。在这里，主要指的是组织内部必须按策划的时间间隔进行的质量体系审核。它所依据的准则是 ISO 9001 标准及组织的质量管理体系有关内部审核的策划输出文件要求等。

（2）目的

内部审核应确定质量管理体系的两个方面：

1）符合性，即是否符合组织对质量管理体系的策划要求和 ISO 9001 标准的要求；

2）有效性，即是否得到有效的实施与保持，并达到预期目标。

总之，开展内部审核是为了查明质量管理体系的实施效果，是否达到了按组织的目标所建立的质量管理体系的要求，及时发现存在问题，以便通过采取纠正和纠正措施，来进一步提高质量管理体系的符合性和有效性。

（3）内部审核与质量监督和质量检验

质量监督是指为了确保满足规定的要求，对运行状况进行连续的监视和验证，如组织经常开展的产品质量监督、工艺纪律和文明生产检查等；质量检验是指对产品某个特性进行的检验和测量。因此，不能把内部审核与质量监督、质量检验相混淆。显然，内部审核可以包括评定质量监督和质量检验的有效性。

9.2.2 内部审核的策划与实施

组织应按策划的时间间隔进行内部审核，且应达到以下要求。

（1）审核方案的策划

审核方案是指针对特定时间段所策划，并具有特定目的的一组（一次或多次）审核。它应规定审核的频次、方法、职责、策划审核的要求和审核报告编制。审核方案还应考虑质量目标、相关过程的重要性、顾客反馈、影响组织的变更和以往审核的结果。

组织在策划审核方案时，应考虑拟审核的过程和区域的状况（工作复杂程度、涉及过程及可能存在问题的多少等）、重要性（该部门或过程和活动所涉及产品质量特性的等级或自我完善机制是否建立等）及以往审核的结果，必要时可能包括对外部供方现场的审核（应当作为质量管理体系的一部分）。策划包括制定年度的总体审核方案和每次审核的具体方案（包括日程安排）。

通常每年至少要进行一次完整的内审。内审可集中进行一次，例如在管理评审之前，为管理评审提供质量管理体系运行较全面的信息。同时，可滚动式地经常进行，例如每个月安排若干个部门的内审。特别是在体系建立初期、体系发生重要变化或出现重大不合格时，应注意适当增加内审频次。

（2）规定每次审核的审核准则和范围

组织在策划年度审核计划时，宜根据目的、职能和区域重要性安排进行多次审核。所以，要规定每次审核的准则和范围。如某月只对某几个部门或职能进行内审，那么审核的准则和范围就与完整的内审有所区别。

(3) 确保客观性和公正性

审核员是指有能力实施审核的人员。审核员的选择和审核的实施，是确保审核过程的客观性和公正性的关键。因此，选择内部审核员时应遵循"依据统一，标准一致，尽量回避"原则，2015版标准取消了2008版中"审核员不应审核自己的工作"的要求。这一变化应主要是针对和便于小规模组织的实施。另外，组织应该制定内部审核的管理规范文件，包括对审核员能力的要求和选择，以及审核过程实施客观性和公正性的保证措施等。只有这样，才能保证审核的客观性、独立性和公正性。

长期以来许多认证和咨询机构，只要求内审员经过培训获得资格证书并经组织聘任。由于对发放内审员证书的原则和标准严重失控，一些培训只是走过场，以致部分具有资格的内审员却没有审核能力。这一问题如不能妥善解决，质量管理体系的运行质量将难以保证。

(4) 审核的实施与报告审核结果

组织应对内审的管理人员（如管理者代表（如任命）、质量部门负责人等）、审核组长、审核员等与审核有关人员，在策划、实施审核以及报告结果和保持记录等方面的职责和要求做出规定。

审核的实施过程包括：审核准备（包括组成审核组、编制审核计划、拟定检查表等）；现场审核，记录审核结果（在检查表中记录的审核证据、不符合报告、内部审核报告等）；纠正措施的跟踪验证；年度内审情况汇总分析和审核报告编写等。

审核实施后，审核组应确保向有关管理者报告审核结果，主要目的是让更高层的主管领导了解审核实施的状况和效果，更加清楚目前质量管理体系的实际状况和效果，进一步提高对质量管理体系改进和推动的重视程度。

(5) 进行纠正和采取纠正措施

负责受审区域或部门的管理者应确保针对所发现不符合，及时得到纠正和采取纠正措施，以避免再出现同类的不符合。纠正措施中不宜规定较笼统的，如"加强职工教育"之类的一般化、缺乏针对性的措施。组织的内部审核组应对不符合项的纠正措施实施情况和效果进行跟踪验证，以确保有效实施并能保持。考虑到组织和人员的积习难以在短期内彻底改正，往往要进行不止一次地进行跟踪验证。应记录验证结果，并向有关管理者报告结果。

(6) 保留形成文件的信息

组织应保留形成文件的信息作为审核方案实施和审核结果的证据。

审核方案实施的证据一般包括:审核计划、审核发现记录、不符合项报告及验证记录等;审核结果的证据一般包括:内部审核报告等。

关于内部审核,读者可参阅 ISO 19011《管理体系审核指南》。

9.3 管理评审

2015 版标准中,加强和细化了对管理评审的输入信息的要求,并更注重其结果和效果。

9.3.1 管理评审的策划和实施

(1) 管理评审的目的

最高管理者应按策划的时间间隔评审组织的质量管理体系,以确保质量管理体系的适宜性、充分性和有效性。管理评审应是定期的、系统的评价,提出并确定各种改进的机会和变更的需要,进而确保质量管理体系实现持续改进。

在这里,"定期"是指按策划的时间间隔进行,即两次评审之间不超过规定的时间间隔。一般在每年年初或年末进行,时间间隔不超过一年。在质量管理体系建立阶段及体系出现重大变化时,应适时开展管理评审,而不必死扣"时间间隔";"系统"是指整体和全面的评价,着眼于质量方针和质量目标以及运行中的重大问题,而不是围绕某些具体问题讨论纠正和预防措施。

(2) 管理评审的特点

1) 高层次:由最高管理者(负有执行职责的一把手,如总经理、总裁、首席执行官、厂长等)亲自主持,主要由参与决策的高层领导及某些相关职能部门负责人参加。有些组织将管理评审开成中层干部扩大会,由于人员过多,难以进行实质性的评价和研讨。因此,降低管理评审的层次,不利于充分发挥管理评审应有的作用。

2) 高视角:从全局性的、战略性角度来审视质量方针和质量目标的有效性,高屋建瓴地对质量管理体系进行整体评价。

3) 前瞻性:高瞻远瞩、审时度势地剖析质量管理体系怎样才能适应市场竞争形势的发展和变化,为此组织应做出哪些相应的调整。

(3) 确保质量管理体系的适宜性

在这里,适宜性是指随内、外部环境变化持续改进组织的质量管理体系,不断满足各方面的要求,适应环境变化的能力。

1) 外部环境的变化因素:
- 质量观念的发展和质量概念以及质量管理体系要求的变化(如 ISO 9000 族

改版，不合格和缺陷的概念的变化等）。
- 顾客的要求和期望。
- 市场竞争形势（如电子商务和现代快递物流业的异军突起）。
- 技术进步（如：计算机网络技术，特别是云计算和大数据；"互联网+"及"工业4.0"；企业资源计划（ERP）技术以及新的产品技术和管理技术等）。
- 法律法规或产品标准。

2）内部环境的变化因素：
- 组织结构调整（如改制、兼并、运行机制、机构设置、职能和职责等）。
- 主要领导者、管理者（如总经理、管理者代表）更换。
- 组织规模（如人员显著增加）。
- 生产场地、工作环境（如搬迁）。
- 生产方式和装备（如采用自动化生产、数控设备）。
- 产品结构调整。
- 应用新技术或新工艺，或进行其他创新管理和技术活动。

3）适应环境进行相应变更。由于组织所处的内、外部环境的不断变化，客观上要求组织的质量管理体系也要发生相应变化，以达到持续地与环境变化情况相适应。有时，这种持续适宜性的要求，也来自组织的最高管理者为树立组织的良好形象，达到长期成功的要求。因此，组织需要及时调整原有的质量方针和质量目标，以及为实现它而构成的质量管理体系的有关过程。这时，需要对质量管理体系的过程重新予以识别和确定。适宜性还包括质量管理体系各层次文件以及过程和活动的安排是否适合变化后新环境，是否符合组织的实际情况，是否具有可操作性。

（4）确保质量管理体系的充分性

在这里，充分性是指质量管理体系是否有足够的能力来实现符合标准要求的质量方针和质量目标。为保持充分性，当环境变化时必须保持质量管理体系的完整性，即仍然能覆盖标准的全部要求，若有所删减应有充分的、合理的理由。应特别指出，过程外包不能一包了之，不能作为删减对其控制的理由；确保具有持续满足顾客要求的能力；对所识别的质量管理体系各过程进行充分的展开，确保有关质量活动的影响因素受到有效控制。

在实现各种持续改进时，可能会发现原有的质量管理体系存在诸多未考虑的问题，也就是在过程或子过程方面可能存在展开不充分的情况。管理评审就是要发现这种不充分性并确定措施使之改进。

（5）确保质量管理体系的持续有效性

在这里,有效性是指质量管理体系的运行结果达到所设定的质量目标的程度。为评定质量管理体系的有效性,应输入下列信息并与设定的质量目标进行对比:

1) 顾客反馈:包括顾客满意度的测量结果,顾客抱怨。

2) 过程的业绩:即过程实现增值从而达到预期结果的程度。如培训的有效性,产品的一次交检合格率等。

3) 产品的符合性:产品与质量要求、质量指标的符合性。

4) 审核结果:包括内审和外审发现的产品、过程和体系的不合格。

(6) 策划和实施管理评审时应考虑的因素

管理评审作为质量管理体系所需的重要过程之一,必定存在过程的策划和实施。那么策划和实施前输入充分的、准确的信息,是保证管理评审有效实施的前提条件,输入内容应包括:

1) 以往管理评审的跟踪措施

应表明对历次管理评审关于改进的措施,是否均已实施并达到预期的效果,以及对如何解决遗留问题的安排。

2) 与质量管理体系有关的外部和内部的变更

组织所处的内、外部环境的变化,可能影响到质量管理体系的调整和变更,如质量方针、质量目标、管理职责及过程的增减等。这种内、外部环境的变化,也可能会使组织的运行经营风险增加,而这种风险也可能会导致组织的战略方向的调整和变更。

3) 质量绩效的信息

质量绩效的信息包括以下方面的趋势和指标:

a. 不符合与纠正措施

组织在运行质量管理体系时,对通过监视和测量等手段发现的不符合,是否已进行了纠正、是否制定了纠正措施、是否实施了纠正措施、对所采取的措施经验证是否有效、验证有效的是否能保持、验证无效的是否采取了进一步措施,直至问题解决。

b. 监视和测量的结果

监视和测量是质量管理体系采集数据、证据和信息等最重要的手段,无疑是为管理评审分析、评价和决策提供了最有力的事实基础。因此,监视和测量的结果,是管理评审策划和实施必不可少的输入。

c. 审核的结果

包括内部审核、顾客的第二方审核、认证机构进行的第三方审核,以及强制性产品认证生产许可证、入网许可证等由主管部门进行的第三方审核等。

d. 顾客满意

顾客满意程度是评价过程绩效最重要，也是最终极的目标、指标，也是实施运行和评价质量管理体系的核心。因此，应给予特别的输入关注，包括对顾客满意或不满意程度的测量结果，顾客抱怨、投诉及诉讼等。

e. 与外部供方和其他相关方有关的问题

随着全球经济和贸易的发展和融合，社会合作分工越来越紧密、越来越细、越来越专业，这就势必使组织的产品和服务质量在形成过程中有不同的外部供方参与。我们在本书前面 8.4 节中也讲过，外部供方也要看作组织质量体系的一部分，也是组织产品和服务质量的重要组成部分，也是影响组织质量管理体系的重要因素。因此，外部供方的有关问题也要纳入管理评审策划和实施的输入信息。

f. 保持有效的质量管理体系所需的充分资源

组织需要充分的资源才能保持一个有效的质量管理体系。资源是质量管理体系策划、建立和运行最基础的因素，也是质量绩效的基础组成部分。资源的充分性是管理评审的重要议题。因此，需要提供保持有效的质量管理体系所需的充分资源。

g. 过程绩效及产品和服务的符合性

过程绩效，即一个过程通过资源的投入和所开展的活动将输入转化为输出，从而实现直接或间接增值，并达到预期结果的程度。如，通过顾客满意度的测量的分析，对顾客不满意方面采取了纠正措施，大幅度消减了顾客不满意，使之达到目标值，则可认为对顾客满意度管理的全过程，取得了显著业绩；又如，在热处理过程中通过工艺参数的有效监控，使之处于设定范围，经检验和试验证明，产品的硬度、金相组织均达到了要求，则可认为这个热处理过程的业绩良好。

产品和服务的符合性，即产品和服务同该产品和服务的要求的符合程度。这里主要指最终产品或服务质量与相应的产品和服务标准的符合程度，特别是产品和服务的质量特性与预期质量指标的符合程度。如，服务要求及时性，可用具体时限（多少分、秒）来度量。

4）应对风险和机会所采取措施的有效性

应对风险和机会是 2015 版标准新提出的重要方面，也是管理思想发展，同时也体现了预防的思想。管理评审关注的是组织是否在风险预防和机遇抓住后，所采取措施的有效性上。管理评审关注有效性，表面上是关注结果，其实不然，应对风险和机会所采取措施的有效性，实质上是由其过程策划和实施来保证的。

5）持续改进新的潜在机会

持续改进新的潜在机会，包括有关组织的产品和服务、过程体系改进的所有需求。

一般宜由最高管理者或管理者代表（如设立）综合质量管理体系的运行情况及各方面的意见提出有关改进的建议。

以上各种输入应从当前的业绩上找出与预期目标的差距，并考虑各种可能的改进机会，除了上述必须输入的内容外，组织也可对其在市场中所处地位及竞争对手的业绩进行评价，从而找出改进方向。

应当指出，在管理评审的策划、准备和实施工作中，宜把以上方面输入的信息作为重点。只要输入充分而准确，管理评审的结论就水到渠成。

9.3.2 管理评审输出

评审输出是管理评审的结果，是最高管理者对质量管理体系乃至经营方针做出战略性决策的重要基础。在评审输入的信息经与会者充分讨论的基础上，每一次管理评审会议都应就下列问题做出决定和明确应采取的措施。

（1）持续改进的机会

首先，应包括对组织的质量管理体系的适宜性、充分性和有效性的总体评价结论，并识别和确定需要适当变更和改进的方面。在这个基础上，应对如何改进质量管理体系及其过程的有效性做出决定，如：质量方针和质量目标的内容和实施方面，组织结构、质量管理体系文件及产品实现过程（如生产方式、流程）等。

其次，包括与产品和服务有关的改进。顾客要求包括规定的要求（不仅是产品和服务本身，还包括对产品和服务交付及交付后活动的要求），顾客虽未明示，但产品和服务的规定用途和已知预期用途所必需的要求，包括法律、法规要求。在识别与上述要求间的差距之后，就应决定采取什么措施来改进产品和服务，如：机电产品的整机和零部件的质量特性的改进，服务类产品的服务特性（如及时性、差错率及服务态度等）的改进。

最后，要对输入的信息做出结论或提出下一步的措施。

（2）质量管理体系变更的需求

在管理评审中，应对产品、过程和体系的改进机会和由于改进可能导致的对现有质量管理体系的变更需要，进行评价。这种评价可能包括：

- 由于内、外部环境变化，可能发现体系的不适宜。
- 由于持续改进的需要、过程未识别、已识别过程未充分展开或与同行业水平对比等原因，发现体系的不充分。
- 由于质量方针和质量目标不切实际或在体系运行中对其缺乏管理等原因，导致质量管理体系的有效性不足，为此需要适当变更质量方针和质量目标，或改善其管理。

质量管理体系变更会导致的原有体系资源的短缺，以及为了实现改进需要相

第9章 绩效评价

关资源,对这些资源应明确地列出项目。这些均应包含在质量管理体系变更的需求之列。

(3) 保留形成文件的信息

组织应保留形成文件的信息作为管理评审结果的证据。这些证据包括:

- 管理评审计划;
- 管理评审输入文件;
- 管理评审会议记录和签到表;
- 管理评审报告;
- 管理评审跟踪验证报告等。

对上述评审输出中的决定和措施都必须落实,应明确由谁负责、何时完成、由谁检查。

9.4 绩效评价

监视和测量管理评审与内部审核都是确保质量管理体系自我完善、进行绩效评价的重要质量活动,但它们是有区别的,详见表9-4。

表9-4 绩效评价方法的比较

序	比较内容	监视和测量	内部审核	管理评审
01	目的	对产品或服务、过程绩效是否满足规定或顾客要求的验证活动	评价质量体系的符合性和有效性	确保质量管理体系的适宜性、充分性、有效性
02	层次	执行层面	中级层面	高层面、全局性
03	范围对象	产品或服务、过程活动或绩效	部门、过程、活动的审核,组织的质量管理体系运行状况	风险与战略全局性考虑、总体评价质量管理体系(含质量方针和目标)
04	评价依据	作业指导书、检验或验收规范、接收和放行准则、评价准则、客户特定的要求等	审核准则(如 ISO 9001 标准)	顾客的需求和期望
05	实施者	相应监视和测量岗位或授权放行人员	管理者或其代表负责,主管部门、内审员和受审核部门参加	最高管理者负责,有关决策管理层人员参加
06	频次	按规定频次和时机进行或按抽样规范等进行,如 GB/T 2828	按拟审核过程、区域的状况和重要性及以往审核结果所策划的时间间隔,宜集中审核和经常性审核相结合	按规定的时间间隔(特殊情况增加频次)

（续）

序	比较内容	监视和测量	内部审核	管理评审
07	方法	借助工具、检测设备或经验采集数据，利用规定或特定分析和判定准则验证、分析和验证等方法	现场审核，系统、独立地获得客观证据，与审核准则对照，形成文件化的审核发现和结论，采取现场检查和验证方式	以评审输入为依据，就质量方针、目标及质量管理体系的适宜性、充分性和有效性进行评价，采取会议方式
08	输出结果	对产品和服务检测的数据和分析判定结果，并保持监测结果证据。	质量管理体系及其运行的有效性及不符合报告，并保持实施和审核结果的证据	有关质量管理体系及其有效性的改进，与顾客要求有关的产品改进，资源需求的决定或措施，并保持结果证据

第10章 改 进

10.1 总则

组织应确定和选择改进的机会,采取必要的措施以满足顾客要求并增强顾客满意。改进是组织提高总体业绩的一个永恒的主题和目标,在分析和评价机会改进的必要性后,确定和选择,并制定必要的措施,来满足和提高顾客满意程度。

改进是增强满足要求的能力的循环活动。组织应利用各种信息和手段,寻求对过程、产品和服务、质量管理体系结果的改进机会,如利用质量方针、质量目标、风险和机遇应对措施的评价、监视和测量、分析和评价、审核结果和管理评审等机会,以持续改进质量管理体系的有效性。改进活动措施和方式可能是日常的,也可以是重大改进活动,如:

1) 被动影响式的(如纠正措施);
2) 渐进式的(如持续改进);
3) 阶跃变化式的(如突破);
4) 创造式的(如创新);
5) 重组式的(如业务流程重组 BPR)。

因此,组织应在适当的时机和条件时,进行改进活动,包括:

(1) 改进过程,以防止不符合

管理体系过程的策划和设计,如适宜、科学、合理,是过程业绩达到有效性的前提。当体系运行的条件或顾客要求变化时,也可能产生过程的不适宜。这些因素都可能导致过程的不符合。在进行过程的失效模式和影响分析(PFMEA)的基础上,发现过程中存在漏控的因素有引起某种失效的可能,及时增补相应的措施,便可达到防止不合格的目的。

(2) 改进产品和服务,以满足已知的和预测的要求

满足产品和服务已知和预测的要求,是质量管理体系对组织最基本的要求,也是满足顾客满意最基本的前提。因此,组织在发展的初级阶段或产品和服务开发初期都应将主要的管理、技术、精力和资源投入到保证产品和服务已知的和预测的要求中。

(3) 改进质量管理体系的结果

主动地改进质量管理体系，特别是考虑如何加强有效管理，消除引发潜在不合格的"管理"因素，也是一种预防措施。

华为公司可谓中国制造企业改进的典范。它从一家用户交换机代理商发展成为全球最大的电信网络解决方案提供商，全球第二大电信基站设备供应商，全球第一大通信设备供应商，全球第四大智能手机厂商。华为公司30年的发展历程，就是伴随着重大改进活动的30年，准确地说就是思想创新的历程，思想创新促使其产品实现改进和创新，促使其营销渠道多元和品牌价值得以成功，促使其"自我批判，成就客户"得以实现。

10.2 不符合和纠正措施

10.2.1 不符合的应对

当发生不符合时，包括由顾客抱怨、投诉的不合格，组织应做到以下方面的要求。

（1）对不符合做出响应

1）采取措施，控制并纠正不符合

采取措施控制不符合是有目的、有预防安排的活动。响应活动只能"就事论事"地处理已发生的不合格，防止非预期的使用或应用，不能防止再发生。如：纠正（返工等）；隔离、遏制、退回或暂停提供产品或服务；告知顾客；获得让步接收（返修、降级等）。

2）处理不符合造成的后果

不符合对组织会造成或多或少的损失、风险和影响，这就是后果。组织应对这些不符合造成的后果进行处理，如对已放行产品和服务的追回，对已造成的顾客报怨或投诉进行平息等。

（2）评价纠正措施的需求

纠正措施是指为消除已发现的不合格或其他不期望情况的原因所采取的措施。要评价为确保不符合在可控制范围、满足已知和潜在要求、避免顾客满意度风险的前提下，需要采取哪些纠正措施。评价时，应在权衡风险、成本和利益基础上，识别措施的需求。

通过采取以下纠正措施，防止不符合再发生或在其他区域或部门发生。

1）评审不符合

其内容应包括产品和服务的不符合和体系运行中的不符合，特别应注意顾客的抱怨和投诉。评审的目的在于权衡得失，以确定有无必要采取相应的纠正措施。

2）确定不合格的原因

不合格的原因常是多方面的，如影响制造业产品不合格的因素可能有人、机、料、法、环、测、管诸方面。每一个影响因素又有若干子因素。为此，常采用因果图（鱼刺图）来分析所有可能的影响因素，并从中找出最关键、最根本的原因。

3）举一反三

纠正措施应针对不合格的原因并逐一予以消除，因而应收到"举一反三"的效果。它应可使同类或可能潜在发生的不合格不再发生或明显减少（至少减到允许的程度）。

（3）实施所需的任何措施

经过与相关职能的协调、可行性分析、评价提出所需的措施后，经最终授权责任人批准，组织应确保其有效落实和实施。

（4）评审纠正措施的有效性

评审所采取的纠正措施的有效性。对于确有成效的措施应加以保持。一般可采取文件永久性更改的方式，来巩固纠正措施成果。对效果不佳者，则应进一步分析不合格的原因并采取更为有效的措施，务求问题得到彻底解决。

纠正措施是否有效需经过验证，有时仅一次验证还不够。经常可以见到验证工作不充分的情况，或是一次验证定终身。实际上，由于习惯势力的影响，可能又"回潮"了。这可能是不合格的原因分析中涉及多项原因，而纠正措施只涉及到部分原因；或是提出了多项措施，只验证了其中部分措施等。这样的跟踪验证，不能达到彻底"闭环"的要求，也很难保证纠正措施持续有效。

（5）必要时，更新在策划期间确定的风险和机会

组织在对不合格的响应、评价消除不合格措施的需求、实施所需的措施、评审纠正措施的有效性等一系列活动后，可能会对原有策划所确定的风险和机会有了更清晰、更深刻的认识。因此，必要时，可对这些策划期间确定的风险和机会进行更新，以适宜后续的运行和改进活动。

（6）必要时，对质量管理体系进行更改

在以上不符合响应、分析和评价、实施纠正措施过程中，组织可能会发现原有的质量管理体系存在设计缺陷或不合理。经评价或输入管理评审后认为有必要时，应对质量管理体系进行更改。

组织所采取的措施，应与所遇到的不符合的影响程度相适应。

应当指出，在某些情况下，消除不符合的原因是不可能的。有这样一种相当流行的说法，即：对多次重复发生的不合格应该采取纠正措施。其实这种说法并不确切，因为即使多次重复发生了不合格，但只要未超出过程的目标，其复发的可能性降至可接受水平，就可不必采取纠正措施。例如，在制造业某工序出现了

不少同样的不合格品,但由于生产批量很大,并限于设备能力等条件,其工序不合格品率控制目标为 0.5%,只要能达到这个要求即可。如何再进一步降低不合格品率,则属于持续改进范畴。此外,是否采取纠正措施及采取措施的先后顺序,应按风险、成本、利益最佳综合的原则来考虑。目前,比较有效的方法是进行风险评估,例如福特汽车公司规定当风险顺序数 RPN 大于 85 时,必须采取纠正措施[1]。

10.2.2　保持文件化信息

组织应保持相关的文件化信息作为证据,主要包括:

1) 不合格的性质以及随后所采取的任何措施;不合格的性质是指对产品和服务、质量管理体系或顾客的影响程度的判定,证据可以包括:不合格报告单、评审或回用报告、不合格处理报告、让步接收授权文件、顾客对不合格处置的意见和反馈等。

2) 纠正措施的结果。如针对不合格的专题分析会议报告或纪要、改进计划、不合格评审输出的纠正措施、纠正措施的有效性验证评价和再验证记录等。

10.3　持续改进

组织应持续改进质量管理体系的适宜性、充分性和有效性。质量管理体系是一个相当复杂的系统工程,影响其因素很多。这就决定了它是一个动态变化并应是不断完善和发展的体系。但是,最终的目标是要让它适宜和充分,进而达到有效。

持续改进过程,就是一个不断发现问题和自我完善的过程。组织可以考虑,从分析和评价的输出以及管理评审的输出,来确认是否存在绩效不良的区域或作为持续改进的一部分的应对机会和途径。这些考虑及应对的机会包括以下方面。

(1) 评审质量方针

组织应随市场竞争环境的变化和质量管理体系运行的进展,通过评审来更新和实施新的质量方针,以便营造一个不断改进的氛围,激励员工不断进取,向组织的发展蓝图逐步迈进。

(2) 评审质量目标

经过一段时间的努力,原有质量目标已经达到或部分达到时,组织应适时通过分析和评价,建立与质量方针相一致的新的更高的质量目标,并将其展开到相关职能和层次予以落实。这样可使组织内部各层面人员始终保持一个明确的前进方向。

(3) 审核结果

审核结果应包括一方（内部）、二方（顾客）和三方（咨询或认证机构）审核所提出的不符合报告和审核报告。应对上述审核结果进行分析，不仅考虑如何按现有规定采取相应的纠正措施和预防措施，更应关注现有规定中一切不适宜的内容并予以改进。

(4) 监视和测量结果的分析和评价

在对监视和测量结果分析和评价时，应特别注意顾客要求变化的趋势、市场走向以及同行业竞争对手的发展水平，以便适时改进产品特性和质量管理体系增强顾客满意的能力。

(5) 纠正和纠正措施

应从体系、产品和过程的纠正措施和预防措施的有关信息中，关注如何从改变现有确定流程和要求入手，识别提高产品质量水平、过程控制能力和质量管理体系有效性的机会。

(6) 管理评审

除对质量方针和质量目标进行改进外，应通过管理评审确定新的改进目标，如改进型产品、业务流程重组（BPR）、技术改造项目等。

10.4　改进的工具和方法介绍

目前，一个相当普遍的现象，是已通过 ISO 9001 质量管理体系认证的组织，不能有效地识别绩效不良的区域和原因，这样也就失去了有效持续改进的机会。甚至有些组织运行较长时间后调查绩效不良的工具和方法也没有统一，或者根本就没有识别和掌握。这就很难持续改进组织的绩效，持续改进也就成为一句空话而束之高阁。究其原因在于，对改进措施的规律缺乏了解，不仅缺乏思路，而且不掌握必要的方法和工具。为此，仅就笔者的经验，介绍一些有效的方法，见表 10-1。

表 10-1　绩效不良原因的调查方法和工具

序	方法工具	目的和作用	特　　点	选择和使用说明
01	调查表	针对不符合多次重复发生项目的统计	一般是为调查某项质量特性	应分类和记录清楚、并能针对被调查对象来设计
02	因果分析（鱼刺图）	系统分析和寻找导致各层次不良问题的原因	简单易行的科学分析方法，能集思广益	从问题出发，先找出大原因，然后找出大原因里的关键的中原因，并进一步找中原因里的小原因，依次类推

（续）

序	方法工具	目的和作用	特 点	选择和使用说明
03	排列图（帕累托图）	寻找影响改进的主要因素	关键的少数和次关键的多数	找出主要原因，并对主要原因进一步分层排列
04	直方图	判断过程或工序是否处于稳定状态，判断总体质量分布情况；掌握工序能力，并估测生产过程的不合格品率	每一种分布形态代表不同的原因：正常型、孤岛型、双峰型、折齿型、陡壁型、偏态型、平顶型	评价质量分布情况
05	控制图	判断过程受控情况	直观、准确	一般用于关键质量特性的控制
06	相关分析	评价各因素之间的相关程度	科学、有效、结论明了	判断各因素之间的相关性
07	回归分析	将一些无规律的数据，通过数学手段，找出其联系的定量关系	两种或两种以上变量间相互依赖的定量关系	用于测试数据处理，寻求参数之间的定量关系
08	潜在失效模式及后果分析	全面地分析产品和服务及其过程失效的现象、规律、影响因素及后果，以便在策划中做出周密受控的安排	进行FMEA活动时，通常需要一个团队，集思广益	掌握了失效分析技术、对于查找不合格的隐患，评价预防措施的需要，特别是在设计开发中采取预防措施，都是极有益处的

注：以上方法和工具的应用，必须是在熟悉统计技术基础上，并清楚每种方法和工具的应用条件和目的，才能适宜地选择和使用，否则很难达到目的。

第 11 章　ISO 9004：2009 标准介绍

在 2015 版 ISO 9000、ISO 9001 发布后，ISO 9004 的修订尚在进行中，因此本章只能按现行有效版本来介绍。

11.1　概述

虽然 ISO 9001：2015 版部分内容与 ISO 9004：2009 版一致，然而这两个标准的应用对象不同，且 ISO 9004 有其独自的体系，因而暂时无须与 ISO 9001 新标准同步修订。但是，根据 ISO 组织关于任何标准都应自动采用引用标准的最新有效版本的规定，本章中在涉及 ISO 9001 标准时，都按新标准做了调整。

11.1.1　2009 版修订的基本考虑

（1）使组织获得持续成功

该标准在修订时考虑到如何通过质量管理的途径提供指南，以帮助所有在复杂、严酷以及不断变化的环境下的组织，取得持续成功。

一个组织获得持续成功，依赖于组织是否有能力通过长期和均衡地满足客户和相关方的要求和期望。通过组织的环境意识、学习以及相应的改进和/或创新，实现组织的有效管理，从而获得持续成功。

由于过程是质量管理体系的基础，因此，必须通过对过程的进一步重组、优化和增值来提高组织的业绩。例如：减少资源消耗；缩短对顾客和其他相关方的需求和期望的响应周期；提高产品质量；降低成本，从而增强市场竞争力以获得更多的利润。

（2）评价组织的成熟度

该标准力求促成自我评定作为评审组织质量管理体系成熟水平的一项重要工具。它包括了领导、策划、管理体系、资源及过程等几个方面，从而识别组织的优势和弱点以及任何可以改进和/或创新的机会。通过自我评定，可以对照优秀模式（如 GB/T 19580《卓越绩效模式评价准则》），评价组织的成熟度，找出差距（特别是现行管理体系的"瓶颈"），从而更有针对性地采取措施来改进组织的业绩。

（3）与 ISO 9001 的关系

该标准所规定的质量管理要求要比 ISO 9001 的范围更宽广，不仅要满足所有相关方的需求和期望，还对组织进行系统的、持续的业绩改进提供了指南。ISO 9004 增加或详细说明了以下重要内容。

1）组织持续成功的管理。
2）战略和方针。
3）财务资源、自然资源、合作方和供方的资源管理。
4）知识、信息和技术。
5）监视、测量的分析与评审。
6）过程管理。
7）改进、创新和学习。

该标准与 ISO 9001 是协调一致的，并与其他的管理体系相容。这些标准既可以互相补充使用，也可以单独使用。

(4) 全面深入贯彻质量管理基本原则

该标准的附录 B 中对质量管理八项基本原则作了规范化的描述。组织的质量管理体系应当立足于附录 B 中描述的质量管理八项基本原则。这些原则所描述的概念是质量管理体系有效性的基础。为了实现持续成功，最高管理者应当将这些原则应用于组织的质量管理体系。要成功地领导一个组织，其指导思想应当是系统的和透明的。在该标准的全文中系统地应用了质量管理八项原则为改进组织的绩效服务。

(5) 与其他管理体系的相容性

同 ISO 9001 标准一样，ISO 9004 也与组织的其他管理体系，如环境管理、职业健康安全管理、财务管理等能够相容。实施 ISO 9004 可能导致组织管理体系的变更。但是，组织的质量管理体系仍可与其他管理体系相结合或整合，可实现管理体系的一体化，从而提高效率和有效性。

11.1.2 ISO 9004 的作用和收益

(1) ISO 9004 的主要作用和优点

1）有助于改进组织的质量管理体系。
2）为组织创建持续成功的质量管理体系提供指南。
3）通过提供产品，为其顾客创造价值。
4）为所有其他利益相关方创造价值。
5）平衡各个利益相关方的观点。
6）为管理者提供领导组织走向持续成功的指南。
7）允许组织在已存在的质量管理体系上进一步建立兼容的体系。

(2) 组织实施 ISO 9004 相关方可获得的益处

如果合理地实施质量管理体系，用好八项质量管理原则，并依照 ISO 9004 标准执行，组织的所有相关方都能有所受益。

1) 顾客和用户通过得到如下产品受益：

a) 符合要求。

b) 可靠且可信赖。

c) 随时可以使用。

d) 可维护性。

2) 组织人员将受益于：

a) 更好的工作状况（环境）。

b) 提高（员工）工作满意度。

c) 改善健康和安全。

d) 提高士气。

e) 改善职业稳定性。

3) 组织拥有人和投资者将受益于：

a) 提高投资回报率。

b) 提高运行成效。

c) 增加市场份额。

d) 增长利润。

4) 供方及合伙人将受益于：

a) 业务的稳定性。

b) 业务成长。

c) 与组织的相互理解。

5) 社会将受益于：

a) 法律法规要求的遵守。

b) 改善职员的健康和安全。

c) 减少环境影响。

d) 提高安全性。

11.1.3　ISO 9004 在质量管理中的位置

在第 3 章图 3-6 所示的质量管理发展过程中，可将 ISO 9000 阶段分为 ISO 9001 和 ISO 9004 两个层次。按许多质量大师的意见，与以美国国家质量奖为代表的卓越绩效模式的水平相比，ISO 9001：1994 也只能达到 30%。

按作者的分析、比较估计：

1) ISO 9001:2008 可达 50%；

2) ISO 9001:2015 可达 65%；

3) ISO 9004:2009 可达 80%；

4) 较好的 TQM 可达 90%。

由以上分析可见，在 ISO 9001 的基础上，贯彻实施 ISO 9004，组织可取得持续成功的业绩。ISO 9004 是组织通往 TQM 和卓越绩效模式的桥梁。考虑到我国的质量管理存在"先天不足"和"后天失调"的实际状况，想要越过 ISO 9004 一步登天，直接推行卓越绩效模式更是难上加难。笔者曾经担负十年咨询工作的中利科技集团有限公司，正是从贯彻 ISO 9001 到 ISO 9004 标准，到应用 ERP 系统，再到实施卓越绩效模式管理，使其长足进步，业绩逐年提高。进而，从一个原来只有 5000 万产值的电缆厂发展到目前的综合性企业集团，并于 2009 年底成功上市。

11.1.4 成功的组织

一个组织要想获得持续成功，就应考虑到下列问题。

(1) 识别并满足相关方的需求和期望

相关方的需求和期望的示例见表 11-1。

表 11-1 相关方的需求和期望的示例

序号	相 关 方	需求和期望
1	顾客	产品的质量 价格和交付履行
2	所有者/股东	持续盈利 透明度
3	员工	良好的工作环境 职业保障 发展空间和报酬
4	外部供方和合作伙伴	互惠互利和连续性
5	社会	环境保护 道德行为 遵守法律法规要求

注：尽管大多数组织对其相关方使用相似的描述（如顾客、所有者/股东、外部供方和合作伙伴、员工），但这些类别的组成在不同组织、行业、民族和文化之间，可能会随着时间的推移，差别很大。

通过满足相关方的需求和期望，可有助于获得竞争优势。为此，需要以最有效和高效的方式（即达到目标的投入和耗费最少），去实现这一目标。

(2) 实现组织的持续成功

影响组织持续保持并改进其总体业绩以取得持续成功的能力的主要因素有如

下方面。

1) 顾客的忠诚

顾客满意未必忠诚,只有当"超值"使顾客喜出望外,产品持续对顾客有吸引力时,才能使顾客在满意的基础上对组织忠诚。拥有一批忠诚的"回头客"是组织参与市场竞争的重要资源。

2) 业务的保持和扩展

欲求得业务的扩展,不断改进自己的业务过程是至关重要的。要不断识别和剔除那些非增值的、低效率的重复的劳动。在这方面,业务流程重组(BPR)是一种有效的方法。

3) 运作结果

运作结果可直接体现出增值的整体业绩。一个持续成功的组织,其整体业绩必然是不断得到较大幅度改善的,如销售收入、市场份额、利润的增长,总是有竞争力的。

4) 对市场机遇的响应

在市场竞争中,有QCTS(质量、价格、交货期和服务)四个要素。当质量相近、降价空间受限时,交货期和服务就成为主要矛盾。当今市场需求向个性化发展,如何迅速而灵活地对市场机遇做出响应,在交货期和服务方面领先,往往成为关键问题。

5) 成本和周转期

通过有效和高效地利用资源(如提高原材料的利用率、提高设备的有效率、节能降耗等),可加速资金、物流的周转,从而降低成本。在这里,可看出时间也是重要的资源。

6) 过程优化

调整过程实现过程整合(过程职能跨越),以最佳地达到预期的结果。例如,采取某项措施来改进过程,使一个过程可完成多个活动,以实现节能、节材、省工时,同时仍能达到预期结果。

7) 提高组织能力

组织能力可通过组织达到目标的有效性和效率来反映,如产品开发、对顾客要求的响应周期、成本控制、质量管理等。这些指标的改善,都有助于提高组织的竞争力。

8) 员工参与

对组织的目的和目标的理解,可转化为员工的工作热情,从而为实现目标做出贡献并参与持续改进。因此,员工的积极参与是组织取得持续成功的必要条件。

9) 相关方对组织的信心

这种信心来自组织的效率和有效性，可由组织的业绩、产品生命周期以及信誉所产生的经济和社会效益来证实。

10) 为组织和供方创造价值的能力

通过优化过程来提高资源利用效率，降低成本，以及资源、技术共享，从而灵活快速地共同适应市场的变化，可以增强为组织和供方创造价值的能力。

11.1.5 过程方法

(1) 过程模式

ISO 9004：2009 的过程模式是如何由 ISO 9001 拓展而来的，如图 11-1 所示。由图可明显看出 ISO 9004 和 ISO 9001 相比增加的内容。ISO 9004 除了要从顾客要求出发，通过产品实现达到顾客满意之外，还应从相关方的要求出发，通过对体系的监视、测量、分析和评审持续改进质量管理体系，最终达到相关方满意。

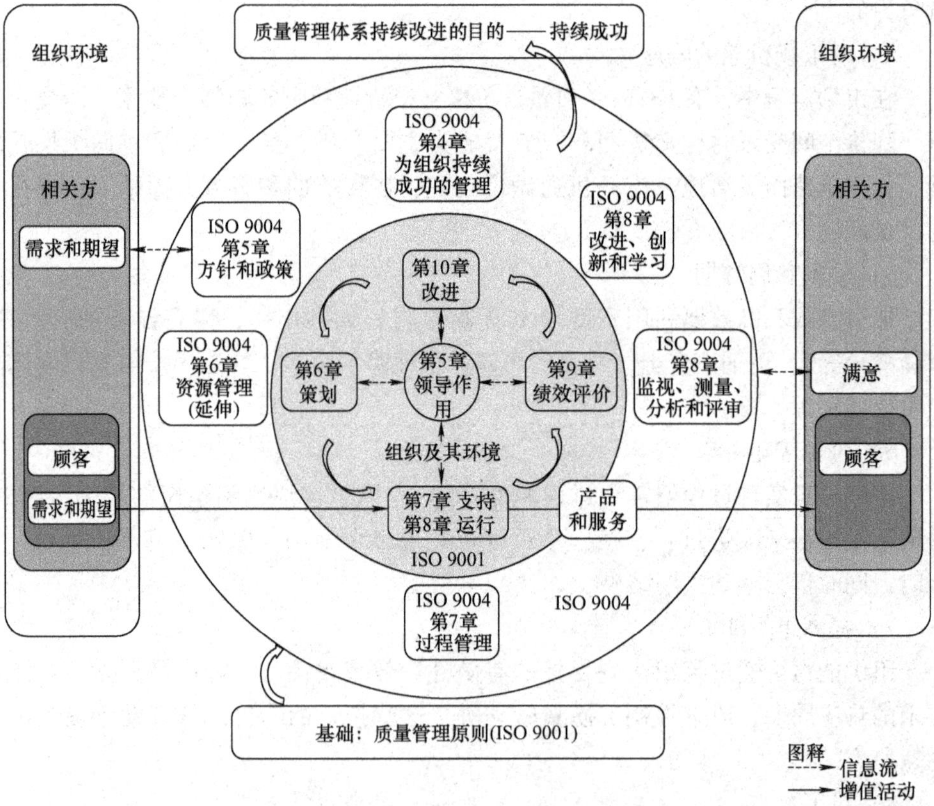

图 11-1　以过程为基础的质量管理体系拓展模式

ISO 9004 立足于通过每个过程的有效性和效率来改进组织的业绩，以达到持续成功的目标。因此，它更推荐在组织内建立一个过程系统，并对过程及其相互作用进行识别和管理，以保证过程的有效运作。深入贯彻过程方法原则是贯穿 ISO 9004 标准的基本思路之一。

（2）过程方法的优点

当活动和资源作为一个过程来管理时，可以达成更高的效率。其主要优点有：

1）通过资源的有效利用，可以获得更低的成本和更短的周期时间。

2）可以获得持续改进的以及可预见的结果。

3）获得集中的以及优先排序的改进机会。

4）对过程间的联系、组合和相互作用（接口）进行连续控制。这种根据对过程的连续监视和测量所得到的信息，随时进行有效的反馈控制的方法，可以更好地保证过程的一致性。许多自动化的流水生产线，就是这样控制工艺参数的，从而保证了产品质量的均匀一致。

（3）过程方法的实施要点

在实施 ISO 9004 应用过程方法时，要特别注意以下方面。

1）欲得到期望的结果，必须对系统加以定义。

2）对关键的管理活动必须清晰地明确职责。

3）分析和测量的关键活动要有必要的容量。

4）识别组织内、外关键活动的接口。

5）致力于改进组织关键活动因素，如资源、方法以及材料。

6）评估客户、供方及其他相关方的风险、结果以及对活动的影响。

7）增值。从过程增值的角度考虑来改进过程，降低过程投入（资源），增加过程产出，这就要求摒弃非增值的过程并努力开发过程增值的潜能。

8）结果。通过监视和测量获得过程业绩和有效性的结果，如未达到预期结果，则应采取相应的纠正或预防措施。

9）持续改进过程。基于客观测量的结果，通过数据分析可以识别影响过程业绩的主要因素，并据此持续改进过程。通常持续改进意味着提出新目标。

11.1.6 风险、机会和利益

在该标准的各章节中，充满了关于风险和机会的提示。在依据 ISO 9004 标准考虑如何改进组织的绩效时，应当权衡风险、机会和利益，以便做出最佳选择。

（1）风险的考虑

对顾客：人身安全与健康，对产品的不满意，可用性，市场索赔和丧失信用。

对组织：战略风险，法律风险，财务风险；与技术有关的风险导致创新的失败；与供方和合作方关系的风险；组织形象或信誉损失，顾客抱怨，丧失市场，索赔直至诉讼追究产品责任；人力和财力的浪费等。此外，组织还应识别、评估和控制各种短期的和长期的潜在的风险，并制定相应的应急预案。

（2）机会的考虑

组织要能充分识别在战略上的机会，识别改进（如更有效地利用资源）的机会，创造更多员工参与机会，提供员工学习提高能力和经验的机会。

（3）利益的考虑

组织应通过关键绩效指标的管理来确保经济效益和财务业绩；通过过程增值，减少内、外部故障损失，来提高过程的有效性和效率；通过监视和测量来评估绩效，同时识别达到绩效的局限性。

对组织来说，完善的质量管理体系是在考虑风险、机会和利益的基础上，使质量最佳化，并对质量加以控制的、有价值的管理资源。

11.1.7 产品生命周期

质量管理体系涉及产品生命周期的全部阶段，从最初的市场调研识别顾客需求，到满足要求直至交付后产品生命终结时的处置或再生利用的所有过程。产品生命周期管理（PLM），已成为现代企业管理的一个重要分支。

一般可将产品生命周期划分为 12 个阶段（图 11-2）。

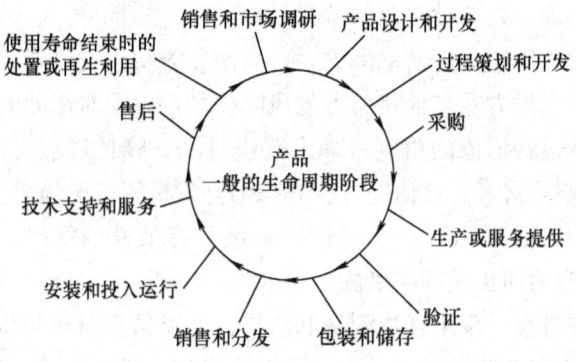

图 11-2　产品生命周期的各个阶段

11.2　ISO 9004 与 ISO 9001 的比较

11.2.1　适用范围

（1）ISO 9001《质量管理体系　要求》

ISO 9001 是对质量管理体系的基本要求，其核心是满足顾客要求的有效性，是国际通用的质量管理门槛。它可用作供方证实、顾客评价、质量管理体系认证和注册的依据。它可作为完善的质量管理体系的核心结构和基础。组织若采用该标准，则其具有一定的强制性。

（2）ISO 9004《组织持续成功的管理 一种质量管理方法》

ISO 9004 是一个指导性标准，它不用于认证，也不具有强制性。但是，它有着更广阔的目的，特别是在如何改进组织的整体业绩、效率和有效性，以使组织持续获得成功方面，对组织完善质量管理体系提供具体的指导。

ISO 9004 无论在深度上和广度上都比 ISO 9001 有很大提高，对于组织建立一个更为完善、更有竞争力，能使组织获得持续成功的质量管理体系来说，它具有重要的参考价值。因此，组织在通过 ISO 9001 认证之后，按 ISO 9004 来改善业绩，以期获得持续成功，便是应当追求的下一个目标。

由上述可见，ISO 9001 只是提出对组织质量管理体系的基本要求，而不提供如何达到这些要求的方法和途径。而 ISO 9004 则为组织如何达到基本要求和进一步保持和提高的竞争力，取得持续成功，提供了许多可资借鉴的方法和途径。因此，参考 ISO 9004 来贯标，就可以站得高、看得远，从而对组织的未来走向更清晰。

11.2.2 目标

同 ISO 9001 相比，ISO 9004 的目标在以下方面均有明显的拓展。

1）由关注顾客满意发展到关注顾客满意和其他相关方需求和期望。
2）由关注产品质量发展到关注组织的业绩和如何取得持续成功。
3）由关注体系和过程的有效性发展到关注有效和高效，特别是讲求效率。
4）时域由产品实现过程（包括交付和交付后）扩展到整个产品生命周期。

11.2.3 过程和活动

ISO 9004 和 ISO 9001 之间过程和活动的对照见表 11-2。

表 11-2 ISO 9004：2009 和 ISO 9001 之间过程和活动的对照

序	ISO 9004：2009 条款	ISO 9001：2015 条款	ISO 9001：2008 条款	备　　注
01	4.1　总则（管理持续保持成功的组织）	4.4　质量管理体系及其过程 5.1　领导作用与承诺	4.1　总要求（质量管理体系） 5.1　管理承诺	
02	—	—	4.2　文件要求	
03	4.2　持续成功	—	—	
04	4.3　组织的环境	4.1　组织及其环境	—	
05	4.4　有关各方、要求和期望	4.2　相关方的需求和期望	5.2　以顾客为关注焦点	

(续)

序	ISO 9004:2009 条款	ISO 9001:2015 条款	ISO 9001:2008 条款	备 注
06	5.1 总则（战略和方针）	5.1 领导作用与承诺 5.2 质量方针	5.3 质量方针	ISO 9001基本上未涉及组织的战略
07	5.2 战略和方针的制定	5.1 领导作用与承诺 5.2 质量方针	5.3 质量方针	
08	5.3 战略和方针部署	5.1 领导作用与承诺 5.2 质量方针	5.4 策划	
09	5.4 战略和方针沟通	5.2 质量方针	5.5.3 内部沟通 7.2.3 顾客沟通	
10	6.1 总则（资源管理）	7.1 资源	6.1 资源提供	
11	6.2 财务资源	—		
12	6.3 组织内部的人员 6.3.1 人员管理	7.1.2 人员	6.2 人力资源	
13	6.3.2 人员能力	7.2 能力	6.2.2 能力、培训和意识	
14	6.3.3 人员参与和激励	7.3 意识	—	
15	6.4 合作伙伴和供应商 6.4.1 总则	8.4 外部提供的过程、产品和服务的控制	7.4.1 采购过程	
16	6.5 基础设施	7.1.3 基础设施	6.3 基础设施	
17	6.6 工作环境	7.1.4 过程运行环境	6.4 工作环境	
18	6.7 知识、信息和技术	7.1.6 组织的知识	—	
19	6.8 自然资源	—		
20	7.1 总则（过程管理）	4.4 质量管理体系及其过程	4.1 总要求（质量管理体系）	
21	7.2 过程策划和控制	8.1 运行的策划和控制	7.1 产品实现的策划 7.5 产品和服务的提供	
22	7.3 过程职责和权限	5.3 组织的岗位、职责和权限	5.5.1 职责、权限和沟通	
23	8.1 总则（监视、测量、分析和评价）	9.1 监视、测量、分析和评价	8.1 总则 7.6 监视和测量设备的控制	

（续）

序	ISO 9004:2009 条款	ISO 9001:2015 条款	ISO 9001:2008 条款	备　注
24	8.2　监视	9.1　监视、测量、分析和评价	8.2.3　过程的监视和测量 8.2.4　产品的监视和测量	
25	8.3.1　总则（测量）	9.1　监视、测量、分析和评价 9.1.2　顾客满意 9.1.3　分析和评价	8.2　监视和测量 8.2.1　顾客满意	
26	8.3.2　关键绩效因子	9.1.3　分析和评价	8.2.3　过程的监视和测量	
27	8.3.3　内部审核	9.2　内部审核	8.2.2　内部审核	
28	8.3.4　自我评价	—	—	
29	8.3.5　标杆	—	—	
30	8.4　分析	9.1.3　分析和评价	8.4　数据分析	
31	8.5　监视、测量和分析获得信息的评价	9.1.3　分析和评价 9.3　管理评审	5.6　管理评审	
32	9.1　总则（改进、创新与学习）	10　改进	8.5　持续改进	
33	9.2　持续改进	10.3　持续改进	8.5　持续改进	
34	9.3　创新	8.3　产品和服务的设计和开发	7.3　设计和开发	
35	9.4　学习	—	—	

11.3　组织持续成功的管理

11.3.1　总则

为了实现持续成功，最高管理者应当采用卓有成效的质量管理方法。组织的质量管理体系应当立足于质量管理的八项基本原则。这些原则所描述的概念是质量管理体系有效性的基础。为了实现持续成功，最高管理者应当将这些原则应用于组织的质量管理体系。

组织应当建立这样的质量管理体系，以确保：

1）资源的有效利用。

2）建立在量化数据基础上的决策。

3）关注顾客满意，以及其他相关方的需求和期望。

11.3.2 持续成功

组织的持续成功是指组织有能力长期实现和保持其目标的结果。

组织通过自始至终地满足各相关方的需求和期望，能获得均衡的、长期的持续成功。

组织的环境是不断变化和不确定的，为了实现持续成功，最高管理者应当：

1) 有一个长期的远景规划。
2) 不断地监视和适时分析组织的环境。
3) 识别所有的利益相关方，评价他们各自对绩效的潜在影响，以及确定如何平衡地满足他们的需求和期望。
4) 使利益相关方参与，并将组织的活动和计划通报给他们。
5) 考虑与供应商、合作伙伴和其他利益相关方的互利关系。
6) 利用各种方法，包括谈判和调解，以便均衡那些经常相互竞争的利益相关方的需求和期望。
7) 识别短期和长期风险并且制定组织的总体战略，以减小风险。
8) 预测未来的资源需求（包括人员能力要求）。
9) 建立适当程序实现组织的战略，确保有能力对不断变化的情况做出快速响应。
10) 定期地评价目前计划和程序的符合情况，并采取适当的纠正和预防措施。
11) 确保组织的人员有学习的机会，不仅使个人受益也使组织保持活力。
12) 建立和维持创新和持续改进的过程。

11.3.3 组织的环境

组织的环境是指影响组织实现目标和对其相关方行为的内、外部因素和条件的组合，使该组织能够识别、评价和管理与相关方的风险，以及他们不断变化的需求和期望。ISO 31000 提供了关于风险管理的要点。

最高管理者应当及时为组织改进和创新做出决策，以保持和改进组织的绩效。

11.3.4 相关方需求和期望

相关方是与组织的业绩或成就有利益关系的个人或团体。满足相关方的需求和期望有助于组织实现持续成功。相关方的具体需求和期望可参见表11-1。

此外，相关方的需求和期望是不同的，可能与其他相关方有冲突，也可能会很快发生变化。这意味着要使相关方的需求和期望得到体现和满足，可以采取多种多样的方式，包括协作、合作、谈判、外包或终止活动等手段。

11.4 战略和方针

11.4.1 总则

为实现组织的持续成功,最高管理者应建立和维持一个富有使命感、愿景和价值观的组织。这些应得到组织的全体员工充分理解、接受和支持,适当时要有其他相关方的理解、接受和支持。

11.4.2 战略和方针制定

这里,"战略"是指为完成目标,特别是较长期的目标的一种符合逻辑的计划或方法。为了使组织的使命感、愿景和价值观得到相关方的接受和支持,最高管理者应当明确地建立组织的战略和方针。应适时地监测组织的环境,以确定是否需要评审和(适当时)修订其战略和方针。为了建立、采用和维持一个有效的战略和方针,组织应有以下过程:

1)不断监视和适时地分析组织的环境,包括客户的需求和期望,竞争形势、新技术、政治变革、经济预测或社会因素。
2)识别并确定其他相关方的需求和期望。
3)评估当前过程的能力和资源。
4)识别今后的资源和技术需求。
5)更新战略和方针。
6)识别必要的输出,以满足相关方的需求和期望。

这些过程应当及时建立,并提供任何必要的计划和资源支持。

组织战略的制定也应当考虑其他一些活动,例如对顾客的需求、法律法规的要求,产品、组织的优势、弱点、机会和威胁的分析,并对现存制定和评审的组织战略过程进行详细规定。

11.4.3 战略部署和方针展开

(1)总要求

为了实施战略和方针的持续成功,组织应当建立和保持程序和做法:
1)适当时,将战略和方针转化为可测量的目标,并分解到组织各相关层面。
2)建立每个目标完成的时间表并分配实现这一目标的职责和权限。
3)评估战略风险和确定适当的应对措施。
4)提供开展必要的活动所需的资源。

5）为达到目标实施所需的活动。

（2）过程和实践

为了确保战略管理过程和实践是有效的和有效率的，组织应当执行以下活动：

1）预先考虑任何由于相关方的不同需求和期望所引起的潜在冲突。

2）评估和了解组织目前的绩效和过去问题产生的根源，避免同类问题重复发生。

3）保持同相关方之间的信息畅通，得到他们的承诺，使他们了解计划的进展情况，并获得反馈和改进意见。

4）审查管理体系及其过程，并在必要时进行更新。

5）监视、测量、分析、审查和报告。

6）提供所有必需的资源，包括那些改进、创新和学习所需的资源。

7）开发、更新和实现目标，包括确定实现这些目标的时限。

8）确保结果与战略相一致。

（3）部署

组织应当识别其过程之间的关系，以部署战略和方针。过程的相互作用和先后顺序的描述应能对评审活动予以支持，通过：

1）表明组织结构、体系和过程之间的关系。

2）识别过程之间相互作用的潜在问题。

3）提供优先次序的改进方法和其他主动性的变更手段。

4）在组织各个相关层次上，为设置、调整和部署目标提供框架。

11.4.4　战略和方针的沟通

战略和方针的沟通是组织持续成功的关键。

这种沟通应当是有意义的、及时的和持续的。沟通还应当包括一个信息反馈机制，就沟通的效果确定评审周期，并应当纳入规定，积极适应组织的环境变化。

组织有效的沟通过程应当纵向、横向同时运作，并且应根据接受者的不同需求进行剪裁。例如，传达相同的信息，对顾客或其他相关方可以不同于组织内部的人员，即具体信息沟通的方式和方法，对组织内、外宜有所区别。

11.5　资源管理

11.5.1　总则

组织应当确定短期和长期目标所需的内部和外部的资源，组织的方针和资源管理的方法应该与其战略相符合。应当指出，ISO 9004 所涉及的资源要比 ISO 9001 广泛得多。

确保资源（如设备、设施、材料、能源、知识、财务和人员等）的有效性和效率，这对过程所在地资源的提供、安置、监视、评估、优化和防护是必要的。

确保未来活动范围的资源有效性，组织应识别和评估潜在资源不足的风险，并持续监视资源使用的趋势，以寻找资源利用的改进机会；同时应进行新的资源研发、优化过程和应用适宜的工艺技术。

必要时，组织应当定期评审所确定的资源（包括外包资源）的有效性和适用性，并计划或采取措施。这些评审的结果也应当作为组织评审战略、目标和计划的输入。

11.5.2 财务资源

财务资源一般是指资金、资产、各种有价证券（如股票、期票等）、贷款及其他财务契约等可以流通的资源。广义地说，它还可以包括：融资能力（如信用证、信用等级等无形资产）；财务管理方法和相应软件。财务资源的管理具有十分重要的作用，它为产品实现过程、各种支持过程和持续改进提供保障。

（1）确定财务资源的需求

最高管理层应当在产品实现策划中，确定组织对财务资源的需求并提供现在、将来运行必需的财务资源，例如：产品设计和开发、采购、基础设施（含设备、工装）的配置、维修，以及生产和服务运作过程中所必需的财务资源。因此，在策划的各过程时，应当明确提出每个过程、何时需要多少资金，以便能及时提供财务资源支持。

（2）确定财务资源的来源

为了保证财务资源的及时供应，组织应确定可利用的财务资源渠道，如销售资金回笼、期票、银行贷款（取决于资信等级、可抵押的资产、信用证等）以及其他融资能力（扩股、拆借等）。

（3）财务资源管理

1）总要求

组织应策划、提供并控制财务资源。这是保证质量管理体系有效和高效运行，实现组织的目标所必需的。

组织应当建立和维持用以监视、控制、报告与目标有关的财务资源的有效分配和高效利用的过程。

这类内容的报告也能为确定无效或低效的活动、为着手采取适宜的改进措施提供方法。与管理体系的业绩和产品符合性相关活动的财务报告，应当用于管理评审。

2）策划

组织应当根据各职能、各过程提出的财务资源需求和可落实的资金，按优先顺序拟定财务资源配置计划，从而使资金得到高效率的使用。

3）提供

应当按照财务资源配置计划实施，以确保各过程所需的财务资源能按时到位。

4）财务结果的测量

财务测量有以下作用：

a. 质量管理体系业绩的一种客观尺度

通过财务测量能真实地反映质量管理体系的运行状况的优劣，如产品质量水平、管理水平、财务资源利用效率，从而直观地显示出组织业绩的强项和弱项，以及制约组织提高质量管理体系的有效性和效率的"瓶颈"。

b. 帮助管理者识别持续改进的机会、方向和目标

通过财务测量显示的"瓶颈"以及与先进水平的比较，可以准确地找出差距最大的项目，找出当前需要改进的关键问题并了解存在的潜力，从而为设定改进目标提供依据。

c. 评价持续改进的效果

通过对体系和过程进行可比较的财务测量，可以评价改进的效果。

提高质量管理体系的有效性和效率，可对组织诸多方面的财务结果产生影响，例如：

a）在组织内部，通过减少过程和产品的故障、减少材料或时间的浪费。

b）在组织外部，通过减少产品的故障，降低因担保而引起的赔偿费用、产品责任和其他的法律风险，减少客户和市场流失的损失费用。

ISO 10014 提供了组织如何从 ISO 9000 质量管理原则的应用，识别并获得了财务和经济效益的示例。

11.5.3 组织的人员

（1）人员管理

人员是组织的重要资源，组织要不断增强他们为相关方创造价值的能力。最高层管理者应当通过其领导、创造并保持一个共同愿景、共同的价值观和内部环境，以使人员充分参与实现组织的目标。

人员是最宝贵和关键性的资源，确保工作环境能激励个人成长、学习、知识传播和团队合作。人力资源管理，是通过经策划的、透明的、符合职业道德和社会责任的途径，来完成的。组织应当确保人员知道他们的贡献和作用的重

要性。

组织应当建立程序授权人员能够：

1）将组织的战略和过程目标分解到各自的工作目标中，并编制计划以达到成功。

2）识别所能达到绩效的局限性。

3）承担所有权和责任，以解决问题。

4）根据工作目标，评估个人绩效。

5）积极地寻求机会，以提升人员的能力和经验。

6）促进团队合作和鼓励人员之间的协同配合。

7）在组织内分享信息、知识和经验。

（2）人员能力

组织应当建立和维持"人员发展计划"及其相关过程，通过下列步骤，确定、开发和提高人员能力，确保其人员具备必要的能力。

1）基于组织的使命、愿景、战略、方针和目标要求，应识别在长期和短期内人员专业水平和个人的能力的需求。

2）识别组织普遍可达到的能力以及与将来所需能力的差距。

3）采取措施提高和（或）获取能力，减少差距。

4）评审和测评所采取措施的有效性，以确保所需能力的获得。

5）保持所要求的能力。

ISO 10015 提供了有关能力和培训的深层次指南。

（3）人员的参与和动机

在为顾客和其他相关方创造和提供价值的过程中，组织应当激发人员了解职责、活动意义和重要性。

为提高人员的参与积极性和激励其参与动机，组织应当考虑的活动有：

1）开发知识共享和人员能力利用的过程，例如改进意见收集方案。

2）引入适宜的，建立于人员造诣的、单独评价的基础上的表扬和奖励制度，包括：

a）建立技能资格鉴定制度和职业规划，以促进人员发展。

b）持续评审人员的满意水平及其需求和期望。

c）提供指导和辅导的机会。

11.5.4　合作方和供方

（1）总则

合作方可以是产品供方、服务提供者、技术和金融机构、政府和非政府组织或其他相关方。合作方可以按照双方达成并详细说明的合作协议，提供相应的各类资源。

组织和合作方通过相互依存和互利关系，提高其创造价值的能力。当供方在组织经营活动领域投资，分享盈利和承担损失时，组织应当考虑与供方合作的具体形式。

组织发展合作关系时，应当考虑下列问题：

1）适当时，向合作方提供信息，力求其贡献最大化。

2）在提供资源（诸如信息、知识、专业知识、技术、工艺和共享培训）期间，支持合作方。

3）同合作方分享盈利和承担损失。

4）提高合作方的绩效。

（2）供方和合作方的选择、评价和能力的提高

组织应当建立和维持其识别、选择和评价供方和合作方的过程，为了能持续提高供方和合作方的能力，确保他们提供的产品和其他资源满足组织的需要和期望。

选择、评价供方和合作方时，组织应当考虑下列问题：

1）他们对组织的贡献和为组织创造价值的能力，以及他们的利益相关方。

2）持续提高他们能力的可能性。

3）通过与供方和合作方的合作，达到提高组织自身的能力。

4）与供方和合作方关系中的相关风险。

5）在定期评估和对供方和合作方绩效的反馈意见基础上，组织应当与供方和合作方共同寻找不断提高其提供产品的质量、价格、交付，以及管理体系的有效性。

在权衡短期目标与长期目标时，组织应当持续评审和加强与供方和合作方之间的关系。

11.5.5 基础设施

组织应当规划、有效和高效率地提供和管理其基础设施。定期评定基础设施满足组织目标的适用性，并适当地考虑：

1）基础设施的可靠性（包括可用性、可靠性、可维护性和技术维护支持方面的考虑）。

2）安全性和保密性。

3）与产品和过程相关的基础设施配置原则。

4）效率、成本、生产能力和工作环境。

5）基础设施对工作环境的影响。

组织应当识别和评估与基础设施相关的风险，采取措施减轻风险，包括建立适宜的应急预案。

11.5.6 工作环境

为达到和保持组织的持续成功和其产品的竞争能力，组织应当提供和管理适宜的工作环境。营造适宜的工作环境时，应当考虑人的因素和物的因素的结合。

1）创造性的工作方法和更多的参与机会，以发挥组织内人员的潜能。
2）安全规则和指南，以及防护设备的使用。
3）人机工程学。
4）心理因素，包括工作量和压力。
5）工作场所的位置。
6）给组织内人员工作提供便利。
7）效率最大化和浪费最小化。
8）温度、湿度、光线、空气流。
9）卫生、清洁度、噪声、振动和污染。

工作环境是激励和保护在此工作人员的生产率、创造力或到访人员的健康（如客户、供应商和合作方）的前提。同时，组织应当确保其工作环境符合适用的法律法规要求和所选择的标准要求（如环境和职业健康安全管理体系标准）。

有关更多的环境影响方面的信息，见 ISO 14001 和由 ISO/TC 207 制定的其他标准。

11.5.7 知识、信息和技术

（1）总则

组织应当建立并保持作为基础资源的管理知识、信息和技术的过程。这些过程应当提出如何识别、获得、保持、保护、使用和评价对这些资源的需求。适当时，组织应当与相关方共享知识、信息和技术资源。

（2）知识

最高管理者应当评价组织如何识别和保护当前的主要知识，也应当考虑如何从内部和外部资源获得满足组织当前和未来所需的知识，例如通过学术活动和专业机构来获取知识。

在定义如何识别、维持和保护知识时，有许多问题需考虑，诸如：

1）从失败、侥幸和成功中学习。
2）从组织员工中获取知识和经验。

3）从客户、合作方和供应商中获取知识。

4）注意获取组织内部的尚不成文的知识。

5）确保重要信息内容的有效沟通（尤其是在每个供应和生产链的相互接口上）。

6）管理的数据和记录。

（3）信息

组织应当建立和保持获得可靠和有价值的数据的过程，并能将这些数据转化为决策时所需的信息。

对所有相关方来说，这包括数据和信息的存储、安全、保护、传达和分配所需的过程。为确保组织的能力，信息和沟通系统应当是稳健和易于理解的。组织应确保与绩效、过程改进有关的信息的完整性、机密性和有效性，从而向持续成功的目标迈进。

（4）技术

最高管理者应当考虑技术方面的选项，为增强组织在产品实现、销售、标杆、顾客的相互配合、供应商联系和外部资源过程方面的运行能力。组织应当建立评估过程，用于：

1）组织内、外部当前的技术水平，包括所显示的趋势。

2）经济成本和利益。

3）与技术变化有关的风险评价。

4）竞争环境。

5）组织以其具有的速率和能力对顾客要求做出迅速响应，以确保组织保持竞争力。

关于如何保护知识产权，请参见 ISO/IEC 27000《关于信息技术安全方法》和其他相关标准。

11.5.8 自然资源

自然资源是影响组织获得持续成功和满足顾客及其他相关方要求能力的有效性因素之一。组织应当考虑短期和长期能源及自然资源使用的相关风险和机会。

组织应考虑在产品设计和开发中综合环境保护方面有关的内容，如从过程开发中减少已识别的风险。

组织应当在整个产品生命周期中，即从产品设计、制造或服务运输，到产品销售、使用和处理的全过程中，寻找适宜产品和基础设施，以实现对环境影响的最小化。

11.6 过程管理

11.6.1 总则

过程对一个组织来说是特定的。过程的多样化取决于该组织的类型、规模大小和成熟水平。每个过程内的活动，取决于相适应的组织规模大小和与其他组织不同的特征。

组织应当确保所有过程的前期管理（包括外包）是有效的和有效率的，以实现其目标。要推进组织采用"过程方法"，包括建立过程、相互依存、相互制约和共享资源。

过程及其内在的相互关系应当按规定的要求进行评审，并采取适当的措施进行改进。

通过创建和理解过程的网络、顺序和相互关系，把过程作为体系来管理。体系的协调运行常常被称为"管理的系统方法"。过程网络可以用过程图和相关过程的接口来描述。

11.6.2 过程的策划和控制

组织应当在现行的基础上确定和策划其过程，并规定其所需的职责，以便提供的产品能持续地满足顾客和其他相关方的需求和期望。过程的策划应当与组织的战略相一致，并致力于管理活动、资源提供、产品实现、监视、测量和评审活动。

过程策划时，应当考虑：

1) 组织的环境分析。
2) 长、短期市场发展的预期。
3) 相关方的需求和期望。
4) 要达到的目标。
5) 法律和法规要求。
6) 潜在的财务和其他风险。
7) 过程的输入和输出。
8) 过程的相互关系。
9) 资源和信息。
10) 活动和方法。
11) 必需和适当的记录。

12）测量、监视和分析。

13）纠正和预防措施。

14）改进和/或创新活动。

为了增值，过程策划应当确定对组织开发或获得新技术、开发新产品或宣传新产品功能的需求。

11.6.3 过程的职责和权限

对于每一个过程，组织应当指定一个有明确的职责和权限的过程管理者（通常称为"过程拥有者"），以建立、保持、控制和改进过程及其他过程。过程管理者可以是一个人或一组人，这取决于过程的特质和组织的文化。

组织应当确保在组织内部经授权的过程管理者的职责、权限和作用，与各个过程有关的人员应当具备其工作和活动所需的能力。

对于制造过程管理的详细介绍，请参见《制造过程管理》[6]。

11.7 监视、测量、分析和评审

11.7.1 总则

为了在不断变化和不可预测的环境中不断获得成功，必须有序地对组织的业绩进行监视、测量、分析和评审。

11.7.2 监视

最高管理者应当对组织环境建立和保持监视的过程，收集和管理必需的信息：

1）识别和了解所有相关方对当前和未来的需求和期望。

2）评估优势、弱势，机会和威胁。

3）确定交替、竞争或新产品的需求。

4）评估当前和正在显现中的市场需求和技术。

5）预测当前和预期变化所引起的法律法规的需求。

6）了解劳动力市场及员工对组织忠诚度的影响。

7）了解社会、经济、生态发展趋势和本土文化方面对组织活动的影响。

8）确定对自然资源的需求，以及对它们长期保护。

9）评估当前组织和过程的能力。

11.7.3 测量

(1) 总要求

第11章 ISO 9004：2009 标准介绍

最高管理者应当根据使命、愿景、方针战略和目标，对组织的所有层次以及所有相关的过程和职能，评价完成计划的进展情况。测量和分析过程应当用来监视这一进展情况，以便为业绩评估和有效的认证决定收集并提供需要的信息。适当的关键绩效指标和监视方法的选择，是测量和分析过程成功的关键。

与关键绩效指标有关的信息收集方法，对组织而言应当是现实和适当的。典型的例子包括：

1）风险评估和风险控制。
2）访谈、问卷调查以及对顾客和其他相关方满意度调查。
3）采用标杆方式。
4）绩效审查，包括供应商和合作伙伴。
5）过程变差和产品特性的监视和记录。

（2）关键绩效指标（KPI）

组织内部控制和对持续成功的评价结果应当是绩效测量和关键绩效指标所要识别的主要内容。关键绩效指标应当是量化的，并能够确定组织的可测量目标，能识别、监视和预测发展趋势，必要时采取预防和纠正措施。最高管理者应当选择关键绩效指标作为战略和战术决策的基础。关键绩效指标应当在组织内部的各个层次的相关领域分解成各项绩效指标，以确保达到组织所制定的整体最高目标。

关键绩效指标应当适合于组织的性质和规模的大小，以及其产品、过程和相关活动，必须与组织的目标相一致，而目标应体现组织的战略和方针的要求。

组织在选择 KPI 时，要确保所提供的信息是可测量的、准确的、可靠的，并且在取得的绩效不能满足目标要求时，能确实有效地实施纠正措施，或者能改进过程的有效性和效率。应当考虑到：

1）顾客和其他相关方的需求和期望。
2）个别产品对组织（无论是现在还是将来）的重要性。
3）过程的效率和有效性。
4）资源的充分利用及其有效性。
5）经济效益和财务业绩。
6）适用的法律法规要求。

（3）内部审核

内部审核是依据所给定的准则，以确定组织的质量管理体系符合相关准则和法律法规要求程度的有效工具，并能够为理解和分析组织的绩效提供有价值的信息。为了保持审核的独立性，审核成员不应审核其自身的工作。

内部审核应当评定管理体系的执行情况和有效性。内部审核可以同时审核多个管理体系标准，如 ISO 9001（质量管理）和 ISO 14001（环境管理）。在具体操作时,可以问那些同顾客、产品、过程或细节性相关的问题。

为使审核有效,内部审核应引入始终如一的方式,即在一定时间内,审核准则、审核人员、抽样、查证、跟踪等的方法,要保持一致性,由有资格的审核人员按照审核计划进行审核。

内部审核是一种识别问题、风险和不符合项以及对关闭已发现不符合项情况进行跟踪(应当通过根本的原因分析,以及纠正和预防措施计划的展开和实施来进行跟踪)的有效过程。对采取的措施是否有效,可以通过评定组织提高其实现目标的能力来验证。内部审核还关注能否考虑将已识别的成功实践经验,在组织其他领域上进行使用。

内部审核的输出提供了可靠的信息资源,可以用于:

1) 寻找出问题和不符合项。
2) 建立标杆管理。
3) 在组织内部鼓励成功实践。
4) 提高对过程间相互关系的理解。

内部审核的结果通常是以报告的形式提交。该报告包括了管理体系遵从的和不符合的内容。审核报告是管理评审的基本输入。最高管理者应当确定对所有内部审核报告的评审过程,以识别在组织内部可以采取的纠正和预防措施的趋势。

组织的管理层也应当采纳其他审核活动的结果,包括第二方和第三方审核,以作为对纠正和预防措施的反馈。

有关内部审核的详细介绍,请参见《质量审核》[14]。

(4) 自我评定

自我评定是组织对与其成熟程度相关的活动和绩效所进行的全面和系统的评审。

自我评定应当用于组织确认一段时期内自身的优势、弱点和绩效以及其最佳的实践。它不仅用于整个组织的各个层次,也应当用于各个单一的过程。通过自我评定找出差距,可有助于组织优先顺序、计划的考虑来实施改进和(或)创新。一般自我评定由所在部门或职能的领导自己对其管辖的过程,进行评定。过程的自我评定则由过程的拥有者来进行。

保持自我评定能够实现以下结果:

1) 持续改进组织的整体绩效。
2) 朝着实现和保持组织的持续成功方向发展。
3) 适当时,在组织的过程、产品和结构上进行创新。
4) 表彰最佳实践。
5) 识别可以改进的机会。

自我评定的结果应同组织相关人员沟通,这些人员应当认识组织及其未来的发展方向。自我评定的结果应是管理评审的输入。有关自我评定的进一步介绍，可参见本书11.9节。

（5）标杆管理

标杆管理是组织用来搜寻内部和外部最佳实践的一种测量和分析的方法，旨在改善自己的绩效。

标杆管理可用于战略、方针、运行、过程、产品和组织结构。

1）有几种类型的标杆管理，如：
a）组织内部活动的内部标杆。
b）与竞争对手的业绩或过程竞争的标杆管理。
c）与不相关组织进行战略、运行或过程比较的一般标杆管理。

2）成功的标杆取决于以下因素，诸如：
a）组织领导的支持（因为它涉及组织及其标杆合作伙伴之间共同知识的相互交流）。
b）所采用的方法适用于标杆管理。
c）收益对成本的估计。
d）了解被调查主题的特性，以便正确比较组织现状。

3）组织应当建立和保持一个标杆方法，并确定规则的条款，例如：
a）对标杆主题活动范围定义。
b）选择标杆的合作伙伴的过程，以及任何必要的通信系统和保密性政策。
c）确定要比较的特性指标和采用的数据收集方法。
d）数据的收集和分析。
e）识别绩效差距，指出潜在（问题）的改进领域。
f）制定和监测相应的改进计划。
g）将积累的经验纳入本组织的知识基地和学习过程。

有关标杆管理的详细介绍，请参见《ISO/TS 16949 国际汽车供应商质量管理体系解读和实施》[3]。

11.7.4 分析

最高管理者应当分析那些监视组织的环境所获得的信息，确定风险和机会，并制定计划来管理信息。组织应当监视和保持有关信息，以及分析其对战略和方针的潜在影响。

应当对收集到的信息进行分析，做出战略和方针问题的实际决策，例如：

1）相关方对于需求和期望的长期潜在的变化。
2）向相关方提供最大价值的现有产品和活动。

3）当相关方的需求和期望发生改变时，组织所要提供的产品和过程。

4）对组织产品长期不断增长的需求。

5）对组织新技术的影响。

6）可能需要的新的竞争能力。

7）将影响到组织的法律法规要求的预期变化，以及劳动力和其他资源市场的预期变化。

11.7.5 监视、测量和分析的信息评审

最高管理者应当使用系统的方法评审可利用的信息，并确保该信息用于决策。数据可以从很多方面收集，例如：

1）组织环境的监视。

2）组织的绩效测量，包括关键绩效指标。

3）评估的完整性和测量过程的有效性。

4）内部审核结果，自我评估和标杆管理活动。

5）风险评估。

6）顾客和其他相关方的反馈。

评审应当对生效目标达到的结果进行评价。应当按计划和时间间隔进行评审，确定趋势以及评估组织实现其目标的进展情况。评审也应当用于识别改进、创新和学习的机会。改进活动实施之前的评估评价内容也应当被评审，包括与组织的愿景和目标有关的适应性、灵活性和响应方面。

数据的有效评审能够有助于预期结果的实现。

评审输出可用于组织内部标杆管理的活动和过程，并能显示出随着时间推移而发展的趋势。评审输出也可以被用于外部其他组织在相同或其他领域取得结果的输入。

评审输出可以表明提供资源的充足性，以及资源如何有效地被用于实现组织的目标。

评审输出应当以有利于促进实施改进活动过程的形式提交。

11.8 改进、创新和学习

11.8.1 总则

组织依靠创新和改进，可以取得持续成功。

改进和创新没有明显区别。改进强调现有基础上的连续性，而创新则是对现

有的部分或全部提出建设性的否定或提出一个新的框架。

学习为有效性和有效率的改进和创新提供了基础。

改进、创新和学习可以应用于：

1）产品；
2）过程及其之间的接口；
3）组织结构；
4）管理体系；
5）组织文化；
6）基础设施、工作环境和技术；
7）与利益相关方的关系。

基于有效和高效率的改进、创新和学习，使组织中的人员能够通过数据分析和结合经验教训，具有做出明智判断的能力。

11.8.2 改进

改进活动的范围，可以从工作场所小步骤的不断改善，逐步到整个组织的重大改进。

组织应当通过对数据进行分析，来确定产品、过程、组织结构和管理体系的改进目标。

改进过程应当遵循"策划—实施—检查—处置"（PDCA）的方法。这种过程方法应当贯穿于所有过程之中。

组织应当确保持续改进成为组织文化的一部分：

1）通过授权，为组织中的人员提供参与改善活动的机会。
2）提供必要的资源。
3）建立表彰和奖励改进的制度。
4）改进过程自身的持续改进有效性和效率。

11.8.3 创新

（1）总要求

在组织的环境发生变化时可能需要创新，以满足相关方的需求和期望。

组织应当：

1）识别创新的需要。
2）建立和保持一个有效且有效率的创新过程。
3）提供相关资源。

（2）应用

创新可以应用于各种层次的问题，通过改变以下方面来实现创新。

1）技术或产品，即创新不仅应响应客户或其他相关方不断变化的需求和期望，并且应预期到组织的环境和产品生命周期的潜在变化。

2）过程，即产品实现的新方法创新，或者对提高工艺稳定性和减少差异方面的创新。

3）组织，即在组织体制和结构上的创新。

4）组织的管理体系，即当组织的环境显现变化时，应确保保持竞争优势和新机遇的利用。

（3）时机

对于引入创新的时机，通常取决于组织正在为发展提供所需的资源和紧迫性之间的平衡。组织应使用与其战略计划和优先创新相互协调的过程。组织应当主动提供所需的资源来支持创新。

应当指出，不仅创新产品的研发重要，而且创新产品的推出的时机也非常重要。例如，柯达公司最先发明了数码相机，但因其恐怕影响其胶卷市场，而迟迟未将数码相机投放市场，最后导致了灾难性的后果，以致这个著名公司破产。

（4）过程

建立、保持和管理可能影响组织创新的过程：

1）创新的紧急需要。

2）创新目标及其对产品、过程和组织结构的影响。

3）管理者对创新的承诺。

4）人们积极挑战和改变现状的意识。

5）可利用的或显现的新技术。

（5）风险

组织应当评估已计划的创新活动所存在的相关风险。它包括考虑潜在变化对组织的影响，以及采取预防措施（必要时，包括应急预案）以减少这些风险。

11.8.4 学习

组织应当鼓励通过学习进行改进和创新。

组织欲获得持续成功，有必要采用"学习型组织"和"组织的能力与个人的能力相结合的学习"方法。

（1）"学习型组织"应当考虑

1）从内部和外部的各类事件和资源中收集信息，包括成功经验和失败教训。

2）通过对收集所得的信息进行深入分析，以获得见识。

（2）行为模式与价值观的结合

要达到"组织的能力与个人的能力相结合的学习",需要将个人知识、思考方式、人员的行为模式同组织的价值观相结合。这包括要考虑:
1) 基于组织的使命、愿景和战略的组织价值观。
2) 支持学习的主动性,并通过最高管理者的领导力得到证实。
3) 鼓励在组织的内部和外部对知识进行联网、沟通、互动和共享。
4) 保持学习和共享知识的体系。
5) 通过学习和共享的过程,认可、支持和奖励人员能力的提高。
6) 对创造力的正确评价,支持组织内部不同人员的多元化见解。

应该快速地实施和使用能加强组织管理并保持其持续成功的知识。

11.9 自我评定

11.9.1 总则

自我评定是将组织的活动对照所选定的标准要求的结果,进行全面和系统的审查。自我评估可以提供对组织的管理体系的成熟度及其业绩表现的总体看法。它还可以帮助确定需要改进和创新的领域,并确定后续行动的优先领域。

组织应使用自我评估,找出改进和创新的机会,确定优先事项,并建立持续成功的目标的行动计划。自我评定的输出将显示组织的优势和劣势,组织的成熟度,如果不断地进行自我评定,该组织将会与时俱进。同时,自我评定还可以作为学习的工具,能为组织提供持续改进的愿景,促进相关方的参与和加入。

为了帮助读者了解如何进行自我评定,需要一些工具。下面所介绍的自我评定工具是基于国际标准的指南,并包含了多种关键因素和细节的自我评定表格。自我评定表格可以根据需要而个性化,以适用于不同的组织。

注意,与自我评定相比,审核是用来确定质量管理体系要求完成的程度的,审核发现可用来评价质量管理体系的有效性和确定持续改进的机会。

11.9.2 成熟的模式

一个成熟组织的业务通常是高效而有效的,并能达到持续的成功。这需组织的领导者有力地开展以下活动:
1) 理解并满足利益相关方的需要和期望。
2) 监视组织环境的变化。
3) 确定改进和创新的可能领域。
4) 制定和部署战略和方针。

5）建立和部署相应目标。

6）管理组织的过程和资源。

7）向社会展示信心,从而加强了激励、承诺和参与。

8）与供应商及合作伙伴建立共赢的关系。

自我评定工具使用 5 级成熟度,可扩展到更多级别或根据需要定制。表 11-3 给出了业绩标准如何与成熟的水平对应的常见案例。组织应根据制定的标准来评估其业绩,确定现有的成熟度水平并识别优势与劣势。更高级别的标准可以帮助组织了解需要考虑的问题,并明确需要达到更高成熟度应采取的改进,下面的表 11-4 ~ 表 11-10 给出了基于 ISO 标准的自我评定完整表格的案例。

表 11-3　自我评定因素及与成熟度有关标准的常用模式

关键因素	持续改进的成熟度等级				
	等级1	等级2	等级3	等级4	等级5
要因1	标准1 基础级标准				标准1 最佳实践要因
要因2	标准2 基础级标准				标准1 最佳实践要因
要因3	标准3 基础级标准				标准1 最佳实践要因

11.9.3　关键因素的自我评定

这种自我评定,应该由高层管理人员定期安排对组织的活动概况和当前的表现,进行评价和回顾。

11.9.4　详细因素内容的自我评定

这种自我评定的目的,要通过业务管理和流程负责人的实施才能达到,需要对本组织的行为和目前状况进行深入探讨。

表 11-4 ~ 表 11-10 中包含了自我评定的因素以及与这些因素相关的 ISO 标准条款。然而,组织还应设定额外的或其他的标准,来完善自身的特殊要求。适当时,自我评定并不仅限于表格中的内容。

表 11-4　关键因素的自我评价——关键因素和成熟度水平之间的相关性

关键因素	成熟度水平				
	等级1	等级2	等级3	等级4	等级5
管理重点是什么?(管理)	关注产品、股东以及某些顾客,应对出现的变化、问题和机会,有相应的专案反应	关注顾客和法律法规的要求,应对出现的问题和机会有相应的反应机制	社会人群和某些特殊的相关方,设定和实施应对问题和机遇的过程	平衡已识别的相关方的要求,强调持续改进作为组织关注的焦点	平衡已识别的相关方的要求,把最佳性能设置作为首要目标

第 11 章　ISO 9004：2009 标准介绍

（续）

关键因素	成熟度水平				
	等级 1	等级 2	等级 3	等级 4	等级 5
领导方法是什么？（管理）	被动的方法，其基础是自上而下的指示	被动的方法，其基础是由不同级别的经理们来决定	主动的方法，决策权被委托给团队	主动的方法，决策时组织内人员高度参与	主动的方法，以学习为导向，赋予各个级别的人员以相应的权力
如何做重要的决策？（战略和方针）	基于市场和其他来源的非正式的输入	基于顾客要求和期望来决策	基于战略以及相关方的要求和期望决策	基于运营要求和过程的战略实施的决策	基于灵活性、敏捷性和持久绩效的需要
我们需要获得的结果是什么？（资源）	用专案方式管理资源	有效管理资源	资源使用高效	高效的管理资源并把稀缺资源的使用考虑到	资源的使用和管理是有计划的、高效的，并能使相关方满意
如何组织相应的活动？（过程）	没有系统的组织活动的方法，而仅仅依靠一些基本的工作流程或现场指导	功能化的组织活动，现场使用基本的质量管理体系（目前指 ISO 9001 体系）	以高效和有效的基于过程的质量管理体系来组织活动，并具有一定的灵活性	拥有高效和有效的质量管理体系，在过程之间有良好的相互作用、灵活性和持续改进。过程满足了已识别的相关方的要求	拥有能支持创新和对比的质量管理体系，满足新的、已被识别的相关方的要求和期望
如何实现结果？（监视和测量）	随意的实现结果，纠正措施是临时的	一些预期的结果实现，纠正和预防措施采用系统的方式实现	一些预期的结果实现，特别是针对已识别的相关方，持续地使用监视、测量和改进	有一致的、积极的、符合可持续发展趋势的预测结果，改进和创新能以系统的方式实现	所取得的成果均高于该组织部门的平均水平，并被长期维持，组织内贯彻实施改进和创新
如何监视结果？（监视和测量）	适当的财务、经济和生产率指标	顾客满意、对关键实现过程和供应商绩效的监视	组织内人员及其相关方满意度的监视	关键绩效指标与组织的战略相一致，并对其进行监视	关键绩效指标被整合到所有过程的实时监视，与绩效有关的所有相关方进行有效的沟通
如何决策改进的优先事项？（改进、创新和学习）	改进优先事项是基于错误、顾客抱怨和财务标准	改进优先事项是基于顾客满意度数据或纠正预防措施	改进优先事项是基于某些相关方、供应商和组织内人员的要求和期望	改进优先事项是基于来自相关方的输入和趋势，以及对社会、环境和经济变化的分析	改进优先事项是基于来自新的相关方的输入

（续）

关键因素	成熟度水平				
	等级1	等级2	等级3	等级4	等级5
学习如何发生？（改进、创新和学习）	学习是个人的随意行为	从组织的成功和失败中系统地学习	在组织内建立系统和分享的学习过程	具有持续改进特点的组织内有学习和分享的文化	组织的学习过程与有关的相关方分享，并支持创造力和创新

注：组织单个因素的现有成熟度水平达到最高级别，即表明与标准的要求没有差距。

表 11-5　标准第 4 章详细要素的自我评价——组织持续成功的管理

关键因素	成熟度水平				
	等级1	等级2	等级3	等级4	等级5
4.1（管理持续保持成功的组织）总则	管理体系按功能划分，并基于过程	基于过程的质量管理体系	建立在八项管理原则基础上的覆盖组织的宽泛的质量管理体系	组织的管理体系与其他标准，如环境管理、职业健康安全管理等，整合在一起	管理体系完全达到组织所设定的方针
4.2 持续成功	将组织实际的业绩与年度常规评审的预计进行比较	对照业务计划对业绩进行定期地评审	结果显示了过去几年业绩不断地提高	过去的业绩不断地提高，并有证据显示在未来短时期内有进一步提高的计划，例如：未来2年	过去的业绩不断地提高，并有证据显示在未来较长时期内有进一步提高的计划，例如：未来5年
4.3 组织的环境	组织对其环境变化能做出反应	存在任何缓解过去的问题再次发生的方案	定期的风险评估，以发现对组织的任何潜在影响	组织应有应急计划，以减轻存在的所有风险	风险评估和计划在组织内是持续的过程，是为了减轻所有的风险
4.4 相关方、要求和期望	该组织的首要目标是使每年的利润增加	组织由顾客的要求和期望所驱动	尽可能地满足相关方的要求和期望	相关方的要求和期望是最高管理者决策的主要输入	相关方的要求和期望在过去几年（如3年）都被满足

注：组织单个因素的现有成熟度水平达到最高级别，即与标准的要求没有差距。

表 11-6　标准第 5 章详细要素的自我评价——战略和方针

关键因素	成熟度水平				
	等级1	等级2	等级3	等级4	等级5
5.1 总则（战略和方针）	策划过程是以应急的方式来安排的	战略和方针制定的制度化的过程已经建立	战略和制定方针的过程已经发展到包括对需求和有关方面的广泛预期的分析	以制度化的方式制定战略、方针和目标	已被证实的完成组织目标的战略和相关方要求的优化

(续)

关键因素	成熟度水平				
	等级1	等级2	等级3	等级4	等级5
5.2 战略和方针的制定	制定了部分的战略、方针，目标战略和方针制定的输入是应急的，并只制定了与产品和财务有关的战略和方针	战略和方针制定的过程包含了对顾客要求和期望以及对法律法规要求的分析	计划在评估相关利益各方的期望和要求后制定，计划过程包括考虑不断变化的外部趋势和有关各方的需求，需要时可对其做必要的调整，有益的结果可与以往的战略方法联系起来	组织战略和方针制定的结果与相关方的要求一致，在确定计划前对资源的危机、机会和可行性进行评估和仔细考虑，已经建立制度化和定期的计划过程的评审	相关方充分参与并为组织的成功积极贡献，相关方的贡献程度能确定一直保持，确保持续的成功的有效的监视和汇报机制的存在，包括从相关方获得的对计划过程的反馈
5.3 战略和方针部署	在日常运营中部署和使用了短期的目标，在产品实现过程中设定了战略方案	战略和方针被设定为组织不同层级的目标，按照平衡顾客要求和期望的要求来制定计划，战略和方针不断发展，顾客要求部署在明确的过程和目标中，这是业绩评审和审核的基础	对组织实现战略目标的进展情况进行测量，对计划的积极和消极的差异进行了分析并采取措施	设定了测量的目标，包括组织的每个过程和层级，并与战略相一致；管理体系随着战略的变化而被评审和更新，针对完成目标进展的测量证明了存在大量积极的趋势	使用来自对组织环境的监视和分析的数据对战略、计划和方针的部署进行定期的评审；对过去业绩的分析能证实，组织在克服新的或突发的挑战中获得成功
5.4 战略和方针沟通	沟通以被动的方式进行	设定并实施了外部和内部的沟通过程	在组织的相关人员间就战略和计划的变化制定了有效的沟通渠道	方针的变化与有关的相关方沟通，并传达到组织的各个层面	对沟通过程的有效性进行定期的评审，有证据证明沟通过程满足了相关方的要求

注：组织单个因素的现有成熟度水平达到最高级别，即与标准的要求没有差距。

表11-7 标准第6章详细要素的自我评价——资源管理

关键因素	成熟度水平				
	等级1	等级2	等级3	等级4	等级5
6.1 总则（资源管理）	定义资源并按专案来分配	实施资源规划的过程，包括对资源的识别、提供和监视	对资源的可用性和适用性进行定期的评估，资源计划包括短期和长期的目标	评估资源匮乏的潜在风险，组织管理资源的方式被证明是高效并有效的	通过标杆对比可找到改进资源规划的机会

（续）

关键因素	成熟度水平				
	等级1	等级2	等级3	等级4	等级5
6.2 财务资源	定义资源并按专案来分配使用短期财务计划	实施预测、监视和控制财务资源的过程，财务掌控方面具有系统的制度	对财务资源的使用的有效性进行定期评估，识别财务风险	减轻财务风险，未来的财务需求是可预期和有计划的	财务资源的分配为实现组织的目标做贡献，有正在运行的过程持续对财务分配进行评估
6.3 组织内部的人员	人也被视为是资源，但只有少数的与人有关的目标与组织战略相关	人被视为一项给定目标的资源，并与组织的战略相关；有能力评估的程序；能力开发被视为整个计划的一部分，与组织的战略相联系；收集改进的点子	人具有清晰的过程责任和目标，并了解他们在组织内是如何联系的；建立技术资质的培训和传授体系	广泛的内部网络可为组织提供多种类型的知识；提供开发技术创造力和改进的培训；人们了解自己的能力并知道在何处可为组织做出贡献；具有良好的职业规划	具有涵盖组织内所有人的网络；组织内跨部门的人参与到新的过程开发中；找到最佳的实践机会
6.4 合作伙伴和供应商	与供应商的沟通仅限于招标、下单或者解决出现的问题	沟通、选择、评价、再评估和定级供应商的过程已经建立	按照战略需要或风险识别供应商和合作伙伴；具备供应商和合作伙伴关系管理的程序	与合作伙伴之间因战略的需要而开展开放式的沟通	有数据证实合作伙伴积极地参与并为组织的成功做贡献
6.5 基础设施	基本的基础设施已经到位	基础设施得到规划和管理，已考虑到法律法规的要求	考虑未来的基础设施与相关程序被定期地评审	基础设施的风险已被识别；预防措施已到位	该组织的基础设施的性能和成本可与类似的组织相媲美；应急计划是用来减轻潜在的威胁并探索新的机会
6.6 工作环境	基本的工作环境规定已经满足	确保工作环境的所有适用法律法规的规定程序已经到位	开展定期的工作环境的效率和有效性的评审	数据显示，工作环境提高了员工的效率、创造力和工作水平	具有竞争力的工作环境的发展程序已经建立和实施，并与类似的组织进行比较

第 11 章　ISO 9004：2009 标准介绍

（续）

关键因素	成熟度水平				
	等级1	等级2	等级3	等级4	等级5
6.7 知识，信息和技术	基本的知识、信息和技术方法和体系已经到位	识别、获得、保护、使用和评价知识和技术的程序已实施；分享信息的基本沟通系统已经实施	在组织内分享信息、知识和技术，并开展定期的评审；必要时，可通过专利和二次采购对重要的技术进行控制	与合作伙伴以及相关方分享信息、知识和技术	信息、技术和知识的管理获得成功并与其他组织进行对照比较
6.8 自然资源	对于自然资源使用的管理很局限	组织具备定义和控制自然资源使用的程序	测量自然资源使用的效率的程序已部署；自然资源匮乏的风险被评估；采取措施保护未来的供应商的连续性	具备优化自然资源使用的程序并考虑了可替代资源的使用组织；在产品的整个生命周期里，考虑了环境保护的要求的程序已建立	组织可以证明采取了措施，利用自然资源满足现代人的需求而不损害子孙后代社会的需要；和外部组织及相关方就自然资源的使用有联络，并进行标杆对比

注：组织单个因素的现有成熟度水平达到最高级别，即与标准的要求没有差距。

表 11-8　标准第 7 章详细要素的自我评价——过程管理

关键因素	成熟度水平				
	等级1	等级2	等级3	等级4	等级5
7.1 （过程管理）总则	过程已被策划并以非正式的专案的方法来管理	关键过程，例如那些与顾客满意和产品实现有关的过程，已被定义和管理	过程策划已被整合到战略部署中	可证实的灵活的、可协调的改进措施和过程的创新	过程绩效与先进组织进行比较，比较的结果可用于过程策划
7.2 过程策划和控制		过程之间的相互作用已被定义和管理	过程策划将已识别的相关方的要求和期望作为输入；可证实的过程效率的改进；过程提供可预见的结果；组织过程的有效性和效率被评审	将所有相关方都考虑在过程策划中；识别过程间相互作用的矛盾，并得到有效的解决	关键过程的结果在组织各部门的平均水平之上

（续）

关键因素	成熟度水平				
	等级1	等级2	等级3	等级4	等级5
7.3 过程职责和权限	过程的职责已被基于专案定义	管理过程的职责和权限已经被明确分配，例如：过程负责人	具备避免和解决潜在的过程管理争端的方针	过程负责人的能力持续改进	在过程负责人和相关方之间分享学习内容

注：组织单个因素的现有成熟度水平达到最高级别，即与标准的要求没有差距。

表11-9　标准第8章详细要素的自我评价——监视、测量、分析和评审

关键因素	成熟度水平				
	等级1	等级2	等级3	等级4	等级5
8.1 总则（监视、测量、分析和评价）	实施的监视是零星的，而且没有过程控制	定期实施监视过程	监视过程被定期评估以改进其有效性	监视过程的进行是系统的、有计划的，包括对交叉外部数据源的检查	监视过程提供可靠的数据及其趋势
8.2 监视	监视的重点是产品，是因产品或管理问题的出现才被触发，如，危机状况；当有关适用的法律法规要求的信息被收集到时，要求的改变仅仅由专案的方法来确定	监视的重点是顾客，顾客要求和期望被系统地监视；法律法规要求的变化通过有正式设计机制的系统来跟踪	监视的重点是供应商，对组织内人们和相关方的关注是有限的；来自主要供应商和合作伙伴的反馈按策划的安排来收集；员工的反馈只是默认收集；现有的过程能力被监视；跟踪法律法规要求的过程是有效和高效的	逐步地以系统的和策划的方式来评价资源要求；来自员工和顾客的反馈通过专业的调查者或其他机制，如重点群体来获得	监视的重点是在组织内部活跃的部门、技术和劳动力状况的趋势，以及对资源使用和开发的优化；可预期的变化的发生，在经济方针、产品需求、技术、环境保护或者在社会和文化等领域的问题，凡是可能会影响到组织绩效变化者，都按策划的安排受到监视
8.3.1 总则（测量）	非常有限的测量数据和评估，提供一套支持管理决策或采取行动的进展跟踪	具备与组织的战略和主要过程配套的正式的关键指标的定义	过程层级的目标与关键绩效指标相关	可获得显示关键绩效指标逐步提高的数据	对合理数据的系统分析可使未来的绩效得到可靠的预测

(续)

关键因素	成熟度水平				
	等级1	等级2	等级3	等级4	等级5
8.3.2 关键绩效指标	采用基本指标（如财务标准，及时发货，顾客抱怨的数量，法律的警告和罚款），数据的准确性往往不可靠	指标往往以内部数据的使用为基础；管理决策是由来自质量管理体系的评审输出和关键绩效指标所支持的	可获得的数据显示组织的绩效是如何与其他的组织绩效进行比较的；识别成功的主要条件并跟踪适当的实际指标；从测量系统中得到的可靠数据可充分地支持管理决定	战略和目标的部署得到监视绩效指标已建立，并广泛地部署和用作与趋势和长期规划有关的战略决策；对数据的系统分析可预测未来绩效	指标能对良好的战略决策做出贡献；KPI的选择和实施是以能否提供可靠的预测趋势的信息来作为战略决策依据而确定的；实施风险分析作为首要的改进工具
8.3.3 内部审核	收集了一些数据，但没有采用正式的方法	数据以常规的方法从关键过程中收集		成熟度水平	为了有助于识别更多的改进机会，组织把其相关方也纳入到审核中
8.3.4 自我评价	为了应对出现的问题，对顾客的抱怨被动地实施审核；收集的数据大多用来解决产品的问题	审核数据用于系统地对管理体系进行评审；自我评定是有限的；评定的数据和结果开始被用来采取预防措施	关键因素		组织在其所有层级开展自我评定
8.3.5 杆	组织内流传的传闻是交流的最佳方法；与市场上的同类产品进行比较	最高管理层支持对最佳作法的识别和颁布；对主要竞争对手的产品进行分析和比较	数据收集融入到机制中；必要时，进行研究，以验证数据，特别是当数据从判断和建议中产生时；审核确保数据的准确性和管理体系的有效性；开展自我评价，评价结果可用于确定组织的成熟度并对其业绩进行总体改进	持续评估数据收集过程，其有效性和效率得到改进；自我评价结果整合到战略策划过程中；通过比较愿景和战略来识别与最高成熟度水平的差距，组织按策划的方式采取措施选择愿景和战略	组织把其相关方也纳入到审核中，这有助于识别更多的改进机会；组织在其所有层级开展自我评价

（续）

关键因素	成熟度水平				
	等级1	等级2	等级3	等级4	等级5
8.4 分析	只有零星的数据分析存在；只把已确定的经济和财务目标作为数据分析的参考；对顾客满意的分析是有限的	定期开展对有关外部和内部信息的分析；使用一些基本的统计工具开展评估，以确定顾客要求被满足的程度，产品改进则以上述分析为依据；定期分析针对过程和产品要求的法律法规变化的影响	广泛使用统计工具支持系统的分析过程；在识别相关方需求和期望时使用分析方法；有效的决策和活动是基于对信息的分析的	采用分析过程以评价新的资源、原材料和技术；分析过程的有效性可通过与合作伙伴或其他知识来源的分析结果的共享来提高；识别特殊产品参数，基于投入的资料的分析为有关各方的产品提供增值	分析和使用有关政治、环境、社会、技术的和对比的数据；识别和分析可能会影响长、短期目标实现的风险和机会；按策划的安排收集和分析的信息，是战略和方针决策的依据
8.5 监视、测量和分析获得信息的评价	具有评审的专案；评审的实施通常是被动的	开展定期的评审，以评价质量目标实现的进展和质量管理体系的绩效；在评审期间对所有的项目和改进措施进行评价，目的是为了评估针对策划和目标的进展	常规地开展对关键绩效指数和相关目标的系统评审；在确定不利的趋势时，采取行动；评审可明确是否提供了足够的资源	评审的输出与相关方进行分享，作为促进合作和学习的方法；实施内部对比以识别和分享好的做法	不同的信息来源可表明组织所有战略和运营领域的绩效；对输出的评审与合作方分享，并用来作为产品和过程改进的输入，而这种改进可能会影响绩效和满意度的水平；评审的结果可证实所采取措施的有效性

注：组织单个因素的现有成熟度水平达到最高级别，即与标准的要求没有差距。

表11-10 标准第9章详细要素的自我评价——改进、创新和学习

关键因素	成熟度水平				
	等级1	等级2	等级3	等级4	等级5
9.1（改进、创新与学习）总则	有专案的改进措施并基于顾客或常规的抱怨	建立在纠正和预防措施基础上的基本改进过程已到位	在组织大多数产品和关键过程里可证实改进事实	改进过程的结果可提高组织的绩效	有证据证明，在改进活动和高于组织内各部门平均水平的绩效结果之间是强相关

(续)

关键因素	成熟度水平				
	等级1	等级2	等级3	等级4	等级5
9.2 持续改进		组织为持续改进提供培训	改进过程的关键与战略和目标有关；识别系统已到位，为团队和个人激发与战略相关的改进；与供应商和合作伙伴相关的持续改进过程在组织的某些层级开展	对改进过程进行系统评审；改进适用于产品、过程、组织结构、运营模式和组织的管理体系	改进作为组织的常规活动并融入到其供应商和合作伙伴；关键是改进组织的绩效，包括其学习和改变的能力
9.3 创新	创新有限，新产品的开发很随意，对创新的策划不到位	创新措施基于关注顾客要求和期望的数据	新产品和过程开发能识别组织环境的变化，并可策划创新	创新是优先的，是其紧迫性、资源的可用性和组织的战略之间的平衡；供应商和合作方也同时参与到创新过程；创新过程的有效性和效率作为学习过程的一部分进行常规的评价；创新可用于改进组织的运营方式	创新活动可对组织商业环境的变化的可能性进行预测；开发预防计划，避免或减轻与伴随创新活动产生的风险；创新适用于产品、过程、组织结构、运营模式和组织的管理体系
9.4 学习	作为投诉的结果，吸取一些经验教训。学习只是个人行为，没有知识的分享	学习是对产生的问题和其他数据系统分析后获得的反馈而产生的；具备分享信息和知识的过程	有策划的信息共享的活动、项目和论坛；建立体系，体系用于确认从建议和经验教训所获得的结果；在战略和方针中明了学习	重视学习。最高管理者鼓励交互和联网的学习网络分享知识；最高管理者支持把学习放在首位，并以身作则；组织的学习能力整合了个人和组织的能力；学习是改进和创新过程的基础	学习文化允许接受风险和失败，条件是这将导致从失误中学习和提高的机会；有外部（如供应商、合作方、代销商等）参与到学习中

11.9.5 使用自我评定工具

组织开展自我评定方法的步骤如下。

1）根据组织需要评价的部门和评价方式来设定自我评定的范围，例如：
 a）关键因素的自我评定。
 b）基于 ISO 标准的详细因素内容的自我评定。
 c）基于 ISO 标准以及额外的新标准或水平的详细因素内容的自我评定。

2）识别谁会对自我评定负责以及何时开展自我评定。

3）确定自我评定如何开展，如何组建团队（跨部门或其他合适的团队）。委派的推进者将协助这一过程。

4）识别组织的单个过程的成熟度水平。通过比较组织现有的状况和表格中所举例子，来进行识别，也可以通过标记组织目前已经采用的因素来识别，从级别1逐步提高到更高的成熟度水平。目前的成熟水平与最高的成熟度水平的差距，将作为实现的目标。

5）把成果合并到报告中去。这可以提供与时俱进的记录以及实现内部和外部的信息沟通。报告中图表的使用有助于展示成果。

6）评价组织现有的过程绩效，识别改进和（或）创新的领域。这些改进和创新的机会应通过过程的识别来实现，策划行动方案是评定的结果之一。

组织的每个因素的成熟度水平都是有差异的。对所存在差距的评审，将有助于最高管理层策划和优化改进和（或）创新活动，而这些活动是提高单个因素到更高水平所需要的。

可以以表 11-5 为例，来说明自我评定结果所决定的成熟度水平。

11.9.6 自我评定的结果以及改进和创新的策划

以 ISO 9004 标准中的要素为基础完成自我评定，将导致改进和（或）创新的行动方案，并以此作为最高管理层策划和评审的输入。

自我评价所获得的信息可用于：

在组织内激励竞争，分享学习成果（在组织的过程之间进行比较，适当时可在不同的单元之间进行比较）。

1）与其他组织进行比较。
2）通过开展定期的自我评价，可对组织的过程进行长期的监视。
3）识别和优化改进的领域。

在此期间，该组织应为选定的行动，承担估算并提供必要资源的责任，并确定预期的收益，以及承担任何被认为与自我评定相关的风险。

第3篇 组织贯标与认证

第12章 概 论

12.1 概述

自 1992 年我国国家标准等同采用 ISO 9000 标准以来，各类组织学习贯彻 ISO 9000 标准，进行质量体系认证，已逐步形成高潮，并向纵深发展。然而，大多数组织都在不同程度上走了弯路，有的甚至步入误区而不能自拔。究其原因，大体上有：

1）沿用多年形成的质量管理的观念和习惯，在思路上未经转变；对 ISO 9000 标准的一些新观念未能入门。

2）对 ISO 9000 标准的要求理解不准确。

3）对学习日本式 TQC 管理经验的具体做法，是否都符合 ISO 9000 标准的要求，界定、判断不清。

4）各级行业主管部门几十年来一系列管理规章和文件，其内容有不少与 ISO 9000 标准要求不一致。

5）被有些介绍 ISO 9000 标准的书刊、咨询和认证人员的误导。

6）急功近利，只为早日拿到证书开拓市场。

7）着眼于满足顾客对资质的要求或招标要求等。

组织贯标、认证走弯路事倍功半，造成很大浪费。不仅浪费了大量的人力和物力，而且损失了宝贵的时间和机遇。

为此，组织贯标和认证首先要确立正确的态度和目标、理清思路。在本章中，将根据我国许多组织在贯标、认证过程中的经验和教训，提出一套经证实行之有效的思路和方法。

12.1.1 贯彻 ISO 9000 标准

过去，在计划经济下，推行日本式 TQC 是政府行为，组织处于被动地位是很自然的事。在今天，贯标则是组织行为。组织要从激烈的市场竞争的需要角度，去了解、学习国际上发达国家的组织，在市场竞争中获得优胜的经验。贯彻 ISO 9000 标准是迅速提高组织的竞争力的捷径。

有的组织从暂时的经济困难出发，认为资金不足，没有钱不能认证，因此也未将贯标提到议事日程上来,这从组织的长远生存和发展来看是极为不利的。固然认证是需要花一笔费用,但贯标到认证需要一个过程,一般需要一、二年的功夫,才能真正基本上达到标准要求。姑且不论贯标会给组织带来提高整体素质、提高产品和服务质量的种种好处,一旦市场有机遇,而要求提供认证证书时,再抓贯标认证往往措手不及,坐失良机。

由此可见,对组织来说,早贯标,早受益,早主动。

12.1.2 贯标与认证的关系

如果说贯标是组织行为,那么认证则是商业行为。

由第三方具有行业专业许可和公正地位的认证机构,对组织的质量管理体系是否符合所选定的质量管理体系标准的要求,通过系统的审核,做出客观的判断并出具证书,这就是质量管理体系认证。质量管理体系认证与贯标有很大不同,贯标由组织自身运作即可,认证则必须经第三方认证机构对组织申请的质量管理体系及范围,按认证规范要求,进行专业的策划和实施审核,再经合格评定后,颁证并注册备案。因此,与认证机构的沟通,是很重要的。贯标与认证有着紧密的联系,贯标的核心在于按所选质量管理体系标准要求建立、实施、保持质量管理体系。从一开始就按照认证的要求来建立体系,对组织则更为有利。贯标为质量管理体系认证打下了坚实的基础,一旦商务机遇需要,组织具备经济条件时,便可较顺利地实现质量管理体系认证。

应该指出,ISO 9001:2015 版标准,对组织的强制性要求大为减少,使组织按自己的实际需要,采用按国际上成功的组织的经验所规定的标准要求内容,来改善管理,会有更好的效果。目前,我国一些通过认证的组织,搞形式主义,其体系文件与实际运行"两层皮";同时,审核员的水平参差不齐,根本无法保证通过认证的组织,都能达到标准要求。因此,如果没有特殊需要,认证毫无意义;莫若结合实际,认真贯标。

12.2 组织决策的考虑

在组织领导班子内部,就贯标与认证的目的、意义取得共识,是特别重要的。最高管理者在其中应起主导作用。为此,从全局的观点和可以预期的效果的角度,来了解贯标与认证是很有意义的。

12.2.1 战略抉择

组织领导应站在有利于组织持续发展、增强在市场竞争中的综合实力的高度来考虑。对加强质量管理，提高产品和服务质量要有危机感、紧迫感。以我国机床工业为例，由于产品落后、质量不稳定、服务差等原因，使得国内机床行业在国内市场的占有比例由1992年的70%逐步下降到1997年的30%以下。以至于有的著名机床厂也败下阵来，不得不宣告破产。这个教训是十分深刻的。我国加入WTO后，市场进一步开放，面对的是世界范围内统一的大市场，你中有我，我中有你。传统的国内、外市场割裂的观念已不合时宜。不放眼世界市场，找准自己的方位，组织生存空间将日益狭小。特别是进入21世纪后，人们对物质生活基本满足，这必然导致文化和精神生活的需求，因此，质量和创新将必然是组织长远发展的不二选择。

"质量第一"是市场竞争大势所趋，谁在质量管理方面攻占了高地，就会在市场竞争中居于主动。这在今天"大质量"的范畴内，则更为明显。

建立"现代企业制度"，要求"产权清晰，职责明确，政企分开，管理科学"。当前，"管理科学"在质量管理方面的体现，就是采用ISO 9000标准。同时，质量管理体系的管理思路和方法，推广到组织的其他管理领域中去，也可以为其他管理打下坚实的基础。这在2015版标准实施的标准化管理体系架构之后，尤为明显。如：组织的环境、管理职责、风险控制及应对、资源管理、测量、分析、改进是任何管理体系都需要的；计算机管理、MRPⅡ（制造资源计划）、ERP（组织资源计划）等，都要建立在数据处理的基础上，而正是质量管理体系，可以以可靠的数据提供保证。因此，可以认为贯彻ISO 9000标准，是建立现代组织制度的需要。

综上所述，有发展前景的组织领导要看到组织贯标早决策、早贯标、早主动，晚决策、会被动，要果断地进行决策。

12.2.2 利益权衡

组织非常关心采用ISO 9000标准进行质量管理体系认证，到底可以得到什么好处，据认证取得较好效果的组织的感受，可以归纳为以下十点。

1）质量管理体系与国际接轨，可取得打开国际市场大门的"金钥匙"，获得在世界贸易王国自由旅行的"护照"。在国内市场也可以有取得顾客信任的"通行证"。这为发展出口创造了有利条件。

2）有利于市场开拓，发展新客户。由于有了质量管理体系认证证书，可大为简化用户信任过程。对于一般产品，在展销会（例如广交会）上，可实行看样订货，免去工厂条件考察，可以降低用户采购成本，从而有利于卖出更好的价格。

3）提高组织整体素质、质量意识和管理水平，从而明显提高工作效率。由于"职责、权限及相互关系"均已明文规定，遇事扯皮，相互推诿的情况可杜绝。

4）实物质量的控制水平和服务水平都明显提高。较有代表性的是最终产品和过程产品的一次合格率不断提高，以及顾客早期故障反馈率逐步明显降低，服务规范的执行率则明显提高；

5) 取得经济效益，降低质量损失（如"三包"损失、返工、返修等）。改进管理接口，库存明显减少，直接带来了可观的经济效益；

6) 提高顾客满意度。质量管理对合同全过程和服务实施有效控制，从而大幅度提高合同履约率，改进服务，使顾客满意度显著提高，为组织赢得更好的质量信誉。

7) 有利于参与重大工程招标及重要主机厂配套等竞争。ISO 9000 质量管理体系认证证书往往是重大工程招标及重要配套的必要条件，有的即使未作为必要条件，也作为优先选择的重要依据之一。

8) 树立组织形象，提高组织知名度，取得宣传效益。由于目前通过认证的组织总的比例还较少，新闻媒体普遍愿意报道通过认证组织的情况。《南方周末》在年度"中国组织社会责任评选"中，把是否通过 ISO 9001、ISO 14001、OHSAS18001 认证，都纳入了评价体系。有的组织还通过召开新闻发布会，取得良好的社会反响。随着通过认证组织的增多，未获证书的组织有相形见绌之势。特别是在同行业中，组织形象就矮了一截，难于在同一起跑线上参与竞争。

9) 减少重复检查。如一般可免去顾客的对供方现场评定。

10) 适应法律、法规和政府行政规章的要求，减轻产品质量责任。《质量法》、《消费者权益保障法》等，都规定了组织的产品质量责任。由于质量管理体系可提供大量证据，证实组织产品质量得到有效控制，从而可避免承担本不应生产组织承担的"冤枉"责任。

《质量法》第十四条规定"国家根据国际通用的质量管理标准，推行组织质量体系认证制度"。有些政府部门陆续出台了一些优惠政策：如政府采购、重大工程配套招标要质量管理体系认证证书；国家质量监督检验检疫总局已规定，凡是获得 ISO 9000 证书的组织，可免除重复的质量体系审查。

由此可见，贯彻 ISO 9000 族，建立、实施质量管理体系，能够取得的效果可能是多方面的。问题在于组织的决心，推动的力度和认真实施的程度有多大，以及咨询人员、认证机构及其所派遣的审核员的选择，是否得当。

12.3　组织贯标与认证的基本过程

组织贯标与认证的基本过程可分为五个基本阶段：认证前期准备、质量管理体系总体设计、编写质量管理体系文件、体系运行与改进、质量管理体系认证（见图 12-1）。

第12章 概 论

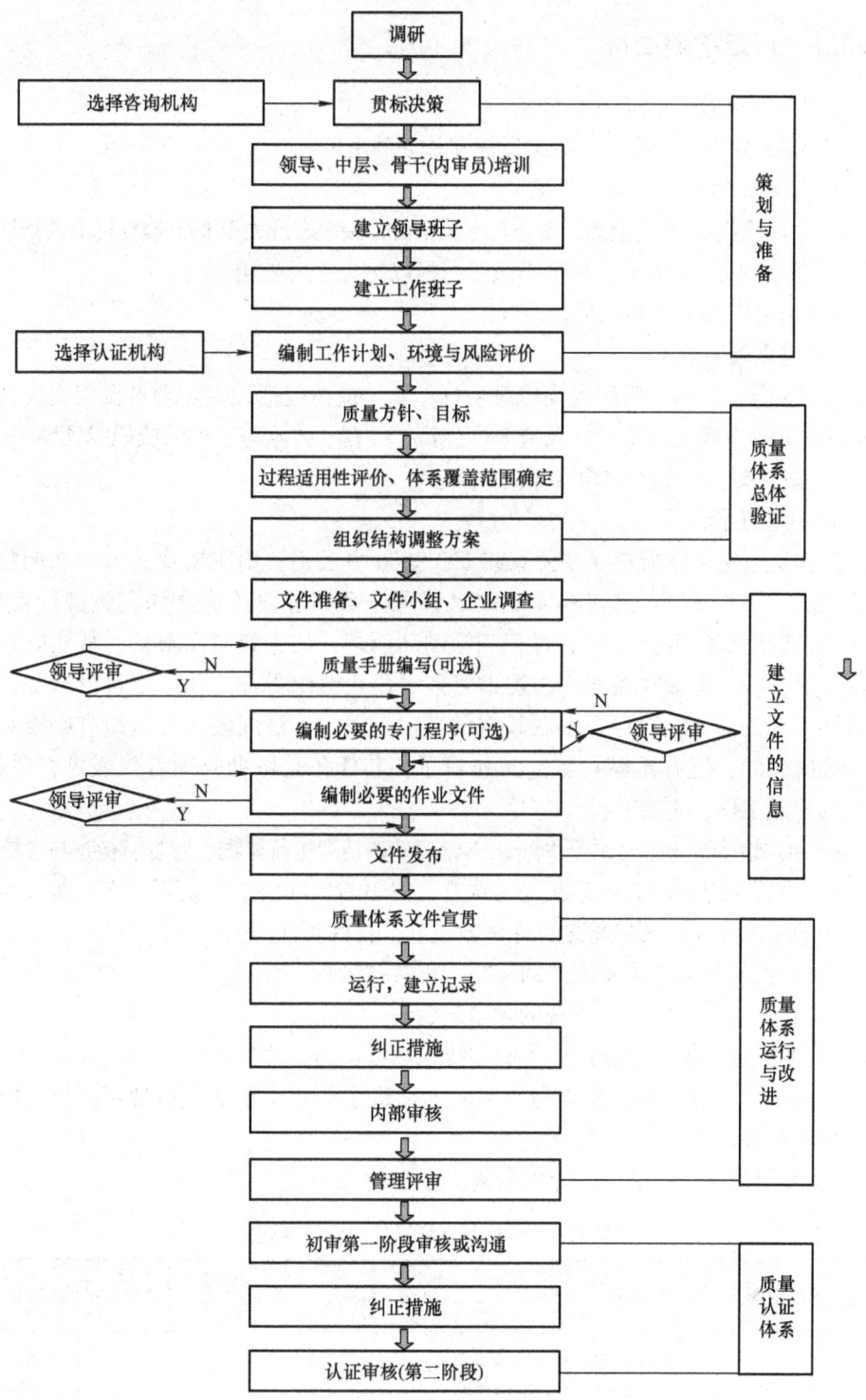

图 12-1 组织质量管理体系的建立和实施过程

12.3.1 认证前期准备

准备阶段需完成以下 6 项任务：

1）组织领导通过调研，做出贯标和认证的决策。

2）培训。培训的主要内容有：

    a）组织领导、中层干部、业务骨干及全员分层次进行关于 ISO 9000 标准的培训。

    b）内部审核员培训（对于小微组织可以优先考虑外包）。

3）选定咨询机构和人员。

4）建立领导班子。

贯标领导小组应由组织最高管理者任组长，成员包括最高管理者授权代表（以下简称：管理者代表或管代）及有关（生产、经营、技术等）部门或职能领导。

5）如需要，确定、任命管理者代表。

6）建立工作班子。

工作班子通常称为贯标办公室或 ISO 9000 办公室，由主要业务部门选调精兵强将组成，协助管理者代表具体对质量管理体系和过程的建立和实施进行管理。由于质量管理部门本身承担的过程和活动新而多，任务繁重而艰巨，从实际认证情况来看，若由质量管理部门去协助管理者代表组织贯标工作，质量管理部门往往自顾不暇，常常成为存在问题较多的部门。因此，对规模较大组织有必要另建一套临时性的、但有足够权威的工作班子，其任务是协助管理者代表进行贯标、认证的管理工作，主要有：

    a）编制贯标、认证工作计划，对各部门实施情况进行协调、监督、检查与考核。

    b）进行本组织原有体系状况的调查，找出与标准要求的差距所在，为立足于本组织的实际情况，搞好质量管理体系建立，打好基础。

    c）组织质量管理体系文件的编写、审核和修改。

    d）协调各部门贯标中出现的接口问题。

    e）与认证机构进行联络，组织迎接现场审核的有关工作。

应当说明，对于贯标办之类的临时工作班子，在通过认证后便可撤消，将其所遗留的任务转给质量管理部门。

7）编制贯标与认证工作计划示例，参见表 12-1。

表 12-1 贯标与认证工作计划（示例）

序号	阶段名称	工作程序	活动要求	负责部门（人）	完成日期	备注
I	QMS 组织策划	学习 ISO 9000 标准，统一思想	1. 举办高、中层领导和骨干标准培训班			咨询组负责讲课

(续)

序号	阶段名称	工作程序	活动要求	负责部门（人）	完成日期	备注
I	QMS组织策划	领导层决断、决策	2. 领导班子统一思想，对企业质量管理贯彻 ISO 9000 族，做出决策，发布正式文件	总经理		
			3. 正式发文成立质量管理领导小组	总经理		
			4. 发文任命企业管理者的代表，明确其职责、职权	总经理		
		建立工作机制	5. 领导层发文，明确贯标负责部门人员名单，规定其职责和权限	管理者代表		
		制定工作计划	6. 环境和风险的评价，目前状况调查和诊断	总经理、管代、贯标负责部门		咨询组指导
			7. 提出 QMS 建立和完善的工作计划	贯标负责部门		
			8. 领导小组批准计划，正式下文实施	总经理		
II	QMS的总体设计	制定企业的质量方针和目标	1. 最高领导者口授意图，质管部门整理加工成文	质管部门		
		制定企业的质量方针和目标	2. 上交领导小组讨论定稿，以最高领导者的名义发布	管理者代表		
			3. 最高领导者做出质量承诺，并写成书面文件	贯标负责部门		
		确定 QMS 标准覆盖范围	4. 根据组织所处的环境条件确定过程适用性、体系文件覆盖范围及体系覆盖产品和服务清单	管理者代表初选，总经理批准		咨询组指导
		对企业现有体系调查评价	5. 印发质量活动调查提纲			
			6. 对现有体系的质量活动进行调查，了解现有质量活动的开展情况，进行质量体系过程调查汇总	贯标负责部门协调、汇总		咨询组指导分部门进行
			7. 根据所选定的标准要求，确定企业 QMS 应含的全部过程和质量活动	贯标负责部门		

（续）

序号	阶段名称	工作程序	活动要求	负责部门（人）	完成日期	备注
II	QMS 的总体设计	对企业现有体系调查评价	8. 编制打印质量体系过程对照评价表，找出组织行 QMS 与标准的 QMS 要求的差异及主要存在问题			咨询组指导
		进行骨干培训	9. 举办内部审核员培训班			
			10. 对各部门的骨干进行体系文件设计、编制要求及方法的培训	人力资源管理部门		
III	QMS 的建立	完善组织机构	1. 对现有组织机构的适应性进行评价，确定调查方案	管理者代表		咨询组指导
			2. 审定批准新的组织机构	总经理		
		规定质量责任和权限	3. 编制质量要素活动职能、职责、职权分配表			
			4. 组织部门领导讨论			
			5. 审定、批准	管理者代表审定、总经理批准		
		配备 QMS 所需的资源	6. 各部门根据职能提出所需的资源和人员配置清单	各部门负责人		
			7. 编制 QMS 体系资源和人员配备计划表			
			8. 部门领导讨论确定、批准	总经理		
IV	QMS 的文件化	QMS 文件的总体设计	1. 确定 QMS 文件目录表及质量活动要点汇总（质量体系文件体系表及层次）	贯标负责部门		咨询组指导提供 ISO 10013/TR 及参考手册
			2. 列出 QMS 有关文件明细表，明确不需修订、需修订、需新编文件名称	贯标负责部门		
			3. 确定手册各章节内容及编写要求	贯标负责部门		咨询组指导
			4. 制定必要的体系文件编写计划	贯标负责部门		

(续)

序号	阶段名称	工作程序	活动要求	负责部门（人）	完成日期	备注
Ⅳ	QMS 的文件化	编写质量手册（如需要）	5. 按人员特点进行分配，按章节编写	贯标负责部门		咨询组指导
			6. 修改审定打印初稿	贯标负责部门		
			7. 修改审查	贯标负责部门		咨询组评审
			8. 审定	管理者代表		
		编写 QMS 程序文件（如需要）	9. 根据质量职能分配和质量分册编写程序文件	各有关部门负责人		咨询组提供编制指南及对程序文件进行评审
			10. 审查、修改、定稿并与手册衔接，填写程序文件评审记录表	管理者代表		
		编写 QMS 程序文件	11. 绘制各种流程图，列入各项活动，描述各项活动过程的接口关系	贯标负责部门		
			12. 根据需要编制作业文件			
		设计质量记录表式	13. 确定体系要求的质量记录	贯标负责部门		
			14. 设计质量记录表式	文件编写者		与程序文件同步
		QMS 文件的审定	15. 编制 QMS 文件审核用检查表	贯标负责部门		咨询组指导
		编写质量计划	16. 对典型产品和服务（含新产品）编制质量计划	设计部门		贯标负责部门参与
		QMS 文件的批准	17. 领导批准			
		QMS 文件的发布	18. 明确 QMS 文件控制管理部门	管理者代表		
			19. 明确 QMS 文件的管理办法及相关管理工作标准清理			
			20. 发布			

(续)

序号	阶段名称	工作程序	活动要求	负责部门（人）	完成日期	备注
V	实施运行	实施运行的准备	1. 配置人员和资源到位检查	贯标负责部门		
			2. 宣讲QMS文件 a. 向全厂职工宣贯质量方针、质量目标 b. 中层以上领导及骨干人员于质量手册和程序文件基础培训 c. QMS试运行	人力资源与贯标负责部门共同完成		
		QMS运行阶段	4. 协调各项质量活动，对偏离标准现象进行监控	贯标负责部门		与实施同步进行
			5. 根据信息反馈，采取纠正措施	贯标负责部门		与实施同步进行
			6. 编制内部质量审核计划，组织实施审核，填写质量体系审核检查表，填写审核报告	贯标负责部门		
			7. 内部质量审核	贯标负责部门		
			8. 纠正措施验证	贯标负责部门		咨询组指导
			9. 管理评审 a. 组织评审，填写评审记录 b. 填写总结报告	总经理		
			10. 准备好认证（两阶段）前的一切工作，交通、办公条件和迎检准备工作	贯标负责部门		
			11. 初审第一阶段审核	贯标负责部门		咨询组指导
			12. 认证（第二阶段） a. 迎检准备 b. 现场预检	贯标负责部门		

12.3.2 质量管理体系总体设计

在质量体系总体设计阶段需完成以下六项任务：

1) 考虑组织战略及方针，以及具体质量方针、目标的拟定。

2) 质量管理体系过程任何有关不适用标准要求的理由说明，参见本书

4.3 节。

3）质量管理体系覆盖产品和服务的确定。

确定质量管理体系的覆盖产品和服务时，主要考虑：

a）市场竞争的需要和顾客的需求。

b）产品成熟程度。即图样、工艺有明确要求，能保证稳定生产，检验把关有效的产品，应纳入质量管理体系覆盖范围。

c）工作量与认证时机。即按市场需求，计划一年内完成认证，就要估算工作量（贯标中质量管理、设计开发、工艺、检验文件等均需进行较大幅度的整改，以符合 ISO 9001 标准要求）。覆盖产品和服务越多，工作量越大，跨越的职能部门越多，因而审核时存在较多问题的风险也越大。为此，作者建议，组织先将主导产品和服务纳入质量管理体系认证的覆盖范围，其他产品和服务暂可按质量管理体系要求来开展工作，待条件成熟并逢认证机构的监督检查时（一般一年进行一次），再申请扩大认证证书覆盖的产品和服务范围。这样做，有利于保证主导产品和服务在较短的时间内通过质量管理体系认证。

4）组织机构设置的调整。例如，有些组织（小微组织除外）原先未单独设立质量管理的职能部门，则宜在贯标中进行调整，增设质量管理部门。

5）确定各部门职能分配及相互关系。编制职能分配矩阵表，参见表 5-1。

6）识别资源需求，提出配置计划。要围绕保证产品和服务质量，实现 ISO 9001 标准要求，还短缺什么资源（如人员、基础设施、设备、专用设施、监视和检测手段、工装、工具、工位器具、软件等），进行系统的调查，在此基础上，按轻重缓急做出配置计划。

应该指出，从质量管理体系总体设计阶段开始，应对本组织情况进行调查摸底。需调查的问题主要有：

1）现行机构设置及管理职责方面存在的问题（如职能、职责、相互关系、接口等方面有何交叉、扯皮现象）。

2）清理组织管理文件，提出有哪些文件与 ISO 9001 标准要求不符合，应予废除或修订；需要补充哪些短缺文件。

3）现有质量记录表式、报告或其他证据，有哪些可以废除或继续使用，哪些需修改，哪些需按标准要求增补。

4）按标准对于质量管理体系各过程的要求，查明现有质量活动的开展情况，搞清与标准要求的质量活动相比，哪些还有什么差距，哪些尚未开展。

5）资源状况是否适应质量目标和 ISO 9000 标准要求，还短缺什么资源。

12.3.3 编写质量体系文件

质量体系文件编写阶段需完成的主要任务有：

1）质量体系文件策划：对质量体系文件的结构、层次的安排，所需文件的明细以及编写要求和规则等，要在研讨的基础上确定实施方案。

2）需要时，编写质量手册。

3）需要时，编写质量管理体系的程序文件，即控制质量管理体系要求的过程和活动的文件。

4）编写作业文件，即支撑质量管理体系程序的具体控制质量活动过程或作业过程的详细文件。

5）拟定相应的质量记录表式。

6）质量管理体系文件的审批及发布实施。

关于质量管理体系文件的详细介绍，请参阅《ISO 9001：2015 质量管理体系文件》。

12.3.4　质量管理体系运行及改进

质量体系运行阶段需完成的主要任务有以下五个方面。

（1）运行准备

1）进行质量管理体系文件培训，务使组织各级人员明确质量体系文件要求，自己该做什么，该怎么做。

2）检查资源配置到位情况，进一步落实资源。

（2）实施

各部门按质量管理体系文件的规定实施管理，并留下规定的记录。

（3）进行内部质量审核

认证前，一般需进行 2～3 次内部质量审核。通过内部质量审核，发现体系运行现状与所选质量管理体系标准和本组织的质量体系文件的不符合项。

（4）开展纠正和风险控制活动

针对产品质量和过程控制中的问题及内部质量审核中发现的不符合项及风险问题，开展纠正、预防措施活动，将所发现的问题加以解决。

（5）进行管理评审

按标准要求、质量方针、目标符合性及运行的有效性对质量体系进行全面评价，找出薄弱环节加以改进。

在完成上述四个阶段贯标工作之后，组织就基本具备了由认证机构实施现场审核的条件。

12.3.5　质量管理体系认证的过程

根据中国合格评定国家认可委员会 CNAS-CC01《管理体系认证机构要求》规

定，管理体系的初次认证审核分为两个阶段实施：第一阶段和第二阶段。

（1）第一阶段审核

第一阶段审核一般由认证机构视需要并与被审核组织协商后安排第一阶段审核组。

通过认证机构审核组的第一阶段审核，对组织来说可以收到以下效果：

1）进一步明确认证机构对标准要求掌握的尺度。

2）发现质量管理体系运行状态与认证要求之间现存的主要差距。

3）熟悉审核人员，以避免正式现场认证审核时可能出现的过于紧张的心理状态。

4）锻炼部门发言人。

一般来说，第一阶段审核时对组织的帮助较大，对于实现第二阶段现场正式审核一次性通过，有积极的促进作用。

目前，国家认可委相关规范要求初审时一般要进行（适宜时）两个阶段的审核，多数认证机构一般不采用第一阶段审核而直接进行第二阶段的正式审核形式，但在认证前加强与受审方的沟通和文件审查。只有当执行新标准，被审核组织产品和服务较复杂，需要到现场才能对组织有足够的了解或应申请认证组织邀请时，才会进行第一阶段审核。

认证机构进行第一阶段审核的目的是：

1）审核组织的管理体系文件；

2）评价组织的运作场所和现场的具体实际情况，以确定第二阶段的审核准备情况；

3）审查组织理解和实施标准要求的情况，特别是对关键绩效或重要因素、过程、目标和运作的识别情况；

4）收集关于组织的环境及体系范围、过程和场所的必要信息，以及相关法律法规要求和遵守情况；

5）审查第二阶段审核所需资源的配置情况，并与组织商定第二阶段审核细节；

6）为策划第二阶段审核提供关注点；

7）评价组织是否策划和实施内审和管理评审，以及组织管理体系实施的程度是否满足第二阶段审核组的审核基本条件。

认证机构一般都会将第一阶段的审核发现，形成文件并告知组织，包括识别引起的关注和在第二阶段现场审核时，可能被判为不符合的问题。

认证机构在确定第一阶段和第二阶段审核的间隔时间时，一般也会与组织进行沟通商定。这个时间的确定是双方在考虑组织对在第一阶段审核中识别发现的所有关注问题得到解决后进行的。组织应抓紧时间认真进行整改、验证,并确保达到认证依据的标准和认证机构第二阶段的审核要求。此后,便可适时与认证机构沟通,安排第二阶段的正式现场认证审核,认证机构也可能会因此调整原来已安排的第二阶段审核策划的时间和安排。

(2) 第二阶段审核

第二阶段审核的目的是评价组织的管理体系实施的情况和有效性。第二阶段审核一般都为现场审核。主要包括以下方面:

1) 组织审核的范围与标准和其他必要的文件要求的符合情况和证据;

2) 组织依据关键绩效目标和指标,对产品和服务、过程的绩效,进行的监视、测量、分析和评价;

3) 组织遵守法律、法规情况;

4) 组织对质量管理体系过程的运行控制情况;

5) 组织的内审和管理评审;

6) 组织的质量方针的落实、管理和控制;

7) 组织的自我发现问题、完善体系和过程的机制和有效性等。

(3) 现场审核前的迎检准备

迎检准备工作的要点是:

1) 各部门发言人要做好充分准备。不必像迎接上级检查那样做一番系统的工作汇报,而要立足于彻底搞清本部门的体系运行现状(有何职能,各过程、活动的职责,所覆盖的应纳入管理的过程和活动,应依据什么文件来开展,保存了哪些记录,对本部门体系运行效果如何客观评价)及当场能够提供有效的证据。应该特别指出,现场能提供证据非常重要。因为按照审核的一般规则,当场不能提供有效证据可视同没有证据而判为不符合项。

2) 为审核组的工作、交通和生活条件做出适当的安排。

上述组织贯标和认证的基本过程,意在提示一般的过程,所包括的工作内容及其要点。至于具体阶段的划分和过程的跨越,完全可以从组织的实际情况出发来决定。目标只有一个,即在尽可能短的时间内,建立起一个符合组织实际的、优化而有效的质量管理体系。在这方面,有一个组织的贯标情况很说明问题。该组织生产发展迅速,管理欠佳,但基于迅速扩大出口的需要,总经理提出"既然我们可以用超常规的速度来发展生产,为什么我们不可以用超常规的速度来加强质量管理呢?"于是,在总经理的推动下,实施全厂总动员,落实目标责任,强化贯标工作的调度与检查、考核,按照运筹学的规律,加强投入,各阶段工作跨越交叉有序进行,把最急需的先搞出来。就这样,终于实现了预定的认证目标。

由此可见,贯标与认证的周期到底需要多长,完全取决于组织的决心、投入和管理者的推动力度以及适当的咨询辅导。

12.3.6 认证后的整改

一般情况下,现场审核(包括:第一阶段、第二阶段、年度监督和再认证审核)后审核组都会或多或少的开出书面的不符合项报告,或口头的观察项(证据不充分不构成不符合,或在短时间内难以整改的)。

(1) 不符合项的性质分类

1) 严重不符合项。对质量管理体系出现系统性的失控、质量管理体系基本没建立起来或基本没有运行、质量管理体系存在重大风险或重大风险没有识别、体系运行期间出现产品和服务事故造成重大财产损失和严重社会影响、出现严重与质量方针相悖的行为活动等,均应判为性质严重。一般现场审核时对严重不符合项的开具均持谨慎态度。

2) 一般不符合项。除严重不符合项之外,个别的过程、部门、活动和环节出现这样或那样的问题,只要审核发现证据充分、确凿,均应构成一般不符合项。但审核组在开具不符合项报告时,一般都要考虑部门、活动、区域和条款分布等几个方面,不一定所有的问题都要开成书面的不符合,这个尺度一般由第三方认证机构规定和审核组(特别是审核组长)灵活把握。

3) 不符合项性质对审核结论的影响。严重不合项只要有一项或一项以上,现场审核结论就应该为"不通过"或"整改后重新申请";一般不符合项不管有几个,都不会影响"有条件通过现场审核"的结论。有条件的含义是在所有开具的一般不符合项整改完成并经审核组(一般由审核组长完成,需要时还应有专业审核员或专家参加共同完成)验证合格后,通过现场审核。

(2) 不符合项的整改

1) 整改期限:行业惯例是发现严重不符合项 3 个月之内;

2) 整改依据:按认证机构及审核组要求;

3) 整改程序:按标准 10.2 进行;

4) 整改要求:一般由管理者代表组织,负责部门和责任部门对不符合项进行分析、评价纠正措施的需求,经管理者代表确认后责任区域或部门负责实施,主管部门或指定内审员验证,管理者代表确认签字,按规定时间报送审核组或认证中心。如经审核组或认证中心验证不符合要求,组织要重新进行整改,但也有时间期限的要求。若组织无管理者代表则由总经理或其授权人进行。

12.3.7 认证后的保持和改进

(1) 认证证书资格的保持

按我国惯例，认证证书周期均为三年，在三年的有效期内要进行二次监督审核，时间间隔为一年（认证中心一般在 12 个月内进行）。在第三年证书有效期内（一般提前 3 个月左右），如要继续保持认证证书，需要重新向认证机构提交再认证申请，并在有效期满前完成再认证现场审核后，才能继续保持认证证书资格。如在有效期内没有完成现场审核，认证机构一般按初审（第二阶段）处理，证书重新颁发，原证书作废。

认证证书只有在有效期内，并按期限要求接受认证机构的监督和再认证审核，才能注册并有效，否则不能声称通过认证。如不能按时进行年度监督，证书也有可能被暂停。暂停期一般不超过六个月。在认证证书暂停期内，组织不能使用和声称通过认证或证书有效，原来使用过的证书场合和标识也应撤回，或采取书面通知，或其他有效方式，以降低法律风险。

组织因业务发展需要，也可以向认证机构申请扩大认证范围。组织可以和认证机构沟通，可以将扩大认证范围的现场审核单独进行，也可将其和年度监督和再认证审核同时进行。如认证机构在监督或再认证审核时发现组织的体系有系统的问题，或体系不能保证某项产品和服务时，可能会导致缩小体系范围或暂停、撤消认证证书。

（2）体系的保持和改进

保持质量管理体系持续的适宜性、充分性和有效性，是持续保持认证证书的基础和根本。组织在通过认证审核取得认证证书后，还应对审核时发现的其他问题进行改进。因为，组织的体系在运行过程中，外部的环境、风险和机遇在随时变化，这需要组织的体系也要动态地进行调整，以适应环境的变化需要。

笔者建议，咨询机构或咨询人员在咨询辅导过程中，应把认证机构对认证的基本要求作为咨询的一项内容，让组织了解清楚认证机构对认证过程的各项要求，这样才能使组织和认证机构下一步很好地"对接"。这对组织、认证机构和咨询机构（或咨询人员）三方都有益处，也降低了三方的相应风险。关于这方面要求，请参看 CNAS – CC01《管理体系认证机构的要求》。

综上所述，取得认证证书只是走完了"万里长征的第一步"。组织还要持续保持和改进质量体系，有效发挥预防风险作用和改进体系，使其对内、对外发挥其应有的作用，实现相应效果。

12.4　第三方审核和认证过程的典型流程

图 12-2 代表了一个第三方认证申请、认证审核和认证过程的典型二维矩阵流程，较清楚地说明了审核周期与认证周期，以及其过程要点。

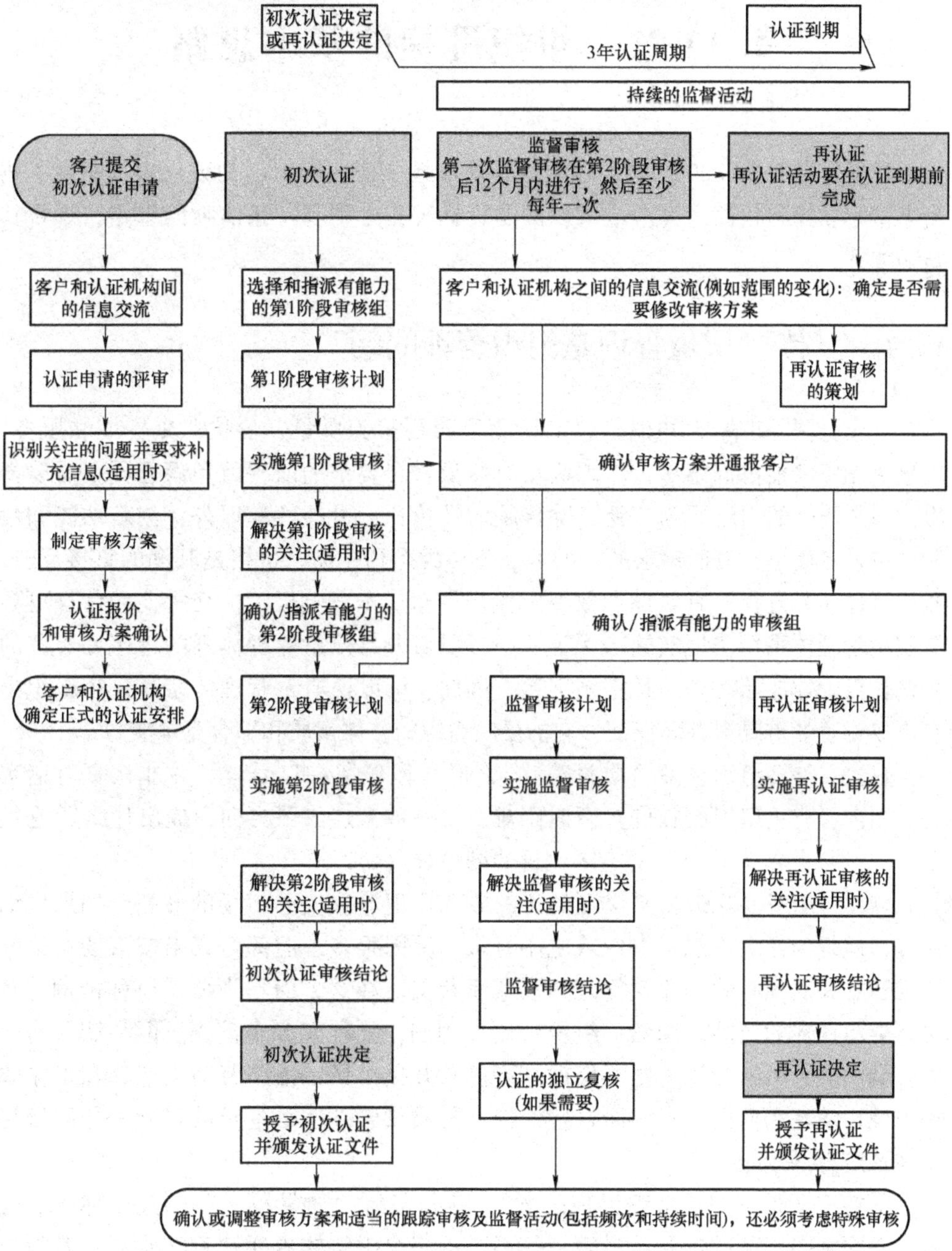

第 12 章 概 论

图 12-2 第三方审核和认证过程的典型流程[16]

第 13 章　组织贯标的基本思路

我国贯彻 ISO 9000 标准实施质量管理体系认证的组织已为数众多，积累了相当丰富的经验和教训，其中最重要的是贯标工作必须有一条清晰的思路，现将其归纳如下。

13.1　坚持"质量管理是组织管理的纲"

当今，国际市场的共识是：市场竞争四要素为质量、价格、交货期和服务，质量毫无争议地占据第一位。因为没有质量符合要求的前提就免谈合同。需要指出，当今质量的内涵更为广泛，除传统的性价比、可靠性等以外，创新功能和性能，更是时尚消费者所追求的，如苹果公司的系列产品。价格是利润的直接反映，质量管理体系过程的有效性和效率对生产经营成本影响极大。交货期的信誉更要靠质量管理体系切实地实施来保证。服务质量要靠质量管理体系的程序和规范的严格执行，才能始终如一且不断完善。因此，可以说质量管理体系是一个组织参与市场竞争的重要资源和保证，它能反映组织的整体素质和综合竞争实力。

过去，许多组织也说"质量第一"，但往往停留在口号上，并非认真付诸实施。当前，有些组织面临许多暂时困难，使一些人迷失了方向，提出什么"吃饭第一"、"以利润为核心"等本末倒置的糊涂观点。

诚然，组织要吃饭，要保证员工的收入，但这取决于市场的开拓。如果仔细探究，组织为什么会吃不上饭或吃不好饭，原因很多，但都与其未按市场竞争的要求建立和实施有效的质量管理体系紧密相关。在这方面华为公司堪称范例，坚决摒弃不赚钱的产品。固然，组织必须要利润，且利润多多益善。但利润从何而来？利润是靠不断开发适销对路的新产品、开拓市场、提高劳动生产率和工作效率，减少消耗和损失而来，而这些恰恰又是质量管理体系追求的目标，是质量管理体系应有的效能。

坚持"质量管理是组织管理的纲"，就是坚持"质量第一"的集中体现。为此，必须着眼于通过建立质量管理体系，提高组织整体素质和管理水平；着眼于实物质量的切实提高达到顾客满意；着眼于建立组织的自我完善机制，不断地实现质量改进，正确处理质量管理与组织其他各项管理的关系；着眼于以质量管理体系的思路和方法，推动组织各项管理的科学化。只要这样坚持下去，用质量管

第 13 章　组织贯标的基本思路

理来总揽组织管理的全局，就能做到纲举目张。

13.2　贯标需要最高管理者的持续、有力的推动

ISO 9000 标准是当代发达国家在市场竞争中获得优胜的组织的质量管理经验的结晶。对于我国组织来说，贯彻 ISO 9000 标准是质量管理的必由之路，也是汲取世界质量管理精华的一条捷径。

同时，ISO 9000 标准本身也在随着世界质量管理的发展趋势而不断完善。只有持续跟上 ISO 9000 标准的步伐，才能适应市场竞争对质量管理的要求。因此，贯标是一个长期的、不断前进的过程。我国组织在贯标工作中存在的一个问题是，有些组织贯标、认证后效果不大，他们不是认真反思造成这种局面的各方面的原因，而是觉得 ISO 9000 标准就像过去搞 TQC 一样，一阵风而过。由于信心不足，在投入、措施等方面就难于得力，从而陷入贯标的误区。在第 2 章中所阐述的领导力原则，主要是针对最高管理者来谈的。在 2.2.1 节中已介绍了质量管理的"二八"原则。事实上，这一论断已提出了几十年，据许多当代质量研究工作者的调研，由于人员素质的提高，管理者应负的责任都在 90% 以上。因此，可以认为越是人员素质高的组织，最高管理者的作用越重要，充分发挥其作用的难度越大。组织领导若按标准要求并善于借鉴国内、外取得成功的组织的实例，认真找差距，常抓不懈，持之以恒，就会取得预期的、应有的成效，"功夫不负有心人"。

有的组织的最高领导把贯标、认证当作"运动"来搞。认证前全力以赴，进步明显。而认证后其兴奋点已转移到其他工作上去，甚至连质量方针、目标是什么，最高领导在管理体系中应有什么职责，都说不清了，随之而来的必然是组织的质量体系大滑坡。

由此可见，贯标需要最高管理者的持续推动，才能不断攀登新高峰，取得更大的成效。

13.3　以 ISO 9001 为核心

13.3.1　分清质量管理的层次

就世界范围而言，质量管理逐步由初级发展到高级形态。就一个组织而言，质量管理也必须循序渐进，逐步提高。不能奢望一口气跨越几个台阶达到理想的境界。

质量管理的层次列示于图 13-1。

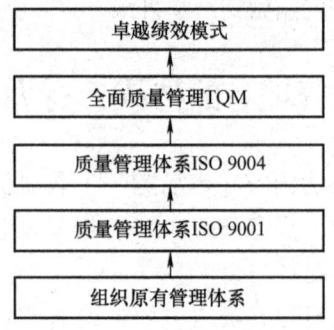

图 13-1　质量管理层次

由图 13-1 可见，组织要实现全面质量管理，需要攀登按 ISO 9001 建立、实施、保持质量管理体系和按 ISO 9004 质量管理体系改进业绩两个台阶之后再攀升。脱离实际，好高骛远，试图一步登天，则欲速而不达。在这方面，许多组织有过深刻的教训。应当指出，就我国机电组织现状而言，建立、实施、保持一个符合 ISO 9000 标准的质量管理体系，存在一定的困难。唯有扎实而认真地从基础做起，才会收到预期的功效。

诚然，对于有条件的组织，在贯彻 ISO 9001 标准的同时，适当参照 ISO 9004 中提示的途径和方法，是颇有助益的。

13.3.2　以 ISO 9001：1994 为基础

我国在贯标的导向上曾走过一段弯路。在 ISO 9000 系列标准 94 版问世之前，一些主管部门和专家提倡按 ISO 9004-1 建立较完善的质量管理体系，再根据市场的需求，将管理体系中的一部分构成质量保证体系，进行认证。这就是典型的"管理者推动"方式。由于我国组织较普遍存在管理基础、人员素质、装备水平等多方面的差距，因而采用这种"管理者推动"方式成功的例子极为罕见。而许多组织先前也试图这样做，但行不通，只能实事求是地从基础质量管理做起。

作者推荐我国制造类组织以 ISO 9001：94 版为基础，来建立和完善质量管理体系的主要考虑是：其一，我国工业基础及相应的管理水平与发达国家的先进组织仍有相当大的差距，ISO 9001：1994 的要求对我国组织来说已是一个相当高的标准。当前市场竞争最迫切的需要是跨越质量管理的"门槛"，而这也正是我国质量管理的薄弱环节，按 ISO 9001 标准进行认证，可以及时抓住市场的机遇。其二，ISO 9001：2015 是建立在 94 版基础上的，在有重大提升的同时，为了顾及各类通用产品和服务，而对 94 版和 2015 版中的某些条款有所简化。但是，这绝对不意味着要求可以降低。事实上 ISO 9001 源于机电行业，94 版中 20 个要素，对保证产品质量都是重要的。例如，在产品的监视和测量中（9.1.1）并未全面考虑 94 版

4.10 检验和试验的各项要求，即从检验文件、进货检验、过程检验、最终检验到检验记录的要求，也是不行的。笔者认为，对制造类产品而言，可以说 ISO 9001：1994 版标准至今也不落后。在贯彻新版标准的同时，参照 94 版标准进行具体操作，是颇有助益的。其三，向完善的质量管理发展是一个较长期的任务，只要有了 ISO 9001 这个核心作为基础，也较容易实现。还应指出，全面质量管理（TQM）和卓越绩效模式虽然是理想的目标，但在建立质量管理体系时，不但可以而且应该采用 TQM 的一些行之有效的方法。因为在 ISO 9001 标准中，只提出了质量管理体系的要求，而未规定达到要求的途径和方法。选择采用的方法应注意：一是要实用；二是要符合组织的实际，组织应具备或能够创造应用这些方法的条件。想成为世界级的组织，实施卓越绩效模式是必然的选择。

13.4　高、中层干部是关键

在质量管理体系建立、实施、保持、改进的过程中，高、中层干部必须起关键作用。各级领导干部对贯标都应有清晰的思路，必须成为 ISO 9000 标准的明白人。"以其昏昏，使人昭昭"是不行的。

13.4.1　组织最高领导

组织的最高领导要对质量管理体系的推动有决心、有力度。必须切实全面履行自己的质量职责，特别是要负责发展战略和方针、质量方针、目标的制定，实施落实，确保其有效性，并创造有利于员工参与的环境。

13.4.2　各条线的主管领导

在生产、经营、技术、企管等各条线的主管领导，在贯标中必须尽职尽责，必须清楚自己主管系统的各部门承担哪些过程的管理职能，应开展哪些质量活动，应依据什么程序和作业文件，应保存哪些质量记录作为证据。应像管理业务工作那样去指导、检查所管各部门的贯标工作，及时协调解决部门提出的问题。对其他类型组织，也是如此，如人力资源、财务、风控等职能的负责人。

13.4.3　业务部门（包括分支、分厂、车间）领导

要从总体上把握本部门的质量管理体系（实际上是一个分支系统）的全局，对在质量管理体系中我应该干什么，为什么要干，怎么干及与有关部门的接口的来龙去脉，要搞得清清楚楚。贯标是一场现代化管理的硬仗。过去的小作坊式、经验式的管理，必须转入科学管理的轨道。是跟上形势，力争上游，为贯标多做

贡献，还是因循守旧，抱残守缺，不努力学习新的管理模式而掉队，这无疑是对每个干部的严峻考验。

一些组织把贯标过程作为选拔、培养干部的过程，对干部明确要求并按贯标业绩严格考核，重奖重罚。"能者上，庸者下"，一批在贯标中表现出才干并做出了突出贡献的人才，走上了领导岗位。这种对干部的激励机制，在贯标中，发挥了重要作用，取得了显著效果。

应该指出，每个高中层干部经常要在自己管理范围内发布指示，下达命令，而要使这些指示、命令与 ISO 9000 标准不相抵触，各级领导必须成为质量管理体系的明白人。

13.5 培训是基础

要使干部和员工当质量管理体系的明白人，必须舍得花大力气进行培训。

对我国大部分组织来说，ISO 9000 标准已不陌生，但对其概念、思路和方法的理解和应用效果却不尽如人意。凡与 ISO 9000 标准不适应的，在长期计划经济下或小作坊式管理中，产生的工作经验和传统观念，甚至已形成的思维定式，都必须加以扭转。通过培训，帮助干部、员工转变观念，调整思路，熟悉 ISO 9000 标准的要求，是建立新的质量管理体系的先决条件。通过培训，还要帮助干部、员工按 ISO 9000 标准要求，掌握新的质量管理及有关知识和工具。

培训是质量管理体系中非常重要的基础性因素。各项质量活动的开展，都离不开对有关人员进行相应的培训。因此，要对高中层干部、内部审核员、业务骨干和所有员工，进行不同层次的、有针对性的、充分的培训。

13.6 抓住两条主线

新版 ISO 9001 质量体系包括七大过程，约 300 项质量活动要求。要使质量管理体系运行有效，必须抓住两条主线，即产品和服务质量特性的保证能力及组织自我完善机制的有效建立。

13.6.1 产品和服务质量特性的保证能力

建立质量管理体系的一个重要目的，是要切实对影响产品和服务质量的各环节的所有因素，实施有效控制，从而使顾客对产品和组织建立信任，进而达到顾客满意。前面已在质量定义的表述中说明，实物质量是以质量特性为标志来度量的（参见 2.2.1 节）。因此，如何抓住质量特性进行连续有效的控制，在有关的过程和活动中，不仅对过程本身要有控制，而且对过程间的接口要控制好，是极其重要的。例如：从与产品和服务有关要求的评审开始，就要关注顾客所需的质量特性是什么；在设计输入中，要注意识别隐含要求的特性；在设计输出中，要保证输出的质量特性能满足设计输入的要求，并明确标示出重大特性；在外部供方提供产品和服务中，必须保证外部供方有能力提供质量特性符合要求的产品和服务；在过程策划中，要安排好使设计输出的质量特性全面受控的措施；在制造和服务过程中，要监控质量特性和过程参数；在检验中要验证产品和服务质量特性是否达到规定要求；为保证检验结果的正确性，必须控制检测设备的量值传递和有效校准；对于达不到质量特性要求的产品，应严控其流向，防止误用；对存在产品和服务特性不合格的问题，应采取有效的纠正和纠正措施；在搬运、储存、包装、防护和交付过程中，应有效地防止产品特性不发生变异；应保持证明产品特性受控的各种质量记录；在内部质量审核中，也要以产品特性的受控情况为重点等。

13.6.2 组织自我完善机制的有效建立

质量管理体系的另一重要功能是确保持续有效地实现质量改进。为实现这个功能，就必须在组织内部建立起反应灵敏的、有效的自我完善机制。组织的自我完善机制，在 ISO 9001 质量管理体系中，主要体现在管理评审、内部质量审核和纠正、纠正和预防措施活动的有效性上。而这三项活动，对组织而言又恰恰是陌生的，因此，要给予更充分的关注，学会开展这些质量活动并收到实效。在 ISO 9004 中，增添了自我评定的方法，使组织的自我完善机制又多了一种手段。

13.7 从体系着眼，从过程着手

如何处理好体系的全局和局部的关系，是关系到体系整体效能的重大问题，建议按以下思路来处理。

13.7.1 从体系着眼

1) 树立体系全局的观念。从系统性考虑，对体系进行总体策划，而不是在原有体系上对局部的质量活动进行修补。对质量方针、目标在整个体系中如何有效贯彻，实施系统管理。

2) 理清过程网络。对跨越职能的过程间的输入、输出关系要理清其脉络（参见 3.2.7 节）。

3) 明确过程间的界面、接口。如采购过程的货源验证与检验过程的进货检验，是以产品送交到组织为界面的,其接口是进货检验的性质和数量,要取决于在采购活动中对供方实际控制的程度和所提供的有效合格证据。

4) 动态评价。要通过管理评审、内部质量审核及质量信息反馈等活动,对体系的全局状况保持经常有效的动态跟踪,适时评价。

5) 不断优化。通过各种质量改进活动,对体系不断地进行优化。所谓优化是指在风险、机会、利益三方面,取得最佳综合的折中选择。

13.7.2 从过程着手

1) 紧扣过程和活动。应特别注意不要混淆质量管理体系活动与业务技术活动的界线。质量管理体系的要求是对业务、技术要求的补充,而不是替代。反过来,业务、技术活动也不能代替质量管理活动。在这方面,不少组织受到某些关于质量管理体系文件编写书籍的误导,以致出现了在质量管理体系中引入大量的业务技术活动,造成喧宾夺主,反而淡化(甚至大量遗漏)了质量活动的情况。因此,在质量管理体系中,各种质量活动的安排,必须紧紧扣住质量管理体系过程和活动的要求。当然,在业务技术活动中也有许多质量控制的要求,如产品和服务的设计和开发,制造和服务过程的控制,检测和计量的控制等。

2) 落实每项质量活动。对 ISO 9000 质量管理体系中要求开展的各项质量活动,凡是组织存在的,均应做出安排,明确每项活动过程的职责、输入、输出、流程、接口,以及应遵循的程序和作业文件、需保留的记录及反馈。

3) 过程的增值和优化。要重视每个质量活动过程的有效性和效率,通过反馈的信息采取纠正措施、预防措施,使过程不断优化和改进。

13.8 务实

形式主义是质量管理的大敌,我国的 TQC 活动之所以在大多数组织均已流产,搞形式主义是主要原因之一。这个教训是深刻的。如果说在计划经济条件下,组织被迫搞一些形式主义的活动是有其苦衷,可以理解的话,那么在今天,贯标是组织行为,是组织的利益所在,再搞形式主义,简直无异于"自己糊弄自己"。然而,对组织,特别是国有组织搞形式主义的习惯势力不可低估。因此,从贯标开始组织领导就要旗帜鲜明地反对形式主义,大力提倡务实精神。

以下各项,对在贯标中做到务实是很有价值的。

13.8.1 贯标口诀

"写你应做的,做你所写的,记录做过的,检查其结果,解决其问题。"实施

第13章 组织贯标的基本思路

这个口诀，关键在于认真和坚持。

13.8.2 立足于组织实际

不能靠生搬硬套移植其他组织的质量管理体系文件的方法，来建立本组织的质量管理体系。什么是实现质量管理体系要求的最佳途径？只有从组织的组织目标、产品和服务结构、生产和服务方式、工艺特点、装备水平、人员素质、管理基础等方面综合考虑，发挥组织自己的创造精神，才能寻求出正确的答案。务必使质量管理活动的安排符合组织实际，质量管理体系文件不能是"浮萍"，必须能扎根于组织。要坚决反对文件与实际控制"两层皮"现象，因此对任何有关质量管理体系文本的"范本"只能借鉴，要结合组织实际消化吸收。

13.8.3 增值

在质量管理体系中必须经常识别还有哪些非增值的无效活动，并予以剔除。这样不仅可以避免形式主义，而且可以降低管理成本。

13.8.4 反对一刀切

一切有效的管理，都必须按问题的重要性和实际情况予以区别对待，施以不同力度的管理。一刀切的弊端在于，以平均控制力度来对待所有问题。这样做的结果会导致对于一些薄弱环节往往控制力度不足，而对于那些已经受到较好控制的问题，却又显得控制力度有余，以致造成管理资源的浪费。

13.9 质量管理体系的建立与实施总体同步推进

一些组织在质量管理体系建立阶段，只由少数"秀才"编写质量管理体系文件，整个组织都处于无所遵循而等候的状态，因而"冷冷清清"。而质量管理体系文件化过程大约需要三个月到半年的时间，待文件发布实施之后，一些工作量繁重的部门，如质量、设计、工艺、检验、采购等部门，又感到时间紧迫来不及整改。

为此，运用运筹学的原理，对各部门、各阶段的工作实施有序的交叉和平行作业，是一种有效的办法。安排得好，大约可将贯标过程缩短半年左右。这种方法的要点包括以下几方面。

13.9.1 从部门质量活动调研找差距开始就进行整改

经过部门自查以及咨询人员协同组织的调查小组，对各部门的质量活动调查摸底，明确与标准要求的差距，一开始就落实整改措施。特别是质量、设计、工艺、检验、采购等部门，传统的管理与标准要求差异很大，在贯标整改中不仅工作量大，难度也很大（如采购的供方评定、图样、工艺、检验文件的整改等工作），更需尽早整改。对此，只需先按标准要求明确整改的要求，及确定整改后应形成的规范化的记录表式，即可着手整改。

13.9.2 尽早落实管理职责

尽早确定质量管理体系的组织机构、职能分配和各级人员的职责，对全面启动质量管理体系活动，是极为有利的。有了明确的组织机构、职能、职责，各部门或职能，就便于按要求开展自查活动。凡在本部门或职能能实施的就自行整改，凡是涉及与其他部门或职能协调才能解决的，则上报质量管理体系的工作机构（如贯标办），在质量管理体系文件编写过程中，协调处理。

13.9.3 体系文件和作业文件、记录同步编写

一般质量手册（绝大多数需要）是由贯标办组织专门的编写小组完成的，而程序文件（如需要）、作业文件和记录则由归口管理的业务部门或职能负责起草，但两者之间必须衔接好，其衔接要点是：
1) 紧扣标准的过程要求。
2) 遵守已形成的职能和职责分配文件。
3) 确定和编制指导体系文件编写的导则。
4) 各过程的手册、程序编写人员间加强协调。

按照上述要点，通过精心组织，完全可做到有条不紊，提高文件的编写质量，加快编写进程。

13.9.4 体系文件分期、分批发布实施

目前，多数组织按常规采取质量手册和程序文件总体一并发布实施的办法。若贯标时间从容，则按部就班地搞，便于组织集中宣贯，是一种可行的选择。

若市场需求使得贯标任务紧迫，则宜采用按需求的轻重缓急顺序，来组织文件的编写和发布，成熟一批，发布实施一批。这样做，使难度大的过程提早进入实施，可赢得更充裕的整改时间。

13.10 贯标与运行紧密结合

生产运行与质量是在组织中普遍存在的一对矛盾，因为各自职责不同，处理

问题的思路、方法不一致，这是正常的。

然而，在贯标问题上，如果"一人一把号，各吹各的调"，则危害极大，这在生产发展较快的组织更为突出。根据一些组织成功的经验，要使贯标与生产协同起来，需要注意以下几点。

13.10.1　最高管理者态度鲜明

最高管理者要坚持贯标、生产两手抓，那种把生产看成是"硬任务"，贯标是"软任务"的观点，往往源于组织最高管理者的态度。因此，组织的最高管理者必须坚定地把贯标和生产都当硬任务来抓，考核贯标任务要像考核生产任务一样落到实处。对任何以生产压贯标的倾向，要坚决制止。

13.10.2　以贯标促生产和服务

随着贯标工作的深入，现场管理加强，质量差错减少，将为生产和服务的有序管理，计划的完成，提供更好的保障。

要明确生产和服务部门在贯标中的职责和任务，调动其抓贯标的积极性和责任感。

对于其他类型组织，要把贯标和工作任务结合起来，以贯标来促进各项工作的进展。

13.10.3　对生产或工作计划适度调整

如生产或工作任务确实过重，则宜按贯标的需要，对生产或工作计划做适度调整，按市场需求的情况分轻重缓急，做出适当安排。生产和服务计划宜相对稳定，为贯标创造一个较为宽松的生产环境。一般不宜一方面要生产超高增长，一方面实施贯标。这样做虽然从眼前短期看少生产了一些产品，但从长远看会为组织带来更多的利益。

第14章 认证和咨询机构的选择

14.1 概述

认证机构和咨询机构的选择，对于组织认证的效果是至关重要的。有的组织质量管理体系认证走了过场，认证前后管理水平没有多大变化，看不出有多大效果，只是花钱买了张证书，其重要原因之一是没有选好认证和咨询机构。

一个好的认证机构必须具有公正性、科学性和权威性，必须拥有一批精通 ISO 9000 族而又拥有丰富的专业知识和审核实践经验的专家队伍，必须有正确的质量方针和工作程序，对审核工作实施严格管理，确保工作质量。

一个好的咨询机构也必须拥有一批精通 ISO 9000 族，熟悉行业产品和服务及其管理，既有丰富审核经验，又有成功的咨询经验的专家队伍。必须本着对顾客认真负责的精神，自始至终热诚地指导组织，建立和实施质量管理体系。

对组织来说，选择咨询和认证机构会有一定的困难，本章将对此给予必要的提示。组织选择认证和咨询机构的取向大致有四种情况：

1) 重效果；
2) 重价格；
3) 重是否容易通过；
4) 重关系。

应该说，如果组织自身认证目的端正，组织真着眼于通过贯标、取证、切实提高产品质量、提高组织整体素质、提高组织在市场的综合竞争力的话，那么毫无疑问要把咨询和认证的效果，放在第一位。只有这样才符合组织的长远利益。否则，就算走个过场可以很容易拿到证书，但是这个证书自身就贬值了。因为要取得顾客的持久信任，光有一纸证书，而无一个名副其实的质量管理体系作为证书的后盾，是根本行不通的。走过场拿证书，对组织自身也是一种极大的伤害，会败坏组织的精神和作风，会使员工队伍松懈，其后患无穷。

14.2 国内、国外认证机构的比较

应该说，质量体系认证是从欧美开始搞起来的，国外一些著名的认证机构有

着长期的认证经验和训练有素的专家队伍。在我国质量体系认证起步阶段,即1994年以前,国外专家帮助培训审核人员,并适应我国组织的迫切需要进行认证,对推动我国质量体系认证的发展是起了积极的作用的。但从通过国外机构认证的组织的实际情况来看,这种做法有相当大的局限性。

1)语言障碍。一切通过翻译沟通,效果差。

2)文字障碍。由于一般组织只能提供英译本的"质量手册",而作为质量体系运行依据的程序、作业文件及证据记录,则是用中文书写,不通汉语的国外审核员是很难深入进行核查的。

3)文化背景差异悬殊。不了解我国的国情以及有关行业的行情,很难实事求是地进行评价。

这种情况,随着国外认证机构雇员的本土化,有了改变。但由于市场的无序竞争,以及"入乡随俗",使这些国外机构与国内认证机构所差无几。

4)认证法规和规范差异。虽然各国的认可程序和要求基本相同,但各国的行政管理程序和法律环境不同,使得机构批准、人员管理等有较大差异。例如,我国有《认证认可条例》,国外则没有;我国的人员都由中国认证认可协会(CCAA)统一管理,而国外基本都是认证机构自己管理。

因此,不少组织反映,对国外认证机构的工作质量并不满意,而且其认证花费比国内的认证机构要高出很多。因此,除非国外认证客户根本不信任中国的认证机构的工作质量,指定必须要那个认证机构的证书,否则无须考虑国外的认证机构。

在今天,ISO/IEC 17021:2011《管理体系认证机构要求》已规定,不熟悉受审核方的语言和文化背景的审核人员,不适合执行审核任务。值得注意的是,一些国外认证机构为了争夺中国的巨大认证市场,大量雇用国内的技术和管理人员。目前,已实现认证人员本土化,并大幅度降价参与竞争,使得其原有的有长期认证审核经验的专家队伍的优势已大为削弱。

有的组织担心国内认证机构的证书是否会被国际市场所接受,其实这是不必要的顾虑。其根本原因是至今国际上尚未制定出通用的认可认证证书是否有效的规则。目前,多国互认已有实质性进展,我国的认可机构"中国合格评定国家认可委员会(CNAS)"已参加了"国际认可论坛(IAF)"组织,并通过了IAF的认可。IAF是由英、美、澳大利亚和我国等国家和地区的三十多个认可机构协议组成的。

这表明,经过几年的艰苦努力,我国的质量管理体系认证已基本跟上了国际互认的要求。我国颁发的质量管理体系认证证书数,从2002年以来一直居世界首位,其总数已占全世界认证证书的22%左右(具体数据见表1-6),且遥遥领先其他国家。

事实表明，我国认证机构所颁发的证书在国际上也是畅通的。包括国际工程招标，世界银行贷款项目和亚洲银行贷款项目对承建组织的资格审查，我国的证书都得到了认可。

有人认为，"国外认证机构水平高，我国的认证机构还不行"。这种说法是没有根据的妄自菲薄。在国外众多认证机构中，的确有的水平较高，但有的盛名之下其实难副，有的工作质量实难恭维。前些年，甚至有些国外认证机构由于在我国未曾受到认可机构的监管，而肆无忌惮地滥发证书。近些年，国家的认可监督和管理机构已注意到这一混乱局面，正着手对国外认证机构进行监管和整顿，已初见成效。我国的认证机构从建立到今天才有二十几年的历史，其队伍参差不齐是无足为怪的。但是，在我国的认证机构中，的确已经有一些靠专业性、勤奋、严谨地工作，赢得了市场，赢得了信誉。还应指出，有的人为了私利，到处向组织游说，抬高国外认证机构，贬低国内认证机构，扮演了不光彩的掮客角色，这应引起组织的高度警觉。

作者认为，今天我国已有一批质量管理体系认证机构较为成熟，其工作质量和信誉较高，有一大批通过国内认证机构认证的组织，其认证效果较为明显。在这种情况下，组织在实施质量管理体系认证时，除非顾客有特殊要求，宜优先选择国内的认证机构。

14.3 认证机构的选择

截至2014年6月30日，我国境内经CNAS认可的QMS合法认证机构已有94家，分支139家[17]。2015年，CNCA对认证机构的资质批准有所放宽，数量会增加较快，具体动态请关注CNCA及CNAS网站。在这些机构中，选择哪个对组织最为有利，宜做如下方面考虑。

14.3.1 法人资格和经营机制

（1）认证资格

认证机构应能出示其具有法人资格的证明文件，如工商营业执照、CNCA的"认证机构批准书"、CNAS的"质量管理体系认证机构认可证书"（业务和技术主管）。认证属科技中介活动，它所签订的合同是否具有法律效力，取决于其法人资格。有的认证机构虽经国家认证行业主管部门批准备案，但未按照国家有关法律完成工商注册，或注册后未按行业要求得到业务主管部门CNAS的认可备案，未经认可的机构不允许发放认证证书，这一情况值得注意。

(2) 经营机制

认证机构的机制是否符合国际惯例，是否符合市场规律，是保证其工作质量和信誉的重要前提。目前，有一些认证机构带有浓厚的官方和半官方机构色彩，并靠官方的权力开拓市场，对这类机构的选择应特别慎重。

14.3.2 认证机构的业绩

要了解认证机构已认证的组织有多少，其中有哪些是知名度高、在行业中居领先地位的组织。必要时，可随访已认证的组织了解情况。

14.3.3 专业和专家队伍

在选择时必须注意到认证机构擅长的专业知识及技能的审核专家队伍。由于按照 ISO/IEC17021 IDT CNAS－CC01，要求审核组人员专业对口和相应工作经历，具有与审核相应的专业较一致的资格，以提高审核工作的专业性和科学性。在众多的认证机构中，不同的专业领域虽有所交叉，但其长项却是客观存在的。认证机构的审核专家队伍直接决定审核的效果。因此，要了解认证机构的实力，首先在于它有多少注册高级审核员、审核员及其相应的专业支撑，更要关注能派往组织的审核人员的注册级别、职称、专业经历和素质。

14.3.4 工作质量和信誉

在这方面，需要了解：认证机构是否具有严格的管理程序？是否能及时有效地回复组织的询问？管理工作人员的素质如何？是否注重其对审核人员工作质量的考评？认证机构是否按照市场经济的规律，靠实力参与市场竞争？是否重视自己的信誉？

另外，被 CNCA 或 CNAS 多次暂停业务或认可证书范围的，也不宜选择。这类机构虽然数量很少，但对组织的认证证书有效性会产生影响，可能因为其被暂停期间不能在有效的时间内进行年度监督或再认证审核或证书到期，组织的认证证书只能被暂停或转到其他认证机构重新取证。

14.3.5 费用

费用是一个实际问题，但从长远来看，体系认证给组织带来的效益应远远超过认证的花费，否则认证就不值得。

目前，我国的认证机构收费没有统一标准，但一般按 3000~5000 元/人·天，并按最低 12000 元/项目（一般为 1~65 人）的惯例收费用，对于不同规模的组织的最低限度的审核人·天数，在国际上已有统一规定，我国 CNAS-CC15《管理体系审核时间》的附件 1A 中也有明确指导要求（见表 14-1）。但要指出的是，审核时间（人·日数）在一定范围内受组织人数规模和管理体系的复杂程度影响，可以上下浮动，其影响关系见表 14-1 及图 14-1[18]。

表 14-1 体系审核的时间

有效人数/人	审核时间 第 1 阶段 + 第 2 阶段 /（人·日）	有效人数/人	审核时间 第 1 阶段 + 第 2 阶段 /（人·日）
1～5	1.5	626～875	12
6～10	2	876～1175	13
11～15	2.5	1176～1550	14
16～25	3	1551～2025	15
26～45	4	2026～2675	16
46～65	5	2676～3450	17
66～85	6	3451～4350	18
86～125	7	4351～5450	19
126～175	8	5451～6800	20
176～275	9	6801～8500	21
276～425	10	8501～10700	22
426～625	11	>10700	遵循上述递进规律

注：1. 表中的人数宜视为连续变化的，而不是阶梯式变化的。
2. 认证机构的程序可以规定人数超过 10700 人时的审核时间，该审核时间宜遵循表中的递进规律，与该表保持一致。
3. 本表表示员工有效人数与审核时间的关系。

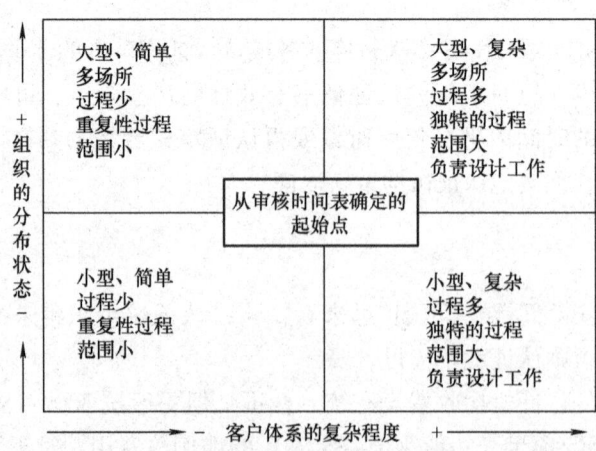

图 14-1 复杂程度与审核时间的关系

因此，凡以低于上述收费标准范围来推销自己的，组织应特别注意其工作质量和信誉有无保证。在上述范围内有差异是正常的，在市场上优质优价是普遍的规律。出于竞争的需要，在一定时期内，在一定范围内浮动收费也是合情合理的。高于上述标准来收费，则脱离我国组织的承受能力。

作者认为，在认证费用上多花或少花一、二万元，比起认证的作用和效果来，是不必计较的。不能本末倒置，"捡起芝麻，丢了西瓜"。

综上所述，在认证机构的选择方面，一般来说选国内机构优于国外机构，选业绩好、有权威的机构优于一般认证机构。组织可以通过多方调查研究，"货比三家"，先初步选择2~3家，再经过更仔细的权衡，从中择优选择。

14.4 咨询机构和人员的选择

依据ISO 10019：2005《质量管理体系 咨询师的选择及其服务指南》的要求，组织在实际贯标中应考虑以下方面。

14.4.1 咨询的必要性

1) 由于ISO 9000标准有许多新观念和要求，与我国的文化背景及组织情况差距相当大，是难于靠自学来理解并付诸实施的。在笔者主讲的ISO 9000标准培训班上，甚至有的硕士、博士都感到"ISO 9000标准像天书，很难看懂"。准确地把握标准更需要明白人的指点。因此，特别需要对标准有深入理解的人来讲解，来培训组织有关人员。

2) ISO 9000标准对我国组织来说是一个高标准。由于我国工业发展水平与ISO 9000标准发源地的发达国家相比，还有一定的时间差距。因此，ISO 9001标准涉及的要求，在欧美等发达国家是最基本的要求；而对于我国组织来说，却是实施起来较困难的一个高标准要求，绝非轻而易举唾手可得，必须付出艰苦的努力，管理上台阶才行。只有通过有效的咨询，才能较顺利地登上这个台阶。

3) ISO 9000标准只规定了要求，而对达到要求的途径和方法则必须结合组织情况加以探索。在探索过程中需要有经验的人帮助出主意、想办法、解决疑难问题，以排除体系建立、实施过程中的困难。

4) 体系建立、质量管理体系文件的编制、运行的评价、审核（内部审核、管理评审）活动的开展，都是新的质量活动要求。仅靠组织自己的力量很难上路，更需要外来咨询人员的引导和示范。"旁观者清"，咨询人员对组织质量管理体系存在的问题更为敏感，容易帮助组织发现问题，使其建立的管理体系更容易达到ISO 9001标准的要求。

5) 咨询人员是质量管理体系的专家,有较丰富的经验。因此,在组织中易被看作有较高的权威性,组织和各部门的领导都比较重视咨询人员的意见,可收到"远来的和尚好念经"的功效。

6) 根据国内外组织认证成功的经验,都强调咨询的作用,应予以借鉴。

综上所述,选好咨询机构和人员对组织认证有着重要作用,应审慎决策。

14.4.2 咨询师的主要任务

咨询师(人员)的主要任务有:

1) 对组织领导、中层干部和业务骨干进行 ISO 9000 标准培训。

2) 对组织进行内部审核员的培训。

3) 对组织现有质量活动进行调查、诊断,帮助组织找出与标准要求的主要差距和薄弱环节。

4) 帮助组织对贯标、认证全过程进行策划,编制贯标、认证工作计划,明确各阶段的工作任务、完成时间、责任人以及咨询与组织贯标工作的接口。

5) 指导组织进行质量管理体系总体设计,研讨标准的应用范围、环境风险和机遇、质量方针、目标、组织结构、职责等问题。

6) 指导编写必要的质量管理体系文件、进行必要的质量记录表式的设计、必要的风险预防措施和应急响应方案等,并对质量管理体系文件进行评审。

7) 带领组织内部审核员进行内部质量审核。

8) 指导组织开展纠正和纠正措施,以及持续改进活动。

9) 指导组织领导进行管理评审。

应该指出,咨询人员的工作属于顾问性工作。由于其不熟悉组织情况,一般不宜由咨询人员代替组织编写质量管理体系文件。

14.4.3 咨询机构和人员选择的基本考虑

从事认证咨询的机构应具有合法性,经注册的机构可在国家认监委的网站上查阅,还应注意其证书的有效期。

选择咨询机构和人员是关系质量管理体系能否顺利建立的重大问题,不少组织在这方面有过深刻的教训。若选用不当,咨询人员本身对标准理解不准确,缺乏审核经验,给组织以误导,会使组织"得不偿失"。因此,宜慎重决策。咨询工作的质量,取决于咨询人员的素质。因此,选机构与选人员不可分离。组织与咨询机构签订合同并及时沟通派出人员的咨询情况,是十分必要的。在选择时,主要应考虑以下方面。

(1) 咨询人员的素质与能力

咨询人员应精通 ISO 9000 族并具有国家注册审核员以上的资格，具有较丰富的审核经验。咨询组组长最好具有注册高级审核员资格。应注意咨询人员不能审核所咨询的组织。

对咨询人员的能力的评估尤为重要。要了解咨询人员的真才实学和经验，进行有针对性的当面考察是很有效的。组织可先准备若干需解决的问题，请咨询人员提供解决问题的思路和方法，由组织中较熟悉 ISO 9000 族和质量管理的管理人员和领导在一起评议，确定对其是否满意。

特别应当注意有许多咨询人员有一套质量管理体系文件的"模本"，以不变应万变，无论到何组织仅针对组织结构和职责，做一些小的调整，以致脱离实际，造成文件和运行两层皮。

（2）业绩

咨询机构已经完成的质量体系咨询项目有哪些？被咨询组织是否已通过认证，其中有多少是只经过一次现场审核即获证的？组织对其评价如何？这些业绩可表明咨询机构的实力。

（3）信誉和服务

咨询机构是否信守合同、协议？是否能按时根据双方商定的计划派员进行咨询？咨询机构为组织服务的意识是否端正？咨询能否从组织的实际出发？咨询机构能否负责到底，善始善终？这些问题都是组织应关注的。对经其咨询的组织进行调查访问是评价咨询机构信誉的有效办法。

（4）费用

目前，国内的咨询费用有两个极端："天价"和"超廉价"。"天价"是利用组织不了解市场行情而开出高得离谱的咨询费用。对于偏远的、效益较好的组织常常遇到这种情况。"超廉价"是不顾工作质量，以价格作为主要竞争手段，搞什么"咨询、认证一条龙"服务。组织对这种"超廉价"应保持高度警惕。

咨询费用怎样比较合理？咨询的工作量，像审核一样，可以用人·日来计算。一个组织建立、实施质量管理体系的全过程的咨询约需 30～40 人·日，其工作量约是审核的 3 倍以上。还应指出，咨询需要创造性地帮助组织来优化质量体系及其过程，而审核则是程序性地检查体系运行状况及证据。因此，咨询历时长，难度大，其费用高于审核是正常的。目前，国内一般质量较好的咨询其费用约为认证审核费用的 1.5～2 倍，高水平的咨询费可达 2.5～3.5 倍。

应该指出，我国的咨询市场极为混乱，咨询质量低劣，低价竞争极为普遍。因此，对费用过低的咨询更应保持警惕。具体商定时应考虑组织的工作基础及对咨询的依赖程度、咨询人员的注册资格级别、职称和实际水平等情况。

14.4.4 咨询与认证分离

按照 IAF 对 ISO/IEC 导则 62 的应用指南的规定，咨询与认证必须分离。认证机构及其分支机构，不得从事咨询活动。对此，我国的认证机构的认可机构，也已做出相应的规定。因此，所谓"咨询、认证一条龙服务"是违背公正性原则的，也是不合法的。审核人员不能参与受审核方任何咨询及涉嫌咨询的活动，这也是国外认证咨询行业通行的的惯例和原则。

第 15 章 获证后组织深入贯标问题

本篇各章中所阐述的思路和方法,对于生产硬件类产品的组织完全适用,而对于其他类型组织,则有些具体内容可能并不适用,如产品审核、可信性管理、计量确认体系、ISO/TS 16949 等,但就总的思路和方法来说是有可借鉴之处的。

15.1 全面深入贯彻 ISO 9000 标准

获证后组织应当将贯标工作引向纵深,在保持并改善质量管理体系的完整性和有效性上下功夫,其要点如下。

(1) 在广度上

1) 全部过程和活动:对 2015 版 ISO 9001 标准七大过程要求的 300 余项质量活动要求要逐一落实。

2) 全部覆盖产品和服务:从主导产品和服务到一般产品和服务。

3) 全部质量特性:从关键的、重要的特性到一般的特性。

4) 全部工作场所:包括异地的分公司、子公司和分支机构。

5) 全部相关方及外部提供产品和服务的外部供方。

(2) 在深度上

对于贯标的薄弱环节,应突破难点,开展下列活动:

1) 方针、目标管理:要对质量方针、目标展开、考核并适时调整。

2) 过程完全受控。要使每个生产过程、每个管理活动过程完全受控。过程应具有确定性、可操作性,对过程实施闭环管理,按 PDCA 循环善始善终。

3) 从追求形式到追求效果。要从管理活动的目标和期望及策划的预期结果是否达到,来评价活动的有效性。只有文件规定,仅按文件开展活动,并留下文件规定的记录,是远远不够的。

4) 紧扣实物质量。要不断提高实物质量的保证能力,切实做到产品和服务质量稳定提高。应特别关注可能造成产品和服务缺陷的过程及其影响因素受控。

5) 强化自我完善机制。管理评审、内部质量审核、纠正措施和持续改进的效果要不断改善,而不能只注意形式上符合标准要求。

6) 文件化质量管理体系的不断优化和增值。对文件化体系开展动态管理,使其不断优化和增值。

7) 充实、提高资源保障能力：
a) 通过培训提高并考核人员素质，建立淘汰机制；
b) 工艺、装备和检测手段的技术进步；
c) 适应大数据、云计算、互联网技术的发展，向智能化迈进。

8) 加强策划活动。针对特定产品和服务项目完善质量计划，对设计和开发、生产和服务提供、过程、检验或验证等活动，通过加强策划来进行预防方面的控制。

9) 统计技术的应用。在具体过程中，充分应用统计技术进行数据分析，以提高策划、控制和改进的水平。

10) 预防措施的开展。在新版标准中虽未明确提出对预防措施的要求，然而老标准的这方面的要求还是很有意义的。只不过一般组织都做不到而已，故新版标准，从实际出发降低了具体要求。但对于进一步提高组织的管理水平而言，则宜考虑开展预防措施活动。在这方面，要重在识别机遇，要抓住典型的预防措施，推广预防措施活动的经验，加强有关工具和技术的培训。

15.2 质量管理体系有效性的标志和评价

(1) 从质量管理体系的构成看

1) 组织结构应做到职责分明、授权充分、关系清楚：
a) 组织机构设置和职能分配与质量管理体系要求、方针、目标相适应。
b) 总经理（厂长）和管理者代表（如果设置）充分履行其职责。
c) 事事有人管，遇事不扯皮。
d) 组织的界面和接口清晰有效，管理有序。

2) 程序：
a) 质量活动规范化，消除随意性，包括质量管理体系程序、支撑性管理工作程序和作业程序。
b) 实行闭环管理，无遗留问题。
c) 对正常流和异常流都要有妥善安排，有效控制。

3) 过程严格执行程序，控制其偏离，使程序得以有效运行。为此，应加强过程的监测与测量活动：
a) 工艺（或服务过程）纪律、检验纪律的有效控制。应该指出，工艺、检验纪律的检查必须突出工艺文件、检验文件是否得到贯彻执行，而不宜面面俱到流于形式。
b) 监督、检查、考核、奖励措施的保证。

c）质量记录及其他证据应充分。

4）资源需求识别与配备保证：

a）建立起资源需求及反馈系统。

b）明确资源的配置计划，分轻重缓急，有优先顺序。

c）按计划实施资源配置。

从总体来说，要做到：

1）建立起三个信任（信得过）：领导、员工、顾客。

2）自我完善机制已建立并发挥作用：管理评审、内部质量审核、纠正、预防措施和持续改进达到预期的效果。

3）质量体系具有健壮性：能对质量管理体系环境的变化有强的适应性，如组织环境、机构、人员、工作场地、作业方法等发生变更，而仍然适应并受到有效控制。在变化的过程中，注意切实保持质量管理体系的完整性。

（2）质量管理体系有效性指标评价体系

评价指标要用数据说话，使其作为质量管理体系的晴雨表。

1）实物质量可用下列指标来度量，主要依据前两项：

a）总装一次合格率。

b）可靠性指标，如早期故障反馈率或更准确的可靠寿命、MTBF（平均无故障工作时间）等。

c）一次交检合格率。

d）等级品率。

e）监督抽查合格率。

2）服务指标，可以分为两部分：

a）伴随性服务指标。伴随性服务指标是伴随着产品销售过程中的服务指标。它的内容包括售前服务指标、售中服务指标、售后服务指标。

b）独立性服务指标。独立性服务指标并不直接发生产品交换的服务，如旅游、宾馆、娱乐等服务。

应当指出，在不同的行业，独立性服务的行为指标是不一致的。在同一行业，不同职务岗位又提供着不同的服务内容。如一个酒店，其服务指标可以分为前厅人员服务指标、客房人员服务指标、后勤人员服务指标、管理人员服务指标等。因此，服务组织应根据自己的服务特点和服务的不同阶段来确定具体的服务指标。

3）自我完善机制。纠正、纠正措施和质量改进的有效率。

4）质量成本：

a）质量损失率。

b) "三包"损失降低率。

c) 综合废品率。

d) 返工、返修损失降低率。

5) 顾客评价：

a) 顾客满意度（应客观调查）。

b) 顾客忠诚度。

6) 实物产品及服务工作质量。

a. 实物产品：

a) 合同履约率。

b) 错、漏检率。

c) 设计开发差错率。

d) 工艺（服务过程达标率）贯彻率。

e) 计量器具周检合格率。

f) 设备满足率。

g) 工装满足率。

h) 交付中的错、漏发率。

i) 服务满意度或有效率等。

b. 服务。顾客的需求可分为精神需求和物质需求两部分，评价服务质量时，从被服务者的物质需求和精神需求来看，组织可以按以下6个方面的质量特性进行评价：

a) 功能性。是组织提供的服务所具备的作用和效能的特性，是服务质量特性中最基本的一个。

b) 经济性。是指被服务者为得到一定的服务所需要的费用是否合理。这里所说的费用是指在接受服务的全过程中所需的费用，即服务周期费用。经济性是相对于所得到的服务质量而言的，即经济性是与功能性、安全性、及时性、舒适性等密切相关的。

c) 安全性。是指组织保证服务过程中顾客、用户的生命不受危害，健康和精神不受到伤害，顾客及其财物不受到损失。安全性也包括物质和精神两方面。

d) 时间性。是为了说明服务工作在时间上能否满足被服务者的需求，时间性包含了及时、准时和省时三个方面。

e) 舒适性。在满足了功能性、经济性、安全性和时间性等方面的需求的情况下，被服务者期望服务过程舒适。

f) 文明性。属于服务过程中为满足精神需求的质量特性。被服务者期望得到一个自由、亲切、受尊重、友好、自然和谅解的气氛，有一个和谐的人际关系。

在这样的条件下来满足被服务者的物质需求,这就是文明性。

7)整体素质提高应体现的综合效益和社会效益:

a)市场占有率。

b)资金利税率。

c)消耗降低率(物耗、能耗)。

d)增加值劳动生产率。

e)社会效益:能耗、污染、就业和文明等。

总之,要用有说服力的数据,直观反映质量管理体系变化的趋向:保持、改善、滑坡。这样做,才能使管理评审的评价,更具有针对性和说服力。

15.3 开展产品和服务审核及过程审核

实际上质量管理体系的内部审核就应包括产品和服务审核和过程审核。开展这两种审核对改进产品和服务质量和过程控制的有效性,是极有助益的。

15.3.1 产品和服务审核

(1)基本概念

1)产品和服务审核是通过对产品和服务的客观评价,获得产品和服务的质量信息,来评价产品和服务的质量水平是否符合要求的。

2)产品和服务审核是独立的评价活动,它必须由具有资格的、经组织最高管理者授权的审核员进行。从事产品和服务审核的人员,必须熟悉产品和服务设计及相关标准、规范。

3)产品和服务审核不能以成品检验或国家、地方监督抽查来替代。

(2)作用

1)及时发现产品和服务质量问题。通过产品和服务审核,主动发现产品和服务质量问题,防止把有毛病的产品和服务交给顾客。

2)为制定质量改进目标、措施及完善质量管理体系提供依据。通过产品和服务审核,主动发现组织产品和服务质量或质量管理体系过程和活动方面的问题。

3)提供修订产品和服务标准、规范的依据。通过产品和服务审核,可暴露产品和服务标准、规范与顾客要求之间的差距。

4)估计产品和服务质量的发展趋势。通过连续的或周期的产品和服务审核,可以对比产品和服务的现在与过去,可及时察觉质量下降的危险,以便及早采取对策。

(3)审核要点

1) 抽样

大批量连续生产：

$$n = 0.008N + 2 \tag{15-1}$$

式中 n——抽样数；

N——日产量。

批量生产：

$$n = K\sqrt{2N} \tag{15-2}$$

式中 n——抽样数；

N——批产量；

K——复杂系数，见表15-1。

多品种小批量生产：

$$N < 100 \quad n = 3$$
$$100 < N < 1000 \quad n = 5$$
$$N \geqslant 1000 \quad n = 8$$

式中 n——每月（或季）抽样数；

N——每月（或季）产量。

表15-1 复杂系数 K

复杂程度 \ 稳定系数	较稳定	不够稳定
复杂产品和服务	1.25	2.5
一般产品和服务	1	2
简单产品和服务	0.5	0

2) 质量问题分类

产品和服务质量审核用的问题分类，见表15-2。

表15-2 产品和服务质量问题严重性分级问题

问题级别	严重性	产品和服务安全感	产品和服务功能	产品和服务寿命可靠性	外观	包装	问题加权分值
A	致命缺陷	导致安全事故	影响主要功能，招致顾客索赔	明显影响寿命及可靠性	明显影响顾客会索赔	错、漏装零件会导致产品和服务损坏，顾客不能接受	100

(续)

问题级别	严重性	产品和服务安全感	产品和服务功能	产品和服务寿命可靠性	外 观	包 装	问题加权分值
B	可能导致安全事故	可能导致安全事故	影响一般功能，引起顾客不满意	会影响寿命及可靠性，造成功能发挥障碍	缺陷明显，一定会引起顾客不满，可能申诉	缺陷会导致产品和服务质量损失，如果损坏、锈蚀等会引起顾客申诉	50
C	一般毛病	毛病对安全有影响，但不可能导致安全事故	轻微的影响，顾客不会有明显的表示	可能会有轻微影响，但顾客不会发现	毛病可能被顾客发现，但不会申诉	包装问题可能影响应有功能，但顾客不会申诉	10
D	次要问题	无影响	无影响	无影响	顾客不介意	顾客不介意	1

3) 审核的时机（参阅表15-3）

表15-3 审核的时机

取样时机	优 缺 点	适用范围
最终检验之后	最经济，但不能反映包装、储存及使用	
包装后，运送现场前（即在成品仓库）	可评价包装，但需拆包和重新包装	大多数产品和服务采用
经销商收到货品时	分散、难审核，但能反映包装和贮运	简单产品和服务采用
顾客收到货品时	更分散、更难操作，但能反映包装、贮运及顾客开包的毛病	
实际使用时	最理想，也最需要实行，但因用途多，使用工况不一，操作难	产品和服务复杂程度高者宜采用

4) 审核结果分析

a. 质量水平的标准差

$$\sigma_u = 1/n \sqrt{(100)^2 D_A + (50)^2 D_B + (10)^2 D_C + (1)^2 D_D} \tag{15-3}$$

式中 D_A，D_B，D_C，D_D——产品和服务审核中发现的质量问题分类个数；

n——抽样数。

b. 标准质量水平

$$V_s = \overline{V} = \frac{1}{N} \sum_{i=1}^{N} V_i$$

式中 V_i——上年度第 i 次审核的质量水平;

N——上年度该产品和服务审核总次数。

c. 产品和服务控制图

绘制如图 15-1 所示的控制图,产品和服务质量水平在控制图的上、下控制线之间,说明产品和服务处于正常波动范围;反之,则说明质量水平下降,应采取改进措施。

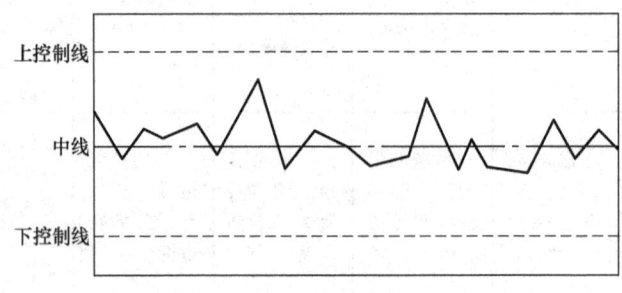

图 15-1 产品和服务质量水平控制图

5) 注意事项

a) 重视顾客反馈。分析产品的主要失效模式,找出薄弱环节,可进行针对性专项试验;对服务则应分析反馈问题产生的环节和原因,重点盯防。

b) 重视对设计更改、工艺更改对产品性能的影响的评价;对服务则应重视对不适宜的过程及要求进行优化变更后的客户反馈及效果评价。

c) 找出重要的、突出的问题及其特性,如 B 级以上毛病,多次重复出现的 C 级毛病的质量特性组;对服务应重视顾客投诉和报怨,或多次反馈的问题。

d) 找出毛病产生的原因,包括管理上的和技术上的,如工艺不可靠、工人操作问题、漏检、质量要求不明确等;对服务则包括:服务规范不合理、服务要求不明确、服务人员执行不当或未执行、未监督到位等。

15.3.2 过程审核

在机电工业中,过程审核即为工序审核。

(1) 基本概念

1) 工序审核的性质。研究工序质量现状,评价是否需要纠正或改进措施,以保证工序稳定、受控,更好地发挥工序质量控制的有效性。

2) 工序审核的对象。工序审核的对象是已具有工序质量控制计划的工序,对于未达到受控的工序,首先应进行工序质量策划。

3) 工序审核的内容:

a) 评价调查分析工序控制安排是否适当。

b) 评价工序因素的波动是否在允许范围内。
c) 评定已受控的工序因素对产品和服务的质量控制能力是否充分。

工序审核,就是要了解工序质量控制的有效性,了解工序因素波动和产品和服务质量特性变化之间的关系。

(2) 审核要点

1) 计划:要安排年度计划,规定审核哪些工序,确定审核组织,规定审核的频次等。要根据年度计划编制实施计划,内容包括时间、地点、人物及文件等。

2) 审核文件:要审核产品工序质量控制计划及工序使用的技术管理文件;服务则应以服务规范为依据。

3) 审核人的因素:操作者能否适应本岗位质量控制要求,特殊工序操作者必须持证上岗。

4) 审核设备因素:注意设备是否适用,设备的维护、工装、模具、刀具对设备的发挥的影响,特殊工序则要求对设备进行确认;对服务来说是服务所需和提供的设施能否正常使用,如高铁座椅、出租的汽车等。

5) 审核材料因素:注重工序加工前原材料、辅料、外购、外协件、毛坯、半成品是否合格,是否混料?辅料对产品和服务质量特性的影响有时很大,是否做到了有效控制?

6) 审核工艺方法因素:控制文件的正确性和指导作用,审核工艺操作规程是否切实可行,能否保证工序在制品质量特性,操作者能否按文件正确操作;服务操作技能标准化的实施情况。

7) 审核环境因素

a) 现场的温度、湿度、照度、清洁度、噪声等是否符合要求。

b) 工位器具、制件堆放是否符合要求。

c) 辅助设施(水、气、电、化学用品)对工序质量的影响。

d) 防磕碰、划伤、锈蚀等的措施。

8) 审核检测因素

a) 工序用检验手段的精密度和准确度是否符合要求?

b) 工序用检验手段是否周期校准?

9) 审核工序能力

对于大量、成批生产应审核其工序能力指数。对服务行业而言,则应审核服务规范执行的一致性。

(3) 工序质量审核注意事项

1) 审核人员的独立性:审核人员相对操作人员和该工序工艺人员,应具有独立性,但审核人员必须熟悉工艺。

2）工序质量审核可以抽查关键、重要、特殊工序，以及现场存在问题较多的工序，但这些工序均应具有质量控制计划。

关于产品和服务质量审核和过程审核的详细介绍，请参阅《设计控制》[2]和《质量审核》[14]。

15.4 可信性管理

有关可信性管理问题可参照 ISO 9000-4：1993《质量管理和质量保证标准 第4部分：可信性大纲管理指南》（此次标准修改未纳入 ISO 9000 系列标准，但对产品的过程审核还是适用的）。

15.4.1 基本概念

（1）定义

1）可信性（Dependability）：描述可用性及其影响因素，可靠性、维修性和维修保障等性能的一个集合。由此可见，可信性是一个集合用语，只宜定性描述。可信性大纲（Dependability Programme）指用于管理可信性的组织、结构、职责、程序、过程和资源。可信性大纲覆盖了从产品和服务策划到使用以及可能处理的寿命周期的所有阶段。它由分解成工作项目的大纲要素构成。

由上述定义可见，可信性大纲实际上就是用于可信性管理的质量管理体系，只不过在可信性管理问题上不用质量管理体系这个术语而已。

2）可用性（Availability）：在要求的外部资源得到保证的前提下，产品和服务在规定的条件下和规定的时间、区间内，可执行规定状态的能力。它是产品和服务的可靠性、维修性和维修保障性的综合反映。如汽车的外部资源是指驾驶员、汽油、机油、电瓶和水等。

3）可靠性（Reliability）：产品和服务在规定的条件下和规定的时间、区间内，完成规定功能的能力。

由上述定义可见，可信性、可用性与可靠性都是质量与时间有关的方面。

4）维修性（Maintainability）：在规定的条件下，按规定的程序和手段实施维修时，产品和服务在规定的使用条件下，保持或恢复能执行规定功能状态的能力。

5）维修保障性（Maintenance Support Performance）：维修机构在规定的条件下，按照规定的维修方针提供维修产品和服务所需资源的能力。

这里所谓的资源是指：平均拆卸间隔时间、人员数量及技术水平、备件种类与数量，检测维修设备、工具、订货周期等。

（2）可信性管理的重要性

1) 可信性日益成为产品和服务的重要特性。《可信性工程》一书的作者在前言中正确地指出[4]：传统的质量观念以性能为中心，现代的质量观念"以效能（即可用性、可信性和固有能力的综合反映）及产品和服务生命周期费用为中心"。在当今，越是技术含量高的产品和服务，越要讲求可信性。因为随着产品和服务日趋复杂，技术含量的提高，产品和服务生命周期的费用越来越昂贵。

2) 顾客的要求

a) 产品和服务开发适应顾客要求的可信性需求。

b) 顾客承担使用、维修，期望简便而节省，因为维修费用可能会大大超过最初的采购费用。

c) 某些产品和服务（例如汽车）销售或租赁带有可信性度量的协议。

3) 对安全的重视

一些国家实施产品和服务责任法，明确提出了安全的要求，法律诉讼索赔责任是严格的，赔偿金额极其高昂，迫使组织千方百计防止产品和服务在使用中出现故障。

4) 环境保护

a) 在可用性、可靠性定义中"规定的条件"就包括了环境条件，如温度、湿度、辐射、磁场、电场、冲击、振动等。环境条件对产品和服务的形态、性能、可靠性的影响等。因此，作为可信性基础的可靠性是与环境密切相关的。

b) 环境污染的概念是广义的，不仅是直接排污的废水、废气的处理，它还包括电磁波的干扰等。可信性必须限定在环境许可的范围之内。

15.4.2 管理职责

（1）可信性方针

供方应制定并维持说明产品和服务可信性特性和相关的保障服务等有关问题的方针和目标，可信性方针应成为组织质量方针的一个组成部分。

（2）组织

应建立并维持能实现可信性大纲的要素和资源的组织机构。这个组织机构可是独立的，或与质量管理体系的工作部门合一，由专人司管。这种组织应易识别。

（3）质量管理体系

可信性管理是以 ISO 9001 为基础的，因此，必须具备相应的质量管理体系。

（4）市场调研、产品和服务策划

在市场调研、产品和服务策划活动中，应明确进入市场的可信性要求，并将其转化为规范。

（5）管理评审

应与质量管理体系的管理评审相协调,在管理层上以适当的时间间隔,对可信性大纲进行评审,并保存评审记录。

(6) 可信性大纲评审

应制定评审程序,对可信性大纲采用的过程、程序和工具的适用性,进行系统的、周期的、独立的评审,包括:

a) 可信性及要素和工作项目选择依据的评审。

b) 对所有阐述大纲及其要素、工作项目和执行结果的文件的评审。

c) 对大纲的更改及其效果的考虑。

d) 按效益评价大纲的费用。

15.4.3 产品和服务或工程项目通用的大纲要素

(1) 可信性大纲的实施

有关可信性大纲的结构、要素、定义、控制、评估的程序、分析方法、工具、统计原理等均应文件化。

(2) 方法

应制定适合于产品和服务的可信性的预计、分析、评估的有效统计方法和模型,为使用这些方法的各类人员颁布并执行教育培训大纲。

(3) 数据库

应建立并维持一个产品和服务从试验和(或)使用中反馈来的有关可信性的数据库。

(4) 可信性记录

可信性文件应纳入质量管理体系的文件控制(ISO 9001 标准中的 7.5)。

所有文件,包括可信性要求及其分配、可信性计划、可信性分析和预计结果、可信性试验规程和结果、现场分析记录等,均应保存与预期的产品和服务寿命时间相适应的时间。

15.4.4 产品和服务或工程项目专用的大纲要素

(1) 策划和管理

1) 可信性计划,应将其作为产品和服务或工程项目的总质量计划的一部分,并对其进行评审。可信性计划是针对那些"可信性占重要地位"的产品和服务而编制的。

2) 可追溯性管理是指产品和服务出了故障,就需要查明原因及流向,以便对发生故障的产品和服务,进行有效处理。为此,必须要求产品和服务具有可追溯性。

3）技术状态管理有关的详细内容可参阅《设计控制》[2]。

（2）与产品和服务有关要求的评审和联络

在质量管理体系的与产品和服务有关要求的评审中，应纳入可信性的要求（如可信性活动的范围和进度，特定的可信性试验及鉴定条款，使用环境等）。供方应指定一位同顾客联络的管理者代表。

（3）可信性要求

应制定可用性、可靠性、维护性的定性和质量要求的规范（如运行及维修条件、载荷及应力循环、运行条件、维修保障活动等），应考虑顾客提供的信息，明确维修保障的设想并对可信性要求进行评审。如有必要，应将总的可信性要求分配到所设计产品和服务的各部分。

（4）工程

应制定并遵循有关产品和服务设计及其维修保障的指南和惯例，以确保达到所希望的可信性。这里的工程是指可靠性工程、维修性工程、维修保障工程、测试性工程、人因工程等。

人因工程（Human Factor Engineering）是指设计活动应考虑到人的因素，即人及产品和服务间的接口。其目的在于使产品和服务生命周期内的生产、安装、使用和维修的各阶段中，人的差错及对人的损害最小。

（5）外部提供产品和服务

应要求和确保最终产品和服务中任何转包的硬、软件能够满足可信性大纲的要求，制定并遵循对外部提供的产品和服务规定可信性要求的程序。

（6）分析、预计和设计评审

应确定和实施适合产品和服务或工程项目的可信性分析、预计和正式设计评审，如采用潜在的失效模式及后果分析（FMEA）、故障树分析、应力和载荷分析、人因分析、预计分析、权衡分析、风险分析等方法。在这里，权衡分析（Trade-Off Analysis）是指在决定产品和服务生命周期不同阶段的信任水平时，所做的权衡。例如，在可靠性和维修性之间，维修性和维修保障之间，可靠性与产品和服务特性及不同可信性方案的生命周期费用（Life Cycle Cost，LCC）间的权衡。

（7）验证、确认和试验

应制定并遵循对可信性进行验证和确认的工作程序。如采用试验策划、寿命试验、可信性试验、可靠性增长试验、生产试验、验收试验、可靠性应力筛选等。

（8）生命周期费用（LCC）大纲

应制定并遵循评估产品和服务或工程项目生命周期费用要素的程序，通过生命周期费用可指导各种可信性要求间的分配与权衡，确定对 LCC 起关键作用的因素。在 LCC 约束下，使可信性最优化等。

（9）使用和维修保障的策划

应向顾客提供有关产品和服务使用所需要的信息，如产品和服务维修保障的要求，包括推荐的备件（范围和规模）、测试设备、专用工具、维修人员技术水平等。

（10）改进和修改

应制定并遵循可信性改进程序，以确保在产品和服务有更改或修改时，或有关可信性特性数据变化时，进行评审。必要时，重新修订原有的分析和预期，以确定对可信性带来的影响以及是否需要着手进行产品和服务改进。在可信性改进时，要以适当的统计技术为基础，特别要关注产品和服务的可信性薄弱环节。

（11）经验反馈

应制定并遵循用以处理、储存和分析源于试验和制造中的失效和故障及顾客使用可信性信息的程序，包括向顾客说明和传递其所需的现场数据的信息。对数据采集和数据分析工作要制定程序，使之规范化。要注意采集可靠性特性、维修性特性、可用性特性、维修保障特性及维修费用，以及环境、其他使用条件等数据。

这里的失效（Failure）是指"产品和服务终止完成最终规定的能力的事件"。

故障（Fault）是指"产品和服务不能执行规定功能的状态"。

应当指出，在 IEC300-2 中给出了可信性各要素的具体工作项目。

15.5 测量设备的计量确认体系

在考虑测量设备的计量确认体系时，应参照 ISO 10012《测量质量管理体系 测量过程和测量设备管理指南》。

15.5.1 基本概念

（1）术语

1）计量确认（Metrological Confirmation）。为确保测量设备处于满足预期使用要求的状态所需要的一组操作。计量确认一般包括首次校准，必要的调整或修理，随后的再校准，以及所要求的封缄和标签。

2）测量准确度（Accuracy of Measurement）。测量结果与被测量的真值之间的一致程度。

3）测量不确定度（Uncertainty of Measurement）。旨在表征被测量量值的真值可能处于的数值范围，一般用似然估计法，来确定测量不确定度。

4）校准（Calibration）。在规定条件下，为确定测量仪器、测量系统的示值，实物量具或标准物质所代表的值，与相对应的由参考标准确定的量值之间关系的一组操作。校准结果可用以评定测量仪器、测量系统或实物量具的示值误差。

(2) 计量的重要性

1) 计量工作是组织实施质量控制、保证产品和服务质量的前提条件。计量是进行过程控制与检验的重要技术手段。组织对产品和服务测量的数据，将决定产品和服务能否满足顾客的定"量"要求，而测量数据的准确性则是以计量管理为前提的。

2) 计量工作是组织加强能源和物资管理、降低消耗的保证手段。能源消耗及物耗是影响组织经济效益的重要因素。加强这方面的计量器具配备与管理，会起到显著作用。

3) 计量工作对促进技术进步有明显作用。任何新产品和服务、新技术、新装备、新工艺、新材料投入使用前，都须经验证，而验证的科学数据的取得都离不开计量。因此，计量工作可谓组织生产经营活动的"眼睛"。计量不准确犹如"睁眼瞎"，看不清事物的本质。

15.5.2 计量确认体系的要求

在 ISO 10012 管理指南中，对记录、经校准设备标识、不合格测量设备、涉及的外部计量、储存管理、环境等要求与 ISO 9001 相同，仅叙述得更细致和明确，在此不加赘述。

(1) 总则

1) 应将计量管理，如对测量设备的要求、职责的分配及采取的措施等形成文件，并纳入测量管理体系。

2) 应向顾客提供客观证据，以证明达到所要求的准确度。

(2) 测量设备

测量设备应具备预期使用所需求的计量特性（如准确度、稳定性、量程和分辨力）。

(3) 确认体系

1) 为对测量设备（含测量标准）进行管理、确认和使用，供方应保持一个有效的文件化体系。这个文件化体系可参照质量体系，主要由计量管理手册和有关程序文件构成。

2) 体系的设计应确保所有测量设备的使用符合预期的要求，并能尽早发现问题，采取纠正措施，以防误差超出规定的允许极限。必须保证测量设备产生不合格误差的风险控制在允许限度内。

3) 充分考虑全部有关数据和资料。

4) 对每台测量设备，都应指定有能力的工作人员，授权其按体系要求进行确认，以确保设备处于良好的工作状态。

5) 当全部或部分确认（包括校准）工作通过其他单位的服务来代替或补充时，供方应保证这些单位也按 ISO 10012 标准进行控制。

(4) 定期审核和评审

1) 应安排系统的质量审核，以保证确认体系持续有效。

2) 应根据质量审核结果和顾客反馈信息，对确认体系进行评审。

3) 应将质量审核和评审的计划和程序文件化，并记录其结果及以后的纠正措施。

(5) 策划

在开始投产前，应对顾客的有关要求进行评审，保证测量设备的准确度、稳定性、量程和分辨力，符合预期要求。

(6) 测量不确定度

1) 在进行测量以及说明和使用测量结果时，应考虑在测量过程中所有重要的、已被识别的不确定度。

2) 在长度计量中，常用量具不确定度的选择可参见参考文献［1］。

3) 所确认的每一种测量标准和每一台测量设备都应考虑到校准链中每一个环节的不确定度的累计影响。

4) 由校准引起的误差应尽可能小。通常校准误差应不大于被确认的设备在使用时误差的 1/3，最好是 1/10。

5) 一般长度量具准确度的选择可在参考文献［1］中查出。

(7) 确认的程序文件

1) 所有确认都应制定和使用文件化的确认程序。

2) 确认程序能充分满足使用要求并应包括足够信息。

3) 确认人员应能及时得到所需要的程序。

(8) 确认间隔

1) 应根据测量设备（含测量标准）的稳定性、用途和使用情况，在适当的时间间隔（通常是定期的）进行确认。

2) 根据确认前的校准结果，如有必要，应缩短间隔，以保证准确度不变。应当注意，确认间隔是可以调整的，它应发挥封闭环的作用。

3) 确认间隔的确定方法，可参考 ISO 10012 的附录：测量设备确认间隔确定指南。

(9) 封缄的完整性

1) 应对测量设备上能影响其性能的可调部位进行封缄或采取其他保护措施，

以防未经授权的人员改动调整状态。封缄的规范（对哪些控制或调试部位应封缄，封缄的材料，如何实施封缄等）应由确认体系加以规定。

2）封缄的设计应使一旦改动即出现明显的痕迹。

（10）人员

1）应保证所有的确认工作都由具备相应资格、受过培训、有经验、有才能的人来实施。

2）有人对确认人员的工作进行监督。

应当指出，计量确认活动本应对测量的准确性、有效性的提高发挥重要作用，但在我国已取得计量确认证书的一些组织，甚至连 ISO 9001 的要求也达不到，计量确认存在走过场的情况。

15.6　按 ISO 9004 改善质量管理体系的业绩

15.6.1　组织按 ISO 9004 完善质量管理体系的收益

由 11.1 节中对 ISO 9004 所做的概述可见，按 ISO 9004 完善质量管理体系，可以明显改善组织的业绩，提高市场竞争力。以当前国内的水平而论，若按 ISO 9004 建立、实施和保持质量管理体系，无疑可以在质量管理方面领先，从而在市场竞争中获得优胜，具体地说可以有如下收益。

（1）大幅度提高效率

在 ISO 9001 中只强调质量管理体系及其过程的有效性，重点是直接围绕产品和服务质量形成过程和顾客满意的管理。至于为达到有效性需要投入什么，消耗多少资源，花费多少成本，则不在要求之列。也就是说，同样为了提供能达到要求并使顾客满意的产品和服务的效果，不同组织的成本和利润可以有很大差异。在 ISO 9004 中处处讲求效率，强调高效地实现每个过程和活动。如前所述，效率是指"达到的结果与所使用的资源之间的关系"。因此，提高效率就意味着组织利润增加。

（2）确保质量管理体系和过程的有效性

ISO 9001 只在一般的程度上要求体系的有效性，而 ISO 9004 则在"确保"的程度上使体系和过程有效。为此，ISO 9004 提示了一系列为达到确保有效，应考虑的问题以及相应的途径和方法。按照这些指南去做，就能确保体系和过程的有效性和持续改进的有效性。

（3）有利于组织长期的良性发展取得持续成功

ISO 9004 全面而深入地体现了质量管理的八项原则，处处考虑了所有相关方的利益、需求和期望，有助于组织协调好各方面的利益，使其各得其所，从而为组织的持续发展奠定了良好的基础。

（4）有助于提高组织能力，获得部分竞争优势

实施 ISO 9004 可以增加顾客忠诚度、大幅度减少组织的风险、降低成本、缩短对顾客要求的响应周期、进一步树立品牌信誉、增加销售收入、扩大市场份额、改善组织形象，从而在市场竞争中使组织能力增强并获得一定优势。

15.6.2　实施 ISO 9004 的注意事项

（1）充分发挥最高管理者的强有力的领导作用

领导作用的发挥在质量管理体系中起决定性作用。在这方面，应当比实施 ISO 9001 更进一步。

（2）对照标准识别和采用相应过程

例如：除一般基础设施（建筑物、工作场所、过程设备等）外，还需识别：

1）根据目标、性能、可用性、成本、安全性、保密性和更新的要求需提供的基础设施。

2）基础设施的维护保养。

3）按相关方需求提供基础设施。

4）考虑基础设施引起的环境问题。

（3）规定过程：

1）过程的方法。

2）必要的文件。

3）过程职责：

a）过程的界面和接口。

b）子过程（活动）及其负责人。

c）过程的输入、输出。

d）过程监控。

e）改进过程。

（4）培训与过程有关的员工

通过培训使员工了解担任不同角色时应该做什么。员工的角色有以下三方面。

1）作为顾客：

a）谁是供方。

b）将需求及时告诉供方。

c）对供方业绩进行评定并将结果及时告知供方。

d）确定供方满足需求的能力。

2) 作为过程所有者：

a) 策划各项活动，使你的顾客满意。

b) 对活动进行监控。

c) 依据顾客信息反馈改进过程。

d) 对改进的效果进行验证并加以规范化。

3) 作为供方：

a) 谁是顾客。

b) 确定顾客的需求和期望。

c) 不给顾客添麻烦。

d) 及时识别顾客潜在的要求。

(5) 循序渐进

1) 分析现状，包括资源、文化、人员素质、社会环境、质量管理体系运行等。

2) 按 ISO 9004 的指导，改善 ISO 9001 的实施效果。

3) 选准突破口（瓶颈，新项目如财务测量等）。

4) 找出与 ISO 9004 的差距。

5) 具体的实施进度计划。

6) 成熟一项巩固一项，逐步推广。

(6) 开展自我评定

准备工作：

1) 制定组织的自我评定程序。

2) 理解 ISO 9004 标准，掌握评定方法和评定技巧（如水平比较法），进行"自我评定"知识培训。

3) 建立自我评定后的持续改进程序。

4) 使组织具备自我评定的基础。

自我评定需建立在以下基础之上：

a) 质量方针展开。

b) 目标形成文件并进行分解。

c) 过程目标可测量。

15.6.3 自我评定

(1) 自我评定的概念

1) 自我评定是一种参照质量管理体系或优秀模式对组织的活动及其结果所做的全面、系统、定期、仔细、认真的评价。

2) 自我评定的作用：

a) 提供了一种体系和过程的测量方法，指导组织确定质量管理体系完善程度和绩效水平，并识别改进的区域和机会，确定资源投入方向。

b) 测量组织实现目标的能力，并评价目标的持续适宜性。

c) 自我评定准则：ISO 9004 标准、卓越绩效模式。

3) 自我评定不同于内审：

a) 参照准则不同。

b) 目的不同，向更高目标迈进。

c) 由管理者自己实施。

(2) 自我评定的特点

1) 可用于整个质量管理体系或质量管理体系的一部分或任何过程。

2) 可用于组织或组织的一部分。

3) 能利用内部资源在短期内完成。

4) 由横向协调的小组或由最高管理者支持的一个人完成评价。

5) 可作为更全面的质量管理体系自我评定过程的输入，例如：作为管理评审的输入。

6) 易于识别改进机会的优先顺序，进行风险评估。

7) 促进质量管理体系向世界级业绩水平发展。

(3) 自我评定的优点

1) 简单易懂、易行。

2) 所使用的资源很少，对管理资源的使用影响最小。

3) 可用一段时间的监视结果，来评价组织的成熟程度。

4) 可用来定期评价改进的绩效，为提高组织的管理体系业绩提供输入。

(4) 自我评定的对象

评定对象是过程，针对 ISO 9004 的每个主要条款分为五个等级，来评价质量管理体系过程的成熟程度。

1) 等级 1：没有正式方法。

2) 等级 2：反应式方法。

3) 等级 3：正式的稳定的方法。

4) 等级 4：重视持续改进。

5) 等级 5：最好的运作识别（自适应）。

(5) 自我评定的问题

1) 基本问题

评定是针对过程进行的，对每个过程都可问：

a) 过程是否识别和适当描述。
b) 职责是否分配和确定。
c) 程序是否实施和保持。
d) 程序是否实现预期结果（有效性）。

自我评定问题基本上是按此思路设计的。

2) 按条款的具体问题（详见 9.9 节）

在 ISO 9004 的标准附录中列出了可用于自我评定的 27 个问题。其中的问题较笼统、抽象。因此，每个组织应针对标准的这些条款拟定一套适合于自己需求的问题，将问题具体化。

(6) 自我评定记录

自我评定记录可以格式化，以便于记录评定情况。记录格式及示例见表 15-4。

表 15-4 自我评定记录

ISO 9004 条款	问题序号	实际业绩观察结果	等级	改进措施
5.2	1	达世界领先水平，属于最佳实践	5	—
5.2	2	尚未纳入体系，被动的应急式管理	1	需确定过程并编制相应文件

(7) 自我评定的潜在收益

1) 自我评定的输出必然导致改进或创新的策划，从而实现改善质量管理体系的收益。

2) 按收益最大原则确定改进项目的优先顺序，综合考虑风险、机会、利益，并力求最佳综合，以实现收益最大化。

3) 收益示例。如：对战略和方针管理的评定，可改善确保组织沿着持续成功的方向发展的状况；对资源管理的评定，可导致资源利用效率的提高；对监视、测量，分析和评审的评定，将导致这些活动的有效性得到改善等。这些可以确保质量管理体系有效性和效率的改善。

15.6.4 持续改进的过程

持续改进与一般纠正措施、预防措施的界定：改变规定（如目标、要求）的属持续改进范畴，而为实现规定目标所采取的措施则属纠正措施、预防措施范畴。

(1) 持续改进的途径

1) 渐进式（ISO 9001 要求范畴）；
2) 突破性项目（ISO 9004 范畴）。

对现有过程进行修改、改进或实施，包括对过程的重大设计。一般由横向小组（团队）实施，其过程应包括：

1）确定改进项目的目标和框架。

2）对现有过程进行分析。

3）过程改进策划和确定。

4）实施。

5）验证和确认。

6）评价。

（2）改进过程

1）改进的原因：识别问题和改进机会。

2）现状：现有过程的有效性和效率、数据分析、确定改进目标。

3）分析：找出根本原因。

4）确定解决问题的方法。

5）评价效果（针对措施）。

6）实施新的解决办法并规范化。

7）对改进后的过程有效性和效率进行评价，用 PDCA 循环解决问题。

15.7 ISO/TS 16949 质量管理体系简介

15.7.1 概述

ISO/TS 16949 是在美国三大汽车公司（克莱斯勒、福特和通用公司）共同的供应商质量体系标准（QS-9000）和德国汽车工业供应商质量体系要求（VDA6.1）的基础上，协调制定的。

这一技术规范虽是针对汽车供应商的，但其对于较复杂的制造业有很大参考价值。

（1）ISO/TS 16949 的意图

除统一国际汽车供应商的质量管理体系要求标准，减少重复认证外，ISO/TS 16949 还有以下目标：

1）持续改进。在控制供应商的同时，要辅导其成长促其持续改进。ISO/TS 16949 既可提供认证的基本条件，又可提供持续改进的指导，如提出质量和生产力改进方案的项目和技术等。

2）预防缺陷。ISO/TS 16949 提供了一些预防缺陷产生的方法，如产品和服务质量先期策划及控制计划，潜在的失效模式及后果分析等。

3）减少变差和废品。在汽车行业应以 PPM（每百万个零件中的不合格数）来度量产品和服务的不合格率。为降低产品和服务的不合格率，就必须减少供应和生产过程的变差和浪费。

4）促进零部件的通用化。过去汽车制造厂对供应商的要求各自不同，一个供应商要给多个汽车厂供货，就有很多类似而略有差别的零部件品种。在统一质量标准以后，就比较容易解决零部件通用的问题。

5）力求顾客满意。ISO/TS 16949 规定的都是顾客导向过程，从而可使顾客更满意。

6）使符合 ISO/TS 16949 的组织获得更多的利润。实施 ISO/TS 16949 的组织能在防错、减少不合格品、预见性维护、降低生产成本和提供生产率诸方面，带来丰硕的利益。

（2）ISO/TS 16949 的构成

ISO/TS 16949 的内容包括以下三部分：

1）ISO 9001 的要求。

2）补充要求（针对汽车供应商）。

3）QS 9000 手册（实际上该标准是隐含了 5 本手册中的要求）

a）生产件批准程序（PPAP）。

b）产品和服务质量前期策划和控制计划（APQP）。

c）潜在失效模式及后果分析（FMEA）。

d）统计过程控制（SPC）。

e）测量系统分析（MSA）。

（3）适用范围

1）所有向汽车公司或制造厂提供下列产品和服务和服务的内、外部供方：

a）生产用原材料。

b）生产或服务（如维修）用零部件。

c）热处理、喷漆、电镀或其他最终加工。

应当注意，并不要求汽车公司的所有供应商都实施 ISO/TS 16949。

2）负责与上述设计有关的公司。

3）除汽车供应商外，该技术规范也适用于汽车制造厂。

4）一些组织虽然不为汽车公司供货，但为了提高其竞争力，也可按这个技术规范实施，甚至通过认证。

（4）ISO/TS 16949 的版本

1）第一版 1999 年 3 月。

2）第二版 2002 年 3 月。

3）第三版 2009 年 7 月。

（5）ISO/TS 16949 认证

ISO/TS 16949 的认证由经认可的独立的第三方认证机构进行。国际汽车特别工作组 IATF（International Automotive Task Force）及其监督机构 IAOB（International- al Automotive Oversight Bureau）负责认可和管理认证机构。同时，还需取得所在国相关认可机构的注册。

认证过程如图 15-2 所示。

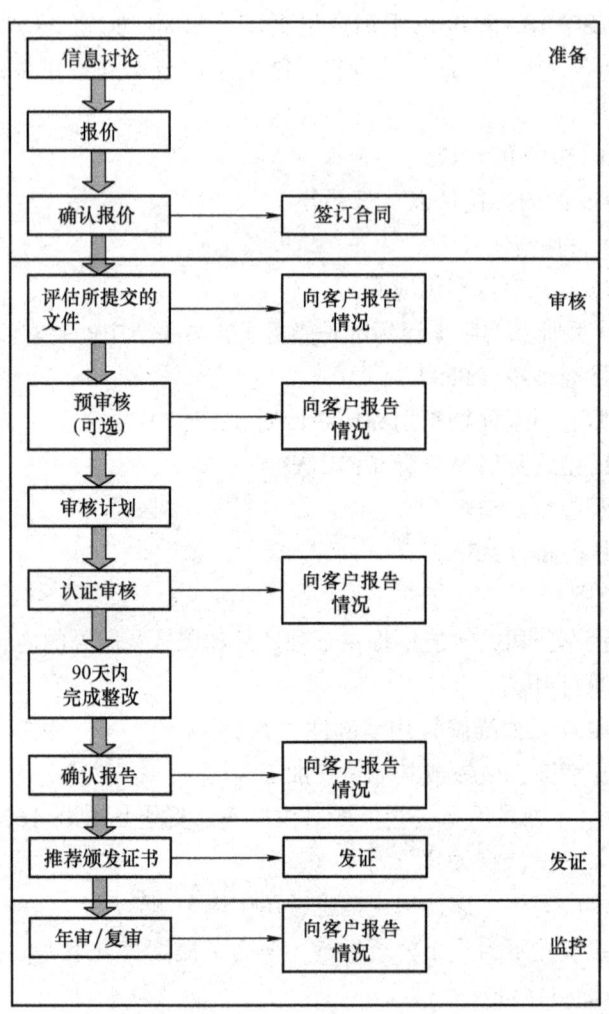

图 15-2 ISO/TS 16949 的认证过程

图 15-2 所示的认证准备阶段中，信息讨论主要是选择并确定认证机构，首先要搞清它是否有资格对 ISO/TS 16949 进行认证。其次是认证机构的知名度，特别是在客户中的威信。然后，要了解其所发证书的有效期、认证后监查周期、认证过程和需

要提交的文件和资料、体系运行的时间至少要多长、认证和检监查费用等。

有关 ISO/TS 16949 的详细介绍，可参见《ISO/TS 16949 国际汽车供应商质量管理体系解读和实施》[3]。

15.7.2 生产件批准程序（PPAP）

1）适用于所有将成为整车一部分的生产和服务（如热处理）。

2）提交的样件必须是从生产现场抽取，使用正式工装、量具、过程、材料、操作者环境和过程参数制造的零件。母体是 1 小时或 1 个班次的生产量，至少为 300 件。

3）用多腔冲模、铸模、工具或模型生产时，每一腔必须独立地进行测试。

4）理解顾客的需要和过程能力满足这些要求。

5）如出现以下 11 种情况，则应提交样件，进行 PPAP：

a）新的零件或产品和服务（以前从未提供过的零件、材料）。

b）零件进行了更改（对于以前提供过的产品和服务）。

c）工程更改导致产品和服务变化（如对设计记录、规范或材料的更改）。

d）使用了其他可选择的结构和材料（非以前所用）。

e）使用新的或变更了的工具（如工具、铸模、模具、靠模）生产，易损工具除外。

f）对现有工装/设备进行重新整修或重新布置。

g）生产过程或方法变更。

h）当工装/设备转移到不同的生产场地时。

i）分包零件、材料、服务（如热处理、电镀）的来源发生了变化。

j）生产线在停止生产 12 个月后，重新投入生产。

k）由于对质量担心，顾客要求暂停供货之后。

6）PPAP 要求，按照"提交等级"规定的项目，供方必须提交以下 14 项文件/项目：

a）正式生产件提交保证书。

b）外观件批准报告（AAR）仅对有颜色、表面结构或表面要求的零件。

c）两组样件，由供方保留标准样件。

d）顾客和供方的所有设计记录。

e）授权的工程更改文件（尚未纳入设计记录，但已体现在产品和服务上）。

f）零件图要求的尺寸检查结果，或是标明尺寸检查结果的检查图。

g）检验和试验中使用的特殊辅具（夹具、模型、样板、薄膜图等）。

h）按设计记录中规定的材料、性能和耐久性试验的结果。

i) 过程流程图。

j) 过程失效及后果分析（PFMEA），如果供方负责设计，还要求设计失效模式及后果分析（DFMEA）。

k) 重要和主要特性的控制计划（顾客可要求在提供之前先行认可）。

l) 过程能力评估结果。

m) 对于新的或改进的检测设备、统计研究使用的所有设备，应研究测量系统变差。

n) 设计的工程批准（当顾客的零件图或规范有要求时）。

7) 该程序的目的是为了确定可能影响最终产品和服务或车辆的任何变化。

8) 一级供应商应对其分承包方负责。

9) 当对 PPAP 的需要产生疑问时，应与顾客的零件批准部门联系。

10) 提交批准的五个等级：

a) 等级 1 保证书（外观件批准报告）。

b) 等级 2 保证书 + 样件 + 有限的支持资料（图样、检查结果、试验室和性能试验结果、外观件批准报告）。

c) 等级 3 保证书 + 样件 + 完整的支持资料。等级 3 为一般的指定等级，可用于所有的提交。

d) 等级 4 保证书（无样件）+ 完整的支持资料。

e) 等级 5 保证书 + 样件 + 在供方制造厂评审的完整的支持资料。

完整的支持资料包括：等级 2 中的有限的支持资料 + 过程能力结果、能力研究、过程控制计划、量具研究、FMEA。

15.7.3 产品质量先期策划（APQP）

（1）APQP 的特点

1) 覆盖产品和服务或服务提交的整个过程。

2) 跨越了 ISO 9001：1994 版多个要素（4.4 设计控制、4.9 过程控制、4.14 纠正和预防措施、4.15 包装、4.18 培训、4.20 统计技术等）。

（2）APQP 的基本原则

组织要建立一个横向协调的职能小组，可包括技术制造、材料控制、采购、质量、销售、现场服务、分承包方和顾客的代表。小组可跨越职能部门来开展工作，以提高效率。

1) 确定范围明确小组的任务范围及其职责。

2) 小组对小组。

3) 培训。

4）同步技术。

5）控制计划。

6）问题的解决。策划过程遇到问题，可列出责任和时间矩阵表。必要时，采用分析技术。

7）制定时间安排计划。图 15-3 给出了产品和服务策划进度表。

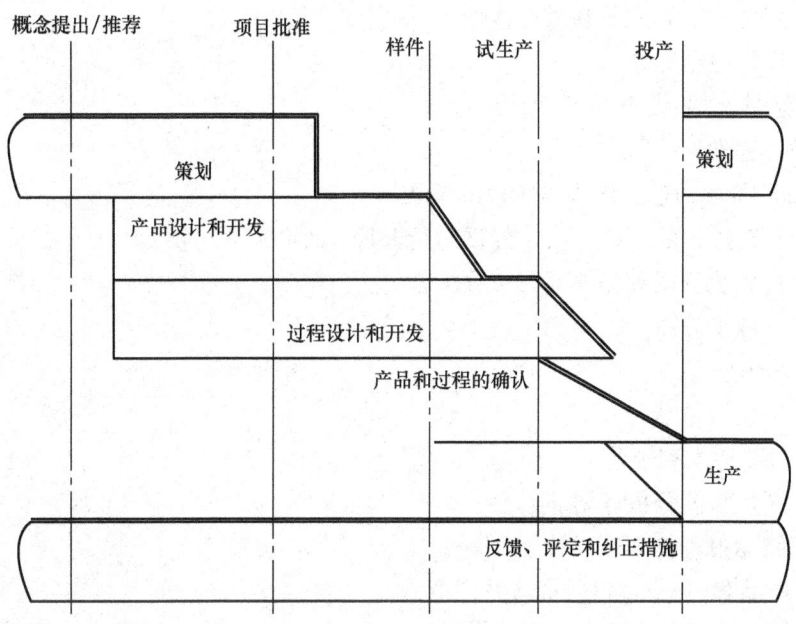

图 15-3　产品和服务策划进度表

（3）原始输入

1）顾客的呼声：市场调研、保修记录、质量信息和小组经验。

2）业务计划/营销策略。

3）产品和服务/过程指标：一般是研究竞争单位的作法，找一个基准。

4）产品和服务/过程设想。

5）产品和服务可靠性研究。

6）顾客输入。

（4）APQP 各阶段的主要任务及应注意的问题

1）策划/制定大纲

a）确定顾客需求和期望，提出设计目标、可靠性、质量目标和质量特性的初始明细表、初始过程流程图和产品和服务保证计划等。

b）所推荐的输入/输出可能因供方范围不同而不同。

2）产品和服务设计/开发

第1）阶段的输出即为本阶段的输入。

a）考虑所有设计因素，以确保产品和服务满足明确的和隐含的需要（顾客意见）。

b）考虑设计因素，即使不负责设计。

c）新设备、工装和设施要求。

d）特殊产品和服务和过程特性。

e）样件控制计划。

f）量具/试验设备要求等。

3）过程设计/开发

第2）阶段的输入即为本阶段的输入。

a）制造过程的主要特点（经试运行验证，如重点尺寸）。

b）过程流程图和场地平面布置图。

c）特性矩阵图。

d）PFMEA。

e）过程指导书。

f）包装标准和规范。

g）测量系统分析计划。

h）初始过程能力研究计划。

i）产品和服务/过程质量体系评审。

j）投产前（试生产）控制计划。

4）过程/过程认可

第3）阶段的输出即为本阶段的输入。

a）生产准备、试生产。

b）按PPAP，提交生产件批准。

c）测量系统评价。

d）初始过程能力/研究。

e）生产确认试验。

f）包装评价。

g）生产控制计划。

5）反馈、评审和纠正措施

a）减少变差。

b）评价试运行。

c）评价产品和服务产量的有效性。

d）持续改进。

通过以上活动应达到：

a）减少变差。

b）顾客满意。

c）改进的交货/服务。

第一次就能纠正问题，以树立信誉促进与顾客的合作关系，是很重要的。

(5) 控制计划

主要途径：通过总体设计，选择和实施增值性控制方法并提供结构性文件方式。

1）控制计划用于：样件试制；试生产；生产。

2）控制计划的要求：

a）有效文件。

b）结构化的途径。

c）最大限度地减少过程和产品和服务变差。

d）预防问题的发生对过程的每个阶段提出控制特性的措施和监测方法。

e）反应计划。

f）动态控制，反映实际可采用的控制方法和测量系统。

g）及时评价与改进。

3）编制控制计划所需的信息：

a）流程图。

b）系统/设计/过程的 FMEA。

c）特殊特性（可选，参见 APQP 手册 60 页）。

d）过去的经验/知识。

e）设计评审。

f）分析技术。

g）控制计划检查表（参见 APQP 手册的 57 页）。

h）数据点坐标（可选，参见 APQP 手册 61 页）。

4）过程分析：

a）变差的来源。

b）适当的控制方法。

c）因果图的利用。

5）变差源：设置、机器、夹具、工具、操作者、材料/零部件、预防性维修、气候。

控制计划的表式参见表 15-5。

表 15-5 控制计划

☐样件 ☐试生产 ☐生产	控制计划编号						日期（编制）	日期（修订）	
零件号/最新更改程序			主要联系人/电话				顾客工程批准/日期（如需要）		
零件名称/描述			核心小组				顾客质量批准/日期（如需要）		
供方/工厂	供方代号		其他批准/日期（如需要）				其他批准/日期（如需要）		
零件/过程编号	过程名称/操作描述	生产设备	特性		特殊特性分类	产品/过程规范/公差	方法		反应计划
			编号	产品	过程			评价/测量技术	取样		控制方法	
									容量	频率		

15.7.4 潜在的失效模式和后果分析（FMEA）

根据国内、外的经验教训，为了减少事后的风险和巨大的损失，较容易地、花费代价较少地对产品和服务设计进行修改及对不同的设计方案进行客观的评价，事先应花时间深入地进行 FMEA。

（1）分类

1) 设计 FMEA（DFMEA）：由设计小组（一个人是不够的）使用。
2) 过程 FMEA（PFMEA）：由制造小组（一个人是不够的）使用。

（2）标准化的 FMEA 应包括

1) FMEA 编号。
2) 系统/子系统/部件的名称。
3) 设计制造。
4) 编制者姓名。
5) 模式/运输工具，用于产品和服务何处。
6) 日期。
7) 小组。
8) 项目/职能。
9) 潜在失效模式，常见的有：断裂、裂纹、疲劳、磨损、变形、松动、胶合、泄漏、短路、氧化、腐蚀等。
10) 失效的潜在影响，包括影响安全性；与法规不符；丧失功能；工作不正常；噪声；异味和性能衰退等。

（3）严重度数（S）（从 10 到 1）

1) 严重度数表征失效后果严重性。
2) 只有通过设计更改，才能改善严重度。

设计分析用、过程分析用严重度数，可按表 15-6 和表 15-7 选用。

表 15-6 设计分析用严重度数

后　　果	评定准则：后果的严重度	严 重 度 数
无警告的严重危害	这是一种非常严重的失效形式，它是在没有任何失效预兆的前提下所发生的，影响到安全或违反了政府的有关章程	10
有警告的严重危害	这是一种非常严重的失效形式，是在具有失效预兆的前提下所发生的，并影响到安全或违反了政府的有关章程	9
很高	机器（或系统）不能运行，丧失基本功能	8
高	机器（或系统）能运行，但性能下降，顾客不满意	7
中等	机器（或系统）能运行，但舒适性或方便性部件不能工作，顾客感觉不舒服	6

(续)

后果	评定准则：后果的严重度	严重度数
低	机器（或系统）能运行，但舒适性或方便性项目性能下降，顾客感觉有些不舒服	5
很低	配合、外观或尖响、咔嗒响等项目不符合要求，大多数顾客发现有缺陷	4
轻微	配合、外观或尖响、咔嗒响等项目不符合要求，有一半顾客发现有缺陷	3
很轻微	配合、外观或尖响、咔嗒响等项目不符合要求，但很少有顾客发现有缺陷	2
无	无影响	1

表 15-7 过程分析用严重度数

后果	评定准则：后果的严重度	严重度数
无警告的严重危害	可能危害机器或装配操作者。潜在失效模式严重影响安全运行和/或包含不符合政府法规项，严重程度很高。失效发生时无警告	10
有警告的严重危害	可能危害机器或装配操作者。潜在失效模式严重影响安全运行和/或包含不符合政府法规项，严重程度很高。失效发生时无警告	9
很高	生产线严重破坏，可能100%的产品得报废，机器/系统无法运行，丧失基本功能，顾客非常不满意	8
高	生产线破坏不严重，产品需筛选部分（低于100%）报废，能运行，但性能下降，顾客不满意	7
中等	生产线破坏不严重，部分（低于100%）报废（不筛选），机器/系统能运行，但舒适性或方便项目失效，顾客感觉不舒适	6
低	生产线破坏不严重，产品需要100%返工，机器或系统能运行，但有些舒适性或方便性项目性能下降，顾客有些不满意	5
很低	生产线破坏不严重，产品经筛选，部分（少于100%）需要返工，装配和涂装或尖响和咔嗒响等项目不符合要求，多数顾客发现有缺陷	4
轻微	生产线破坏较轻，部分（少于100%）需要在生产线上其他工位返工。装配和涂装或尖响和咔嗒响等项目不符合要求，有一半顾客发现有缺陷	3
很轻微	生产线破坏轻微，部分（少于100%）产品需要在生产线上原工位返回，装配和涂装或尖响和咔嗒响等项目不符合要求，有很少顾客发现有缺陷	2
无	无影响	1

(4) 频度数（O）（从10到1）

1) 频度数表征失效原因发生的可能性。

2) 通过设计更改可依次降低级别。

设计分析用、过程分析用频度数,可按表 15-8 和表 15-9 选用。

表 15-8　设计分析用频度数

失效发生可能性	可能的失效率	频　度　数
很高:失效几乎是不可能避免的	≥1/2	10
	1/3	9
高:反复发生的失效	1/8	8
	1/20	7
中等:偶尔发生的失效	1/80	6
	1/400	5
	1/1200	4
低:相对很少发生的失效	1/15000	3
	1/150000	2
极低:失效不太可能发生	≤1/1500000	1

表 15-9　过程分析用频度数

失效发生可能性	可能的失效率	Cpk	频　度　数
很高:失效几乎是不可能避免的	≥1/2	<0.33	10
	1/3	≥0.33	9
高:一般与以前经常发生失效的过程相似的工艺有关	1/8	≥0.51	8
	1/20	≥0.67	7
中等:一般与以前时有失效发生,但不占主要比例的过程相类似的工艺有关	1/80	≥0.83	6
	1/400	≥1.00	5
	1/1200	≥1.17	4
低:很少几次与相似过程有关的无效	1/15000	≥1.33	3
很低:很少几次与几乎完全相同的过程有关的失效	1/150000	≥1.50	2
极低:失效不大可能发生,几乎完全相同的过程也未有过失效	≤1/1500000	≥1.67	1

(5) 不易探测度(D)(从 10 到 1)

不易探测度表征对失效的潜在原因的可知程度。

设计分析用、过程分析用不易探测度可按表 15-10 和表 15-11 选用。

表 15-10　设计分析用不易探测度数

探　测　性	评价准则:由设计控制可探测的可能性	不易探测度数
绝对不肯定	设计控制将不能和/或不可能找出潜在的原因/机理及后续的失效模式,或根本没有设计控制	10

（续）

探测性	评价准则：由设计控制可探测的可能性	不易探测度数
很极少	设计控制只有很极少的机会能找出潜在原因/机理及后续的失效模式	9
极少	设计控制只有极少的机会能找出潜在原因/机理及后续的失效模式	8
很少	设计控制有少的机会能找出潜在原因/机理及后续的失效模式	7
少	设计控制有较少的机会能找出潜在原因/机理及后续的失效模式	6
中等	设计控制有中等机会能找出潜在原因/机理及后续的失效模式	5
中上	设计控制有中上多的机会能找出潜在原因/机理及后续的失效模式	4
多	设计控制有较多的机会能找出潜在原因/机理及后续的失效模式	3
很多	设计控制有很多的机会能找出潜在原因/机理及后续的失效模式	2
几乎肯定	设计控制几乎肯定能够找出潜在原因/机理及后续的失效模式	1

表15-11 过程分析用不易探测度数

探测性	评价准则：在一个或后续工艺前，或零部件离开制造或装配工位之前，利用过程控制方法找出缺陷存在的可能性	不易探测度数
几乎不可能	没有已知的控制方法能找出失效模式	10
很微小	现行控制方法找出失效模式的可能性很微小	9
微小	现行控制方法找出失效模式的可能性微小	8
很小	现行控制方法找出失效模式的可能性很小	7
小	现行控制方法找出失效模式的可能性小	6
中等	现行控制方法找出失效模式的可能性中等	5
中上	现行控制方法找出失效模式的可能性中上	4
高	现行控制方法找出失效模式的可能性高	3
很高	现行控制方法找出失效模式的可能性很高	2
几乎肯定	现行工艺控制方法几乎肯定能找出失效模式，已知相似工艺的可靠的探测控制方法	1

（6）风险顺序数（RPN）

$$RPN = S \times O \times D$$

式中，严重度S：指潜在失效模式对顾客的影响后果的严重程度评价指标，一般分1～10级，从无失效后果到无警告的严重危害后果；发生的频度O：指具体的失效起因或机理发生的频度，分1～10级，从几乎不可能发生失效到发生失效几乎无法避免；不可探测度D：指实效的起因或机理不可探测的程度，分1～10级，从几乎肯定到几乎不可能探测。

a）作为定量综合判断的准则使用。

b）越低越好。

c）没有数值限制。

d) 等于 85~125 就应采取措施。

(7) 措施

1) 设计更改。

2) 需要时,更新有效文件。

3) 横向协调小组的努力。

4) 组成包含顾客的小组。

5) 使用持续改进工具。

6) 减少 RPN,则应减少失效的严重度、发生频度和提高失效的可探知性。

(8) 结果

结果为所推荐的措施(带有强制性,并能推动改进)

设计 FMEA 见表 15-12。

过程 FMEA 见表 15-13。

15.7.5 测量系统分析(MSA)

(1) 概述

测量系统由测量仪具和操作者所组成,测量系统的综合误差也来自这两部分。

1) 测量误差

$$观测值 = 真值 + 测量误差$$

测量变异导致了测量误差,应注意不要把过程变异导致的误差当成测量误差。

2) 测量数据的质量

a) 测量数据的质量取决于稳定条件下多次测量结果的统计特性。

b) 数据质量的统计特性是偏倚和方差。

c) 偏倚:观测的均值数据相对基准值的偏移量。

d) 方差:取决于数据的分布。

e) 数据的变差太大可使数据是无用的。

f) 数据的质量靠监视与控制变差,特别是环境对测量系统的影响。

(2) 测量系统的统计特性

1) 测量系统应具备的特性:

a) 统计稳定性:变差只能由于普通原因,而非特性原因造成。

b) 测量系统变异必须比制造过程变异小。

c) 变异应小于公差带。

d) 测量系统的增量(一般为分度值)应高于过程变异和公差带两者中精度较高者,一般应为其十分之一。

e) 测量系统的最大变差应小于过程变差和公差带两者中的较小者。

表 15-12 设计潜在的失效模式及后果分析
（设计 FMEA）

FMEA 编号：1234 （1）
页码：共 1 页第 1 页
编制人：×××××× （4）
编制）9023 22（校订）920714 （7）
FME 日期：

X 系统
X 子系统
零部件：01、03 车身密封 （2）　　　设计责任：车身工程部 （3）
车型年/车辆类型：199×/狮牌 4门/旅行车 （5）　　关键日期：16 03 01 （6）
主要参加人：×××－总装车部　×××－生产部　×××－总装厂 （8）

项目 (9) 功能	潜在失效模式 (10)	潜在失效的后果 (11)	严重度数 (S) (12)	级别 (13)	潜在失效的起因/机理 (14)	频度数 (15)	现行设计控制 (16)	不易探测度数 (D) (17)	风险顺序数 RPN (18)	建议措施	责任和目标完成日期	措施结果			
												采取的措施 (21)	严重度数	频度数	不易探测度数	RPN
左前车门 H8HX-0000-A 上、下车保护乘客免受天气、噪声、侧碰（撞）的影响	车门内板下部腐蚀	车门寿命降低，导致：●因漆面生锈，使用户对外观不满 ●使车门内硬件功能降低	7		车门内板保护蜡规定的上边界太低	6	整车耐久性试验 T-118 T-109 T-301	7	294	增加试验室强化腐蚀试验	A.泰特车身工程 8×0903	根据试验结果（1481）号试验）上边界技术提高 125mm	7	2	2	28
			8		蜡层厚度规定不足	4	整车耐久性试验	7	196	增加试验室强化腐蚀试验，并就蜡层厚度进行试验设计	结合观察和试验验证蜡的上边界。A.泰特车身工程 9×0115	试验结果（试验 1481）表明设计要求是合适的。试验表明厚度在 25% 范围内变化可以接受				

358

第15章 获证后组织深入贯标问题

(续)

项目 9) 功能	潜在失效模式 (10)	潜在失效的后果 (11)	严重度数 (S) (12)	级别 (13)	潜在失效的起因/机理 (14)	频度数 (15)	现行设计控制 (16)	不易探测度数 (D) (17)	风险顺序数 RPN (18)	建议措施	责任和目标完成日期	措施结果 采取的措施 (21)	严重度数	频度数	不易探测度数	RPN
• 车门,如后门、门锁、门铰链及门窗调节器等的固定的支撑 观装饰项目提供适当的表面 喷漆和软内饰	车门内板下部腐蚀	车门寿命降低,致: • 因漆面生锈,使用户对外观不满 • 使车门内硬件功能降低	7		蜡的成形技术条件不当	2	理化试验室报告,编号1265	2	28	无						
			7		混入的空气阻止蜡进入边角部分	5	用不起作用的喷头去进行辅助调查	8	280	增加集体评价,利用流水线喷蜡设备和特定的蜡	车身工程和装配部门8 × 11.5	根据试验,在有关区域增设3个通气孔	7	1	3	21
			7		蜡堵塞车门排水孔	3	用最差的蜡孔的尺寸进行试验室试验	1	1	无						
			7		车门板之间空间不够,容不下喷头	4	喷头入口的图样评定示例	4	112	喷头入口的图样评定示例	车身工程和装配部门8 × 09 15	评定表明入口合适	7	1	1	7

359

表 15-13 过程潜在的失效模式及后果分析
过程 FMEA

项目名称　左前门/H8HX-000-A　(2)　　　　　　　　　　　　　FMEA编号：1234　(1)
过程责任部门：车身、工程部、装配部 (3)　　　　　　　　　　 页码：共1页第1页
车型年/车辆类型：1996/狮牌 4门旅行车 ××× -汽车产品部 (4)　编制人：J.福特-X6521-装配部门
主要参加人：×××-生产部　×××-总装部　×××-总装配厂 (8)　编制（编订）9605 17（校订）9611 06 (7)
关键日期：9603 01 (6)　　　　　　　　　　　　　　　　　　FME日期：

工艺功能要求 (9)	潜在失效模式 (10)	潜在失效的后果 (11)	严重度数 (S) (12)	级别 (13)	潜在失效的起因/机理 (14)	频度数 (15)	现行过程控制 (16)	不易探测度数 (D) (17)	风险顺序数 (18)	建议的措施 (19)	责任和目标完成日期 (20)	措施结果 (22)			
												采取的措施 (21)	严重度数	频度数	不易探测度数	RPN
车门内部人工涂蜡为覆盖车门内侧，规定车门下层表面涂以最小厚度的蜡，以延缓腐蚀	车门下表面蜡涂不足	车门寿命下降，导致：●由于长时间生锈使顾客对外观不满 ●车门内硬件功能降低	7		人工插入喷头不够深入	8	每小时进行目测检查，每班检查一次喷蜡膜厚度（深度仪）和范围	5	280	给喷蜡器加装深度限位器	生产部门 9× 10 15	停止喷蜡，在线上检查喷机	7	2	5	70
					喷头堵塞 ●黏度太高 ●温度太低 ●压力太低	5	在开始和停机后试验喷雾形状，按照预防维护程序清晰喷头	3	105	使喷白动化 使用试验设计确定黏度、温度和压力	生产部门 9× 10 15　生产部门 9× 10 01	由于同一条生产上不同门的复杂程度不同，因此拒绝该项 确定了温度和压力限值，安装了限值控制器，控制图显示工艺流程受控。$C_{pk}=1.85$	7	1	3	21

（续）

工艺功能要求(9)	潜在失效模式(10)	潜在失效的后果(11)	严重度数(S)(12)	级别(13)	潜在失效的起因/机理(14)	频度数(15)	现行过程控制(16)	不易探测度数(D)(17)	风险顺序数(18)	建议的措施(19)	责任和目标完成日期(20)	采取的措施(21)	措施结果(22)			
													严重度数	频度数	不易探测度数	风险顺序数 RPN
车门内部人工涂蜡以覆盖车门内侧，车门下层表面涂以最小厚度的蜡，以延缓腐蚀		车门寿命下降，导致： ● 由于长时间生锈使顾客对外观不满 ● 车门内硬件功能降低			因力碰撞喷头变形	2	按预防维护程序维护喷头	2	28	无						
	规定表面涂蜡不足				喷蜡时间不足	8	按操作规程进行批量抽样（每班10个门），检查重要部门喷蜡范围示例	7	392	安装定时喷蜡器	维护部门 9×0915	安装了自动喷蜡定时器，操作者打开喷头，定时器控制关闭，显示工艺流程受控 Cpk = 2.05	7	1	7	49

361

2）测量系统变差的类型：偏倚、重复性、再现性、稳定性、线性。

3）偏倚：通常称为准确度，是测量结果的观测平均值与基准值的差值，如图 15-4 所示。

4）重复性：由同一个评价人采用同一种量仪，多次测量同一零件的同一特性时，所获得的测量值变差，如图 15-5 所示。

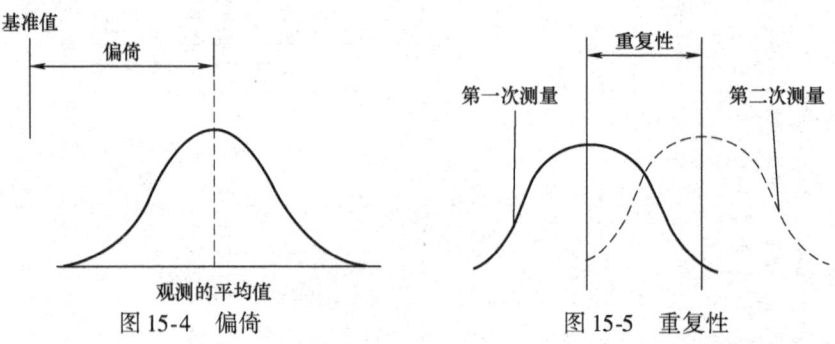

图 15-4　偏倚　　　　　　图 15-5　重复性

5）再现性：由不同的评价人，采用相同的量仪，测量同一零件的同一特性时，测量均值的变差，如图 15-6 所示。

6）稳定性（飘移）：测量系统在某持续时间内，测量同一零件的某一特性时，测量值的总变差，如图 15-7 所示。

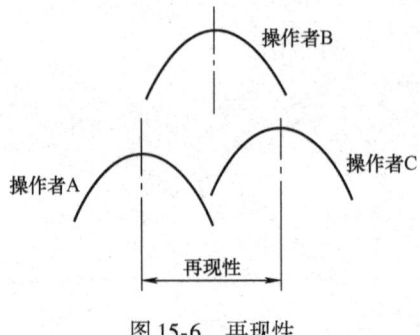

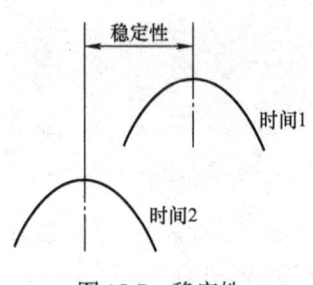

图 15-6　再现性　　　　　　图 15-7　稳定性

7）线性：在量具预期的工作范围内，偏倚值的差值，如图 15-8 所示。

（3）测量系统分析

1）分辨力：测量系统检出并如实指示被测特性微小变化的能力。

没有足够的分辨力，就可能不是识别过程变差或定量表示零件特性值的合适系统。

若不能测定过程的变差，这种分辨力不适

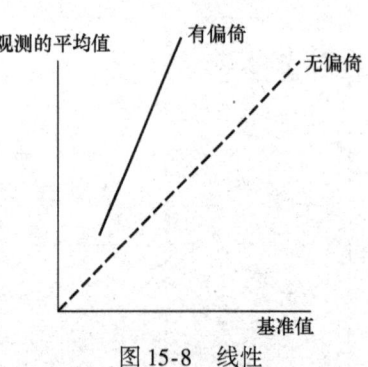

图 15-8　线性

于分析。

若不能测定出特殊原因的变差，这种分辨力不适于过程控制。

可视分辨力≤6σ/10（σ表示被测量的均方差）。

2）稳定性：

测量稳定性是对给定零件或标准零件随时间变化，系统偏倚的总变差量。

统计稳定性是用两个测量系统测量同一零件时。

随时间的偏倚变化较大的系统不如偏倚较小的系统稳定。

影响稳定性的因素：时间；系统的外部条件，如温度；测量系统的损耗；腐蚀。

在过程控制图上，变窄的控制极限就是稳定性得到改善的明证。

15.7.6 基础统计过程控制（SPC）

（1）持续改进及统计过程概述

1）预防与检测

靠最终检验来找出工作差错所造成的不合格品的方法，是浪费的。在第一步就可避免产生无用输出的更有效的方法是预防。

2）过程控制系统

过程：是指共同工作以产生输出的供方、生产者、人、设备、输入材料方法和环境及使用输出的顾客之集合（参见图15-9）。

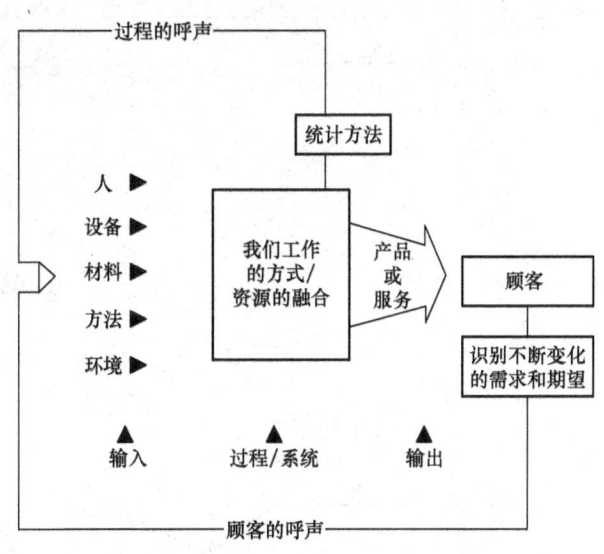

图15-9 过程控制系统

a）有关性能的信息：

- 与性能有关的最有用的信息，是从研究过程本质及其内在的变化规律中得到的。
- 过程特性（如温度、循环时间、进给速率、周转时间、延迟及中止次数等）是重点。
- 确定过程特性目标值，使生产率最高。
- 监测过程特性与目标值的距离的远近。
- 采取措施来校正过程的输出。

b）对过程采取措施：

- 改变操作（如操作人员培训、变换输入材料等）。
- 改变过程本身的基本因素（如设备需修复、人际关系和交流如何）。
- 改变过程的设计（也许应改变车间的温度和湿度）。

c）对输出采取措施：仅对输出采取措施（分类报废不合格品或者返工、返修），只可作为不稳定或没有能力的过程的临时措施。

应当指出，这种活动虽属对过程的纠正，但并非纠正措施。

3）变差的普通原因及特殊原因（参见图 15-10）

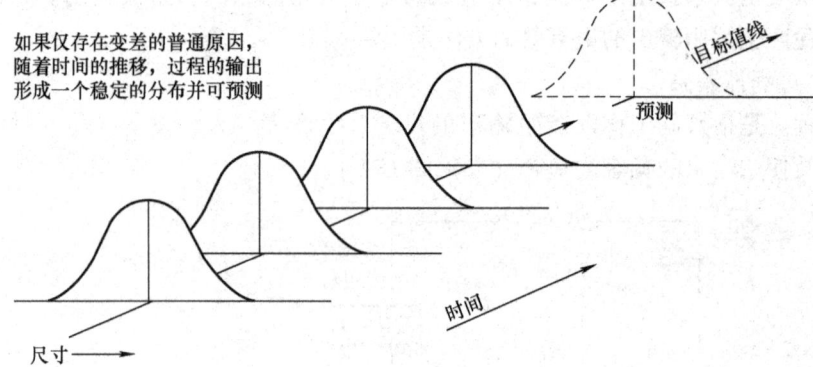

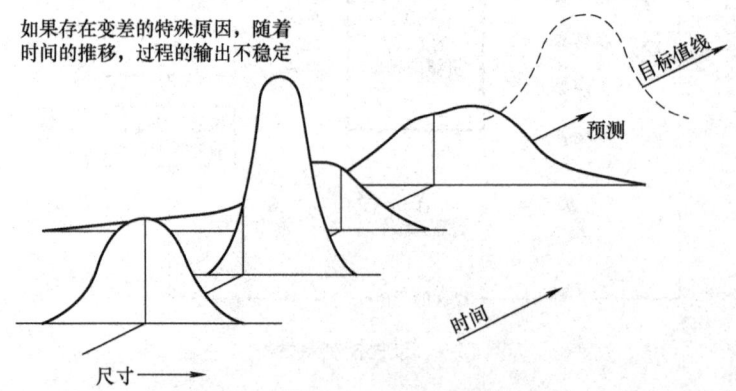

图 15-10　变差的普通及特殊原因

a）普通原因：随时间推移具有稳定的可重复的分布过程中的原因。普通原因下，过程处于"统计控制状态"，即"受控"。

b）特殊原因：

- 特殊原因出现时，将造成过程分布的改变。
- 若存在特殊原因，随时间推移，过程输出将不稳定。
- 特殊原因造成的过程分布的改变有些有害，有些有利，应注意识别。

4）局部措施和系统措施

a）局部措施：

- 通常用来消除过程变差的特殊原因。
- 通常由与过程操作直接相关的人员实施。
- 大约可纠正 15% 的过程问题。

b）系统措施：

- 通常用来消除变差的普通原因。
- 要求管理措施，以便纠正，责任在管理人员。
- 大约可纠正 85% 的过程问题。

这表明，由于各级管理的原因约占过程问题的 85%。因此，出现问题首先应检查管理者可能出现的问题。只有由于操作人员明知故犯（如值班时脱岗或严重违规操作）而造成失误的情况下，才宜追究操作者的责任。

（2）控制图

1）控制图的选用程序

典型的控制图类型如图 15-11 所示。

2）计量型数据控制图

a）均值和极差图（$\overline{X} - R$ 图）

$\overline{X}$ 为均值；R 为极差，$R = X_{max} - X_{min}$。

b）均值和标准差图（$\overline{X} - S$ 图）

S 为标准差。

c）中位数图（$\tilde{X} - R$ 图）

$\tilde{X}$ 为中位数。

d）单值和移动极差图（$X - MR$ 图）

X 为单值；MR 为移动极差。

3）计数型数据控制图（请参见参考文献 [19]）

a）不合格品率图，即 P 图，P-Chart 图，质量管理中反映不合格品率的一种控制图。

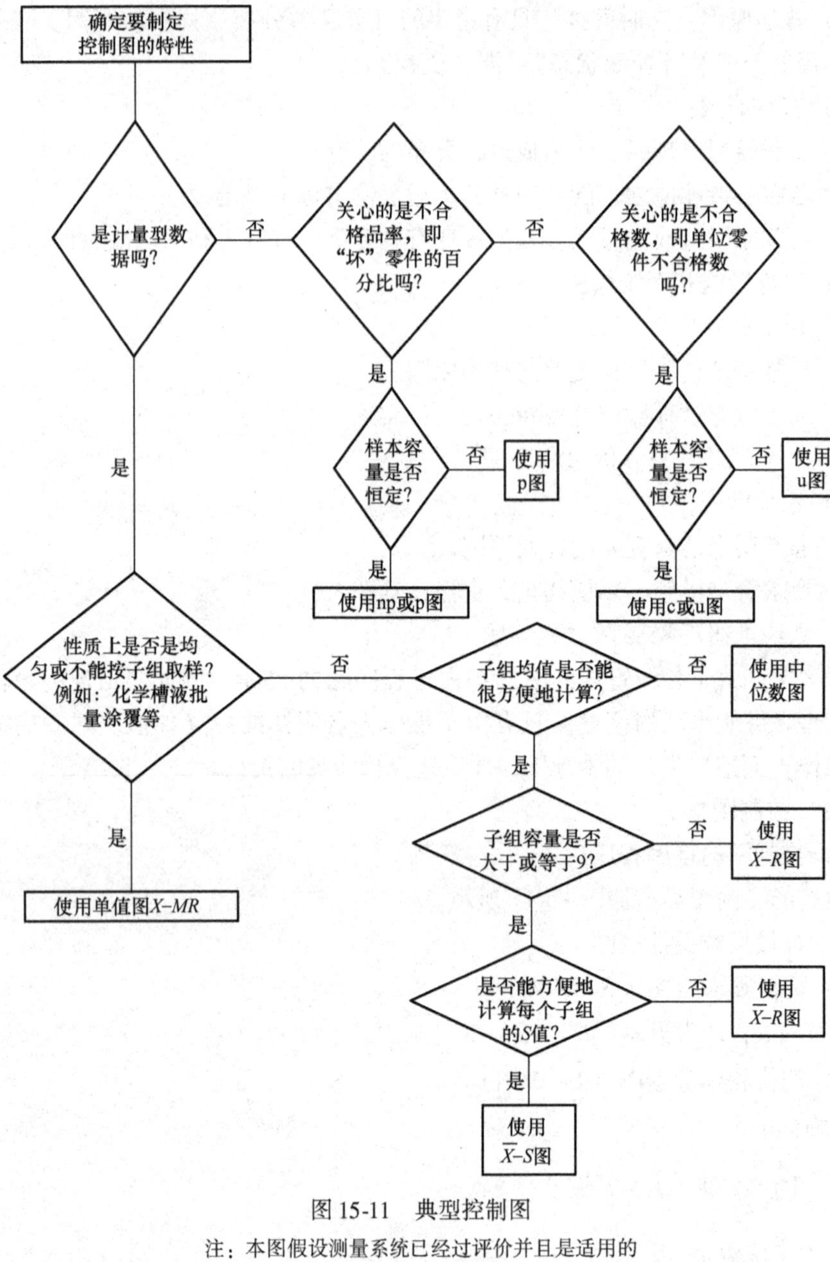

图 15-11 典型控制图

注：本图假设测量系统已经过评价并且是适用的

　　b) 不合格品数的 np 图，用每个子组内的平均不合格品数绘制的一种控制图。

　　c) 不合格（缺陷）数的 c 图，反映样本容量不合格缺陷数是否恒定的一种控制图。

　　d) 不合格（缺陷）数的 u 图，反映单位产品和服务样本不合格缺陷容量是否恒定时的一种控制图。

第 16 章　卓越绩效模式

16.1　概述

16.1.1　什么是卓越绩效模式

（1）质量、质量管理的演进与卓越绩效模式的产生

质量概念历经了产品质量、过程质量、体系质量、全面质量、经营质量的发展阶段，直至大质量的提出，标志着影响质量的革命性变革的到来。

伴随质量概念的变革，质量管理自 20 世纪 50 年代以专职检验为主要手段的质量检验阶段，也经历了统计质量控制阶段、全面质量控制阶段，直至 1987 年，ISO 9000 系列标准的诞生，质量管理体系应运而生。

卓越绩效模式在质量、质量管理演进的过程中也渐露头角。1950 年戴明去日本，设立日本质量奖——命名戴明奖。1987 年美国效仿日本设立波多里奇国家质量奖，关注经营质量和过程质量的业绩，并成为后来制订"卓越绩效模式"标准的基础。

卓越绩效模式在中国的发展较为曲折。1982—1991 年就已实施，但由于评奖泛滥且多流于形式，质量管理奖未能得到健康发展。此后，为了减轻企业负担而取消了评奖。2001 年，国家又正式恢复质量管理奖，并提出了高标准、少而精、严要求、树权威的原则。2002 年，深圳市宝安区设立了中国第一个政府质量奖。2004 年，深圳市设立深圳市市长质量奖。

质量、质量管理的演进及卓越绩效模式发展历程如图 16-1 所示。

（2）卓越绩效模式的理解与定义

卓越绩效模式（Performance Excellence Model）是当前国际上广泛认同的通过综合的组织绩效管理方法，是为顾客、员工和其他相关方不断创造价值，促进共同发展与进步，提升组织整体绩效，使组织获得持续成功的先进方法。

卓越绩效模式是 20 世纪 80 年代后期美国创建的一种世界级企业成功的管理模式，其核心是强化组织的顾客满意意识和创新活动，追求卓越的经营绩效。卓越绩效模式是现阶段 TQM 的最高表现形式。

"卓越绩效模式"得到了美国企业界和管理界的公认，该模式适用于企业、事业单位、医院和学校。世界各国许多企业和组织纷纷引入实施，其中施乐公司、

通用公司、微软公司等世界级企业，都是运用卓越绩效模式取得出色经营结果的典范。2001年，我国重新实施的全国质量管理奖，就是在研究借鉴卓越绩效模式的基础上，致力于在中国企业普及推广卓越绩效模式的先进理念和经营管理方法，为中国企业不断提高竞争力、取得出色的经营绩效提供多方面的服务。

1925：休哈特、道奇、罗明；
• SPC统计过程控制；
• 统计质量控制

1960：朱兰、费根堡姆
质量三部曲、TQM
全质量管理

1980：克劳士比零缺陷；
1987：ISO9000族，美国效仿日本设立波多里奇国家质量奖→卓越绩效模式

工业革命　第一次世界大战　第二次世界大战　登月计划　日本战后重建和崛起　民用转移

1911：泰勒；
•《科学管理原理》；
• 专职检验

1950：戴明14法
1951：日本设立国家质量奖即戴明奖

1970：
石川馨；
质量七工具；
田口玄一；
田口方法；
质量工程学；
Kaizen质量改进；
质量成本；
QFD；
……

中国：
1982—1991：计划经济质量管理奖
1996—1997：试点恢复
2001：正式恢复
2002年：深圳宝安区设立第一个政府质量奖
2004年：
中国设立国家质量奖，深圳市设立深圳市市长质量奖
……

图16-1　质量、质量管理及卓越绩效发展历程及各阶段代表人物示意图（此图由王鸿雁提供）

一个追求成功的企业，可以从管理体系的建立、运行中取得绩效，并持续改进其业绩、取得成功。而对于一个成功的企业如何追求卓越，则由"模式"提供了评价标准，企业可以采用这一标准集成的现代质量管理的理念和方法，不断评价自己的管理业绩，走向卓越。

(3)《卓越绩效评价准则》标准的颁布与修订

2004年8月30日，我国颁布了《GB/T 19580—2004　卓越绩效评价准则》和《GB/Z 19579—2004 卓越绩效评价准则实施指南》，标志着我国质量管理工作经过TQC、ISO 9000，进入了一个进一步与国际接轨和提升国际竞争力的新阶段。引进、学习和实践国际上公认的先进的经营质量标准——"卓越绩效模式"，对于适应我国市场经济体制和经济全球化快速发展的新形势，具有重要的意义。

2012年3月，又发布了《GB/T 19580—2012　卓越绩效评价准则》和《GB/Z 19579—2012 卓越绩效评价准则实施指南》。新版卓越绩效评价准则，在保持标准的继承性和延续性的前提下，标准本身更加体现了科学性、先进性、可操作性、理论性、逻辑性、准确性和中国化的特点。

例如：考虑国情的不同，GB/T 19580在美国波多里奇国家质量奖的基础上，做了一些补充和调整,主要有:强调安全管理和员工参与的软环境;体现了科学发展观的内涵(例如,建立以人为本的人力资源开发和管理系统;相关方利益,长、短期目标的平衡、协调和统筹;体现可持续发展;加入诚信准则;评分的权重(分值)做了调整。

卓越绩效模式标准反映了当今世界现代管理的理念和方法,是许多成功企业的经验总结,是激励和引导企业追求卓越,成为世界级企业的有效途径。

卓越绩效管理模式的运用,为企业带来的增值大致体现以下几个方面:

1)帮助企业提高沟通效率、生产率和效益(4.1 领导,GB/T 19580,下同)。
2)帮助企业进行战略性的思考和行动(4.2 战略)。
3)帮助企业与顾客契合以长期赢得市场(4.3 顾客与市场)。
4)帮助企业把过程和资源协调起来(4.4 资源)。
5)帮助企业与员工契合(4.4.1 人力资源)。
6)帮助企业确定过程所需的方法,如 ISO 9001(4.5 过程管理)。
7)帮助企业在多变环境中测量绩效和进行计划(4.6 测量、分析与改进)。
8)帮助企业实现战略目标(4.7 结果)。

16.1.2 卓越绩效模式框架图

卓越绩效模式标准框架图(图 16-2)从系统的角度,对组织有效运行的整体框架进行了描述[20]。

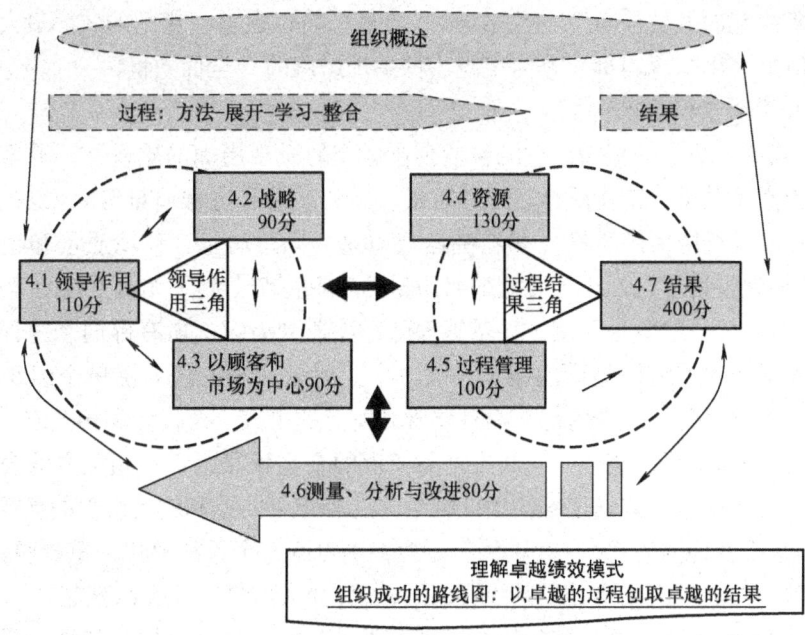

图 16-2 卓越绩效模式标准框架图

企业作为一个经营组织，其运营体系是围绕组织的业务流程所设立的各管理职能模块组成的，而企业是否能够永续经营，取决于组织能否正确地做正确的事。框架图中有两个三角：领导作用、战略及以顾客和市场为中心组成了"领导作用三角"；资源、过程管理及结果组成了"过程结果三角"。其中，"领导作用三角"强调高层领导在组织所处的特定环境中，通过制定以顾客和市场为中心的战略，为组织谋划长远未来，关注的是组织如何做正确的事。而"过程结果三角"则强调如何充分调动组织中人的积极性和能动性，通过组织中的人在各个业务流程中发挥作用和过程管理的规范，高效地实现组织所追求的经营结果，关注的是组织如何正确地做事，解决的是效率和效果业绩的问题。

16.1.3 卓越绩效模式的特征

16.1.3.1 "大质量"概念

（1）TQM 的发展

标准命名为"卓越绩效评价准则"，表明 TQM（全面质量管理）近年来发生了这样一个最重要的变化，即质量和绩效、质量管理和质量经营的系统整合，旨在引导组织追求"卓越绩效"，更加强调质量对组织绩效的增值和贡献。这个重要变化来自于"质量"概念最新的变化："质量"不再只是表示狭义的产品和服务的质量，也不仅包含工作质量，而且涵盖全过程（包括经营策划）。"质量"已经成为"追求卓越的经营质量"的代名词。"质量"将以追求"组织的效率最大化和顾客的价值最大化"为目标，作为组织一种系统运营的"全面质量"。

（2）大质量概念的特征

1）拓展了质量的范畴。它既包括企业运作的微观层面的质量（即通常理解的质量是指产品质量、工作质量、工程质量、服务质量和过程质量等），也包括宏观经济和社会运行层面的质量（如经济运行质量、人口质量、环境质量和生活质量等）。严格地说这早已超出了传统的对质量的理解范畴，到了无所不包的境地。

2）具有广义的管理跨度。质量管理已经渗透到组织的所有部门、过程和员工中，同时延伸到了组织的供应链和相关方中。质量管理的边界由单个组织扩展到组织群，不仅要管好组织内部，而且要管到所有的供方、合作者和相关方。

3）过程与结果的统一。既重视产品实现的全过程和组织与相关方的合作过程的管理，又重视如何得到过程的预期结果，这些结果的总和就是组织的绩效。

4）系统管理的思想。"大质量"概念特别强调整个系统最优，重视整体策划、接口合理、重点突出。离开了系统管理的思想，"大质量"就无从谈起。

5）固有特性与赋予特性的结合。"大质量"概念考虑的质量特性，既包括产品本身的固有特性（诸如功能、性能、可靠性、维修性、安全性等），也包括环境赋予的特性（诸如适应性、时间性、文明性等）。这些特性随着时间、环境的变化发生改变，表明了质量特性的动态性。

16.1.3.2　更加强调以顾客为中心的理念

把以顾客和市场为中心作为组织质量管理的首要原则，"组织卓越绩效"把顾客满意和顾客忠诚，即顾客感知价值，作为关注焦点，反映了当今全球化市场的必然要求。

16.1.3.3　更加强调系统思考和系统整合

组织的经营管理过程就是创造顾客价值的过程，为达到更高的顾客价值，就需要系统、协调一致的经营过程。

卓越绩效模式强调以系统的观点，来管理整个组织及其关键过程，实现组织的卓越绩效。卓越绩效模式七个方面的要求，构成了一个系统的框架和协调机制，强调了组织的整体性、一致性和协调性。"整体性"是指把组织看成一个整体，组织整体有共同的战略目标和行动计划。"一致性"是指卓越绩效标准各条款要求之间，具有策划、实施、检查和处置（PDCA）目标的一致性。"协调性"是指组织运作管理体系的各部门、各环节和各要素之间是相互协调的。

系统的观点体现了组织所有活动，都是以市场和顾客需求为出发点，最终达到顾客满意的目的；各个条款的目的都是以顾客满意为核心，它们之间是以绩效测量指标为纽带，各项活动均依据战略目标的要求，按照PDCA循环展开，进行系统的管理。

16.1.3.4　更加强调重视组织文化的作用

无论是追求组织卓越绩效、确立以顾客为中心的经营宗旨，还是系统思考和整合，都涉及企业经营的价值观。所以，必须首先建设符合组织愿景和经营理念的组织文化。

16.1.3.5　更加强调坚持可持续发展的原则

在制定战略时，要把可持续发展的要求和相关因素作为关键因素加以考虑，必须在长、短期目标和方向中加以实施。通过长、短期目标绩效的评审，对实施可持续发展的相关因素的结果加以确认，并为此提供相应的资源保证。

16.1.3.6　更加强调组织的社会责任

《卓越绩效评价准则》国家标准，是我国改革开放以来推行全面质量控制到管理经验的总结，是多年来实施ISO 9000标准的自然进程和必然结果。强调组织的社会责任是文明和进步的表现。

16.1.3.7　强调质量对组织绩效的增值和贡献

《卓越绩效评价准则》中的质量，是组织的一种系统运营的全面质量。它关注质量和绩效、质量管理与质量经营的系统整合，促进组织效率最大化和顾客价值最大化。

16.1.4 卓越绩效模式的核心价值观

卓越绩效模式建立在一组相互关联的核心价值观和原则的基础上。这些核心价值观反映了国际上最先进的经营管理理念和方法，是许多世界级成功企业的经验总结，它贯穿于卓越绩效模式的各项要求之中，应成为企业全体员工，尤其是企业高层经营管理人员的理念和行为准则。

16.1.4.1 远见卓识的领导

标准要求最高领导应：以前瞻性的视野、敏锐的洞察力，确立组织的使命、愿景和价值观，带领全体员工实现组织的发展战略和目标。

领导力是一个组织成功的关键。组织的高层领导应明确组织的发展方向，即使命、愿景、价值观和长短期的绩效目标。组织的使命、愿景、价值观和目标，应平衡所有利益相关方的需求，用于指导组织所有的活动和决策。高层领导应确保建立组织追求卓越的战略、管理系统、方法和激励机制，激励员工勇于奉献、成长、学习和创新。

高层领导应通过管理机构对组织的道德行为、绩效和所有利益相关方负责，并以自己的道德行为、领导力、进取精神发挥表率作用，有力地强化组织的价值观和目标意识，带领全体员工实现组织的目标。

16.1.4.2 战略导向

标准要求：以战略统领组织的管理活动，获得持续发展和成功。

组织的一切经营管理活动都必须在统一的战略指导下进行。依据组织的战略导向，确定组织发展的方向，在保持战略导向的整体一致性、可协调性的前提下，形成组织发展合力，帮助组织创造持续发展和成功的竞争优势。

16.1.4.3 顾客驱动

将顾客当前和未来的需求、期望和偏好作为改进产品和服务质量，提高管理水平及不断创新的动力，以提高顾客的满意程度和忠诚程度。

组织要树立顾客导向的经营理念，认识到组织绩效是由组织的顾客来评价和决定的。组织必须考虑产品和服务如何为顾客创造价值，达到顾客满意和顾客忠诚，并由此提高组织绩效。

组织既要关注现有顾客的需求，还要预测未来顾客期望、偏好和潜在的顾客；顾客导向的卓越要体现在组织运作的全过程，因为很多因素都会影响到顾客感知的价值和满意。这些因素包括：组织要与顾客建立良好的关系，以增强顾客对组织的信任、信心和忠诚；在预防缺陷和差错产生的同时，要重视快速、热情、有效地解决顾客的投诉和报怨，留住顾客并驱动改进；在满足顾客基本要求的基础上，要努力掌握新技术和竞争对手的发展，为顾客提供个性化和差异化的产品和超值服务；对顾客需求变化和满意度保持敏感性，做出快速、灵活的反应。

16.1.4.4　社会责任

为组织的决策和经营活动对社会的影响承担责任，促进社会的全面协调可持续发展。

组织应注重对社会所负有的责任、道德规范，并履行好公民义务。领导应成为组织表率，在组织的经营过程中，以及在组织提供的产品和服务的生命周期内，要恪守商业道德，保护公众健康、安全和环境，注重保护资源。组织不应仅满足于达到国家和地方法律法规的要求，还应寻求更进一步的改进机会。要有发生问题时的应对方案，能做出准确、快速的反应，保护公众安全，提供所需的信息与支持。组织应严格遵守道德规范，建立组织内、外部有效的监管体系。

履行公民义务是指组织在资源许可的条件下，对社区公益事业的支持。公益事业包括改善社区内的教育和保健、美化环境、保护资源、社区服务、改善商业道德和分享非专利性信息等。组织对于社会责任的管理应采用适当的绩效测量指标，并明确领导的责任。

16.1.4.5　以人为本

员工是组织之本，一切管理活动应以激发和调动员工的主动性、积极性为中心，促进员工的发展，保障员工的权益，提高员工的满意程度。

肯定人在组织发展过程中的主体作用与地位，强调组织需站在员工需求的角度，提供令员工满意的工作环境、职业晋升渠道、个人成长路径。尊重精英群体的创新能力和业绩贡献，努力创造员工满意的良好的工作环境，使员工各尽其能、各得其所，促进员工与组织的共同发展。

因此，组织的成功将取决于全体员工不断增长的知识、技能、创造力和工作动力。为确保员工的权益和发展空间、提高员工满意度，组织应关注员工工作和生活的需要。通过实施公平、有效的激励、鼓励和绩效体制，为员工提供学习、交流、晋升、发展的机会，营造一个员工勇于承担风险和创新的环境，从而增强组织的市场应变能力和绩效优势，促进组织的持续成功。

16.1.4.6　合作共赢

与顾客、关键的供方及其他相关方建立长期伙伴关系，互相为对方创造价值，实现共同发展。

组织与外部的顾客、供应商、分销商及其社会其他群体、政府、协会等所有相关方之间建立战略性的合作伙伴关系，将有利于组织进入新的市场领域，或者开发新的产品和服务，增强组织与合作伙伴各自具有的核心竞争力和市场领先能力。建立良好的外部合作关系，应着眼于共同的长远目标，加强沟通，形成优势互补，互相为对方创造价值。

16.1.4.7 重视过程与关注结果

组织的绩效源于过程，体现于结果。因此，既要重视过程，更要关注结果，要通过有效的过程管理，实现卓越的结果。

过程是事物发展所经过的程序、阶段，而结果是在某一阶段内，事物所达到的最后状态。良好的过程管控，为达到最终结果的路径提供了里程碑的评判依据，也为判断纠偏、识别风险提供过程预警。

组织的绩效评价应体现结果导向，关注关键的结果，主要包括顾客满意程度、产品和服务、财务和市场、人力资源、组织效率、社会责任等六个方面。这些结果能为组织关键的利益相关方及社会创造价值和平衡其相互间的利益。通过为主要的利益相关方创造价值，将培育出忠诚的顾客，实现组织绩效的增长。组织的绩效测量是为了确保其计划与行动能满足实现组织目标的需要，并为组织长、短期利益的平衡、绩效的过程监控和绩效改进提供了一种有效的手段。

16.1.4.8 学习、改进与创新

培育学习型组织和个人是组织追求卓越的基础，传承、改进和创新是组织持续发展的关键。

只有通过创新才能形成组织的竞争优势，在激烈的竞争中取胜。创新意味着组织对产品、服务和过程进行有意义的改变，为组织的利益相关方创造新的价值，把组织的绩效提升到一个新的水平。创新不应仅仅局限于产品和技术的创新，它对于组织经营的各个方面和所有过程都是非常重要的。组织应对创新进行引导，以提高顾客满意为导向，使之融入到组织的各项工作中，进行观念、机构、机制、流程和市场等管理方面的创新。

组织应对创新进行管理，使创新活动持续、有效地开展。首先需要高层领导积极推动和参与革新活动，有一套针对改进和创新活动的激励制度；其次要有效利用组织和员工积累的知识进行创新，而且要营造勇于承担风险与责任的适于创新的环境氛围。

16.1.4.9 系统管理

将组织视为一个整体，以科学、有效的方法，实现组织经营管理的统筹规划、协调一致，提高组织管理的有效性和效率。

卓越绩效模式强调以系统的思维来管理整个组织，系统思维反映的是组织管理的整体性、一致性和协调性，也就是组织的整体、纵向和横向的关系。过程方法（PDCA）是系统管理的基本方法。

16.1.5 组织推行卓越绩效模式的作用和意义

组织推行卓越绩效模式具有以下几方面的重要意义：

1）明确追求卓越，提高绩效的方向和具体方法，对更新管理理念、步入现代优秀组织行列具有重要意义。

卓越绩效模式是世界成功组织管理经验的结晶和我国优秀组织的共同追求，也是组织实现管理现代化的重要途径。通过卓越绩效模式的导入，可实现组织与世界一流管理模式的迅速接轨，成功借鉴世界一流公司的管理经验。

2）建立管理与国际先进水平接轨的平台，提供自我评定的最优标准，对实现组织战略目标具有重要意义。通过推行卓越绩效模式，建立完善的标杆管理体系并实施推进，对提升组织综合竞争力将起到积极的作用。

3）对未来的持续发展提供策划的指导，从而勾画出清晰的组织发展思路和蓝图，保持和发展公司的竞争优势，增加员工的凝聚力。

4）促进组织竞争力和员工素质大幅度提高，实现绩效的明显改善。

5）对优化组织内部管理流程、整合管理方法、提升管理效率、完善绩效评价都具有重要意义。

6）为获全国质量管理奖创造条件，对争创全国质量管理奖、树立卓越品牌形象，从而极大地提高组织的知名度，具有重要意义。

16.2 卓越绩效评价准则的主要内容

16.2.1 领导

评价组织高层领导在价值观、发展方向、目标、对顾客及其他相关方的关注、激励员工创新和学习等方面的作为，以及组织的治理和履行社会责任的情况。

应该指出，卓越绩效模式要求领导具有卓越的领导力，这就要求创建和提升优秀的组织价值理念体系和卓越的组织文化；规范组织流程，形成战略执行力；构建有利于组织均衡发展的绩效管理体系。

16.2.1.1 组织的领导

（1）高层领导的作用

1）确定方向：高层领导应确定、展开、指挥贯彻组织的使命、愿景和价值观，并考虑如何在战略、战略目标与战略计划的制定过程中均衡考虑顾客、相关方、组织的共同发展利益。高层领导需深入理解并结合组织的历史沿革、行业特点和内外部环境等实际情况，研讨、提炼、确立和贯彻其使命、愿景和价值观，并率先垂范。

2）双向沟通：高层领导应使全体员工及其他相关方对组织的发展方向和重点得到清晰、一致的理解、认同并付诸行动，在组织内部达成上下同心，在组织外部促进协同发展。组织可通过高层领导演讲、座谈会、网站、报刊及文化体育活动等多种形式，与员工双向沟通；通过洽谈会、研讨会、外部网站等形式与相关方双向沟通。组织应围绕其发展方向和重点，建立物质激励和精神激励相结合的绩效激励制度。

3）营造环境：高层领导当担负为组织、为员工营造一个包括诚信守法、改进、创新、快速反应和学习等要点的组织文化环境。高层领导应通过组织文化建设，积极倡导诚信守法，鼓励员工开展多种形式的改进和创新活动，提高快速反应能力，培育学习型组织和员工。

4）履行责任：高层领导应履行并确保组织所提供产品和服务的质量安全的责任，引导组织承担质量安全主体责任。

5）品牌建设：高层领导应制定与组织经营发展的战略目标保持一致的品牌发展规划，通过提高组织的产品质量和服务水平，推进组织的品牌建设，不断提高组织的品牌知名度、品牌美誉度、品牌形象和品牌忠诚度。

6）持续经营：高层领导需为组织实现基业长青而制定持续经营的一系列战略计划。为推动和确保持续经营，组织应培育和增强风险意识，开展战略、财务、市场、运营、法律、安全、环境、质量等方面的风险管理，提升应对动态的内外部环境的战略管理和运营管理能力，并重视培养组织未来的各层次领导者。

7）绩效管理：高层领导应就如何实现组织战略目标，达成愿景，对组织关键绩效进行定期评价和采取改进行动。高层领导应通过诸如战略研讨会、管理评审会、经济活动分析会和专业例会等形式，定期评价组织的关键绩效指标，确定改进和创新的重点，促进组织将追求卓越付诸行动。

（2）组织治理（governance）

组织的治理是指在组织内完善治理体系所需考虑的关键因素以及对高层领导和机构成员进行科学、有效的绩效评价。

组织治理过程需实行一整套的管理和控制系统，包括批准战略方向、监视和评价高层领导绩效、财务审计、风险管理、信息披露等活动。

组织治理的关键因素包括：

1）明确经营管理高层的经营责任、道德责任、法律责任等。

2）明确治理体制中各机构的财务责任，健全财务制度，规范会计行为。

3）规定经营管理的透明性及信息披露的政策。

4）确保内、外部审计活动独立于被审计的对象和职责范围，包括：外部审计和相关服务不能来自相同或关联的机构。

5）保护股东及其他相关方的利益，特别是中小股东的权益，以及员工、供方等的合法权益。

组织绩效的评价包括：

1）高层领导如何评审组织的绩效和能力；如何通过评审来评价组织的成就、竞争绩效以及长、短期目标的进展；如何通过评审来评价组织的应变能力。

2）说明高层领导定期评审的关键绩效指标及近期绩效评审的结果。

3）高层领导如何根据绩效评审结果确定并落实改进关键业务的优先次序，识别创新的机会；适当时，如何将这些优先次序和创新机会在供方和合作伙伴中实施，以确保与组织协调一致。

4）组织如何评价高层领导的绩效；如何运用组织绩效评审的结果改进高层领导及领导体系、治理机构的有效性。评价方式可包括自评和上级、同事、下属评价以及相关方反馈等多视角的评价。

16.2.1.2 社会责任

（1）公共责任

1）明确组织的产品、服务和运营对质量安全、环境保护、能源消耗、资源综合利用、安全生产、产品安全、公共卫生等社会影响所采取的措施；说明为满足法律法规要求而采用的关键过程、测量方法和目标；说明应对产品、服务和运营中的相关风险采用哪些预防措施和改进措施。

2）组织应采取社区调查、座谈等各种方式，主动预见和应对公众对产品、服务和运营中当前和未来环境保护、能源消耗、资源综合利用、质量安全、安全生产、产品安全、公共卫生等方面的隐忧，做出应对准备。如：应对公众对新建基础设施的环境安全隐忧，是否确保配套环境安全设施的同时设计、同时施工、同时交付使用；应对公众对突发事件的隐忧，制定应急预案并在可行时定期演练。

3）组织应评估在产品和服务质量责任、职业健康与安全、环境保护、能源节约和资源综合利用以及公共卫生等方面的影响，并采取预防、控制和改进措施。

4）组织应识别、获取在上述各方面的法律法规要求，并识别和评估相应的风险，建立遵循法律法规要求和应对相关风险的关键过程及绩效指标，包括预防、控制程序和改进方案，在确保满足法律法规要求的基础上持续改进，达到更高水平。

（2）道德行为

道德行为是指组织在决策、行动以及与利益相关方之间的交往活动中，遵守道德准则和职业操守的表现。从高层领导到一般员工都应履行道德规范，并影响组织的利益相关方。

1）诚信是组织道德行为中的最基本准则。高层领导应率先垂范，在整个组织中倡导诚信、践行诚信，建立面对顾客、供方和社会各相关方的信用体系。

2）组织应基于其使命、愿景和价值观，制定清晰明了的道德规范并定期沟通和强化；应建立用于促进和监测组织内部，与顾客、供方和合作伙伴之间及组织治理中符合道德规范的关键过程及绩效指标。其绩效指标可以是：遵守道德规范情况的调查指标，诚信等级，违背道德规范的事件数等。

（3）公益支持

公益支持是组织超出法规和道德承诺之外的社会责任，是组织在资源条件许可的条件下，提升在社会责任方面的成熟度，成为卓越企业公民的表现机会和途径。

组织应就如何积极地支持公益事业，说明并确定重点支持的公益领域，采取积极行动参与所确定的公益支持；同时说明高层领导及员工应如何为此做出贡献。

公益领域的范围很广，可包括：文化、教育、卫生、慈善、社区、行业发展和环境保护等。组织应依据其使命、愿景、价值观和战略，策划、确定重点支持的公益领域，主动积极地开展公益活动，赢得公众口碑，提升社会形象。

在公益支持活动中，高层领导应起模范作用，引导和带领广大员工做出自己的贡献。

16.2.2 战略

16.2.2.1 战略制定过程

战略制定是组织对其未来发展的谋划、决策过程。组织应基于使命、愿景和价值观，以顾客和市场为导向，收集内外部环境的数据、信息，运用预测、估计、选择和设想及其他方法分析和预见未来，确立战略和战略目标，获得持续发展和成功。

1）组织应描述其战略制定过程、主要步骤及主要参与者，说明如何确定长、短期计划的时间区间及战略制定过程如何与长、短期计划时间区间相对应。

组织战略制定的过程需考虑内、外部环境因素，制定过程需明确：

a）战略制定的主要步骤和工作计划，包括各步骤的职责分工、时间安排等。

b）明确主持者、参与人、接口职能、归口组织部门等；战略制定应由高层领导主持，相关部门及员工参与，必要时可委托专业机构协助制定；可建立负责战略管理的委员会、跨职能小组以及指定归口协调部门。

c）明确长、短期计划：根据行业及产品特点，规定长、短期计划的时间区间，并通过战略制定工作计划，使之与战略制定过程协调对应。

2）组织如何确保制定战略时考虑下列关键因素，并说明下列有关数据和信息是如何收集和分析的：

a）顾客和市场的需求、期望以及机会。

b）竞争环境及竞争能力。

c) 影响产品、服务及运营方式的重要创新或变化。

d) 资源方面的优势和劣势，资源重新配置到优先考虑的产品、服务或领域的机会。

e) 经济、社会、道德、法律法规以及其他方面的潜在风险。

f) 国内外经济形势的变化。

g) 组织特有的影响经营的因素，包括品牌、合作伙伴和供应链方面的需要、组织的优势和劣势等。

h) 可持续发展的要求和相关因素。

3) 组织应说明关键的战略目标和对应的时间表，战略目标如何能够均衡地考虑长、短期的挑战和机遇，以及所有相关方的需要。

4) 组织应说明如何进行战略调整。应该指出，我国组织的战略管理机制存在以下问题：战略缺失或战略存在于高层领导脑袋里；虽有战略，但被束之高阁无法执行；战略执行不力等。

5) 采用科学的方法进行数据和信息的分析。例如 PEST（政治、经济、社会文化、技术）宏观环境分析、波特五力（买卖双方议价能力、潜在进入者威胁、替代品的威胁、同行业对手竞争）模型产业环境分析、SWOT（优势、劣势、机会和威胁）分析以及 KSF（关键成功因素）分析、CBI（主要障碍性因素）分析等。

16.2.2.2 战略和战略目标

1) 组织应说明战略与战略目标以及其对应的时间表和关键的量化指标。

a) 战略和战略目标应与使命、愿景和价值观相一致。

b) 战略可围绕以下一项、多项或全部而建立：新产品、服务和市场；通过收购、受让等各种途径获得收入增长；资产剥离；新的合作伙伴关系和联盟；新的员工关系；满足社会或公共需求。

c) 应考虑潜在市场、竞争对手、核心竞争力等方面可能发生的变化，在战略中准备相应的预案；

d) 战略目标是组织增强竞争力，获得或保持持久竞争优势而期望达到的绩效水平。组织应确定实现战略目标的时间表及逐年的、量化的关键指标值。

2) 战略和战略目标如何应对战略挑战和发挥战略优势，如何反映产品、服务、经营等方面的创新机会，如何均衡考虑长、短期的挑战和机遇以及所有相关方的需要。

组织应通过系统、周密的内外部环境分析和战略决策，使战略和战略目标能够应对、考虑以下要求：

a) 应对战略挑战和发挥战略优势，反映产品、服务、运营和商业模式方面的创新机会。其中，战略挑战是组织为持续获得成功而面对的压力，包括外部的和内部的；战略优势是对组织未来成功起决定性影响的有利因素，通常源自组织的核心竞争力和战略伙伴关系，而核心竞争力指组织最擅长、独特且难以被模仿的能力；

b）均衡地考虑长、短期的挑战和机遇，以及所有相关方的需要，如：股东的投资收益、顾客的满意与成功、员工的发展与满意、供方的共同成长以及社会责任要求等。

16.2.2.3 战略部署

（1）实施计划的制定与部署

1）如何制定和部署实现战略目标的实施计划；如何根据环境的变化对战略目标及其实施计划进行调整和落实。组织应基于总体战略和相关业务战略，制定和部署各职能领域的战略实施计划，确定关键绩效指标，采用诸如目标管理或平衡计分卡等方法层层分解、细化，以实现战略目标；组织应适时分析、评估实际与计划的偏离，并考虑内外部环境的变化，对战略、战略目标及其实施计划进行调整并予以落实。

2）说明组织的主要长、短期实施计划（包括市场营销、技术、生产运营等方面计划）以及这些计划所反映在产品、服务和市场、经营管理方面的关键变化。

3）如何配置资源以确保战略计划的实现，说明重要资源计划。组织可通过制定包括人力、财务、信息和知识、技术、基础设施和相关方关系等资源方面的长短期计划，获取和配置资源，以确保整体实施计划的实现。

4）说明监测战略计划进展情况的关键绩效指标，应确保组织的关键绩效指标系统应协调一致，确保该指标系统涵盖了所有关键的战略部署领域和相关方，并对组织的协调一致性起强化作用。如准时交付率指标应涵盖与其相关的产品、部门及供方。

（2）绩效预测

组织应根据所确定的关键绩效测量指标对绩效进行预测，并说明组织的长、短期计划期内的绩效预测情况，如何将所预测绩效与竞争者的预测绩效相比较，如何将其与主要的标杆、组织的目标及以往的绩效、竞争对手或对比组织的绩效相比较。

1）绩效预测指对未来的绩效或未来目标实现结果的估计，是一种关键的管理诊断和战略策划工具。其方法可包括定量和定性的预测方法，如时间序列分析、回归分析、德尔菲法等。

2）组织应根据所确定的关键绩效指标，基于所收集的相关数据和信息，运用适宜的科学方法和工具，对长、短期计划期内的绩效进行预测；并将所预测绩效与竞争对手或对比组织的预测绩效相比较，与主要的标杆、组织的目标及以往绩效相比较,以制定和验证自己的目标和计划。绩效预测时,可考虑计入因新创办或并购企业、市场的拓展和转移、新的法律法规和标准要求以及在产品、服务和技术上的创新将导致的显著变化。

3) 通过绩效的预测和对比,能够帮助组织提高绩效预测能力,以便:更准确地描绘未来组织和主要竞争对手、标杆的绩效趋势,制定在竞争中领先的目标指标以及对策;更全面地评估其相对于竞争对手、标杆和自身目标的改进和变革的速率,以应对绩效差距,进行绩效改进和战略调控,确保实现所预测的绩效。

16.2.3 顾客与市场

16.2.3.1 对顾客和市场的细分

1) 如何识别顾客、顾客群和细分市场,如何确定当前及未来的产品和服务所针对的顾客、顾客群和细分市场。组织应根据自身的战略优势,进行市场细分和定位,确定当前及未来的产品和服务所针对的目标顾客群和细分市场。细分的视角可包括:市场区域、销售渠道、顾客行业、质量与价格等。应根据组织的实际,考虑细分后顾客偏好的显著性,从关键的视角进行细分。

2) 在顾客与市场的细分过程中,如何考虑竞争对手的顾客及其他潜在的顾客和市场。组织在了解现有顾客和市场的同时,应根据其战略发展方向,关注包括竞争对手的顾客在内的潜在顾客和市场,收集竞争对手和市场情报,以拓展新的市场。

16.2.3.2 顾客需求和期望的了解

1) 如何了解关键顾客的需求、期望和偏好,以及这些需求、期望和偏好对于顾客购买决策及建立长期关系的相对重要性。如何针对不同的顾客、顾客群和细分市场采取不同的了解方法。组织应收集当前和以往顾客的相关信息和反馈,包括市场推广和销售信息、顾客满意和忠诚的数据、顾客赢得和流失的分析以及顾客投诉等,建立顾客档案或知识库,以用于产品和服务的设计、生产、改进、创新以及市场开发和营销过程,并强化顾客导向、满足顾客需要和识别创新的机会。

2) 如何使用当前和以往顾客的相关信息,并将这些信息用于产品和服务的设计、营销、过程改进及其他业务的开发。如何利用这些信息强化顾客导向、满足顾客需要以及创新的机会。

3) 如何使了解顾客需求和期望的方法适应组织的发展方向、业务需要及市场的变化。组织应定期评价了解顾客需求和期望的方法,并对这些方法的适用性、有效性进行分析和改进,使之与发展方向和业务需要保持同步,并适应市场的变化。

16.2.3.3 顾客关系和顾客满意

组织应说明如何建立和完善顾客关系,以赢得和保持顾客,增强顾客满意、忠诚，吸引潜在顾客，开拓新的商机，并说明如何测定顾客满意，提高顾客满意度。

（1）顾客关系的建立

1）如何建立顾客关系以赢得顾客，满足并超越其期望，提高其满意度、忠诚度，获得良好口碑。组织应针对不同顾客群建立差异化的顾客关系，包括与关键顾客建立合作伙伴或战略联盟关系，以赢得顾客，提高其满意度和忠诚度，增加重复购买的频次和获得积极的推荐。

2）如何建立与顾客沟通的主要渠道，这些渠道如何方便顾客查询信息、进行交易和提出投诉，确定每种渠道主要的顾客接触方式及要求，并将这些要求传达到组织内有关的人员和过程。组织应建立与顾客接触的主要渠道，如网站、展销会、登门拜访、订货会、电子商务、电话、电子邮件、微信、传真等，以便于顾客查询信息、进行交易和提出投诉；确定每种渠道主要的顾客接触要求，即顾客对接触过程的要求，进而形成顾客服务的标准，并展开、落实到有关的人员和过程。

3）明确组织的投诉管理过程，如何确保投诉能够得到及时有效的解决，如何最大限度减少顾客不满和业务流失。如何收集、积累、整合和分析投诉信息，将其用于组织及合作伙伴的改进。组织应确立顾客投诉处理过程以及相关职责，建立快速反应机制，确保投诉得到有效、快速的解决，例如向顾客承诺响应和（或）解决的时限并切实履行；应授权与顾客接触的第一位员工把问题处理好，恢复顾客因不满意而失去的对组织的信心，最大限度地减少顾客不满和业务流失；应积累和分析投诉信息，确定共性问题、根本原因及改进的重点，用于整个组织及合作伙伴的改进。

4）如何使建立顾客关系的方法适合于组织的发展方向及业务需要。组织应定期评价、不断改进在顾客关系方面的方法，使之适应发展方向及业务需要。

（2）顾客满意的测量

1）如何测量顾客满意和忠诚，测量方法如何因顾客群不同而异，如何确保测量能够获得可用的信息，如何将顾客满意的信息用于改进活动以超越顾客期望，获得良好口碑并赢得市场。组织应考虑针对不同顾客群，如经销商和终端顾客，采取不同的顾客满意和忠诚程度测量方法，获得有效的信息用于改进。顾客满意的测量通常包括评价项目和数字化的等级量表，评价项目应涵盖顾客的关键需求，诸如质量特性、价格、可靠性、交付期、顾客服务或技术支持等。顾客忠诚通常表现为诸如留住顾客、重复购买及获得积极推荐等方面的绩效。

2）如何对顾客进行产品、服务质量跟踪，以及时获得及时、有效的反馈信息并用于改进与创新活动中。组织应通过对顾客的跟踪、回访或市场调查等途径，跟踪产品和服务质量,以便获得及时、有效的反馈信息,如产品开箱合格率和故障率等,快速识别和解决问题,并用于改进活动,防止其再发生,预防未来顾客的不满意。

3) 如何获取和应用可供比较的竞争对手和(或)行业标杆的顾客满意信息。组织可通过组织自己的调查研究或通过独立的第三方机构,获取和应用可与竞争对手和标杆相比较的顾客满意信息,以识别所存在的威胁和机会,改进组织的绩效,并了解影响市场竞争力的因素,用于战略制定。

4) 如何使测量顾客满意和忠诚度的方法适合于组织发展方向和业务需要。组织应定期评价、不断改进测量顾客满意和忠诚的方法,使之适应发展方向及业务需要。

16.2.4 资源

组织应为确保战略目标的实现、过程的有效和高效实施,提供所必需的人力、财务、信息和知识、技术、基础设施、相关方关系等资源。

16.2.4.1 人力资源

组织应根据其使命、愿景、价值观和战略,建立以人为本的人力资源管理体系,并根据各职能的长短期实施计划,制定和实施长短期的人力资源计划。人力资源计划可考虑诸如以下方面:

1) 促进授权、创新的组织结构和职位的再设计;
2) 促进员工与管理层沟通;
3) 促进知识分享和组织学习;
4) 改进薪酬和激励机制;
5) 改进教育、培训和员工发展。

(1) 工作的组织和管理

1) 如何对工作和职位进行组织、管理,以应对战略挑战,满足实施计划,可以对业务变化做出快速、灵活反应,促进组织内部合作,调动员工的积极性、主动性,促进组织的授权、创新,以提高组织的执行力。组织应对工作和职位进行组织、管理,促进组织内部的合作,调动员工的积极性、主动性,促进组织的授权、创新,进而提高组织的执行力。可采用的方法如:采用扁平化的组织结构,减少沟通层次,以提高运作效率;采用矩阵制的组织结构,建立联合攻关小组、六西格玛小组、跨部门 QC 小组、并行工程小组等跨职能团队,促进横向沟通,以减少部门间壁垒。

2) 如何确定员工的类型和数量的要求,如何识别所需员工的特点和技能、如何提高现有员工(有)能力,如何招聘、任用和留住员工。组织应根据长短期人力资源计划,确定员工类型和数量的需求,进行职位分析,识别所需员工的特点和技能,形成职位说明书,招聘、任用和留住员工。必要时,应对员工流失情况进行分析,并采取相应的措施。

3) 听取和采纳员工、顾客和其他相关方的各种意见和建议,如何确定在不同的部门、职位和地区间建立这种有效的沟通方式和技能共享。组织可建立诸如总经理邮箱、合理化建议、网上论坛及各类座谈会等渠道,听取和采纳员工、顾客和其他相关方的各种意见和建议;采用经验交流、交叉培训、岗位轮换及网络沟通、视频会议等方法,在不同的部门、职位和地区之间实现有效的沟通和技能共享。

(2) 员工绩效管理

如何实施员工绩效管理,包括员工绩效的评价、考核和反馈,以及如何制定科学合理的薪酬体系和激励政策、措施,以提高员工和组织的工作绩效,实现组织的战略实施计划。

1) 基于组织关键绩效指标的分解,对员工绩效进行定量和定性的评价和考核,并在适当的时机,采用适当形式,将评价和考核结果反馈给员工,以便采取措施改进绩效。员工绩效评价的内容可包括绩效结果和绩效因素(如员工态度、知识和技能等)。评价和考核可针对员工个人也可对团队进行。其中的员工不仅包括正式员工,也包括季节工、临时工。

2) 建立科学合理的薪酬体系和实施适宜的激励政策和措施,包括薪酬、奖惩、认可、晋升等物质和非物质的激励政策和措施。

(3) 员工的学习与发展

1) 员工的教育与培训

如何识别教育和培训,制定和实施教育与培训计划,并结合员工和组织的绩效以评价其有效性,使教育与培训适应组织发展方向和员工职业发展的要求;如何针对不同的岗位和职位实施教育与培训,鼓励和支持员工以多种方式实现与工作需要和职业发展、技能提高相关的学习目标。

a) 为应对战略挑战,培育核心竞争力和落实长、短期实施计划的需求,通常通过人力资源计划体现。

b) 为改进员工和组织绩效而产生的知识和技能需求,可通过员工绩效评价、改进和创新计划等渠道识别。

c) 员工职业发展和兴趣爱好方面的需求,可通过员工培训和教育需求调查识别。

教育与培训计划的内容可包括:教育与培训的对象、目标、方式、经费和设施等事项。组织对教育与培训的效果进行评价时,除了采用考试、问卷等方式即时评价外,还应结合员工和组织绩效的变化,评价教育与培训后学以致用的有效性,并促进教育与培训工作的改进。

组织在教育与培训中,应注重:

a) 根据岗位和职位的不同分类分层实施,如:按管理、技术、操作及按不同工种分类;按高层、中层、基层分层。

b) 采用多种方式,可包括委托培养、自学、短期培训、学术研讨会、远程教育、轮岗、交叉培训等。

2) 员工的职业发展

组织如何充分发挥员工的潜能和主动性,如何帮助员工实现学习和发展目标,如何实施继任计划,形成人才梯队;如何对包括高层领导在内的所有员工的职业发展实施有效的管理以提高组织的持续经营能力。

a) 组织应建立多种发展渠道,鼓励、帮助各层次员工制定和实施有针对性、个性化的职业发展规划,实现学习和发展目标。

b) 组织应制定和实施适当的继任计划,包括高、中层领导岗位及关键技术岗位的继任计划,形成人才梯队,以提高组织的持续经营能力。

3) 员工的权益与满意程度

a. 员工权益

- 组织如何保证和不断改善员工工作环境中的职业健康安全等条件,如何规定每个关键场所工作环境的测量项目、测量目标和指标。组织如何确保对工作场所的紧急状态和危险情况作好应急准备。如:组织应通过实施职业健康安全管理体系,针对不同的工作场所确定相应的测量指标和目标,如粉尘、噪声、有害气体、电磁辐射等,保证和不断改善员工的工作环境,并对可能发生的突发事件和危险情况作好应急准备。

- 如何针对不同员工群体,提供有针对性、个性化和多样化的支持,保障员工的合法权益。如:组织应制定有关员工服务和福利的制度,根据不同员工群体的关键需求和期望,提供相应的服务、福利等方面的支持,并遵循《劳动法》、《工会法》等法律法规保障员工的合法权益。

- 组织如何鼓励员工积极参与多种形式的管理和改进活动,并对员工参与的活动提供必要的资源,以提高员工的参与程度和效果。如:组织可采用员工调查、访谈等方法,确定影响员工参与的因素,为员工营造主动参与的环境,鼓励员工积极参与多种形式的活动,如 QC 小组、合理化建议等,并提供时间和资金方面的支持。

b. 员工满意程度

组织如何确定影响员工满意程度和积极性的关键因素,以及这些因素对不同员工的影响。如何测量和提高员工满意度。

如：组织可采用员工问卷调查、座谈等方法，确定影响员工满意程度和积极性的关键因素，如薪酬福利、劳动保护、学习机会、职位提升机会等，以及这些因素对不同员工群体的影响。

组织可通过问卷调查等方法定期调查员工满意程度，了解员工的意见和建议，并分析原因，制定改进措施，提高员工满意程度。需要时，可增加针对性调查，如针对某类员工或某些方面的调查。

组织还可通过其他指标，如员工流失、缺勤、抱怨、安全及生产效率，评价和提高员工的满意程度和工作积极性。

16.2.4.2　财务资源

组织如何确定资金需求，保证资金供给；如何实施资金预算管理、成本管理、财务风险管理，将资金的实际使用情况与计划相比较，及时采取必要的措施，适时调整。如何加快资金周转，提高资产利用率，以实现财务资源的最优配置，并提高资金的使用效率和安全。

1）组织应根据战略目标和实施计划确定资金需求，通过提高银行授信额度、发行债券以及上市或增发股票等方法保障资金供给。

2）组织应制定严密科学的财务管理制度，实施资金预算管理、成本管理、财务风险管理，如：推进全面预算管理，并提高预算准确率；开展成本管理，控制和降低成本；进行财务风险评估，提出并实施风险管理解决方案，确保和提高财务安全性。

3）组织可采用降低库存、减少应收账款等方法加快资金周转，采用盘活存量资产等方法提高资产利用率，以实现财务资源的最优配置，提高资金的使用效率。

16.2.4.3　信息和知识资源

1）如何识别和开发信息源，如何确保获得和提供所需的数据和信息，并使员工、供方和合作伙伴及顾客易于获取相关数据和信息。

如：组织可根据战略制定和日常运营的需求，通过流程分析、建立绩效测量系统和信息系统等方法，识别和开发内部信息源，通过与行业协会、顾客、供方和合作伙伴等的外部合作以及利用搜索引擎等方法识别和开发外部信息源，特别是竞争和标杆情报信息源，从而确保获得所需的数据和信息，并通过信息系统等途径，向员工、供方和合作伙伴及顾客提供相关数据和信息，使之在获得权限范围内易于获取，以提高包括供方、组织、顾客在内的供应链整体效率和快速反应能力。

2）如何配备获取、传递、分析和发布数据和信息的设施，如何建立和运行信息系统，如何确保信息系统硬件和软件的可靠性、安全性、易用性。

第16章 卓越绩效模式

如：组织可优选软硬件供方及其产品，建立符合行业特点及业务需求的信息系统，并通过与供方密切合作、培养软硬件维护人员、信息系统用户参与等方法，确保信息系统软硬件的可靠性、安全性、易用性。

3）如何使信息系统适应组织的发展方向及业务需要。

组织应基于战略及其实施计划，开展信息化需求调查和分析，制定长短期的信息化发展计划，积极、系统地推进信息化建设，逐步建立和运行满足内外部用户要求的集成化信息系统。

4）如何有效地管理组织的知识资产，收集和传递来自员工、顾客、供方和合作伙伴等方面的相关知识，识别、确认、分享和应用最佳实践。

组织应营造重视知识的学习型组织文化氛围，明确知识管理过程，建立知识管理的信息平台，收集和传递来自员工、顾客、供方和合作伙伴的知识，通过内部知识分享和外部标杆对比，识别最佳绩效背后的最佳实践，进行确认、积累、整合、分享和推广应用，使分散的知识集成化、隐藏的知识显性化，将知识转化为效益，促进知识资产的不断增值。其中：

- 组织内部的知识可包括：图样、文件、专利、技术诀窍、攻关成果、技术革新和改造成果、QC小组和六西格玛管理成果、合理化建议成果、专业论文等；
- 组织外部的知识可包括：顾客的图样和文件，竞争对手和标杆的技术诀窍、管理经验，供方和合作伙伴的专业技术文件等。

5）如何确保数据、信息和知识的准确性、完整性、可靠性、及时性、安全性和保密性。

组织应建立确保数据、信息和知识的准确性、完整性、可靠性、及时性、安全性和保密性等质量属性的方法、监测指标并持续改进，以不断提高数据、信息和知识的质量。

16.2.4.4 技术资源

1）组织如何对其拥有的技术进行评估，并与同行先进水平进行比较分析，为制定战略和增强核心竞争力提供充分依据。

结合战略制定流程，收集内外部技术信息，及时了解并预测行业技术发展状况，对组织的技术现状进行评估并与同行对比分析，为制定战略提供依据，并识别增强组织核心竞争力的机会。

2）如何以国际先进技术为目标，积极开发、引进、消化、吸收适用的先进技术和先进标准，提高组织的技术创新能力。

基于其战略定位，确定与之相适应的技术定位，并瞄准国际先进技术和标准，将"原始创新、集成创新与引进消化吸收再创新"相结合，开展自主技术创新，提高组织的技术创新能力。

3) 如何形成和使用组织的技术诀窍与专利。

注重知识积累，形成设计、操作和服务等方面的技术诀窍以及各类专利，并推广应用，逐步形成组织在技术方面的核心竞争力。

4) 如何制定技术开发与改造的目标和计划，论证方案，落实增强技术先进性、实用性所采取的措施。

基于其技术定位，制定长短期技术发展计划，明确技术开发和改造的目标和计划，进行技术经济论证和可行性分析，落实增强技术先进性、实用性所采取的措施。

16.2.4.5 基础设施

在考虑组织自身和相关方需求和期望的同时，如何确定和提供所必需的基础设施，包括以下方面

1) 根据战略实施计划和过程管理的要求提供基础设施。根据战略实施计划和过程管理的要求，提供满足产能、成本、质量、安全、环保等各方面要求的基础设施。

2) 制定并实施基础设施的预防性和故障性维护保养制度。在故障性维护保养的基础上，建立预防性维护保养制度。根据企业的行业特点和自身条件，处理好专业维护保养和操作者维护保养之间的关系，制定科学合理的测量指标，保证基础设施的各项性能长期保持在良好的水平。

3) 制定和实施更新改造计划，不断提高基础设施的技术水平。根据战略目标和长短期实施计划以及日常过程管理的要求，制定和实施更新改造计划，不断提高基础设施的技术水平。

4) 预测和处置因基础设施而引起的环境、职业健康安全和资源利用问题。根据基础设施的关键失效模式，制定预案，防止由于基础设施的失效带来的环境、职业健康安全和资源利用方面的问题。

16.2.4.6 相关方关系

组织如何建立与其战略实施相适应的相关方关系，特别注重与关键供方和合作伙伴建立良好的合作关系，推动和促进双向交流，共同提高过程的有效性和效率。

组织应视相关方关系为资源，致力于与顾客、股东、员工、社会、供方和合作伙伴建立共赢的关系，以支持组织的使命、愿景、价值观和战略。

组织应特别关注与供方和合作伙伴的关系，根据对组织成功的影响程度确定关键供方和合作伙伴，基于平等互利、共同发展的原则，推动和促进双向沟通和知识分享，提供诸如技术、管理、人员和资金等方面的支持，建立长期合作伙伴

关系或战略联盟等,共同提高过程的有效性和效率,达到双赢的目的。

16.2.5 过程管理

16.2.5.1 过程的识别与设计

(1) 过程的识别

组织如何确定主要产品、服务及经营全过程,并识别、确定其中的关键过程,包括利用外部资源的过程。

1) 组织应采用过程方法,梳理、确定主要产品、服务及经营全过程。

2) 组织应明确当前的和应持续增进的核心竞争力,在识别组织全过程的基础上,考虑与核心竞争力的关联程度,定量或定性地分析这些过程对组织赢利能力和取得成功的贡献,确定组织的关键过程。适当时,对不能体现核心竞争力的过程进行调整,例如可考虑将其外包,成为与供方和经销商等合作伙伴合作、利用外部资源的过程。

(2) 过程要求的确定

如何结合来自顾客及其他相关方的信息,确定关键过程的要求,必要时在全部要求中确定关键要求,如何确保这些要求清晰并可测量。

1) 对关键过程的要求来自于顾客和其他相关方,包括内部顾客。组织应确定过程的相关方,然后识别这些相关方对过程的要求,当要求较多时从中确定出关键要求。必要时,还应关注不同的顾客或其他相关方群体对过程的不同要求。

2) 对关键过程的要求可包括质量、生产率、成本、周期、准时率、环境及安全要求等,应清晰、具体和可测量。

(3) 过程的设计

1) 在过程设计中如何满足已确定的关键要求,如何有效利用新技术和组织的知识,如何考虑可能的变化并保持敏捷性,如何考虑质量、安全、周期、生产率、节能降耗、环境保护、成本控制及其他效率和有效性因素,确定过程的关键绩效指标。

在过程设计中,组织应:

a) 有效利用新技术和组织的知识,如:新工艺、新材料、新设备、新方法和信息技术,组织积累的技术诀窍、管理经验等。

b) 考虑未来可能的变化,具有前瞻性地提出预案或预留接口。

c) 考虑过程的敏捷性,使过程具有适应内外部环境和因素变化的敏捷性,即当组织战略和市场变化时能够快速反应,如:当一种产品转向另一种产品时,过程能够快速地适应这种变化。采用的方法可包括:柔性技术、快速换模等。

d) 综合考虑质量、安全、周期、生产率、节能降耗、环境保护、成本和其他有效性和效率的因素，将对关键过程的要求转化为关键绩效指标，这些指标应是可测量并量化的。

过程设计的输出一般包括：流程图、程序或作业指导书及关键绩效指标。

当过程试运行达不到要求和（或）过程要求发生变化时，应进行过程评价和改进，需要时进行过程的重新设计。

2）如何考虑应对突发事件和采取应急准备，以规避风险、减少危害；在建立组织的应急响应系统中如何考虑预防和管理，以及运营的连续性。

在应急响应系统的建立中，组织应：

a）根据行业实际，识别和评估可能对安全、健康、环境和运营（包括信息系统）造成显著影响的潜在突发事件（如：火灾、爆炸、洪水、地震、台风及禽流感等），建立相关应急预案和在可行时定期演练的计划，以确保当突发事件发生时，能够启动应急预案，规避风险、减少危害。

b）系统地考虑灾前预防准备、灾中应急响应、评估和处置管理，以及灾后恢复；在确保安全、健康和环境的前提下，确保运营的连续性，以尽快恢复运营。

16.2.5.2 过程的实施和改进

（1）过程的实施

如何实施关键过程，以持续满足过程设计要求，并确保过程的有效性和效率。如何使用关键绩效指标监控过程的实施，如何在过程的实施中利用来自顾客和其他相关方的信息，如何优化关键过程的整体成本。

1）将关键绩效指标用于监测和控制关键过程，可在过程中监测，也可通过顾客和其他相关方的反馈来监测。

2）针对关键绩效指标及过程因素（人、机、料、法、环、测），运用适当的统计技术，如统计过程控制、测量系统分析等，控制和管理关键过程，使之稳定受控并有足够的能力。

3）利用来自顾客、供方和其他相关方的信息，及时对过程进行调整，并应用质量成本管理、价值工程等方法，优化关键过程的整体成本。

（2）过程的改进

如何评价关键过程实施的有效性和效率，改进关键过程，减少过程波动与非增值性活动，使关键过程与发展方向和业务需要保持一致，并在各部门和各过程分享改进成果和经验教训，以促进组织的学习和创新。

1）组织应通过分析关键过程的关键绩效指标的水平、趋势，并与适宜的竞争对手和标杆对比，以评价过程实施的有效性和效率，推动过程的改进和创新，使关键过程与发展方向和业务需要保持一致。

2）为了达到更好的过程绩效，减少波动与非增值活动，组织可应用合理化建议和技术革新、QC 小组、六西格玛、精益生产、业务流程再造以及其他方法,参见 16.2.6.4 小节改进与创新。

3) 过程改进的成果和经验教训应列入组织的知识资产,在各部门和过程中分享,适当时,可与顾客、供方和合作伙伴分享,以及在行业内或跨行业分享。

16.2.6 测量、分析与改进

应该指出,卓越绩效模式要求组织的绩效评价能够保持组织的"平衡",具体来讲就是要处理好短期绩效与长期绩效的平衡、收益增长与潜力增长的平衡、财务绩效与非财务绩效的平衡、产出绩效与绩效驱动因素的平衡、外部市场绩效与内部关键过程绩效之间的平衡。企业绩效评估能否兼顾到上述要素之间的平衡,直接影响到企业能否保持可持续的发展。

16.2.6.1 提要

组织应说明其测量、分析、整理组织各层次及所有部门过程的绩效数据和信息的方法。

组织应测量、分析、评价组织绩效,支持组织的战略制定和部署,促进组织战略和运营管理的协调一致,推动改进和创新,提升组织的核心竞争力。

16.2.6.2 绩效测量

1) 组织如何建立绩效测量系统,如何有效利用相关的数据和信息,监测日常运作及组织的整体绩效,支持组织的决策、改进和创新。

明确所选择的关键绩效指标,建立其测量方法,包括负责部门、数据和信息来源、收集和整理及计算方法、测量周期等,以客观、准确地监测组织的运作及组织的整体绩效,为战略决策和日常决策、为改进和创新提供支持。

2) 组织如何应用关键的对比数据和信息分析结果,支持组织的经营、战略决策、改进与创新。

针对关键绩效指标及关键活动,辨识、收集和有效应用关键的绩效对比数据(包括内部对比、竞争对比和标杆对比数据)以及相关信息(如组织内部、行业内或行业外标杆的最佳实践),开展内部对比、竞争对比和标杆对比活动,为战略决策和日常决策、为改进和创新提供支持。

3) 组织如何确保其绩效测量系统适应发展方向及业务需要,并确保对组织内外部的快速变化保持敏感性。

对绩效指标、指标值、测量方法等进行适时评价,使测量系统的各要素能够随着内外部环境的快速变化和战略的调整,进行动态的、灵敏的调整,以保持协调一致。

16.2.6.3 绩效分析和评价

1) 如何分析、评价组织绩效,包括:如何评价组织的成就、竞争绩效以及长、短期目标和实施计划的进展,如何评价组织的应变能力。

在战略制定过程和战略部署、日常运作过程中,都需要开展绩效分析,包括趋势分析、对比分析、因果分析和相关分析等,以找出绩效数据及信息的内在规律和彼此之间的关系,支持绩效评价,帮助确定根本原因和资源使用的重点。

组织的绩效评价应由高层领导主持,不仅要评价自身长短期目标和计划的达成情况,而且要考虑在竞争性环境下的绩效对比,并评价组织应对内外部环境变化和挑战的快速反应能力。绩效评价的输入可包括:绩效数据和信息的测量、分析结果,管理体系审核、卓越绩效评价的结果,战略实施计划、改进和创新举措的实施状况,内外部环境的变化等。

2)如何根据绩效评价结果,确定改进的优先次序,并识别创新的机会;如何将这些优先次序和创新机会及其举措在组织内展开,适当时展开到关键供方和合作伙伴,以达到协调一致。

组织应综合考虑所存在问题的影响、紧急程度以及绩效趋势与对比等因素,识别改进的优先次序和创新机会,将评价结果转化为具体的改进和创新举措,使有限的资源配置到最需要改进和创新的地方。当改进和创新举措涉及外部时,还需要将其展开至供方和合作伙伴。

16.2.6.4 改进与创新

(1) 改进与创新的管理

1)如何对改进和创新进行策划,明确各层次和所有部门、过程在改进与创新方面的计划和目标。

组织应结合战略及其实施计划,根据内外部顾客和其他相关方的要求,基于关键绩效指标的层层分解,制定组织各层次和所有部门、过程的改进与创新计划和目标,使改进活动与组织整体目标保持一致。创新的形式可包括:原始创新(指前所未有的重大科学发现、技术发明、原理性主导技术等)、集成创新(指通过对各种现有技术的有效集成,形成有市场竞争力的新产品或管理方法)和引进消化吸收再创新(指在引进国内外先进技术的基础上,学习、分析、借鉴,进行再创新,形成具有自主知识产权的新技术)。

2)如何实施、测量、评价改进与创新活动,分析对盈利能力和实现组织战略目标的贡献,促进组织绩效的提高如何对改进和创新进行策划,明确各层次和所有部门、过程在改进与创新方面的计划和目标。

组织在实施、测量改进与创新活动时,应做到组织到位、职责落实、制度完善、方法多样,并采用适当的方式进行跟踪管理;组织应对改进成果进行科学、全面的评价,分析其对盈利能力和实现组织战略目标的贡献,建立符合组织自身特点的激励政策,并分享、推广改进的成果,使改进活动步入良性循环。

(2) 改进与创新方法的应用

1) 如何应用多种方法,组织各层次员工开展各种改进项目与创新活动。

组织在生存和发展过程中会遇到多种多样的问题,为了解决发生在不同层次、影响程度和难度各异的问题,应由各层次员工参与、有针对性地应用适宜的方法,进行改进和创新。如:发动员工提合理化建议和开展 QC 小组活动,包括创新型 QC 小组;组织开展六西格玛管理、业务流程再造等。

2) 如何正确和灵活应用统计技术和其他工具,为改进与创新提供支持。

组织应正确理解统计技术和其他工具的适用范围和条件,因地制宜、融会贯通地应用。统计技术和其他工具可包括:QC 新老七种工具、失效模式与影响分析、假设检验、方差分析、回归分析、试验设计等。

16.2.7 结果

16.2.7.1 总则

本条款用于评价组织在主要经营方面的绩效和改进,包括产品和服务、顾客与市场、财务、资源、过程有效性和领导等方面的绩效,体现了为顾客、股东、员工、供方及合作伙伴与社会创造的价值,并为评价和改进产品、服务和经营质量提供信息。

绩效水平应与竞争对手和(或)标杆对比并进行评价。

16.2.7.2 产品和服务的结果

1) 组织主要产品和服务关键绩效指标(如实物质量指标和服务水平等)的当前水平和发展趋势。其指标源自了解、确定的顾客需求、期望和偏好,可包括:主要产品和服务的质量特性、可靠性、性价比、交付周期或准时交付、顾客服务或技术支持等方面的指标。

2) 主要产品和服务的关键绩效指标与竞争对手的绩效相比较的结果。

3) 产品和服务质量与国内、国际同类产品和服务的水平比较结果。

4) 组织的主要产品(包括名牌产品)和服务具有的特色及创新成果。可包括:名牌产品、驰名商标、品牌价值、科技进步奖产品、专利产品、新产品或新服务,以及产品和服务在质量安全、环保和资源节约等方面的特色等。

16.2.7.3 顾客与市场的结果

组织应描述其顾客和市场的结果,包括顾客满意程度和忠诚程度、产品和服务的绩效结果,以及市场占有率结果。适当时,将结果按顾客群、产品和服务类别和市场区域进行划分。

(1) 顾客方面的结果

1) 顾客满意程度的关键绩效指标当前水平和发展趋势。包括按照具体测评项目、顾客群及细分市场等而进行的细分数据。衡量顾客满意的关键绩效指标可包括：顾客满意度、顾客投诉及时响应率和有效解决率（或顾客投诉响应时间和有效解决时间）等。

2）顾客满意程度在本行业中的水平，以及与竞争对手和本行业标杆对比的结果。必要时包括细分数据的对比，以利于寻找改进机会。

3）顾客忠诚程度的关键绩效指标当前水平和发展趋势。衡量顾客忠诚的关键绩效指标可包括：顾客忠诚度、留住顾客、获得积极推荐和与顾客建立关系的其他方面，如来自顾客和独立评价机构的评价、表彰和授奖。

（2）市场结果

1）市场的关键绩效指标当前水平和发展趋势，可包括市场占有率、市场地位、市场排名、业务增长和新增市场区域及出口、电子商务销售收入等。

2）市场绩效与竞争对手和本行业标杆的绩效的对比结果，在国内外同行业中的水平。必要时包括细分市场的结果对比，以利于寻找改进机会。

16.2.7.4 财务结果

组织应描述其财务绩效的主要测量指标及其当前水平和发展趋势，具体包括：主营业务收入、投资收益、营业外收入、利润总额、总资产贡献率、资本保值增值率、资产负债率、流动资金周转率等综合指标。

组织应描述其在财务方面的关键绩效指标及其当前水平和趋势，其中应包括适当的对比性数据。财务方面的关键绩效指标包括主营业务收入、投资收益、营业外收入、利润总额、总资产贡献率、资本保值增值率、资产负债率、流动资金周转率等综合指标，但也不限于这些指标。组织应根据国家《会计准则》、《财务通则》和行业特点，选择最具代表性的指标来反映组织的财务绩效。

当针对不同产品和服务类别或市场区域进行了单独的财务核算（包括内部模拟核算）时，组织可描述这些细分的财务结果。

16.2.7.5 资源结果

1）组织人力资源方面的结果，应包括工作的组织和管理、员工绩效管理、员工学习和发展、员工权益与满意程度等方面的关键绩效指标的当前水平和趋势，其中应包括适当的对比性数据。

a）工作的组织和管理方面的关键绩效指标可包括：简化管理层级和岗位的数量、组建跨职能小组的数量、岗位轮换率、员工晋升率、员工流失率以及管理人员比例的变化等。

b）员工绩效管理的关键绩效指标可包括：全员劳动生产率、人均利税率、员工薪酬增长率、对员工的各类表彰和奖励数量等。

c）员工学习与发展的关键绩效指标可包括：人均培训时间和经费投入、员工培训满意度,以及培训前后员工绩效对比、交叉培训以及职业发展等方面的指标。

d) 员工权益与满意程度的关键绩效指标可包括:员工职业健康和安全指标、员工保险费用、员工休假天数、员工福利支出、员工满意度及其细分结果,以及技术创新、合理化建议和 QC 小组的数量等。

2) 组织在人力、财务、信息和知识、技术、基础设施和相关方关系等资源方面的关键绩效指标的当前水平和趋势,其中应包括适当的对比性数据。

a) 其他资源的结果主要描述组织所拥有的财务、信息和知识、技术、基础设施和相关方关系资源(有关资源管理过程的绩效结果在《卓越绩效评价准则》标准 4.7.6 中描述)。

b) 财务资源结果的关键绩效指标可包括:银行授信额度、现金流等。

c) 信息和知识资源结果的关键绩效指标可包括:信息系统的投资额、软件系统的开发和应用、台式计算机和便携式计算机的数量、知识资产的积累,以及软硬件的可靠性、安全性和易用性方面的指标等。

d) 技术资源结果的关键绩效指标可包括:研发经费支出及其占销售收入的比例、新产品产值率、专利数量和质量、科技进步奖数量等。

e) 基础设施资源结果的关键绩效指标可包括:办公场所和厂房面积、关键设备数量、基本建设投资额、技术改造投资额等。

f) 相关方关系资源结果的关键绩效指标可包括:供应商总数量、长期合作供应商和合作伙伴的数量或比例、战略联盟的数量等。

16.2.7.6 过程有效性结果

组织应描述关键过程有效性和效率方面的关键绩效指标及其的当前水平和趋势,应包括全员劳动生产率、质量、成本、周期、供方和合作伙伴绩效以及其他有效性的测量结果,包括准则过程管理中各关键过程的关键绩效指标。适当时,将结果按产品和服务类别或市场区域加以细分,其中应包括适当的对比性数据。

1) 研发过程的新产品设计周期、新产品数量及设计成功率等;
2) 市场营销过程的中标率、订单预测准确率、订单收入、销售收入等;
3) 采购供应过程的进货批合格率及准时交货率、采购成本降低率、关键供方营业收入增长率等;
4) 生产过程的一次合格率、准时交货率、产量、生产周期、生产成本等;
5) 服务过程的维修满意率、故障排除时间及网络接通率等;
6) 设备管理过程的设备完好率、设备利用率等;
7) 财务管理过程的预算准确率、应收账款回收率等;
8) 信息和知识管理过程中反映准确性、完整性、可靠性、及时性、安全性和保密性的测量指标，以及知识资产的分享和推广应用增值效果（如知识库的点击率、推广增值效益）等。

16.2.7.7 领导方面的结果

组织在领导方面的绩效结果，应包括实现战略目标、组织治理、公共责任、道德行为以及公益支持等方面的绩效结果，必要时按业务单元加以细分，其中应包括适当的对比性数据。

1) 在实现战略目标方面的关键绩效指标的当前水平和趋势；
2) 在组织治理方面的关键绩效指标的当前水平和趋势；
3) 在公共责任方面的关键绩效指标的当前水平和趋势；
4) 在道德行为方面的关键绩效指标的当前水平和趋势；
5) 在公益支持方面的关键绩效指标的当前水平和趋势。

组织应描述以下五个方面的关键绩效指标及其当前水平和趋势：

1) 在实现战略目标方面的关键绩效指标可包括：战略完成率、战略目标实现率、实施计划完成率、关键绩效指标达成率等。
2) 在组织治理方面的关键绩效指标可包括：独立董事百分比、内外部审计结果及其利用方面的绩效指标、股东及其他相关方权益方面的绩效指标等。
3) 在公共责任方面的关键绩效指标可包括：废气、废水、废渣及噪声排放指标，万元产值能耗及水耗，原材料等资源利用率、职业健康和安全事故、事件率、产品质量安全事故以及应急准备和响应等方面的绩效指标。
4) 在道德行为方面的关键绩效指标可包括：遵守道德规范情况的调查指标、诚信等级、违背道德规范的事件数，以及顾客、供方以及质监、环保、工商、税务、海关、审计、银行及法律等机构对组织诚信等级或程度的评估。
5) 在公益支持方面的关键绩效指标可包括：对文化、教育、卫生、慈善、社区、行业发展和环境保护等公益事业的支持指标，如捐助金额、参加义务献血的人次等。

16.3　卓越绩效评价要点

卓越绩效评价是一种诊断式的评价，既包括对组织的优势和改进机会的定性评价部分，又包括总分为1000分的定量评价部分，以便全方位、平衡地诊断评价组织经营管理的成熟度。这两部分的评价相互关联，定性评价是定量评价的依据，而定量评价是定性评价的度量。除了初期自我评价可能会仅使用定性评价外，在大多数实际评价中两者是联合使用的。

从评价的主体角色看，卓越绩效评价可分为第一方评价（自我评价）、第二方评价和第三方评价（质量奖评价）；从评价的客体特征看，卓越绩效评价可分为资料评价（评价人员仅对反映组织过程和结果的书面资料进行评价）和现场评价（评价人员深入组织的运营现场进行评价）；从评价人员的组织形态看，卓越绩效评价又可分为独立评价和合议评价（评价人员以团队的方式进行讨论，做出综合一致的团队评价结论）。

对于组织绩效的评价应抓住以下重点：

1）评审绩效目标及竞争性。
2）应变能力。
3）关键绩效指标（KPI）。
4）关键业务的优先顺序。
5）创新机会。

根据 GB/Z 19579—2012《卓越绩效评价准则实施指南》的要求和被评价组织的信息以及作者的经验，按过程、结果两种评分项进行定量和定性评价时，需要注意以下要点。

16.3.1 对"过程"的评分要点

对"过程"的评分是指，评价组织为实现标准中各评分项要求所采用的方法、展开和改进的成熟程度。用方法—展开—学习—整合四个要素评价组织的过程处于何种阶段。

（1）"方法"评价要点
1）方法的适宜性，包括对标准评分条款要求和对组织实际的适宜程度。
2）方法的有效性，是否导致了好的结果。
3）方法的系统性，包括可重复性以及基于可靠数据和信息的程度。

（2）"展开"评价要点
1）方法是否持续应用。
2）方法是否在所有适用的部门应用。

（3）"学习"评价要点
1）通过循环评价和改进，对方法进行不断完善。
2）鼓励通过创新对方法进行突破性的改变。
3）在组织的各相关部门、过程中分享方法的改进和创新。

（4）"整合"评价要点
1）方法与在组织的概述和其他评分项中识别出的组织需要协调一致。
2）组织各过程、部门的测量分析和改进系统，是否协调一致、相互融合互补，支持组织使命、愿景和战略目标的实现。

16.3.2 对"结果"的评分要点

结果是组织在实现标准4.7要求中得到的输出和结果。组织针对标准4.7中各评分条款要求，所得到的输出和效果。用水平-趋势-对比-整合（Levels-Trends-Comparisons-Integration，简称Le-T-C-I）四个要素评价组织结果的成熟度。

其中"水平"评价要点：组织绩效的当前水平。

"趋势"评价要点：

1）绩效改进的速度（趋势数据的斜率）；

2）绩效改进的广度（展开的程度）。

"对比"评价要点：

1）适宜的竞争对手或类似组织的对比绩效；

2）标杆或行业领先者的对比绩效。

"整合"评价要点：

1）结果的测量指标与在"组织概述"和"过程"评分条款中确定的关键绩效要求及指标相呼应。

2）各过程、部门的结果协调一致，支持组织使命、愿景和战略目标的实现。

16.3.3 卓越绩效评分过程

16.3.3.1 了解组织

评价人员通过撰写（对于自我评价）或阅读（对于外部评价）"组织概述"，来了解组织的关键影响因素和所面临的挑战，包括以下几个方面。

（1）组织的环境

1）主要的产品和服务及其交付方式、途径，如直接交付、通过经销商等。

2）组织文化特色，包括组织的使命、愿景和价值观。

3）员工的基本情况，包括教育水平、职位和年龄等，以及特别的职业健康和安全要求。

4）主要的技术和设备设施。

5）组织运营的法规和政策环境，包括环境、职业健康和安全、财务及产品的法规要求，以及认证、注册登记等方面的要求。

（2）组织的关系

1）组织结构和治理体制。

2）关键的顾客群及其他相关方群体，及其对产品、服务和运营的关键需求、期望和差异点。

3）关键的供方和经销商类别，及其在关键产品和服务过程及创新中的角色，关键的供应链要求。

4）与关键顾客和供方的伙伴关系和沟通机制。

（3）组织面临的挑战

1）竞争环境。在行业内或目标市场中的竞争地位、规模和发展情况，竞争对手的类型和数量；决定组织能否超越竞争对手、取得成功的关键因素，正在影响竞争格局的关键变化，创新和合作机会；行业内比较性和竞争性数据的获取资源，行业外类似过程比较性数据的获取资源，对获取数据方面的要求；组织在关键业务、运营和人力资源方面所面临的战略挑战。竞争对比和标杆对比数据的主要来源，获取能力的局限。

2）战略挑战和优势。在关键业务、运营和人力资源方面的战略挑战和战略优势。

3）绩效改进系统。绩效改进的总体方法，包括从评价、改进与创新到知识分享的方法系统。如精益生产、六西格玛等方法；组织内学习和共享知识资产的总体方法。

16.3.3.2 逐项的定性评价

在了解组织的环境、关系、所面临的挑战和绩效改进系统后，评价人员根据评价准则、评价要点和指南，对各评分项的要求逐项评价，逐项写下定性的评语。每项评语应包括3个部分：

1）观察到的事实。基于评价准则，组织所做的或没做的。

2）实例。用于支持"观察到的事实"的典型例证。

3）因此会有什么结果。对照关键因素、评价准则进行推论。

16.3.3.3 逐项的定量评价

在进行逐项评分时，应遵循以下原则：

1）应当评审评分项中的所有各方面，特别是对组织具有重要性的方面。

2）在确定分数的过程中，应当特别重视识别过程和结果对关键因素（关键顾客要求，关键战略目标，关键过程）的重要性。

3）给一个评分项评分时，首先判定哪个分数范围总体上"最适合"组织在本评分项上达到的水平。

4）组织达到的水平是依据对四个过程要素（即方法、展开、学习、整合）、四个结果要素（即顾客和市场、财务、过程有效性、资源的结果），进行整体综合评价的结果，并不是专门针对某一要素进行评价或对每一要素评价后进行平均的结果。

5）在适合的范围内，实际分数根据组织的水平与评分要求相近的程度来判定。

6)"过程"评分项和"结果"评分项的分数各占50%。

7)当由若干评价人员进行合议评价时,按照如下合议原则:评分极差小于等于15%时,使用中间分;评分极差为20%或25%时,通过讨论决定或使用中间分;评分极差大于等于30%时,必须讨论决定。

16.3.3.4 综合评价

依据逐条评语,归纳编写"综合评价报告",包括最重要的优势或出色的实践与结果,以及最显著的改进机会、担忧、弱项或差距。

评分项的得分百分比与该评分项的分值相乘,即为该评分项得分,并将所有评分项得分相加,即得出被评价组织的经营管理成熟度总分。在满分1000分的定量评分系统中,500分是一个基本成熟的等级。2012版评分变化情况见下面的表16-1。

16.3.3.5 如何进行自我评价

组织与人一样,也存在优势与不足。要想在日趋激烈的竞争中占有一席之地,组织必须不断地进行"自我省思"。只有在认识自我的基础上,发扬优势,改进不足,才能实现组织的整体优化和持续发展。而自我评价正是组织审视自我,明确优势和发现改进机会的一个有效方法。

组织的自我评价是组织自觉地采用某种标准,对其活动和结果全面、系统、定期地进行评审的管理活动,其目的是为了自我改进,追求卓越。早在质量奖产生以前,已有不少组织自觉开展自我评价活动寻找当前存在的不足。但这些活动只是个别行为,其方法也缺乏系统性、科学性。直到质量奖的兴起,自我评价才真正具有了较强的生命力,得到了更多企业的重视和采用。而自我评价理论经过不断完善,也逐渐形成了一整套科学的方法体系。不少组织在申请质量奖的活动中发现,一旦自我评价形成常规,不仅对获奖有益,更重要的是为企业提供了一个自我学习和学习其他组织的机会和方法。自我评价可成为组织自我完善机制的一个组成部分。

(1)自我评价的一般流程

自我评价应当是包括"评价、改进、创新和分享"的"学习循环",即:通过评价、找到改进和创新的机会并排出优先次序,配置资源予以实施,并在获得成效后,在组织内部分享、推广,然后回到新一轮的"学习循环"。

1)领导承诺和评价准则培训。首先,高层领导应明确对自我评价的主导责任,因为自我评价要求受评组织是活动的主体。同时还应当为高、中层领导和推行卓越绩效评价准则骨干人员安排导入培训,为随后的正式评价打下良好的基础。

2)策划和制定自我评价计划。这一阶段的工作主要包括以下几个方面:

a) 确定进行自我评价的合适区域。自我评价的开展范围既可以是整个组织，也可以是组织的一个部分，如一个部门、一个分厂等。

b) 选择进行自我评价的过程。自我评价是针对过程和结果的，开始时可以选择1、2个过程及其结果，做先导性试验。

c) 界定自我评价涉及的单位或部门。因为过程通常是跨部门的，所以应当根据所选择的过程，来确定在对该过程中进行自我评价时需要哪些部门的配合。

d) 选择内部评审员，建立自我评价组。评审员可来自质量、设计、生产、人力资源、企管、财务、市场及办公室等部门。必要时聘请外部顾问参与、指导。

e) 制定自我评价的计划和指导方针。包括评价时间、场所、评价内容和评审员分工安排。

3) 实施自我评价。按照"评分要点"和"评分过程"的要求，逐项进行定性和定量的评价，确定优势、改进机会以及分数，并提出综合性的自评报告，列出最重要的优势、最显著的改进机会，编写综合性的自我评价报告，附上详细的评分表。组织可以按上述要求进行全面的详细评价，也可以仅进行定性评价而不进行定量评分，仅输出综合报告而不编写逐项的评语。组织可以基于现状直接开展自我评价，也可以先组建材料编写组，收集材料、数据，提出初稿，作为正式评价的依据和参考。

4) 制定改进和创新计划。在完成自我评价后，召开自我评价汇报会，向高层领导报告自我评价的过程和结果，讨论以下几个方面：

a) 组织的最重要优势及巩固措施，以及进一步发扬光大、分享、推广和创新、变革的可能性。

b) 组织的最显著改进机会和优先次序，以及如何配置人力物力资源，采取改进措施。

c) 卓越绩效模式的下一步推进计划。

5) 实施改进和创新计划。建立改进团队，授予团队权限，并配置必要资源，实施改进和创新。这里需要强调的是，自我评价本身只是一项分析和评价的活动，不会导致组织经营管理水平的提高。对于发现的待改进领域，如果不采取任何改进措施，则自我评价是无效的。因此，组织必须制定和实施相应的改进和创新计划，才能真正体现自我评价，促进组织持续改进和创新，向着"卓越"目标迈进。

6) 分享、推广改进和创新成果。跟踪改进和创新计划的实施进展，验证改进和创新计划的效果，并将行之有效的改进和创新实践进行分享和推广。

(2) 自我评价应注意的事项

1) 确保高层领导的参与。高层领导可以协调各种资源的分配，起到模范作用和激励其他人员。高层管理者的承诺可以使组织自我评价经受住许多挑战。

2）选好自我评价的时机。组织在任何时候使用卓越绩效准则都不嫌早，但也有例外的时候，例如在下述情况下就不宜作自我评价：

a）所有管理计划都是短期的，根本没有长期策划和经营战略。

b）正在进行重大的组织变化。

c）组织采用"黑匣子"（亦称"黑箱"，只有打开和解秘才能找到答案）管理制度。

d）自认为组织经得起任何考验。

e）不愿面对问题和解决矛盾。

3）评价应覆盖各层次、各部门。在现场评价中，评价对象应覆盖组织的各个层次和主要部门，这样才能获得有价值的信息。

4）注意改进经营结果而非考核或分数。有的组织将自我评价与考核相联系，甚至将管理人员的奖金与得分挂钩。自我评价过程重在发现改进机会，应当避免过于乐观，或者由于过于重视分数而忽略了自我评价的实质。

在表 16-1 中，列出了 GB/T 19579《卓越绩效评价准则实施指南》的评价准则和评分的构成，及其与美国波多里奇奖评分分值的比较。表 16-2 列出了 GB/T 19580 与 ISO 9001 的比较。

表 16-1 GB/T 19579 评价准则与波多里奇奖评分

序号	评价项目	波多里奇奖	GB/T 19579：2004	GB/T 19579：2012	2004 与 2012 版分值变化
1	领导作用	120 分	100 分	110 分	+10
2	战略	85 分	80 分	90 分	+10
3	以顾客和市场为中心	85 分	90 分	90 分	0
4	以人为本（资源）	85 分	120 分	130 分	+10
5	运营（过程）管理	85 分	110 分	100 分	-10
6	测量、分析和知识管理（与改进）	90 分	100 分	80 分	-20
7	结果	450 分	400 分	400 分	0
	总分	1000 分	1000 分	1000 分	0

表 16-2 GB/T 19580 与 ISO 9001（等同于 GB/T19001）标准的比较

序号	区别项目	ISO 9001（等同于 GB/T 19001）	GB/T 19580
1	名称	质量管理体系要求	评价准则
2	评价性质	符合性评价	诊断性评价（管理成熟度与绩效水平评审）

(续)

序号	区别项目	ISO 9001（等同于 GB/T 19001）	GB/T 19580
3	作用	质量管理	经营管理
4	关注点	关注顾客	关注经营绩效
5	方法	提供持续改进的方法	追求卓越绩效的能力
6	标杆	结果与自己比	结果与标杆、对手比
7	目标	顾客满意	相关方利益平衡、共赢
8	驱动力	组织自身需要或顾客推动	社会责任及战略发展
9	原则及价值观	七项质量管理原则	体现九项核心价值观
10	范围	QMS 覆盖范围	组织的全部

参 考 文 献

[1] 柴邦衡,刘晓论. ISO 9000 质量保证体系 [M]. 北京:机械工业出版社,1999.
[2] 柴邦衡,陈卫,等. 设计控制 [M]. 北京:机械工业出版社,2002.
[3] 郑嵩祥,柴邦衡. ISO/TS 16949 国际汽车供应商质量管理体系解读和实施 [M]. 北京:机械工业出版社,2005.
[4] 吴士权. 正在起草的 ISO 9001:2015 年版标准亮点 [EB/OL]. [2015-02-25]. http://www.jxzl.org/infoshow.php?id=1023.
[5] 中国认证认可协会. 质量管理体系审核员 2015 版标准转换培训教材 [M]. 北京:中国质检出版社,2015.
[6] 柴邦衡,刘晓论. 制造过程管理 [M]. 北京:机械工业出版社,2006.
[7] 小野滋. 企业的全面质量管理 [M]. 孙良康,梁宝俭,译. 北京:企业管理出版社,1988.
[8] 柴邦衡,吴江全. ISO 9001:2000 质量管理体系文件 [M]. 北京:机械工业出版社,2000.
[9] 柴邦衡,ISO 9000 质量管理体系 [M]. 北京:机械工业出版社,2002.
[10] 柴邦衡,黄费智. 现代产品设计指南 [M]. 北京:机械工业出版社,2012.
[11] 刘晓论,柴邦衡. 检验和测量控制 [M]. 北京:机械工业出版社,2000.
[12] [主要责任者不详]. 客户满意度指数(CSI)及其应用研究 [EB/OL]. (2012-02-09) [2015-7-25]. http://wenku.baidu.com/link?url=WpMJgsLwWUAGHrs5YoQIoe-RTT7brXh-JIusOOBPS94xFrCRt2t5c7WJwK8ZwXbeZpBv5lbxEDHKhbI9q2cFEyF_VttnN4yDmZrxRgZwQIlq.
[13] 唐晓芬. 顾客满意度测评 [M]. 上海:上海科学教育出版社,2001.
[14] 柴邦衡,刘晓论. 质量审核 [M]. 北京:机械工业出版社,2004.
[15] 柴邦衡,刘晓论. ISO 9001:2008 质量管理体系文件 [M]. 北京:机械工业出版社,2009.
[16] 中国合格评定国家认可委员会. CNAS-CC01_2015 管理体系认证机构要求. [EB/OL]. (2015-07-21) [2016-01-20]. https://www.cnas.org.cn/rkgf/rzjgrk/jbzz/2015/07/870091.shtml.
[17] 中国合格评定国家认可委员会(CNAS)秘书处. 中国合格评定国家认可委员会认证机构、实验室、检查机构认可(半)年报 [J]. 中国认证认可,2014,8:10-13.
[18] 中国合格评定国家认可委员会. CNAS-CC15_2013 管理体系审核时间(QMS、EMS、OHSMS) [EB/OL]. (2015-06-03) [2016-01-20]. https://www.cnas.org.cn/rkgf/rzjgrk/zyzz/2015/06/868859.shtml.
[19] 宋其玉. ISO 9000:2000 族质量管理体系常见问题及应对措施 [M]. 北京:机械工业出版社,2004.
[20] 连柯李名驹. ISO 9001:2015 CD 标准理解 [EB/OL]. (2013-09-17) [2015-7-25]. http://blog.sina.com.cn/s/blog_7635661a0101eqw5.html.